Dirk Laabs

Staatsfeinde in Uniform

Dirk Laabs

Staatsfeinde in Uniform

Wie militante Rechte unsere Institutionen unterwandern

Econ

Besuchen Sie uns im Internet:
www.ullstein.de

MIX
Papier aus verantwortungsvollen Quellen
FSC® C014496

Redaktionsschluss: 18.12.2020

Econ ist ein Verlag
der Ullstein Buchverlage GmbH

ISBN 978-3-430-21032-4

Gesetzt aus der Quadraat Pro powered by pepyrus.com
Druck und Bindearbeiten: GGP Media GmbH, Pößneck

Inhalt

Prolog
Tag X

Im März 2020, als die Covid-19-Pandemie gerade begann, den deutschen Alltag zu beherrschen, war ich mit meinem Kamerateam auf der Suche nach einem süddeutschen Waffenhändler. Wir drehten für das ZDF den zweiten Film über verfassungsfeindliche Soldaten und Polizisten, die eigene Strukturen gebildet hatten, an ihren Einheiten vorbei. Ein Soldat der *Kommando Spezialkräfte* (KSK) hatte in einem Verhör durch das *Bundeskriminalamt* den Waffenhändler als einen wichtigen Kontakt in Baden-Württemberg genannt, dort, wo auch das KSK stationiert ist. Der Kommandosoldat, der vom BKA intensiv verhört wurde, war einer der führenden Köpfe einer Gruppe von Polizisten, Behördenmitarbeitern und Soldaten, die am *Tag X* eine eigene militärische Struktur aktivieren wollten. Das Konzept des *Tag X* war mir schon oft untergekommen – Neonazis aus dem Umfeld des *Nationalsozialistischen Untergrund* hatten mir während meiner Recherchen zum NSU berichtet, dass man in der Szene ständig über den *Tag X* spreche und sich auf ihn vorbereite. Thüringer Nazis spähten etwa Krankenhäuser aus, zählten die Betten – wie viele der eigenen »Kämpfer« könnte man dort unterbringen, wenn der Gegenschlag gegen das »Judenregime« in der Hauptstadt geführt wird? Ein in die Jahre gekommener Neonazi bestätigte mir während der Recherchen damals auch, dass an diesem Tag natürlich auch Journalisten und Andersdenkende abgeholt und in Lager gebracht würden. Der *Tag X* ist für rechtsextremistische Aktivisten das zentrale Ziel, auf das sie hinarbeiten: An diesem Tag, so ihre Logik, bricht die staatliche Ordnung zusammen, der Weg ist dann frei, um selbst die Macht zu übernehmen. Auslöser für den Zusammenbruch des Staates kann vieles sein: eine Naturkatastrophe, eine Pandemie, ein Bürgerkrieg, Terroranschläge.

Was von außen grotesk wirkte, war für die Rechten eine todernste Angelegenheit. Der NSU führte lange Listen, darauf Kasernen und Waffenläden, wo man für den *Tag X* Waffen und Munition erbeuten könnte. Außerdem hatte die rechte Terrorgruppe Listen aufgestellt, darauf Hunderte politische Feinde und Gegner. Mit denen wollte man am *Tag X* – und danach – abrechnen.

Von dem Waffenhändler in Baden-Württemberg, einem Ex-Soldaten, erhoffte ich mir Antworten, was seine Gruppe genau vorgehabt hatte. Als ich mit dem Team auf den Hof fuhr, sahen wir den Mann durchs Fenster an seinem Schreibtisch. Er hielt uns für die Polizei, mit der er jeden Moment rechnete, da er sich mit seinem Partner zerstritten hatte. Die beiden kämpften mit harten Bandagen um die Firma, der Waffenhändler erwartete seinen unsanften Rausschmiss. Bisher hatte er die Presse erfolgreich abgeschüttelt, in keinem Artikel über rechtsradikale Soldaten war er bislang aufgetaucht, aber unser Kommen machte ihn nervös. Er versuchte, uns mit ein paar Entschuldigungen und Floskeln abzuspeisen, gab dann aber ein ausführliches Interview und gestand einige Punkte ein: Ja, eine Gruppe, die sich auf den *Tag X* vorbereitet, gebe es wirklich, ja, man habe intensiv trainiert und, ja, ein KSK-Soldat spiele tatsächlich die führende Rolle – Treffen hätten sogar in der KSK-Kaserne stattgefunden. Vieles erzählte er jedoch nicht: dass er selbst einen Haufen Waffen zu Hause hatte, darunter illegale Waffenteile und dass er eine Zeit lang eine Panzerfaust am Arbeitsplatz versteckt hielt. Auch der Frage, wie weit die Gruppe mit den Planungen für den *Tag X* schon gekommen war, wich er aus. Bis zu diesem Zeitpunkt war unklar, wie konkret die Gruppenmitglieder bereits die nächsten Schritte geplant hatten.

Aus dem Umfeld des Waffenhändlers wurden uns dann jedoch sensible Daten zugespielt. Aus E-Mails zwischen Gruppenmitgliedern ging hervor, dass man bereits Erkennungszeichen für den *Tag X* – nicht für eine Übung – entworfen hatte, Abzeichen, sogenannte *Patches*, die denen der Armee ähnelten. Es waren mehrere sogenannte *Pick-up-Points* – Treffpunkte – festgelegt worden, wo sich die Soldaten, Polizisten und Gleichgesinnte am *Tag X* sammeln sollten. Dass es diese Punkte für Übungen gegeben haben soll, war mir bereits bekannt, wir aber bekamen eine Taschenkarte – DIN-A4 – für den tatsächlichen *Tag X* in die Hände, auf der zentrale Punkte zusammengefasst waren. Der abgelegene »PUP« – *Pick-up-Point* – habe mehrere Zugangsmöglichkeiten und trage den Codenamen »Süd-Alpha-Grau«, kurz: SAG. Auf der Karte im praktischen Taschenformat fanden sich noch weitere Informationen im Militärjargon :

> »SAG ist reiner (überwachter) Sammelraum mit Anschlussverbringung in Gruppenversteck
> Aktivierung: Innerhalb / unter 12 Stunden nach nationalem Kommunikationsausfall -oder- Innerhalb / unter 4 Stunden nach Ausruf Extremlage durch Führung
>
> Erreichen sie [sic] PUP SAG nach eigenem Ermessen. - Meldegänger zur Kontaktaufnahme in Fahrzeugwartungshalle senden (Ggf. weitere Personen haben sich im Nahbereich des eigenen Fahrzeuges (+/- 10m) aufzuhalten!)
>
> Wichtig! Kein offensives Verhalten an PUP zeigen!
> Wichtig! Diese Anleitung streng befolgen!
> Wichtig! Anleitungen vor Ort bei Kontaktaufnahme streng befolgen!«

Mithilfe der Koordinaten auf der Taschenkarte und dank eines ortskundigen Informanten fanden wir den Treffpunkt, eine kleine Hütte mitten im militärischen Sperrgebiet, auf dem riesigen Truppenübungsplatz Heuberg, im Süden Baden-Württembergs. In Sichtnähe trainierte auch oft das KSK in einem kleinen, fiktiven Dorf, das aus kleinen Holzhäusern bestand, die beschossen werden konnten. Als Treffpunkt war der Ort für den *Tag X* gut geeignet, da man sich in der nahen Kaserne etwa mit Lastwagen und anderen Fahrzeugen versorgen könnte.

Die Recherchen zeigten zudem, dass die Gruppe nicht nur lokal aktiv war. Die Mitglieder hatten regionale Strukturen entwickelt, sich in die Gruppen Nord, Süd, West und Ost aufgeteilt. Untereinander verschickten die Mitglieder eine sogenannte S.O.P. für die interne Kommunikation – kurz für *Standard Operating Procedure*, ein militärisches Konzept, das den optimalen Ablauf einer Operation garantieren soll. In der S.O.P. stand:

> *»Dieser Chat wurde ins Leben gerufen, um die aktuelle Lage, den aktuellen Stand sowie weiteres Vorgehen an alle Eingeweihte zu übermitteln. ... Dabei ist ein Aspekt von höchster Bedeutung. Desto besser die Kommunikation, umso einfacher die Organisation und das Sammeln untereinander am Tag X. Doch bis dahin gilt für jeden von UNS, so wenig wie möglich aufzufallen. Ziel ist es in diesem Chat, mit so vielen vertrauenswürdigen Personen wie nur möglich zu befüllen und somit ein starkes Fundament zu schaffen.«*

Wer nur waren diese »vertrauenswürdigen Personen«? Wer war noch Teil dieser Verschwörung? Und was hatten die Verschwörer wirklich vor?

1
Die Gleichgesinnten

Das Gerichtsgebäude am Demmlerplatz in Schwerin überragt alle Gebäude im Viertel Paulsstadt. Es liegt auf einem kleinen Hügel, so wirkt das sandsteinfarbene Gebäude noch mächtiger, die Straßen in der Nähe noch enger. Im Inneren ging es jedoch familiär zu, die Sicherheitsvorkehrungen wirkten im Dezember 2019 improvisiert. Damals begann ein ungewöhnlicher Prozess, der weit über Mecklenburg-Vorpommern hinaus Bedeutung hatte. Die Menschen standen deshalb im geschwungenen Treppenhaus Schlange, um in den großen Saal im ersten Stock zu kommen. Das Landgericht machte dem Polizisten Marko G. den Prozess, 49 Jahre alt, in der DDR geboren, einst Elitesoldat, dann Beamter beim Sondereinsatzkommando in Schwerin, anschließend beim Landeskriminalamt eingesetzt. Er hatte sich den Spitznamen *Hombre* gegeben, seine Funkkennung bei Bundeswehr und Polizei – da sich gerade die Spezialkräfte im Funk nie mit ihrem richtigen Namen melden. Polizei-Kollegen hatten das Wohnhaus des Mannes mehrfach durchsucht, Zehntausende Schuss Munition und über ein Dutzend Waffen gefunden, darunter eine Maschinenpistole sowie in großer Menge Munition. Beides darf auch ein Elitepolizist unter keinen Umständen bei sich zu Hause lagern, deshalb drohte *Hombre* eine Gefängnisstrafe.

Marko G. saß in Hamburg in Untersuchungshaft, sodass er vor jedem Verhandlungstag über einhundert Kilometer schwer bewacht durch den Norden Deutschlands gefahren werden musste. In Fuß- und Handfesseln wurde er dann von zwei Wärtern in schusssicheren Westen in den Saal geführt – wie sonst nur gewalttätige Schwerverbrecher. Juristisch ging es um den Verstoß gegen das Kriegswaffenkontrollgesetz, aber das war nicht der Grund für seine besondere Behandlung. Der Angeklagte war einer der Köpfe einer Gruppe, die zu diesem Zeitpunkt seit drei Jahren deutsche Terrorermittler und Agenten diverser Nachrichtendienste umtrieb – und noch immer beschäftigt. An vielen Orten im Land hatten sich Mitglieder zusammengefunden, darunter viele Elitesoldaten, die in regionale Gruppen aufgeteilt miteinander kommunizierten, Übungen planten, sichere Rückzugsräume suchten, um sich darauf vorzubereiten, die Macht an sich zu reißen, sollte einmal die staatliche Ordnung zusammenbrechen. Einige Mitglieder wollten jedoch nicht so lange warten. Ein Offizier der Bundeswehr, Franco. A., der dieser Gruppe angehörte und unter anderem mit Kontakten zu Waffenhändlern half, soll selbst einen Terroranschlag geplant haben. Marko G. alias *Hombre* war einer der Männer, der die Logistik der Gruppe organisierte, Waffen besorgte, Munitionslager anlegte, Spendenlisten führte, Botschaften weiterleitete, neue Mitglieder rekrutierte. Einige dieser Rekruten hatten offen darüber gesprochen, politische Gegner an dem Tag der Machtübernahme in Lager zu schaffen und umzubringen. Andere hatten bereits Leichensäcke und Löschkalk gekauft.

Deswegen die Fußketten für den ostdeutschen Polizisten Marko G., die Einzelhaft, die Metalldetektoren am Eingang, die große Aufmerksamkeit, die Fernsehteams und vielen Reporter im Saal. Doch wenn eine Gruppe oder Einzelpersonen terroristische Anschläge geplant oder durchgeführt haben, ist allein die Bundesanwaltschaft in Karlsruhe zuständig, nur sie darf überhaupt in Sachen Terror ermitteln. Im Fall von G. zeigten die Bundesanwälte anfänglich großen Arbeitseifer, der einem seltsamen Desinteresse wich, als das BKA erstmals das Haus des Polizisten durchsucht hatte. Man stufte G. auch nach der Durchsuchung weiter nur als Zeugen, nicht als Beschuldigten ein, die mögliche Straftat – der illegale Besitz von Kriegswaffen – sollte die Schweriner Staatsanwaltschaft aufklären. Ermittlungsergebnisse über die Komplizen von G., die anders als *Hombre* als Terrorverdächtige galten und zentrale Rollen spielten, stellte die Bundesanwaltschaft jedoch nicht zur Verfügung, die Schweriner Kollegen sollten sich einzig um die Waffen und die illegale Munition kümmern. Eine bizarre Situation. Ein Elitepolizist, Scharfschütze, ein Mann, der in dem Schweriner Prozess als Verfassungsfeind beschrieben wurde, vernetzt in ganz Deutschland, Mitglied einer Gruppe, die plant, was man so alles mit den Feinden anstellen könnte, wenn man die Macht einmal übernommen hat – sammelt wie besessen Munition, die bei einer Durchsuchung sichergestellt wird. Danach macht der Mann einfach weiter, hortet wieder Munition, die wird bei einer weiteren Durchsuchung ebenfalls gefunden – man findet also insgesamt zwei Mal einen Haufen Waffen bei ihm. Aber nicht die Anti-Terror-Ermittler des Bundeskriminalamts übernehmen den Fall, sondern die Fahnder vom LKA Mecklenburg-Vorpommern werden vorgeschickt, ausgerechnet die Kollegen von *Hombre*. In den Tagen des Prozesses war zu spüren, dass sich die Schweriner Staatsanwälte alleingelassen fühlten mit diesem Verfahren, das den Rahmen der Möglichkeiten sprengte, die man in der kleinen Stadt hat, mag das Gerichtsgebäude auch noch so mächtig wirken.

Dass G. ausgerechnet in dem Gebäude am Demmlerplatz in Schwerin der Prozess gemacht wurde, passt jedoch. 1932 war in Mecklenburg-Vorpommern der erste NSDAP-Ministerpräsident gewählt worden, die Nationalsozialisten brauchten nicht einmal einen Koalitionspartner. Hitler selbst hatte zuvor in der Gegend mehrfach im Landtagswahlkampf auf großen Veranstaltungen für die NSDAP geworben, Zehntausende kamen. Ab 1933 hieß die Straße am Gericht dann Adolf-Hitler-Platz. Das Gericht urteilte danach in dem großen Gebäude mit den vielen Säulen unter anderem darüber, welche Menschen im »Großdeutschen Reich« sterilisiert werden müssten, damit sie kein »unwertes Leben« auf die Welt bringen. Nach dem Krieg nutzten der sowjetische Geheimdienst und die Staatssicherheit der DDR den Gerichtskomplex, Menschen wurden in den Räumen des Gerichts misshandelt und gefoltert. Diese deutsche Geschichte vereint auch der Angeklagte in sich, das Erbe der zwei Diktaturen. Der Prozess sollte zeigen, dass er sich gedanklich immer noch mit einer dieser Diktaturen identifizierte.

In dem großen Gerichtssaal ging es zunächst meist nur um die Indizien, die mit den Waffen und der Munition zu tun haben – wo wurde wann welche Patrone gefunden, welche Pistole, in welchem Zustand? Das mutete sehr deutsch an, eine Unwucht offenbarte sich: Es ging um technische Details, nicht um das Motiv, nicht um die politische Einstellung des Angeklagten. Denn genau über die wurde in Schwerin nicht zu Gericht gesessen. Ein Zustand, mit dem sich die Staatsanwälte jedoch nicht einfach abfinden wollten. Wie bei einer Schnitzeljagd sorgten sie dafür, dass immer wieder *Hombres* politischer Hintergrund klar wurde und sich beim Beobachter zwangsläufig die Frage aufdrängte: Was wollte der Polizist mit all den Waffen und der Munition? Für wen und wofür bunkerte er dieses Material? Was war der Plan? Kurznachrichten, SMS von *Hombre* wurden verlesen, in denen er Adolf Hitler feierte oder in denen Asylbewerbern der Tod gewünscht wurde, per *Meme* – der Schriftzug »Asylantrag abgelehnt« läuft über ein Foto aus dem Zweiten Weltkrieg, auf dem ein Wehrmachtsoffizier einem wehrlosen Menschen am Boden in den Kopf schießt. Einer der Anwälte des Polizisten hielt das für eine lässliche Sünde, verglich die *Memes* mit Pornobildern, die »dicke Frauen« beim Sex zeigen, die man sich an Weihnachten zuschicke und über die man gemeinsam lachen würde. Das alles sei eine vielleicht fragwürdige Art von Humor, nicht ernst gemeint, Spielereien. Die Waffen, die Munition, ein Spaß, reine Sammelleidenschaft.

Die Staatsanwälte führten trotzdem – oder gerade deshalb – einen Beweis nach dem anderen in den Prozess ein. Sie zeigten, dass Marko G. ein überzeugter Nationalsozialist war, der das »Dritte Reich« bewunderte und sich, wie auch der Richter feststellen sollte, »nicht mehr auf dem Boden der freiheitlich demokratischen Grundordnung« befand. Am dritten Prozesstag wurde schließlich eine Kurznachricht des Polizisten verlesen, eine dieser Spuren, von der Staatsanwaltschaft gelegt, schnell vorgetragen, ein Satz, den kaum ein Reporter im Saal zunächst weiter beachtet. Im März 2016 schrieb G. an einen Freund und Komplizen eine Kurznachricht:

> *»Wir haben in den letzten Monaten knapp 2000*
> *gleichgesinnte vereint (in D)*
> *Haben in jedem Sektor 1–5 safehäuser errichtet und*
> *ein weites Netz über ganz Europa zu anderen*
> *Nationen gelegt. Auch wenn der unterschied der*
> *einzelnen Gruppen nicht krasser sein könnte ist es*
> *doch eine Hausnummer auf die jeder stolz sein*
> *kann.«*

Wir.

2.000 Gleichgesinnte.

In Deutschland.

Vereint.

Mit einem weiten *Netz über ganz Europa.*

Mutmaßlich unter Waffen.
Ein Grund, um *stolz* zu sein

Wer sind diese Gleichgesinnten? Wie viele Soldaten sind dabei? Wie viele Polizisten? Wie hängen sie zusammen? Gibt es sie wirklich – oder ist G., *Hombre* am Ende ein Spinner, ein Aufschneider?

Die Bundesanwaltschaft hatte auf diesen Satz nicht weiter wahrnehmbar reagiert, auch nachdem sie von den Schweriner Kollegen alarmiert worden war. Doch es ist diese SMS-Nachricht, die meiner Recherche eine neue Dringlichkeit verleiht. Einen Ansatz liefert Marko G. selbst. Zu Beginn eines jeden Prozesstages zelebrierte der gedrungene Mann ein Ritual. Er trug immer eine Baseballkappe auf dem Kopf, dazu ein schlichtes Freizeithemd am Körper, die weißen Haare und den weißen Bart kurz geschoren. Nachdem man ihm die Ketten abgelegt hatte, klopfte er sich jedes Mal mit der Hand auf die Brust, da wo das Herz schlägt, und zeigte zu einer Gruppe von Unterstützern in der Galerie, hoch über dem Saal.

Als der Richter am letzten Tag eines sehr kurzen Prozesses den Polizisten zu einer Bewährungsstrafe verurteilte – ein Jahr und neun Monate Gefängnis –, klatschten dessen Fans auf der Galerie, riefen und jubelten laut. Selbst die Anhänger hatten mit einer höheren, einer Gefängnisstrafe gerechnet, die nicht zur Bewährung hätte ausgesetzt werden können. Doch G. wurden die Fesseln nicht mehr angelegt, er durfte das Gericht als freier Mann verlassen, seine Freunde empfingen ihn noch vor dem Saal, drückten, umarmten, feierten ihn. Ich filmte diese Szenen, ging mit der Gruppe nach draußen, um mehr über die Unterstützer in Erfahrung zu bringen. Anschließend wertete ich die Bilder mit Unterstützung von Informanten aus. Unter den Männern, so stellte sich heraus, waren Soldaten, ein Offizier der Reserve, ein

AfD-Politiker, obsessive Hobbyschützen und ein Mann, der für die Luftwaffe in Rostock in einem Hochsicherheitsbereich Kampfpiloten ausbildet. Viele von ihnen hatten mitgemacht in der Gruppe, die G. organisiert hatte und unter dem Namen *Nordkreuz* Mitteilungen per *Telegram-Messenger* austauschte. Einige Gerichtsbesucher hatten Munition finanziert und mit *Hombre* trainiert, geschossen, keinen Anstoß daran genommen, dass mutmaßliche Rechtsterroristen, die zum engen Kreis der Gruppe gehörten, »Feinde« umbringen wollten, wenn sich die Gelegenheit bieten würde. Polizisten. Kriminalbeamte. Offiziere. Reservesoldaten.

Die Gleichgesinnten.
Auf freiem Fuß.
Unter uns.

• • •

Wie gefährlich die Gruppe *Nordkreuz* war, hatte erst die Aussage einer dieser Gleichgesinnten beim Bundeskriminalamt deutlich gemacht, zwei Jahre bevor Marko G. der Prozess gemacht wurde. Der Offizier der Bundeswehrreserve sagte im Sommer 2017 aus, er habe einer Gruppe von Soldaten und Polizisten angehört, in der Mitglieder konkret darüber diskutiert hätten, ihre Feinde zu »*sammeln und umzubringen*«. Ein Horrorszenario wurde durch die Aussage des Mannes erstmals konkret: Polizisten und Soldaten als organisierte rechte Terrorgruppe, mit einem Netz über ganz Deutschland. Ich traf den Zeugen im April 2019, noch vor dem Prozess, in seinem Wohnort, einem kleinen Ort in Mecklenburg-Vorpommern. Horst S. lebte mit seiner Frau in einem alten Haus in der Nähe eines Sees, vor der Tür mächtige Bäume, ein Firmenwagen und eine mit Kopfsteinen gepflasterte Straße, die ins

Nirgendwo zu führen schien. Das Bundeskriminalamt hatte Haus und Grundstück durchsucht, den Offizier der Reserve dann mehrfach als Zeugen befragt. Er sollte eine Schlüsselrolle spielen, um die interne Dynamik der Gruppe zu verstehen.

Horst S. war im zivilen Beruf Personalmanager in einem Unternehmen, das mehrere Callcenter betreibt. Ihm waren früh die Haare ausgegangen, mit seiner Halbglatze und seiner Brille sieht er älter aus, als er eigentlich ist. Seine große Leidenschaft ist das Schießen und sein Dienst bei der Reserve der Bundeswehr, zu der er gehörte. Zuvor hatte er schon als Offizier bei der Luftwaffe gedient. Er war ein typisches Mitglied von *Nordkreuz*. Ein biederer, seriöser, auf den ersten flüchtigen Blick harmloser Mensch.

Doch Horst S. war spätestens 2017 in das Visier verschiedener Sicherheitsbehörden geraten, weil er Kontakt zu einer rechtsradikalen Gruppe names *Thule-Seminar* gesucht hatte, die unter der Beobachtung des Verfassungsschutzes stand. Aber das allein hatte die Beamten nicht beunruhigt. Hinzu kam, dass er sich bei der Gruppe *Nordkreuz* engagierte, was dem *Bundesamt für Verfassungsschutz (BfV)* aufgefallen war. Die Tarnung, der unschuldige Anschein, dass man sich lediglich mit zivilen Mitteln gemeinsam auf eine potenzielle Katastrophe vorbereiten wollte, so die Legende der Gruppe, wurde schnell unglaubwürdig, zu eindeutig war die interne Kommunikation. Nicht nur gehörten *Nordkreuz* diverse Mitglieder an, die Waffen und Munition sammelten und fast schon besessen trainierten, wie man eine bewaffnete Auseinandersetzung führt. Der Schlüsselzeuge Horst S. bestätigte dem BKA auch, dass die Mitglieder untereinander nicht nur diskutierten, wie man sich auf eine Überschwemmung oder einen Schneesturm vorbereiten muss, sondern zudem, wie man eine chaotische Situation im Land ausnutzen könnte, um abzurechnen – mit den Feinden im Land. Eines der Mitglieder, der Anwalt Jan Hendrik Hammer aus Rostock, hatte Steckbriefe von Politikern angelegt, deren Engagement, insbesondere für Flüchtlinge, ihm nicht gefiel. Hammer war früher Mitglied in der FDP und saß in der Bürgerschaft von Rostock. Das Bundeskriminalamt konfrontierte Horst S. mit Aussagen des Anwalts Jan Hammer, der innerhalb der Gruppe offen zum Terror aufgerufen haben soll. Horst S. bestätigte den BKA-Ermittlern in seinen Verhören und später mir während unseres Treffens in seinem Haus, dass Hammer tatsächlich immer radikaler geworden sei. Beim Bundeskriminalamt hatte Horst S. ausgesagt: »*In diesen Gesprächen wurde deutlich, dass der Jan einen ziemlichen Hass gegen die Linken hat und das Geld, das dort rausgeschmissen wird. Der Jan hat einen Ordner mit Namen, Adressen und Lichtbildern von Personen, die aus seiner Sicht ›schädlich‹ für den jetzigen Staat sind, so wie er ihn sieht und die nach seiner Meinung ›weg‹ müssten.*« Horst S. hatte den Eindruck, wie er mir erzählte, dass das BKA über elektronische Aufzeichnungen dieser Gespräche verfüge. Man habe ihm den genauen Wortlaut der erschreckenden Sätze Hammers vorgelegt, er sollte sie dann nur noch bestätigen, so erklärte es mir der Reserveoffizier.

In mehreren langen Verhören versuchte der Bundeswehrreservist sich beim Bundeskriminalamt von der Gruppe zu distanzieren, deren Mitglieder im Kern immer radikaler geworden seien. Auch mir gegenüber verteidigte er seinen Einsatz für *Nordkreuz*: Es sei ihm nur um eine Art bürgerliche Pflicht gegangen, im Fall einer Katastrophe vorbereitet zu sein, ohne dass er genau begründen konnte, warum er dem Staat nicht zutraute, mit einer solchen Situation allein fertig zu werden. Zumal er ja selbst der Bundeswehrreserve angehört, die genau bei einem solchen Szenario im Notfall zum Einsatz kommen würde. Er erklärte mir stattdessen, dass es praktisch einen Auftrag des damaligen Innenministers Thomas de Maizière gegeben habe, sich als Bürger auf eine Katastrophe vorzubereiten. Er diktierte mir dazu die Nummer einer Drucksache des Bundestages in mein Notizbuch – 17/

12 051. In dem Dokument spielte die Bundesregierung im Jahr 2013 verschiedene Katastrophenszenarien durch: ein folgenschwerer Zusammenbruch des Stromnetzes etwa, zudem den Ausbruch einer Pandemie, ausgelöst durch einen neuartigen Grippevirus, mit dem sich Millionen Deutsche anstecken und an dem schlimmstenfalls auch Millionen Bürger sterben könnten. Das klang damals wie ein sehr absurdes Szenario. Dass die Männer um Offizier Horst S. sich sogar konkret auf eine solche Situation vorbereitet haben wollen, Wasser, Lebensmittel, Munition gebunkert hatten, sollte später auch zur Folge haben, dass sie als Spinner durchgingen und von vielen Medien nicht ernst genommen wurden.

Doch ein Jahr später wurde ein ähnliches Szenario, wenn auch nicht so katastrophal, Wirklichkeit. Covid-19 beherrschte das Leben der Menschen. Wollte man nach Mecklenburg-Vorpommern reisen, musste man plötzlich auf den Autobahnen und Bundesstraßen an Polizeisperren vorbeikommen – Besucher aus anderen Bundesländern durften nicht mehr ohne Weiteres einreisen. Die Szenarien wurden mit jedem Tag beängstigender. Hatten die *Nordkreuzler* am Ende recht, weil sie sich rechtzeitig auf eine Katastrophe vorbereitet hatten? Die Covid-19-Pandemie schien ein Geschenk für Gruppen wie *Nordkreuz* zu sein. Denn Zeugenaussagen und die interne Kommunikation zeigen, dass es nie nur der Plan vieler Gruppenmitglieder war, eine solche Katastrophe bloß zu überleben und sich in die Wildnis zurückzuziehen. Sie wollten das Chaos vielmehr aktiv nutzen, um mit den eigenen Feinden abzurechnen. So bestätigte Horst S. den Inhalt eines Gesprächs mit dem Anwalt aus Rostock im Zusammenhang mit einer möglichen Krise: »*Hier wurde an mich herangetreten als Bundeswehrsoldat. Zum Beispiel mit der Fragestellung, ob man als Uniformträger diese ›Leute aus den Ordnern‹ im Krisenfall leichter durch Polizeisperren bekommen kann. Um diese Personen dann zu einem Ort mit Tötungsabsicht zu verbringen.*«

Ein Ort mit Tötungsabsicht. Ein monströser Satz, der während der Hochphase der Corona-Pandemie – mit den Polizeisperren und der eingeschränkten Bewegungsfreiheit – noch monströser klang, weil das Szenario – »Uniformträger« schmuggeln ihre Feinde auf Lastwagen an Polizeisperren vorbei, um sie an einem anderen Ort umzubringen – plötzlich nicht mehr völlig abwegig schien.

Doch auf den Straßen herrschte während des Corona-Lockdowns im April kein Chaos, sondern gähnende Leere. Große Ruhe. Keine Anschläge. Keine Mobilisierung. Kein Putsch. Während der Pandemie schlug vielmehr die Stunde des Staates, er zeigte sich bei aller Nervosität handlungsfähig. Die Exekutive setzte dafür weitreichende Maßnahmen durch, die nicht zuletzt die Bewegungsfreiheit der Bürger extrem einschränkte. Ist mit der ausgebliebenen Reaktion der Umstürzler erwiesen, dass diese Art von Verschwörern, selbst wenn der *Tag X*, die Katastrophe, das Chaos, in greifbare Nähe rückt, nicht handlungsfähig sind – stellen sie also gar keine Gefahr dar? Hatte sich damit auch die Bedrohung, die eine Gruppe wie *Nordkreuz* darstellt, erledigt?

Zentrale Stellen innerhalb der deutschen Terrorabwehr gehen davon aus, dass diese Verschwörer nur und erst dann gefährlich werden, wenn der *Tag X* tatsächlich gekommen ist und der Staat die Kontrolle verloren hat. Das jedoch ist ein großes Missverständnis. Wieder und wieder haben Rechtsterroristen gezeigt, die zuvor oft über diesen *Tag X* geredet hatten, dass sie meist eben nicht auf den Moment warten, an dem die Chance für einen Umsturz ihnen quasi in den Schoß fällt. Sie schlagen zu, wann immer es ihnen passt oder sie eine Möglichkeit dazu sehen. Oder wenn der innere Handlungsdruck zu groß wird, wenn sie nicht mehr warten wollen oder können, auf den fernen *Tag X*. Der NSU ist das beste Beispiel. Die Gruppe hatte große Pläne, wollte das System stürzen, beschränkte sich dann aber auf feige, hinterhältige

Morde. Der Hass der Rechtsterroristen kann also jederzeit in Aktionismus und Terror umschlagen, jede Strategie vergessend. Ein großer Traum vieler Rechtsextremisten ist zudem: den *Tag X*, das Chaos, den Kontrollverlust des Staates, selbst herbeizuführen, mit einem Anschlag, der etwa verschiedene Gruppen in der Bevölkerung gegeneinander aufhetzt, indem man etwa gezielt Migranten tötet, die – so der Plan – dann blutig zurückschlagen, was am Ende einen Bürgerkrieg auslöst. Beamte, Soldaten, Polizisten bereiteten sich offenbar ebenfalls auf dieses Szenario vor, das schon seit langer Zeit in rechtsextremistischen Kreisen diskutiert wird. Obwohl sie einen Amtseid geschworen hatten und die Stützen des Staates sein sollen.

Die Vertreter der Exekutive hatten selbst während der Pandemie bewiesen, dass sie, wenn sie wollen, schnell handeln können. Wenn es jedoch um Rechtsterroristen und Feinde in den eigenen Reihen ging, um Extremisten bei Polizei und Bundeswehr, das haben die letzten Jahre auch gezeigt, hat der Staat viel zu oft zu lange zugeschaut – und selbst die größten Chancen verpasst, um zu verhindern, dass eine kleine, aber gut vernetzte Gruppe von rechtsradikalen Soldaten die Bundeswehr mit kontrolliert. Skandale wurden einfach nur überstanden und dienten nicht dazu, wirkliche Reformen bei der Bundeswehr – und der Polizei – anzustoßen. So wuchs eine rechtsextreme Szene auch in Bundeswehr- und Polizeikreisen heran, die seit Anfang der 1990er-Jahre fast ungestört vor sich hin wuchern durfte. Bis fast dreißig Jahre später die kritische Masse erreicht war.

2
»An die Gewehre!«

Ein heißer Sommertag Anfang Juni 2019, wenige Monate vor dem Prozess in Schwerin gegen Marko G. alias *Hombre*, den Elitepolizisten, der die Gruppe *Nordkreuz* mit anführte. Mähdrescher krochen durch das kleine Dorf Banzkow in Mecklenburg-Vorpommern, südlich von Schwerin. Staub wehte von den trockenen Feldern herüber, durch die sich die Trecker pflügten, um die heiße Erde aufzulockern. An der Hauptstraße im Dorf wohnt der Polizist in einem wuchtigen Haus aus rotem Backstein, das von einem spitzen Dach erdrückt zu werden scheint. Das Kamerateam und ich warten vor dem Haus von Marko G., um mit dem Polizisten ins Gespräch zu kommen. Wir wollen ihm viele Fragen direkt stellen, über seine Pläne, *Nordkreuz* – und seine Zeit bei der Polizei und der Armee. Er sprach durchaus mit den Medien, wenn er das Gefühl hatte, die Situation unter Kontrolle zu haben. Kritische und konkrete Fragen schätzte er jedoch nicht. Zu uns schickte er erst seine Ehefrau, später seine Tochter, um mich und mein Team abzuwimmeln. Er hatte sich vor Gericht ausführlich über meinen ersten Film beschwert, den er drei Mal gesehen habe und in dem er zahlreiche Fehler entdeckt haben will.

Als wir, das Kamerateam und ich, das erste Mal vor seinem Haus warteten, schlenderte ein Nachbar heran, er trug ein durchgeschwitztes dunkles Hemd, auf der Brust stand groß *Polizei*. Ausgiebig hatte er zuvor den Streifen Rasen zwischen seinem Haus und der Dorfstraße gemäht, ohne die Fremden auf dem Gehweg aus den Augen zu lassen. Der Marko möge das gar nicht, erklärte er freundlich, wenn man einfach so vor seinem Haus auftauche. Verständlich. Knapp zwei Jahre zuvor, am 28. August 2017, hatten maskierte Bundespolizisten, Mitglieder der Spezialeinheit GSG 9, das Haus von G. im Morgengrauen umstellt, bereit, die Tür aufzubrechen und Blendgranaten ins Innere zu werfen.

Marko G. war zu diesem Zeitpunkt schon lange wach, obwohl es erst 4 Uhr 30 am Morgen war. Er hatte sein Auto bereits mit Waffen und Munition vollgeladen, die er in seinem Haus gelagert hatte, in dem er mit seiner zweiten Frau und inzwischen seinen jungen Töchtern wohnt. Er wollte angeblich mal wieder, so erklärte er später, zu einem Schießstand fahren und dort ausgiebig trainieren. Als Polizist des Sondereinsatzkommandos SEK hatte G. früher selbst mit schusssicherer Weste, schwerem Helm und Sturmgewehr bewaffnet Häuser gestürmt, Schwerverbrecher verhaftet oder Verdächtige tagelang beschattet. Vielleicht hat er deswegen an diesem Morgen das Gefühl, dass Fremde sein Haus überfallen wollen. So jedenfalls beschreibt er die Situation später vor Gericht. Er nahm die Schatten vor dem Haus durch das Fenster wahr, griff zu einer geladenen Pistole, eine Glock, feuerbereit. Doch dann zögerte er, legte die Waffe auf den Boden, hob die Hände. In diesem Moment stürmten die Männer der GSG 9 sein Haus.

...

Marko G. hat sich fast sein ganzes Berufsleben vor allem damit beschäftigt, wie man schnell und effektiv Menschen tötet oder schwer verletzt. Er wurde schon als Jugendlicher in der DDR wie fast alle Heranwachsenden dort in der Gesellschaft für Sicherheit und Technik militärisch ausgebildet, lernte noch vor dem Mauerfall das Fallschirmspringen. Ebenfalls noch zu DDR-Zeiten wurde er zum technischen Zeichner ausgebildet, doch anschließend, nach der Wende, hatte er ganz andere Pläne: G. verpflichtete sich für acht Jahre bei der Bundeswehr. Dort wurde er in Braunschweig Mitglied der Fernspähkompanie 100. Die machte ihn zum Elitesoldaten, dafür ausgebildet, hinter feindlichen Linien zu operieren. Allerdings hatte bis zu diesem Zeitpunkt – Anfang der 1990er – noch nie ein bundesdeutscher Soldat tatsächlich hinter feindlichen Linien operieren müssen. Die Bundeswehr war lange eine Armee, die niemals Krieg führen oder sich verteidigen musste und die damals, nach dem Ende der DDR und dem Kollaps der Sowjetunion, auch keine Feinde mehr zu haben schien. Im Irakkrieg 1991 stellte die Luftwaffe einige Tornados ab, die an der Grenze der Türkei Patrouille flogen – mindestens ein Pilot verweigerte den Dienst, weil er nie erwartet habe, jemals in den Krieg zu ziehen, wie er später erklärte. Das brachte das Dilemma auf den Punkt. Es gab einige deutsche Soldaten, die dachten, sie müssten nie kämpfen, töten, womöglich im Einsatz sterben. Andere dagegen konnten nicht abwarten, zu kämpfen, zu töten, sie hofften, dass mit der Wende auch eine neue Zeit für die Bundeswehr anbrechen würde. Diese Zeit damals, als Marko G. sich als Soldat verpflichtete, erklärt viel darüber, wie die Bundeswehr viele Jahre späte in ihre tiefste Krise geraten konnte.

Obwohl unklar war, wie es mit der Bundeswehr weitergehen würde, wurden Fernspäh-Kandidaten auf alles vorbereitet – auch Marko G. bildete man in verschiedenen Lehrgängen zum Einzelkämpfer, Fallschirmspringer und Fallschirmjäger aus. Bevor es die *Kommando Spezialkräfte* (KSK) gab, waren die Fernspäher und Fallschirmjäger die Elitesoldaten der Bundeswehr. Sie sollten auch den Grundstock für die KSK bilden, als die 1996 ins Leben gerufen wurde. Die Fernspäher waren dabei innerhalb und außerhalb der Bundeswehr als Einheit verrufen, die besonders große

Probleme mit rechtsradikalen Soldaten hatte. Ein Fernspäher schloss sich später der Friedensbewegung an und packte über seine Zeit bei der Einheit in den späten 1980er-Jahren aus: »Freitag könnt ihr in die Disko gehen und am Türken ausprobieren, was ihr gelernt habt«, habe ein Unteroffizier den Soldaten einmal gesagt. Alle hätten das in Ordnung gefunden, der spätere Aussteiger auch: »Meine Welt war stramm rechts«, und: »Wenn unser Auftrag gewesen wäre, Gert Bastian und Petra Kelly umzubringen, hätten wir das erledigt.« [1]

Marko G. war also bei den Fernspähern an der richtigen Stelle. In einem internen Forum echauffierte sich ein Ex-Fernspäher schon 2004 über Muslime: »Die Imigranten, welche nach Europa drängen (angeblich Zuhause verfolgt, durch totalitäre Systeme) haben keinerlei Interesse, sich unserer Kultur anzupassen. ...Das ist der Gipfel von alledem, unsere Kinder verrecken hier an Heroin (400 jedes Jahr in Deutschland) damit dieser Müll in islamischen Staaten in Saus und Braus leben kann, zudem Milliarden an Gelder für Justiz, Ermittlungsbehörden und Therapien ausgegeben wird? Wird Zeit, daß wir ›Fernspäher‹ das in die Hand nehmen!!!«

Während seiner Ausbildung wurde *Hombre* noch an einem anderen Standort eingesetzt, der zu einem militärischen Knotenpunkt für viele Neonazis in Deutschland wurde, obwohl – oder gerade weil – dort viele Elitesoldaten ausgebildet wurden: die Luftlandeschule Altenstadt. Viele Eliteeinheiten hatten also ein Problem mit rechts gesinnten Soldaten. Wie andere Fernspäher auch absolvierte Marko G. in Altenstadt auf dem ehemaligen Gelände einer Wehrmachtskaserne seine Ausbildung zum Fallschirmjäger. Die Luftlandeschule, die auf einer Anhöhe über dem kleinen Ort im südlichen Bayern liegt, hatte in den 1990er-Jahren innerhalb der Bundeswehr den schlechtesten Ruf überhaupt. 1998 sollte wegen mehrerer rechtsradikaler Vorfälle in Altenstadt ein

Untersuchungsausschuss des Bundestags seine Arbeit aufnehmen. Die Beweisaufnahme dauerte wegen der Bundestagswahl im selben Jahr nur wenige Wochen, sie beförderte aber trotzdem Erschreckendes zutage. Der Abschlussbericht des Ausschusses ist eines der zentralen Dokumente, um die Probleme der Bundeswehr auch heute zu verstehen. [2]

Eine Schlüsselfigur, so zeigte sich, war Oberst Ulrich Quante, ab 1990 für die Ausbildung in Altenstadt verantwortlich – also auch in der Zeit, als Marko G. dort gedrillt wurde. Der Oberst war, wie die Ermittlungen des Bundestagsausschusses zeigten, ein deutlicher Teil des Problems. Er verehrte die Wehrmacht, vor allem die Fallschirmjäger. Noch 2019 hielt er Vorträge, in denen er minutiös deren Operationen im Zweiten Weltkrieg nachzeichnete, als könnte man sie doch noch oder – in anderen Fällen –, wieder gewinnen. Als Quante das Kommando für Altenstadt 1996 abgab, nutzte er die Chance, um dem »Geist« der Fallschirmjäger der Wehrmacht zu huldigen:

> *»Der kriegerische Geist, der Kampfgeist, der Korpsgeist, der Geist der Ritterlichkeit. Dieser Geist befähigte deutsche Fallschirmjäger im Kriege zu Leistungen, die anderen als Beispiel dienten, die vielen als unmöglich galten, die vor allem den Soldaten der gegnerischen Armeen Ehrfurcht und Respekt abnötigten, und von deren Ruhm noch heute die Fallschirmjägertruppen aller modernen Armeen zehren. Es ist ein Geist, der seine tiefen Wurzeln in unserer deutschen Militärgeschichte, in unserer abendländischen Kultur und in unserer christlichen Ethik hat. ... und unsere deutschen Fallschirmjäger haben für ihren ritterlichen Kampf unsterblichen Ruhm erworben. (...) Denn das ist das Wesen einer Elitetruppe: Die physischen Kräfte können erschöpft sein; die moralischen dürfen es nicht.«* [3]

Unsterblicher Ruhm. Moralische Kräfte. Ehrfurcht, Respekt, Ritterlichkeit, *christliche Ethik* – Quante ließ in seiner Rede fast nichts aus, nur den Holocaust, Massaker und Kriegsverbrechen erwähnte er nicht. Als er später auf dieses Versäumnis angesprochen wurde, verwies er auf die Umstände seiner Rede – *»angesichts eines Schneetreibens habe er sie kurz halten wollen«*, notierte der Abschlussbericht des Untersuchungsausschusses seine Ausrede. Dem harten Chef der Fallschirmspringer war der Schnee zu kalt und zu dicht, wollte er also glauben machen. Das war offenbar nur ein flapsiger Satz, mit dem der Oberst auch seine Verachtung gegenüber dem Parlament auszudrücken schien, da seine wahren Ansichten auch dem Ausschuss bekannt waren. Er hatte in seiner Zeit in Altenstadt damit nie hinter dem Berg gehalten.

Tatsächlich stand Oberst Quante vor seinen Soldaten immer zur Wehrmacht. Er ließ die Kaserne, nur konsequent, jedes Jahr am 20. Mai zum *Kreta-Tag* antreten. Damit erinnerte er an den größten, blutigsten, aber auch stümperhaftesten Einsatz der Wehrmachts-Fallschirmjäger im Zweiten Weltkrieg. Am 20. Mai 1941 leitete die Wehrmachtsführung die *Operation Merkur* ein, um die griechische Insel Kreta einzunehmen. Auf der Insel hatten sich britische, australische und neuseeländische Truppen verschanzt, ihre letzte Bastion vor Griechenland. Hermann Göring hatte befohlen, alle Flughäfen auf der Insel auf einmal anzugreifen, dabei hatte die Führung den Widerstand des Gegners unterschätzt – so wurde die Operation ein Fiasko, die Soldaten wurden zur Schlachtbank geführt. 10.000 Fallschirmspringer sprangen über der Insel ab, Tausende wurden in den ersten Stunden abgeschossen, verwundet, fast 5.000 Soldaten – zwischen 17 und 21 Jahre alt – starben. Später nahm die Wehrmacht die Insel nach schweren Kämpfen trotzdem ein – und rächte sich an der griechischen Zivilbevölkerung. Für einen toten deutschen Soldaten, der, was meist nicht stimmte, von einem Einheimischen angegriffen worden war, wurden zehn griechische Zivilisten ermordet.

Aber im »Dritten Reich« ging es immer auch um die Propaganda, aus Niederlagen wurden Triumphe, aus Feigheit wurde Mut, aus Grausamkeit ein »Triumph des Willens«.

Oberst Quante war zu jung, um im Zweiten Weltkrieg eine Rolle gespielt zu haben, beschäftigte sich dennoch obsessiv mit den Schlachten dieses Krieges. Fakten waren dabei egal, er verehrte das Bild einer Wehrmacht, die es so nie gegeben hat, eine ritterliche Wehrmacht, die nie verloren und auch niemals Zivilisten massakriert hatte. Verehrt selbst von den Gegnern, nicht verachtet als Gehilfen von Nazi-Schergen. Quante ließ seine Soldaten am *Kreta-Tag* einen Kranz an einem Denkmal niederlegen, das der vielen abgeschossenen Fallschirmjäger gedachte, ehe man gemeinsam ein altes Wehrmachtslied sang:

»Auf Kreta da flattern unsre Fahnen
Wir Fallschirmjäger haben doch gesiegt
Und sind auch so viele gefallen
Der Ruhm der Fallschirmjäger aber blieb.«

Auch das Lied »Hinter den Bergen« gehörte zum Standardprogramm:

»Fallschirmjäger, Fallschirmjäger gehen an den Feind.
Narvik, Rotterdam, Korinth, Kreta und Cassino sind Stätten unserer Siege. Ja, wir greifen immer an;
Fallschirmjäger gehen ran, sind bereit zu wagen.«

Kreta stand für vieles, aber nicht für die Stätte eines Sieges der Fallschirmjäger. Doch in der Welt des Oberst Quante schon.

Der damalige Verteidigungsminister Volker Rühe verteidigte das Gedenken an Fallschirmjäger aus dem Zweiten Weltkrieg damals: Man müsse Respekt gegenüber »der Tapferkeit des einzelnen Soldaten« haben, auch wenn er »von einem verbrecherischen Regime missbraucht und dessen Opfer geworden sei«. Es habe »Kriegsverbrechen gegeben, die aber nicht generell den Fallschirmjägern der Wehrmacht unterstellt werden könnten«. *Respekt. Tapferkeit. Missbrauch Einzelner, nicht die ganze Wehrmacht und nicht jeder Soldat war schuld – sie waren sogar Opfer. Opfer.* Damit war die Linie auch von der politischen Führung abgesegnet.

Unter Quantes Führung konnte Altenstadt auch deshalb zu einer Skandalkaserne werden, die in der Vergangenheit lebte und sich auf diese Wehrmacht bezog, die es so nie gab; andere Vorbilder hatte man nicht. Das wurde aber der Öffentlichkeit erst klar, als der Mann schon wieder weg war. Zu seiner Zeit war Altenstadt von dem Gedanken geprägt, dass die Fallschirmspringer etwas Besseres seien, die Elite – besser als der Feind, viel besser als der Durchschnitt, besser als Frauen sowieso. Es kursierten – in altdeutscher Frakturschrift gedruckt – die »Zehn Gebote der Fallschirmspringer« in der Kaserne von Altstadt, aufgestellt im »Dritten Reich«, angeblich von Adolf Hitler persönlich redigiert[4]:

1. *Du bist der Auserwählte der Deutschen!*
2. *Du wirst den Kampf suchen und dich ausbilden, jede Art von Prüfung zu ertragen.*
3. *Pflege wahre Kameradschaft, denn durch die Hilfe deiner Kameraden wirst du siegen oder sterben!*
4. *Hüte dich vorm Reden! Sei nicht bestechlich! Männer handeln, während Frauen schwatzen. Reden kann dich ins Grab bringen.*
5. *Sei ruhig und vorsichtig, stark und entschlossen! Tapferkeit und Begeisterung eines Angriffgeistes wird dich die Oberhand im Angriff behalten lassen.*
6. *Das wertvollste angesichts des Feindes ist die Munition. Derjenige, der unnütz schießt, nur um sich zu beruhigen, verdient nicht den Namen »Fallschirmjäger«.*

7. *Du kannst nur siegreich sein[,] wenn deine Waffen gut sind. Achte darauf »Erst meine Waffe und dann ich«!*
8. *Du mußt den vollen Sinn jedes Unternehmens verstehen, damit wenn dein Führer fällt, du selber handeln kannst. Gegen einen offenen Feind kämpfe mit Ritterlichkeit!*
9. *Halte deine Augen offen!*
10. *Denke daran: Fallschirmjäger zu sein, ist der Protest gegen den »Durchschnitt!«* [5]

Die Begeisterung für einen Angriffsgeist; erst meine Waffe, dann ich; das Wertvollste ist die Munition – nach diesen Geboten lebte auch Marko G., der *Nordkreuzler*, bis in die heutige Zeit hinein. Und der Gedanke, man sei der »Protest gegen den Durchschnitt«, mithin die Avantgarde, findet sich genauso bei vielen Terrorgruppen wieder. Sie haben das Gefühl, zu den Auserwählten zu gehören, denen es gestattet ist, Gewalt anzuwenden, um die Mehrheit zu ihrem Glück zu zwingen, sie zu erlösen und in ein utopisches Reich zu führen. Wenn es sein muss, bringen sie auf dem Weg dorthin so viele Menschen wie nötig um.

Welche Konsequenzen die Haltung von einem Oberst wie Quante hatte, sagte später ein ehemaliger Stabsunteroffizier aus: »Zum ersten Mal bin ich mit der militärischen Tradition des Dritten Reiches bei der Fallschirmjäger-Ausbildung in Altenstadt in Berührung gekommen. Es war in der sogenannten Burg, dem Unterrichtszentrum. Auf den Fluren gab es Schaukästen, in denen Ausrüstung, Bewaffnung, Schlachtenpläne, Feldpostbriefe, Todesanzeigen und Truppenfahnen mit Hakenkreuzen ausgestellt waren.« [6] Auch in anderen Büros, Stuben oder Besprechungszimmern waren Nazi-Devotionalien keine Seltenheit. Im Zimmer eines Oberstleutnants, der für Personalfragen zuständig war, hing ein Foto von Adolf Hitler, an dem eine Militärformation vorbeimarschiert. Die Unteroffizierstuben waren mit privat beschafften Nazi-Symbolen, Postern, Fahnen und Statuetten mit Hakenkreuz vollgestellt. Wenn der *Militärische Abschirmdienst* (MAD), quasi der Verfassungsschutz der Bundeswehr, sich eine Kaserne genauer anschauen wollte, kündigte er sich vorher an. So konnte der Kompaniefeldwebel die Soldaten warnen, die dann NS-Devotionalien verschwinden ließen.

Als die Kaserne in Altenstadt 1993 in Franz-Josef-Strauß-Kaserne umbenannt wurde, sangen die Soldaten unter den Augen von Oberst Quante außer dem Bayernlied und der Nationalhymne auch das alte Wehrmachtslied »Rot wie die Sonne«. Auf Handzetteln wurde darum gebeten, »nach Kräften mitzusingen«:

»Klein unser Häuflein, wild unser Blut.
Wir fürchten den Feind nicht und auch nicht den Tod.
Wir wissen nur eines, wenn Deutschland in Not.
Zu kämpfen, zu siegen, zu sterben den Tod.
An die Gewehre, an die Gewehre!« [7]

Die von oben vorgelebte Verehrung der Wehrmacht und damit des »Dritten Reiches« hatte System und prägte die Soldaten der Generation Hoyerswerda und Rostock-Lichtenhagen. Ebenfalls 1993 war eine Gruppe Soldaten, angeführt von einem rechtsradikalen Oberfeldwebel in Altenstadt, aus dem Ruder gelaufen. Man hängte zum Geburtstag Adolf Hitlers, am *Kreta-Tag* und am Jahrestag des ersten Tags des Zweiten Weltkriegs Einladungen für gemeinsame Feiern an das Schwarze Brett – und sang dann betrunken die alten Lieder, in Stuben, die zuvor mit Hakenkreuzfahnen dekoriert worden waren, fotografierte sich vor den Fahnen, den Arm zum Hitler-Gruß erhoben. Als der *Stern* entsprechende Fotos am Heiligabend 1997 veröffentlichte, war die deutsche Öffentlichkeit schockiert. Man glaubt eben nur, was man sieht. Bei den Besäufnissen 1993, als auch Marko G. in Altenstadt ausgebildet wurde, hallten ein ums andere Mal Reden von Goebbels und Hitler über die Gänge. Oft gab es von der Führung dienstfrei für die Soldaten an diesen Tagen, gerade am Geburtstag Hitlers. Später nahmen die Soldaten ein Video auf, »auf dem drei bis vier Unteroffiziere der Einheit ›Heil Hitler‹« riefen und den »Hitler-Gruß und sittlich anstößige Verhaltensweisen zeigten«, wie es im Untersuchungsausschussbericht des Bundestags hieß. Es war nicht das einzige Video, das aus der Kaserne in Altenstadt auftauchte. In einem anderen Video trat »eine Person als Hitler verkleidet« auf, und »verwendete nationalsozialistische Grußformeln und Zeichen«. Daneben wurde eine »Verunglimpfung des Militärischen Abschirmdienstes gezeigt«, berichtete *dpa* damals. Ein weiteres Video war auf einem Übungsgelände nahe Altenstadt gedreht worden. Es simulierte Erschießungen und enthält antisemitische Äußerungen, wie der Untersuchungsausschuss feststellte. Immer mehr Videos tauchten in der Zeit auf. Unter anderem hatte ein rechtsradikaler Soldat zwei Filme an das Privatfernsehen verkauft, die Soldaten der Kaserne Schneeberg in Sachsen aufgenommen hatten, wo die Gebirgsjäger, eine weitere Elitetruppe, ausgebildet wurden, unterstützt von normalen Wehrpflichtigen.

Ein Hauptgefreiter aus einem kleinen sächsischen Ort, der eigentlich Berufssoldat werden wollte, hatte mit einer privaten Videokamera eine Gruppe Wehrpflichtiger gefilmt, die zuvor eine ganz besondere Rolle gespielt hatten – sie wurden von der Bundeswehr in Kostüme gesteckt, um bosnische Zivilisten und Milizionäre zu spielen. Denn Ende 1995 standen gefährliche Auslandseinsätze für die Bundeswehr an – im Rahmen des IFOR-Einsatzes der NATO, der in Bosnien verhindern sollte, dass der Krieg auf dem Balkan erneut aufflammt. Die Gebirgsjäger aus Schneeberg sollten mit den Komparsen auf ihren Einsatz im früheren Jugoslawien vorbereitet werden. In der einstündigen Mittagspause drehten die verkleideten Soldaten dann ihre eigenen Szenen. Die

Deutsche Presseagentur fasste damals den Inhalt zusammen: »*Auf dem Video ist zu sehen, wie ein Soldat die Pistole an den Mund seines Kameraden ansetzt, um die Hinrichtung zu simulieren. Ein anderer Soldat stürzt sich in einem Zelt auf einen Kameraden, der eine wehrlose Frau darstellt. Vor dem Zelt warten Soldaten und essen. Eine Stimme ertönt: ›Die Schlange ist lang. Alle Soldaten wollen auf eine Frau.‹ Nach der Vergewaltigung muß sie ein Holzkreuz tragen. Hinter ihr geht ein Soldat mit einer Maschinenpistole. Einige Meter weiter wird die ›Frau‹ an ein Kreuz gehängt. Auch das Aufschlitzen des Halses wurde gespielt. Vier vermummte Gestalten stellen das Erschlagen eines wehrlosen, am Boden liegenden Menschen nach.*« [8]

In dem zweiten Film grüßen Soldaten ihre Vorgesetzten mit »Heil Hitler«, in einer anderen Szene werden Auseinandersetzungen zwischen Neonazis und Linken gezeigt: Einem Soldaten, der einen »Linken« verkörpern soll, hält ein anderer Soldat eine Pistole an den Kopf, schreit dabei »Du linke Sau!«. Eine andere Szene lässt es so aussehen, als ob ein Mensch am Boden liegt und brennt. Eine Sequenz zeigt einen Ofen, eine Anspielung, so eine Interpretation, auf den Holocaust. Schließlich werfen die Soldaten aus Schneeberg US-Modellflugzeuge gegen eine Wand und grölen dabei antiamerikanische Parolen.

Es blieb nicht immer bei Filmen. Außerhalb der Kaserne prügelten sich Fallschirmspringer aus Altenstadt mit einer »Gruppe von Türken«, wie die Medien berichteten. Die Vorkommnisse in Altenstadt waren kein Einzelfall. In Siegburg schlugen betrunkene Soldaten in einem Bus auf Fahrgäste ein, in Detmold jagten sie Migranten mit Baseballschlägern durch die Stadt, in Dresden steckten Soldaten ein Heim für Asylbewerber mit an. Schon damals schafften Soldaten auch Munition und Waffen beiseite oder besorgten sich auf anderem Wege Munition. Der Spind des Oberfeldwebels, der in Altenstadt die Gruppe enthemmter Soldaten beaufsichtigt hatte, wurde durchsucht, nachdem man ihn schließlich doch entlassen hatte – er hatte betrunken auf dem

Heimweg vom Oktoberfest »Sieg Heil!« gebrüllt. Man stellte darin 55 Patronen russische Übungsmunition sicher. In einer Nachbarkaserne fand man bei einer ähnlichen Durchsuchung bei einem Soldaten, der ebenfalls unter Verdacht stand, rechtsradikal zu sein, ein ganzes Waffenlager, darunter sogar eine »Milan«-Panzerabwehrrakete.

Die Verehrung der Wehrmacht und das Gefühl, dass die Bundeswehr, wenn überhaupt nur ein Provisorium war, bis es wieder eine Armee in Deutschland geben würde, die nicht nur vom Rand aus zusah, sondern auch angriff, wurde vor allem von der Führung in Altenstadt vorgelebt. Sie zeigte regelmäßig, dass ihr wichtigster Referenzpunkt die Wehrmacht war – und die Verehrung des »Dritten Reiches« kein Problem darstellte. 1994 hatte Oberst Quante ehemalige Angehörige des Standortes eingeladen, darunter Veteranen aus dem Zweiten Weltkrieg. Während des Treffens streckte ein ziviler Angestellter ausdauernd seinen rechten Arm nach oben. Keiner der anwesenden Kompanieführer habe daran Anstoß genommen, hieß es in dem Ausschussbericht des Bundestags – auch Quante habe eine Meldung über den Vorfall nicht für nötig gehalten, »weil offensichtlich jeder der Anwesenden ihn gesehen habe«. [9] Da war sie wieder, die Quante-Logik. Konsequenzen hatte der Hitler-Gruß für den Mann, der ihn so beharrlich dargebracht hatte, keine. In der Luftlandeschule galten eigene Regeln. Tausende Soldaten durchliefen diese sehr spezielle Kaserne. Und viele Ausbilder machten hier Karriere. Zu ihnen gehörte damals der Soldat Andreas Kalbitz, von Oberst Quante persönlich zum Obergefreiten befördert – er blieb bis 2005 in Altenstadt und war dort als schillernde Figur bekannt. Später wurde er Fraktionschef der AfD in Brandenburg, Mitglied des rechtsradikalen Flügels, ein Nazi, der aus der AfD ausgeschlossen wurde, weil er zu rechtsextrem war.

• • •

• • •

Mit der Wende und den Balkankriegen schienen auch die Männer von Oberst Quante ihrem Ziel näher zu kommen: endlich zu kämpfen, nicht mehr nur zusehen. Endlich beweisen, dass man mit den verehrten Helden aus dem Zweiten Weltkrieg mithalten konnte und den Tod nicht fürchtete. Altenstadt wurde auch deshalb ein immer grausamerer Ort. Zwei Rekruten starben bei einem Absprung aus dem Flugzeug. Gegen einen der beiden lief gerade ein Disziplinarverfahren. Der Oberfeldwebel hatte in Altenstadt Soldaten geschliffen, war mit rechtsradikalen Sprüchen aufgefallen, wurde versetzt, bremste sich auch in seiner neuen Kaserne nicht, ließ seine Soldaten Wehrmachtslieder singen und durfte danach trotzdem nach Altenstadt zurückkehren – wo er dann bei einem missglückten Fallschirmabsprung starb. [10]

Wegen der Abstürze verließen mehr als ein Dutzend Rekruten Altenstadt. Quante war das egal, er setzte auf diese natürliche Auswahl – nur wer wirklich bereit war, alles zu geben, sollte bleiben –, um dann bald an der Front eingesetzt werden zu können: »Die anderen«, zitiert der *Spiegel* Quante, »sollen lieber gehen.« Dem *Spiegel* gab der Oberst in diesem Geist 1995 ein Interview. Es ging darin unter anderem um die Befreiung von Mitarbeitern der *Deutschen Welle*, die im April 1994 in Ruanda festsaßen, als dort der Genozid an den Tutsi begann. Quante hatte auf einen Einsatz gehofft, doch den Auftrag übernahmen belgische Spezialeinheiten: »Der Kommandeur bedauert es heute noch, dass Belgier am Ende die Geiseln befreien durften: ›Da hätten wir mal die Qualität unserer Ausbildung beweisen können.‹ Doch der erste Ernstfall kommt bestimmt, da ist Quante zuversichtlich: ›Und dann sind meine Männer die ersten, weil sie die besten sind.‹ Motivationsprobleme kennt diese Truppe nicht, im Gegenteil. ›Die muß man eher bremsen‹, lobt Quante.« Der General sprach überraschend offen mit dem *Spiegel*. Man durfte sich nicht offiziell Kommando nennen, denn eine Kommandoeinheit, die hinter den feindlichen Linien operieren kann und ein eigenes Abzeichen erhält, war vonseiten des Verteidigungsministeriums noch nicht vorgesehen. »Die haben Probleme mit dem Wort Kommando«, sagte Quante dem *Spiegel*: »Wieso eigentlich?« Der Oberst verriet dem Magazin, dass er bereits 180 Elitekämpfer ausgebildet habe. Er nannte sie jedoch nicht offiziell Kommandosoldaten, auch wenn er sie genauso vielseitig ausbildete. Quante bereitete seine Männer schon wie auf Kommandoeinsätze vor, auch ohne Etat und mit Ausrüstung, die man, so erzählte er dem Magazin, ersatzweise selbst gebastelt hatte. Quante zeigte, welche Waffen seine Männer schon hatten, auch ohne offiziellen Auftrag: »Stolz breiten die Kommando-Soldaten ihr Arsenal aus. Sie beherrschen russische, amerikanische, eigentlich alle gängigen Waffen. [11] Im Verteidigungsministerium war man irritiert. Das Magazin zitiert einen Offizier aus dem Führungszentrum des Bundesverteidigungsministeriums, der von Quantes Truppe schließlich erfahren hatte: »›Lieber heute als morgen … würden diese Kerle losstürmen‹. Bei einem Einsatz, weiß der Ministeriale, ›müssen wir denen jede Sekunde auf die Finger gucken. Da besteht ein erheblicher Nachsteuerungsbedarf.‹« In der Tat. Auch dem *Focus* berichtete Quante von seinen Plänen. [12] Er hatte sich selbst ermächtigt, die Gründung eines Kommandos vorzubereiten – dieser Gedanke der Selbstermächtigung war später auch in der DNA des Kommando Spezialkräfte angelegt, als es schließlich gegründet wurde. So autonom durfte es agieren, allerdings nicht, wie Quante gehofft hatte, unter seinem Kommando.

Als mit dem *Stern*-Bericht Ende 1997 publik wurde, dass unter dem Oberst Altenstadt zu einer Skandalkaserne geworden war, war ausgerechnet unter ihm schon seit mehreren Jahren weitgehend unbemerkt der Grundstock für eine Kommandoeinheit der Bundeswehr gelegt worden, für eine hoch spezialisierte Stoßtruppe, die es so bislang bei der Bundeswehr nicht gab. Oberst Quante, ein Mann, der die Wehrmacht verehrte und verklärte, und später den Wahlkampf der rechtsradikalen Splitterpartei »Bund Freier Bürger« organisierte, hatte Parlament und Regierung missachtet, das Recht in seine eigene Hand genommen. Er wurde zwar gestoppt und zu einem *Heimatschutz*-Kommando abkommandiert, Reserveeinheiten, die im Ernstfall die reguläre Armee unterstützen sollen. Zuvor hatte er mehrere Schlüsselfiguren, die noch 25 Jahre später eine Rolle spielten, in den Kommandoverbänden geprägt. Sein Nachfolger in Altenstadt, Oberst Friedrich Jeschonnek, ein Verwandter des Generalstabschefs der Luftwaffe im Zweiten Weltkrieg Hans Jeschonnek, hielt sich nicht lange. Er hatte einen Saal der Kaserne nach dem General Kurt Student benannt. Student hatte den Einsatz der Fallschirmjäger auf Kreta wesentlich mit geplant und damit Tausende von Soldaten in den Tod geschickt.

Dass man gegen Rechtsradikale nicht durchgriff, wurde auch trotz der vielen alarmierenden Erkenntnisse, die durch den Ausschuss ans Licht kamen, von der politischen Führung weiter vorgelebt. Sie redete das Problem grundsätzlich klein. So schrieben die Regierungsfraktionen der CDU/CSU und FDP in dem Abschlussbericht zur Untersuchung der Bundeswehr 1998:

»Nachdem die Vorfälle in Altenstadt bekannt geworden waren, wurden unverzüglich die notwendigen dienstrechtlichen Maßnahmen eingeleitet. ... Sie dürfen nicht als Einzelfälle der Vergangenheit für die Gegenwart verallgemeinert werden. Sie geben nach dem Ergebnis der Beweisaufnahme nur ein verzerrtes Bild von dem damaligen inneren Gefüge in dieser Kompanie wieder. Rückschlüsse auf den Zustand der Kompanie in der Gegenwart dürfen daraus keinesfalls gezogen werden. Bei rund 70.000 Soldaten, die seit 1990 in der Luftlandeschule Altenstadt waren, sind von 1990 bis heute 14 Fälle von Verstößen gegen die Innere Führung mit rechtsradikalem Bezug, teilweise unter Alkoholeinfluß, festgestellt worden. Daraus, wie es die Opposition macht,

Rückschlüsse auf die gegenwärtige innere Lage der Bundeswehr zu ziehen, ist verfehlt.«

Der Clou ging bei allem Kleinreden fast unter: 70.000 Soldaten wurden in Altenstadt also zwischen 1990 und 1998 ausgebildet – davon gingen die meisten durch die Hände von Oberst Quante und seinen Männern, die nichts getan hatten, um eine neue Tradition zu schaffen, die ohne die Verherrlichung der Wehrmacht auskommt. Erst sehr viel später würde bekannt, was in der Bundeswehr noch alles möglich war. So ließ es die Bundeswehrführung zu, dass deutsche Soldaten als Freiwillige im jugoslawischen Bürgerkrieg kämpften – seit 1991 rund 200 bis 300 Männer, wie der Militärhistoriker Sönke Neitzel schreibt, der sich auf die Arbeit von Julia Dehm beruft: »Insbesondere aus den Garnisonen in Süddeutschland fuhren viele Männer auf ein verlängertes Wochenende oder im Urlaub an die Front, um Kampferfahrung zu sammeln. Das war zwar illegal, wurde von den Vorgesetzten in vielen Fällen aber gedeckt, da man die Eigeninitiative als wertvolle Bereicherung der Gefechtsausbildung betrachtete.«[13] Was diese Einsätze zusätzlich heikel machte: Im jugoslawischen Bürgerkrieg kämpften oft auch Rechtsradikale, eine Gruppe wurde dabei von einem ehemaligen NVA-Offizier angeführt.

Aber trotz dieser Zustände und obwohl sich auch viele Offiziere bei der Aufklärung der rechten Umtriebe so zurückgehalten hatten, machten sie danach Karriere und spielten weiter eine große Rolle innerhalb der Armee, wie der damalige stellvertretender Kommandeur des *Kommandos Luftbewegliche Kräfte* Brigadegeneral Friedrich Riechmann, der erster Befehlshaber des *Einsatzführungskommandos* der Bundeswehr wurde. Der Untersuchungsausschuss des Bundestags hatte zwar binnen kurzer Zeit viele Anhaltspunkte geliefert, wie man künftig Rechtsradikale und Ewiggestrige aus der Bundeswehr raushalten könnte – doch diese Lehren wurden nach der Wahl 1998 bald vergessen, weil die Rot-

Grüne Regierung schneller als man sich vorstellen konnte auf die Bundeswehr angewiesen war. So sollte die neue Regierung die Luftwaffe schon 1999 in einen völkerrechtlich umstrittenen Einsatz im Kosovo schicken. Gelernt hatten die Topleute der Bundeswehr durch den Ausschuss zuvor vor allem, dass man Skandale aussitzen kann.

Doch junge Soldaten hätten gerade in dieser Zeit Offiziere gebraucht, die auf die Rekruten und Wehrpflichten einwirken, sie von Irrwegen abbringen. Ein Sozialwissenschaftler der Bundeswehr, Heinz-Ulrich Kohr, hatte dem Ausschuss erklärt, dass die Armee schon damals kein Spiegel der Gesellschaft mehr war, sondern vielmehr eine bestimmte Gruppe von Kandidaten überproportional anzog: »Modernisierungsverlierer«, viele aus Ostdeutschland, die mit ihrer »geistigen Orientierung in den letzten Jahren das Klima in den Streitkräften mitbestimmt haben, insbesondere wenn man sich von Seiten der Offiziere nicht offensiv mit den damit verbundenen Einstellungen auseinandersetzte«. [14] Nicht nur Kohr hatte 1992 in seiner Studie darauf hingewiesen, dass sich »soziologische Veränderungen bei den Rekrutierten abzeichneten«, andere Experten schlugen vor dem Ausschuss ebenfalls vor, diesen Entwicklungen mit Studien nachzugehen, aber, so hielt man später im Abschlussbericht fest: »Die militärische Führung und die politische Leitung ging[en] darauf nicht ein.« [15] Der Ausschuss hielt fest, dass es sowohl aus dem Sozialwissenschaftlichen Institut der Bundeswehr durch die sogenannte Kohr-Studie aus dem Jahr 1992 als auch vom MAD deutliche Hinweise gab, dass sich »soziologische Veränderungen bei den Rekrutierten abzeichneten«. Weitere Experten erklärten vor dem Untersuchungsausschuss, dass »Vorschläge ... gemacht wurden, diesen Entwicklungen mit Studien nachzugehen. Die militärische Führung und die politische Leitung ging[en] darauf nicht ein«. [16] Nach dem Motto: Was wissenschaftlich nicht erfasst wird, gibt es nicht. Über 20 Jahre später sollte es wieder so laufen, als es um rechtsradikale Strukturen in der Polizei ging.

Schon der Ausschuss 1998 war eine grandios verpasste Chance, da vor allem der *Militärische Abschirmdienst*, dafür zuständig, die Bundeswehr vor Extremisten abzuschirmen, deutlich genug darstellte, wie systematisch das Problem mit den Rechtsradikalen war. Man hatte es auch nicht mit einem Phänomen zu tun, das bald wieder verschwinden würde. Der Ausschuss erfuhr etwa, dass erste eindringliche Warnungen schon 1992 nicht ernst genommen worden waren, also sechs Jahre vertan wurden. So sagte der damalige MAD-Präsident Rudolf von Hoegen vor dem Ausschuss, dass sein Dienst schon kurz nach der Wende die militärische Führung alarmiert hatte. Er persönlich habe damals den Inspekteur des Heeres gewarnt, dass der Rechtsextremismus ein ernst zu nehmendes Problem für das »innere Gefüge der Streitkräfte« darstelle. Man habe jedoch nicht auf ihn gehört – denn in dieser Zeit habe noch die Auffassung bestanden, dass Extremismus ebenso wie die Spionage kein Thema mehr sei.

Der Ausschuss des Bundestags musste außerdem erfahren, dass die rechte Szene die vertane Zeit, in der sie wieder einmal nicht ernst genommen wurde, effektiv genutzt hatte, so hatte der MAD-Chef erklärt: »In den Jahren 1994 und 1995 habe es einen Qualitätssprung in der rechtsextremistischen Szene gegeben, der auch zu anderen Dimensionen geführt habe.« Gezielt wurde etwa in der Szene dazu aufgerufen, sich als Soldat bei der Fallschirmjägertruppe zu melden. Der MAD-Chef suchte daraufhin erneut den Inspekteur des Heeres auf und warnte ihn, dass der MAD »auf Grund von Aufrufen und Verwendungswünschen bei Kreiswehrersatzämtern« eine besondere Gefährdung für die Fallschirmjäger sehe. Ein MAD-Offizier erklärte, dass es noch weitere Probleme gebe – besonders raffinierte Rechtsextremistische, die »nicht durch ihr äußeres Erscheinungsbild auffielen«, erkenne man gar nicht. Schlimmer noch: Diese gehörten im Dienst häufig zum ersten Leistungsdrittel ihrer Einheit. Sie wollten zudem möglichst lange in der Bundeswehr bleiben, »um dort führen zu lernen und um später möglicherweise in einer Wehrsportgruppe eine Führungsrolle übernehmen zu können«.[17]

Tatsächlich hatte auch der Staatsschutz der Kriminalpolizei schon damals ebenfalls die Beobachtung gemacht, dass Rechtsextremisten gezielt die Bundeswehr und andere staatliche Stellen unterwandern wollten. So in Thüringen, wo die rechte Szene besonders straff organisiert war und der *Thüringer Heimatschutz* zur Wiege des *Nationalistischen Untergrunds* wurde. Das LKA fand bei Rechtsextremen Unterlagen, die Polizei und Bundeswehr direkt betrafen. Die Vordenker der Bewegung forderten in den internen Konzepten eine »Infiltrierung der Behörden von Gesinnungsgenossen in Sicherheitseinrichtungen wie Bundeswehr, Polizei, öffent. Verwaltung u. a.«. Ein Neonazi-Magazin aus Thüringen schrieb: »Es wird ermahnt, Posten in öffentlichen Ämtern zu übernehmen (Polizei, Bundeswehr ...), hierbei Führungspositionen anzustreben, um damit Einfluss zugunsten der revolutionären Kameraden auszuüben.« [18] Bis dahin solle man sich unauffällig verhalten. *Infiltrierung. Führungspositionen in der Polizei und Bundeswehr anstreben.* Die Kader hinter der Revolution sollten für das verhasste System nicht erkennbar sein und in die Haut eines biederen Bürgers schlüpfen. Die anderen in Massen in die Bundeswehr eintreten. Dieses Konzept sollten die deutschen Rechtsextremen über Jahre weiterverfolgen, nachdem es Mitte der 1990er-Jahre bereits mit großem Erfolg umgesetzt wurde. Es war so erfolgreich, dass der *Militärische Abschirmdienst* nicht mehr hinterherkam.

3
Der Abschirmdienst

Anfang März 1995 hatten zwei Agenten des *Militärischen Abschirmdienstes* einen Standardauftrag abzuarbeiten. Innerhalb von zwei Tagen mussten sie sechs Wehrpflichtige aus Sachsen, Sachsen-Anhalt und Thüringen vernehmen, die beim Panzergrenadierbataillon in Bad Frankenhausen in Thüringen als rechtsradikale Verdachtsfälle aufgefallen waren. Einer der Soldaten war der 21-jährige Uwe Mundlos aus Jena, dessen Dienstzeit zwei Wochen später zu Ende gehen sollte. Mundlos war im Mai 1994 als Wehrdienstleistender vereidigt worden, danach durchlief er bei den Panzergrenadieren den Grundwehrdienst, lernte dort, wie er mit dem G3-Sturmgewehr umzugehen hatte, wie man Mörser – kleine Granatwerfer – bedient und Raketen auf Panzer abfeuert. Gemeinsam mit den anderen fünf Soldaten hatte Mundlos Nazi-Rock in der Kaserne gehört und war mehrfach aufgefallen, weil er sich rechtsradikal geäußert hatte.

Uwe Mundlos war also in der Kaserne nicht allein mit seinen extremen Ansichten. Schon vor dem Mauerfall als Nazi in seiner Umgebung bekannt gewesen, hatte er nach der Wende das gesellschaftliche Vakuum voll ausgenutzt, um sich weiter zu radikalisieren. Mit gerade Anfang 20 blickte der Sohn eines Mathematik-Professors auf eine lange Karriere in der rechten Szene zurück, sodass er in seiner Heimatstadt Jena bereits zu den üblichen Verdächtigen gehörte. Um Hunderte von Rekruten wie Mundlos musste sich der MAD seinerzeit kümmern, über jeden Vorgang wurde eine Akte angelegt, die Kerninformationen wurden in Datenbanken abgespeichert. Doch in der rechten Szene hatte sich auch herumgesprochen, dass man vor diesem *Abschirmdienst* nicht unbedingt Angst haben musste – man konnte offen mit den Offizieren des MAD reden, meist passierte danach nichts.

Die verdächtigen Soldaten aus Mundlos' Kaserne sprachen so auch vor den MAD-Offizieren ungeniert über ihre Einstellung. Ein befragter Soldat aus Sachsen hatte sich betrunken ein Hakenkreuz ans Barrett gesteckt und einen Gürtel mit Wehrmachtskoppel umgeschnallt. Mit dem »demokratischen Rechtsstaat« könne er nichts anfangen, sagte der. »Manchmal bin ich rechtsradikal eingestellt, manchmal fanatisch, aber ich neige nicht zum Terrorismus. …«, sagte ein anderer, in einer Gruppe von sieben »Rechten« habe er vierzig Türken »plattgemacht«, da sei er heute noch stolz drauf. [19] Ob er geplante terroristische Aktionen melden würde, beantwortete er nicht, schließlich gebe es ein Zusammengehörigkeitsgefühl in der Szene. »Juden sind Arschlöcher« und den Film »Schindlers Liste« würde er verbieten. Ein weiterer befragter Soldat, bei dem man zu Hause allerhand Rechtsrock, eine Reichskriegsflagge und Gewehrpatronen gefunden hatte, sagte dem MAD, er wolle nach der Bundeswehr zur Polizei.

Mundlos war ebenfalls gesprächig, aber er gab sich vor den MAD-Offizieren wesentlich geschmeidiger als die anderen Befragten. Detailliert erzählte Mundlos von seiner Jugend. Sein Vater habe immer akzeptiert, dass er »Mitglied« in einer Skinhead-Gruppe gewesen war, dessen Motto: »lieber Skin als Punk und drogenabhängig«. Zum Thema Nationalsozialismus könne Mundlos nur so viel sagen, »als dass er die in der Zeit von 1933–1945 von den Nazis begangenen Gewalttaten in keinster [sic] Weise verharmlose. Es sei schlimm, was damals mit den Juden passiert sei. Er sehe jedoch nicht ein, warum der einfache deutsche Soldat, der für sein Land gekämpft habe, heute hierfür immer noch an ›den Pranger‹ gestellt werde.« Die MAD-Offiziere sprachen mehrmals das Thema »Anschläge auf Asylbewerberheime« an. Mundlos reagierte kontrolliert: »Asylbewerber, die nicht politisch verfolgt sind und nach Deutschland kommen, um sich hier auf Kosten des Staates ein schönes Leben zu machen, sollte man sofort wieder ausweisen«, aber: »Körperliche Gewalt würde er jedoch auch gegen solche nicht anwenden ...« [20]

Hätten die beiden Offiziere des MAD sich genauer in der Kaserne umgehört, dann hätten sie relativ schnell feststellen können, dass Mundlos sie schamlos angelogen hatte. Der überzeugte Neonazi fiel in der Kaserne regelmäßig auf, er konnte gar nicht anders. Schon bei der Grundausbildung war Mundlos nicht besonders vorsichtig. [21] Er trug auch außerhalb des Dienstes Springerstiefel und hielt mit seiner politischen Auffassung nicht hinterm Berg. Dass er rechts war, erkannte man sofort, erinnerte sich ein Wehrdienstleistender, der mit Mundlos die Stube teilte und sich mit ihm anfreundete. Mundlos sei nicht als »Proletenskin« aufgefallen, es sei meist durchdacht gewesen, was er sagte, auch wenn ihm mal ein »scheiß Ausländer« oder »scheiß Kanaken« entfahren sei. [22] Dieser ehemalige »Kamerad« empfand ihn als intelligenten Typen, der eben nur dann unangenehm wurde, wenn er über alles Nicht-Deutsche sprach. Mundlos erwähnte sogar, dass er bei Gelegenheit auch Ausländer verprügelte, ihnen Gewalt antat. Der andere Soldat gab dann zu bedenken, dass kriminelle Ausländer zwar abgeschoben gehörten, dass es aber auch andere gebe, die arbeiteten und Steuern zahlten. Mundlos jedoch war das egal, für ihn waren sie alle gleich, erzählte der befreundete Soldat später. Die Ausländer müsste man alle »plattmachen«, so Mundlos.

Mundlos zog nicht nur auf der Stube vor den anderen Soldaten vom Leder. Er leugnete hörbar für andere Soldaten den Holocaust und bekam dafür zur Strafe von einem Offizier den Befehl, einen Aufsatz über den Völkermord an den Juden zu schreiben. Darin blieb Mundlos dabei, dass der Holocaust nie stattgefunden habe und belegte diese These mit Zitaten aus Büchern, die er für wissenschaftlich hielt.

Nach dem Ende des Grundwehrdienstes, im Hochsommer 1994, wurde Mundlos' rechte Haltung immer eindeutiger. Bei einem Gedenkmarsch militanter Neonazis anlässlich des Todestags von Rudolf Heß – einer der wichtigsten Anlässe der rechten Szene, sich zu treffen und zu zeigen – wurde Uwe Mundlos von der Polizei kontrolliert. Bei Mundlos fanden die Polizisten ein Bild von Heß sowie Visitenkarten, auf denen seine Adresse und ein gezeichnetes Porträt von Adolf Hitler gedruckt waren. Mundlos wurde mit anderen Neonazis in Gewahrsam genommen und verpasste seinen Dienstantritt in der Kaserne. Dort wurde er wenige Tage später von seinen Vorgesetzten zur Rede gestellt. Seine Aussage wurde wie folgt protokolliert: »Aufgrund des neuen Polizeigesetzes in Sachsen wurden wir in vorläufigen Gewahrsam genommen (…) um eine angeblich drohende Straftat zu verhindern …«[23]

Doch erst einen Monat später beschäftigte sich die Kompanieführung disziplinarrechtlich mit ihm, obwohl er zuvor außerdem in Bayern am Rande einer Skinheadparty aufgegriffen worden war, auf der Mundlos mit Freunden verbotenen Rechtsrock gehört hatte. Darunter das Lied »Blut« von der Band *Tonstörung*: *»Wetzt die langen Messer/ Auf dem Bürgersteig!/ Lasst die Messer flutschen/ In den Judenleib! Blut muss fließen knüppelhageldick.«*

Eine Vertrauensperson, also ein Soldat, der als Verbindungssoldat für die Kompanieführung fungierte, wurde gehört und entlastete Mundlos. Mundlos' Verhalten gegenüber den übrigen Kameraden der Kompanie sei »problemlos«, er falle eher als Einzelgänger auf und sei nicht in der Lage, »andere mitzureißen und für seine Sache zu begeistern«. Das genügte der Führung. Mundlos durfte Soldat bleiben, denn, so die Begründung des zuständigen Offiziers: »Eine Entlassung aus dem Wehrdienst ist nicht vorgesehen, da es sich um einen Wehrpflichtigen handelt. Parallel zur Abgabe an die Staatsanwaltschaft habe ich einen Antrag auf 7 Tage Disziplinararrest wegen Verstoß gegen § 8 des Soldatengesetzes ›Eintreten für die demokratische Grundordnung‹ bei dem Truppendienstgericht Kassel gestellt.« Aber: »Die Einleitung eines disziplinargerichtlichen Verfahrens ist nicht vorgesehen. Uwe Mundlos erfüllte seinen Dienst bisher zur vollen Zufriedenheit und fiel bisher nicht negativ auf.« Dass Mundlos den Holocaust geleugnet hatte, war nicht offiziell gemeldet worden.

Seit dem Vorfall in Bayern, als Mundlos auf der Skinheadparty erwischt worden war, hatte der MAD sich allerdings mit ihm beschäftigt, mehrere operative Berichte angelegt, wie es intern hieß. Doch dem MAD ging es dabei nicht darum, Mundlos aus dem Dienst zu entfernen oder seine anstehende Beförderung zum Obergefreiten zu verhindern. So hatten weder das Ergebnis seiner Befragung noch die Resultate der Verhöre seiner rechten Kumpel in der Einheit irgendwelche Konsequenzen. Die Soldaten wurden nicht als Extremisten geführt – dazu brauchte es aus Sicht des MAD noch mehr – am besten die offizielle Mitgliedschaft in einer rechtsextremistischen Organisation. Bis dahin galten die Soldaten nur als problematisch. Die Verhöre wurden zu den Akten gelegt. Mehr passierte nicht. Mit Mundlos hatte der Dienst jedoch tatsächlich, so sollte sich zeigen, andere Pläne: Man wollte ihn als Informanten.

• • •

Der *Militärische Abschirmdienst* galt lange als »ein Geheimdienst ohne Skandale«, gleichzeitig als der geheimste aller deutschen

Geheimdienste. Ein Forscher des Zentrums für Militärgeschichte und Sozialwissenschaften der Bundeswehr, selbst Soldat, attestierte dem *MAD* verglichen mit *BKA*, *BND* oder dem *Bundesamt für Verfassungsschutz*, den anderen großen deutschen Sicherheitsbehörden, nur sehr »dünne braune Wurzeln zu haben«. [24] Im Kalten Krieg versuchte der *MAD*, mit beschränkten Mitteln ostdeutsche und sowjetische Spione zu jagen, das Amt hatte dabei jedoch – wie fast alle deutschen Sicherheitsbehörden – einen Spion in den eigenen Reihen, der für die Abteilung *HVA* des Ministeriums für Staatssicherheit spionierte, was die eigene Arbeit erschwerte. Ausgerechnet der Vizepräsident, Joachim Krase, Leiter der Spionageabwehr, hatte sich 1969 der DDR als Spion angeboten. In dieser Zeit, als die »Außerparlamentarische Opposition« die Republik erschütterte, verlegte sich der *MAD* selbst darauf, Extremisten in den Reihen der Bundeswehr zu enttarnen – damit waren damals allerdings fast ausschließlich Linksextremisten gemeint. Man versuchte vor allem zu verhindern, dass Sympathisanten der *Roten Armee Fraktion* von der Bundeswehr ausgebildet wurden und durch sie an Waffen herankamen.

Wie viele andere Behörden auch musste sich der *MAD* nach der Wende 1989 neu erfinden. Sehr bald kamen ganz organisch neue Aufgaben auf den Dienst zu. Die Bundesrepublik beteiligte sich wieder an Kriegseinsätzen im Ausland, die Soldaten mussten im Prinzip noch gründlicher geprüft werden, zudem wurden Tausende Soldaten aus der ehemaligen DDR übernommen, deren Einstellung abgeklärt werden musste. Schon kurz nach der Wende wurde der *MAD*-Führung außerdem klar, dass es ein Problem mit ostdeutschen Rechtsextremisten gab, die als Berufssoldaten oder Wehrpflichtige neu zur Bundeswehr kamen. Dass Rechtsextremisten generell ein Problem für die Armee darstellten, wusste der *MAD* jedoch schon, als Deutschland noch geteilt war. Immer wieder seit dem Krieg hatte es auch Bundeswehrsoldaten gegeben, die zu rechten Terroristen geworden waren. Dazu gehörte die Gruppe *Testamentsvollstrecker des Führers*, außerdem die *Werwölfe*, angeführt von dem Zeitsoldaten und der Überfigur der rechten Szene in den 1980er-Jahren, Michael Kühnen. Einer seiner Komplizen war ein ehemaliger Fallschirmjäger der Bundeswehr und Kreisvorsitzender der NPD. Der Fallschirmjäger überfiel 1977 seine eigene Kaserne, stahl eine Maschinenpistole, die er noch am selben Abend Kühnen in dessen Wohnung in Hamburg-Wandsbek übergab. [25]

Noch vor dem Fall der Mauer hatte der MAD eine Operation begonnen, um eine besonders gefährliche rechtsextremistische westdeutsche Gruppe zu unterwandern, die *Nationalistische Front*. Denn der Kopf der Gruppe, Meinolf Schönborn, ein Ex-NPD-Kader, war einst Stabsunteroffizier bei der Panzertruppe – besonders peinlich für die Bundeswehr, zumal Schönborn beileibe nicht der einzige Offizier war, der damals eine führende Rolle in der rechten Szene spielte. Im Februar 1989 sprachen Offiziere des MAD auch deshalb den Fallschirmjäger Michael P. an. Sie hatten einen Auftrag: Der Fallschirmjäger sollte sich der *Nationalsozialistischen Front* von Schönborn anschließen. Der junge Soldat nahm, aufgrund seiner »soldatischen Überzeugung und Pflichtauffassung« an und lieferte bald Informationen aus dem direkten Umfeld von Schönborn. Der MAD hatte dem Fallschirmjäger zuvor geheime Unterlagen zugespielt, die er Schönborn übergab. So sollte der Rechtsextremist überzeugt werden, dass der Fallschirmjäger seine Gesinnung teilte und es ernst meinte. Das hatte Erfolg – der Spitzel wurde ein enger Gewährsmann von Schönborn. Der Soldat konnte so berichten, dass Schönborn ein *Nationales Einsatzkommando* (NEK) gegründet hatte. Demnach plane das NEK Anschläge auf Politiker und Einrichtungen der ehemaligen Alliierten in Deutschland. Die Attentate sollten zeitgleich ausgeführt werden. Außerdem sollte das NEK, so erfuhr es der verdeckte Agent, als bewaffnete Kampftruppe gegen »Ausländer-Verbrecherbanden« eingesetzt werden. Als der Fallschirmjäger im Nahen Osten vom NEK militärisch fortgebildet werden sollte, ein Weg, den schon die 1980 verbotene braune *Wehrsportgruppe Hoffmann* gewählt hatte, wurde es dem Soldaten zu heiß. Er stieg aus. Der Fallschirmjäger, der als Agent gearbeitet hatte, war zudem aus einem anderen Grund in Gefahr. Eine Sekretärin, die im Vorzimmer eines Brigadekommandeurs der Bundeswehr arbeitete, stand im engen Kontakt mit Meinolf Schönborn, dem Kopf des NEK. Sie erledigte sogar Schreibarbeiten für ihn. Der MAD blieb dennoch entspannt. Die Beziehung sei rein freundschaftlich und nicht politisch motiviert gewesen. [26] Die *Nationalistische Front* wurde 1992 wegen der Gründung der NEK verboten, auch weil mindestens zwei weitere V-Männer aus dem Inneren der Gruppe anderen Diensten berichtet hatten.

Der Einsatz des Soldaten als eine Art verdeckter Ermittler hatte also aus Ansicht des MAD Ergebnisse gebracht: Informationen und den direkten Zugang zu einem rechten Strippenzieher. Der MAD wich deshalb erst recht nicht von dem Instrument ab und setzte sogar verstärkt auf verdeckt agierende Agenten und Soldaten, zudem auf V-Männer, Spitzel, Informanten, Verräter also, um die rechte Szene aktiv aufzuklären. Ein Schwerpunkt dabei war Thüringen mit seiner besonders gut organisierten rechtsextremistischen Szene. Hier wurde deutlich, welche Taktik der MAD verfolgte: Es ging nicht um die Zerschlagung der Szene oder darum, alle Neonazis von der Bundeswehr fernzuhalten – es ging bald fast nur noch darum, so viele Informationen wie möglich zu gewinnen.

So war der MAD in Thüringen, der Heimat der NSU-Kernmitglieder, weder untätig noch auf dem rechten Auge blind. Agenten observierten die rechte Szene, besuchten regelmäßig die örtlichen Polizeistationen, um Informationen abzugreifen. Dabei stießen sie fast immer auf Mitglieder des *Thüringer Heimatschutzes* (THS), der von einem V-Mann des Landesamtes für Verfassungsschutz, Tino Brandt, gegründet worden war und zu dem auch Beate Zschäpe, Uwe Mundlos und Uwe Böhnhardt gehörten. Der MAD lieferte sich nun eine Art Wettrennen mit dem Landeskriminalamt Thüringen. Eine Sonderkommission des LKA wollte den *Heimatschutz* stoppen und die Mitglieder vor Gericht bringen, der MAD war mit den anderen Nachrichtendiensten schlicht auf der Suche nach Verrätern, die als Informanten für sie arbeiten würden.

Die Gruppe selbst war hochgefährlich. Mitglieder des *Heimatschutzes* waren mehrfach in schweren Landfriedensbruch verwickelt, begingen schwere Körperverletzungen. Die Sonderkommission des LKA ermittelte 1996, dass der *Heimatschutz* in gut einem Jahr 41 Straftaten begangen hatte, dabei 80 Straftäter ermittelt worden waren. Zu den Taten zählte das LKA einen Sprengstoffanschlag auf das Flüchtlingsheim in Jena, durchschnittene Kabel von Funkantennen der Polizei in Saalfeld und mehrere Bombenattrappen. Das LKA Thüringen erwog daher, gegen den *Heimatschutz* als eine kriminelle Vereinigung vorzugehen, was die Verfolgung einzelner Mitglieder erleichtert hätte. Das Ziel der Gruppe wurde in einem Neonazi-Magazin unmissverständlich formuliert: »*Wir haben nicht hundert diffuse politische Forderungen – Wir haben nur ein Ziel! Die absolute Macht! ... Politische Macht dient nur einem Zweck: Die Schaffung eines starken freien Deutschlands, das sich in allen Bereichen von Staat und Gesellschaft an der Idee des nationalen Sozialismus orientiert. ... Nationaler Sozialismus ist kein politischer Gedanke, er ist eine Weltanschauung. ... Die Härte der Auseinandersetzung, die Gefahren und die abverlangten und gebrachten Opfer machen uns zu einer Elite.*« [27]

Einem Ermittler des LKA gelang es schließlich, einen *Heimatschützer* davon zu überzeugen, mit der Polizei zu kooperieren und auszupacken. Das Mitglied – Ivo S. – war gerade als Wehrpflichtiger bei der Bundeswehr und wollte Berufssoldat werden. Auf dem Papier unmöglich als Mitglied einer rechtsextremistischen Organisation wie dem *Heimatschutz*. Also machte man S. ein Angebot: Aussage gegen Zukunft als Soldat. Der Soldat schlug ein, sagte über den *Heimatschutz* aus, die Struktur, die Taten, die Mitglieder, die Treffen. Unter anderem erklärte er: »In der rechten Szene wird oft vom ›Tag X‹ gesprochen. Tino Brandt [der Chef des *Heimatschutzes*] redet oft davon. Es soll der Tag der Machtergreifung der Rechtsgesinnten sein. Nachdem die Vernetzung vollkommen ist, soll ein nationalsozialistischer Volksaufstand stattfinden.« [28] Schon damals lag also der Fokus der Szene auf dem *Tag X*.

Die Ermittler der Polizei wähnten sich am Ziel – als plötzlich die Quelle versiegte. Der *Militärische Abschirmdienst* hatte den Fall und den Soldaten übernommen. Der *MAD* war jedoch nicht daran interessiert, dass das *LKA* gegen den *Heimatschutz* vorgehen konnte, sondern wollte offenbar den Soldaten Ivo S. selbst nutzen und machte ihm ebenfalls Versprechungen, was seine Bundeswehrkarriere anbelangte. Der Soldat sprach nur noch mit dem *MAD* und nicht mehr mit dem *LKA*. S. wurde später Berufssoldat mit Kontakten zu mehreren Kommandosoldaten. Dabei arbeitete er, so vermuteten die *LKA*-Ermittler, denen man gerade eine der schärfsten Waffen weggenommen hatte, als Informant für den *MAD*. Im Ergebnis konnte der *Heimatschutz* in Thüringen auch deswegen weitermachen wie bisher, mittendrin die Mitglieder Böhnhardt, Zschäpe und Mundlos, die sich immer weiter radikalisierten. Diese Entwicklung beobachtete auch der *MAD* mit Interesse weiter, aber konsequent aus dem Blickwinkel: Wer ist der nächste potenzielle Informant?

•••

Hochrangige Vertreter des *MAD* gaben später zu, dass man besser an Rechtsextremisten herangekommen sei als andere Geheimdienste, da diese größeren Respekt vor der Bundeswehr gehabt hätten: »Die haben als Soldaten den *Militärischen Abschirmdienst* als etwas Gleiches anerkannt. Aber der Verfassungsschutz war nicht das Gleiche für sie. Das war schon merkbar«, sagte etwa der Extremismus-Experte des MAD, Oberst Dieter Huth, vor dem ersten NSU-Untersuchungsausschuss des Bundestages. Durch diverse andere Aussagen und Fälle wurde deutlich, dass der MAD einerseits Wissen für sich behielt, anderseits anderen deutschen Geheimdiensten half, indem er eine Art Casting für V-Männer veranstaltete. Wenn die Kandidaten am Ende ihrer Bundeswehrkarriere einer Rolle als Informant zusagten, hat der MAD die Spitzel regelmäßig nach Ende der Wehrdienstzeit an das Bundesamt oder an ein *Landesamt für Verfassungsschutz* übergeben.

Die Beweisaufnahme des ersten Thüringer NSU-Untersuchungsausschusses zeigte sogar, dass der MAD und andere Nachrichtendienste bald jedes Maß verloren. Man ließ absichtlich gewalttätige Neonazis in die Armee, um sie dann besser als Spitzel anwerben zu können. Nur gewalttätige Rechtsradikale konnten auch über die militante Szene berichten, da man Gemäßigteren nicht trauen würde, so die Logik. Deshalb wurde ein Mitglied des *Thüringer Heimatschutzes* in die Bundeswehr berufen, obwohl er außerdem Mitglied in der rechtsextremen, verbotenen FAP (*Freiheitliche Deutsche Arbeiterpartei*) war, danach in die NPD übertrat, dort die Sicherheit auf Veranstaltungen organisierte und als vorbestrafter rechter Gewalttäter geführt wurde, weil er wegen versuchten Totschlags verurteilt worden war. Er hatte versucht, jemanden »abzustechen«, wie man nicht nur in der rechten Szene von Jena wusste. Trotzdem wurde der Mann als Wehrpflichtiger »gezogen«, um später vom MAD bearbeitet werden zu können, damit er am Ende ein Spitzel werden konnte. Der Mann bekam später den Tarnnamen *Tristan*. Der Fall *Tristan* illustriert wie kaum ein anderer, was der MAD alles akzeptierte, nur um noch einen weiteren Informanten zu gewinnen.

In einer Kaserne in Hessen wurde *Tristan* ab dem Jahr 2000 an hochexplosiven Sprengstoffen ausgebildet – und natürlich wurde er als amtsbekannter Extremist vom MAD verhört. *Tristan* gab in dem Gespräch seine politische Karriere im Wesentlichen zu. Er lebe inzwischen konspirativ, seine Nachbarn wüssten nicht, dass er rechts sei. Zu Hause höre er keinen Nazirock wegen seiner Tochter, sie könnte die Lieder ja aus Versehen im Kindergarten singen. Manchmal ziehe er noch heimlich seine Bomberjacke an, mit dem Thüringer Gauwinkel. Ja, er sei ein großer Verehrer von Rudolf Heß. Im Internet surfe er nur im Café, das sei sicherer. Zu Hause bewahre er nichts auf, man müsse immer mit einer Durchsuchung rechnen. Namen und Treffpunkte der Szene nannte er nicht, stattdessen grinste *Tristan* bloß. Sein Vater habe sich selbst »vergast«, sagte er stattdessen, und spielte auf den Suizid seines Vaters an, er habe dann in der Schule, zu DDR-Zeiten, Probleme bekommen. Der Holocaust? »Im 3. Reich seien nicht so viele Juden getötet worden, wie immer behauptet werde, ob 6 oder 2 Millionen, wer wisse das schon. Schließlich sei er nicht dabei gewesen, aber wenn 6 Millionen vergast worden wären, stünden die Leute heute noch am Ofen.« Um dann nachzuschieben: »Die Problematik der Auschwitzlüge sei ihm bekannt.«[29] *Tristan* bat den MAD, nächstes Mal diskreter an ihn heranzutreten, und er erklärte, er werde über diese Befragung bei der kommenden Vorstandssitzung der NPD berichten, zu Schulungszwecken. Ob er Informationen über die linke Szene übergeben würde, fragten ihn die MAD-Agenten trotzdem. Er werde darüber nachdenken, antwortete *Tristan* ihnen, das Sammeln der Infos habe schließlich viel Mühe gemacht.

Nach dem Gespräch zogen die MAD-Offiziere interessante Schlüsse, die das ganze Problem des militärischen Nachrichtendienstes offenbarten. Dem MAD waren dabei anscheinend inzwischen nur noch zwei Aspekte wichtig: Gefährdet der Mann die Bundeswehr? Und: Ist er potenziell als Spitzel verwendbar? Extremist hin oder her – *Tristan* sei ein »offener, freundlicher junger Mann«, schrieben die MAD-Offiziere. Und räumten den ersten der beiden wichtigsten Punkte ab: Gefährdet der Mann die Bundeswehr? »Nach Auffassung der Befrager gehen von diesem [Soldaten] ... keinerlei Bestrebungen, die gegen die Bundeswehr gerichtet sind, aus. Für eine Verhaltensweise, welche die VP [Verdachtsperson] während seiner Bundeswehrzeit in Schwierigkeiten bringen könnte, scheint die VP zu intelligent zu sein.« [30] *Zu intelligent*. Das zweite Interesse des MAD: Ist er potenzielles Spitzelmaterial? Durchaus, aber es gebe Risiken: »Zum einen erscheint es möglich, dass die VP im Auftrag der Szene versucht, Informationen über die Arbeitsweise des MAD zu beschaffen.« Zum anderen könnte er allerdings seinen Ausstieg vorbereiten – worauf ja tatsächlich nichts schließen ließ, aber vielleicht, so sehen es die Offiziere, bestünde eine »kleine Chance«, dass der Mann am Ende seiner Dienstzeit an das LfV Thüringen als V-Mann abgegeben werden könne. Die kleine Chance auf einen neuen Spitzel reichte, damit der MAD akzeptierte, dass ein Staatsfeind seine Ausbildung bei der Bundeswehr beenden durfte.

Ein Thüringer Verfassungsschützer besuchte schließlich den Rechtsextremisten, redete gemeinsam mit dem MAD-Personal auf den Mann ein. Der Soldat und Rechtsextremist ließ sich überzeugen. So machte man aus dem Soldaten den V-Mann *Tristan*, der vom Staat für seine Spitzeldienste bezahlt wurde. 2002 sagte ein anderer Soldat beim MAD über ihn aus, dass *Tristan* trotzdem parallel Rekruten für eine eigene Wehrsportgruppe angeworben hat, die er jedoch verprügelt haben soll, weil sie zu lasch waren. Mit anderen soll er ein jüdisches Denkmal in Jena geschändet haben, sei dabei aber angeblich erwischt worden. Einen solchen

Mann hatte der MAD also als Spitzel geworben. Der Fall *Tristan* zeigt, dass es dem MAD immer nur um die nächste Quelle zu gehen schien – bei Uwe Mundlos war das nicht anders.

• • •

Am Ende des Gesprächs mit dem MAD, als Mundlos gerade erklärte, die Wehrmachtssoldaten seien für eine »ungerechte Sache missbraucht worden«, notierte ein Offizier des *Abschirmdienstes*: »Anmerkung: Zu diesem Zeitpunkt wurde MUNDLOS, Uwe ... gefragt, ob er sich vorstellen könne, ihm bekannt gewordene Termine für Anschläge auf Asylantenheime der Polizei oder dem Verfassungsschutz zu melden. Diese Frage wurde durch Mundlos ... verneint. Er selber würde zwar an solchen Aktionen nicht teilnehmen, könne sich jedoch nicht vorstellen, mit den zuständigen Behörden zu kooperieren.« [31]

»Bekannt gewordene Termine für Anschläge auf Asylantenheime ...zu melden« – eine sehr spezifische Frage, die den Eindruck hinterließ, als habe sich der MAD schon sehr intensiv mit Uwe Mundlos auseinandergesetzt. Denn tatsächlich hatte Mundlos gemeinsam mit einem Freund ein Asylbewerberheim in Jena ausgekundschaftet. Der Freund berichtete später der Polizei, dass sie in Mundlos' Auto zu dem Heim gefahren seien und Fotos von den Gebäuden gemacht hätten, in denen Flüchtlinge untergebracht waren. Entweder die MAD-Agenten hatten einen Glückstreffer gelandet, oder sie – oder andere deutsche Dienste – hatten sich schon genauer mit Mundlos und seinem Umfeld beschäftigt. Als potenziellem Spitzel – oder als potenzielle Bedrohung. Zum Spitzel ließ sich Mundlos laut Aktenlage jedenfalls nicht machen. Der Anwerbeversuch war gescheitert, er sei niemals erfolgreich als V-Mann oder Informant angeworben worden, sagten Zeugen des MAD vor dem ersten NSU-Untersuchungsausschuss in Berlin aus.

Mundlos beendete unbehelligt seinen Dienst. Danach machte er weiter wie gehabt und traf kurz nach seiner Bundeswehrzeit einen sehr interessanten Akteur: den Rechtsextremisten Wolfgang Juchem aus Hessen. Juchem war dreißig Jahre lang bei der Bundeswehr gewesen, am Ende ausgerechnet als Offizier beim *Militärischen Abschirmdienst* – obwohl er als führende Figur der rechten Szene bekannt war. Der ehemalige MAD-Mitarbeiter suchte regelmäßig die Nähe zu jungen, aufstrebenden Neonazis. So traf er sich auch am 8. Juni 1996 in Jena mit Uwe Mundlos und Uwe Böhnhardt bei einem »klandestinen Treffen in Lobeda«, wie ein Vermerk der Thüringer Kriminalpolizei festhielt. Ein Ex-MAD-Offizier trifft Rechtsterroristen in spe. Die rechte Szene war also selbst sehr gut über die Methoden gerade des MAD informiert. Mundlos wurde in der Folge immer radikaler, marschierte etwa mit mehreren Freunden in einem Outfit, das einer SA-Uniform nachempfunden war, durch die Gedenkstätte Buchenwald. Mit dabei war ein Freund, der lange im Gefängnis gesessen hatte, weil er mit anderen Skinheads eine Party von Bundeswehrsoldaten überfallen hatte. Auch dieser Freund wurde wie so viele andere trotzdem Informant einer Behörde.

Auch der MAD machte in Thüringen ebenfalls weiter wie bisher. So beteiligte sich der *Abschirmdienst* ab März 1997 an einer Operation, der man den Codenamen »Rennsteig« gegeben hatte. Die *Operation Rennsteig* sorgte Jahre später für Aufsehen, weil das *Bundesamt für Verfassungsschutz* (BfV) im großen Umfang Akten vernichtete, die mit dieser Operation im Zusammenhang standen – und zwar unmittelbar, nachdem sich Beate Zschäpe 2011 der Polizei gestellt hatte. [32] Bei der *Operation Rennsteig* kooperierte der MAD mit dem örtlichen und dem Bundesamt für Verfassungsschutz. Ziel war es, so viele V-Männer wie möglich in der rechtsextremistischen Szene Thüringens zu rekrutieren, deren außer Kontrolle geratene Mitglieder sich sogar im Ausland, etwa im

Irak, als Kämpfer angeboten hatten. In einer Mappe voller Namen und Fotos von Rechtsradikalen, die man möglicherweise in Thüringen als V-Männer rekrutieren konnte, standen auch wieder die Namen von Uwe Mundlos und Uwe Böhnhardt, die beiden späteren Kernmitglieder des *Nationalsozialistischen Untergrunds* (NSU). Es gibt keinen Hinweis darauf, dass der *MAD* – oder ein anderer deutscher Nachrichtendienst – einen der beiden als V-Mann warb. Das fortgesetzte Interesse an den beiden ist dagegen belegt.

Der Fall *Tristan*, die *Operation Rennsteig* und der Umgang mit Uwe Mundlos sind Paradebeispiele dafür, wie gerade der *Militärische Abschirmdienst* darin versagte, Extremisten aus der Bundeswehr zu halten und bei ihrer Verfolgung zu helfen, weil man offenbar hoffte, sie als Informanten zu rekrutieren. Man enttarnte zwar diverse Rechtsextremisten, verhinderte aber nicht, dass diese von der Bundeswehr an Waffen und Sprengstoff ausgebildet wurden. Zwar hatte der *MAD* durch die vielen Spitzel bald einen tiefen Einblick in die rechte Szene in Deutschland, aber die Informationen behielt man für sich. Das eigentliche Ziel – die Bürger zu schützen – verlor man völlig aus den Augen. Das sollte katastrophale Konsequenzen haben.

• • •

Rückblickend, nachdem zig Untersuchungsausschüsse versucht hatten, die Katastrophe NSU aufzuarbeiten, scheint es fast, als hätten die Nachrichtendienste ein Spiel gespielt, dessen einziges Ziel es war, möglichst viele Informanten zu werben und Informationen zu sammeln. Zum Ziel gehörte es aber nicht, irgendetwas mit dem Wissen anzufangen. Das Sammeln allein reichte. So sammelte man und sammelte man und sammelte man – und dabei war der *MAD* nicht allein. Andere Nachrichtendienste machten es ganz genauso. Auch das *Landesamt für Verfassungsschutz* Thüringen schaute gut informiert zu, wie sich die Kernmitglieder des späteren NSU, Mundlos, Zschäpe und Böhnhardt, radikalisierten, bis sie sich Anfang 1998 in den Untergrund absetzten und von Thüringen nach Sachsen flohen, bevor sie als rechte Bombenbauer verhaftet werden konnten. Der Thüringer Verfassungsschutz sah auch dabei nur zu. Danach hatte gerade der *Militärische Abschirmdienst* noch über Jahre immer wieder Möglichkeiten, den ganzen Spuk im Keim zu ersticken. Zu sehr hingen die Flüchtigen von der Unterstützung rechter Kreise ab, deren Kader einer nach dem anderen die Armee durchliefen.

Die größte Chance ergab sich für den *Militärischen Abschirmdienst*, als Jürgen H., ein Jugendfreund von Uwe Böhnhardt, mit 23 Jahren zur Bundeswehr eingezogen wurde. Zu diesem Zeitpunkt hatte er bereits seinem alten Freund Böhnhardt – und dessen Verbündeten Mundlos und Zschäpe – mit Kurierdiensten im Untergrund geholfen. H. diente im fränkischen Mellrichstadt, einer ehemaligen Frontkaserne im Kalten Krieg, direkt an der ehemaligen innerdeutschen Grenze gelegen. Dass er den Dienst 19 Tage zu spät antrat, sah man ihm bei der Bundeswehr nach. Kurz darauf wurde er wiederholt vom MAD in Sachen Mundlos, Böhnhardt und Zschäpe befragt. Schon einige Monate zuvor hatten ihn die Zielfahnder des LKA besucht, die bereits nach dem Trio aus Jena fahndeten. Der Kompaniechef wurde vorher informiert und war bei dem Verhör zugegen. Jürgen H. zeigte sich wortkarg. Das LKA rechnete sich trotzdem Chancen aus, den Mann als Quelle zu gewinnen, doch H. lehnte ab. Wenige Tage nach dem Besuch des LKA begann der militärische Geheimdienst H. selbst zu bearbeiten. Bei den MAD-Offizieren war der Gefreite H. anfangs so verschlossen wie beim LKA und sagte auf »Nachfrage«, er habe keine Verbindung zu den »Bombenbastlern« aus Jena. Die Offiziere und H. machten Mittagspause, danach sprach der Soldat, auf einmal,

Klartext und hatte den MAD-Agenten Ungeheuerliches über sich selbst, Mundlos und dessen Freunde zu erzählen:

> *»[Er] würde jederzeit wieder als Kurier fungieren. Dies sehe [er] unter dem Kameradschaftsaspekt. Er gehe davon aus, dass sich die in der Illegalität Lebenden aufgrund des zu erwartenden Strafmaßes nicht den Behörden stellen. Szeneintern werde von einem Strafmaß von 10 Jahren ausgegangen, weil man ein Exempel gegen rechts statuieren wolle. Die drei Bombenbastler hätten sich schon auf der Stufe als Rechtsterroristen bewegt, die mit einer gewissen Zielsetzung eine Veränderung des Staates herbeiführen wollten. Auch H., Jürgen ... würde im Rahmen einer Revolution derartige Aktionen befürworten und sich daran beteiligen, aber nur, wenn Gewalt das einzige mögliche Mittel sei, Zielvorstellungen zu erreichen. [Er] sei stolz, diesem Staat als Soldat dienen zu können, wenngleich er Deutschland nicht als seinen Staat definieren könne/wolle. Gewalt gegen Ausländer lehne er ab, bzw. ihm sei klar, dass es realistischerweise kein ausländerfreies Deutschland geben könne. Merkwürdig finde er, dass Ausländer bei Behörden teilweise besser behandelt würden als Deutsche. ... [Er] werde bis zum Dienstzeitende keine rechtsextremistischen Aktivitäten mehr entwickeln. Er sei froh, wenn die Bundeswehrzeit vorbei sei. ... Er stehe zu dem, was er getan hat und würde wieder Unterstützung leisten, auch wenn er damals zu naiv gewesen sei. Kameradschaft werde von ihm höher bewertet als staatliche Interessen. Er wiederholte, er würde wieder klassische Unterstützerfunktionen leisten.«* [33]

Was für eine Aussage. Er outet seine Freunde als Neonazis, die sich auf einer Stufe mit Rechtsterroristen bewegten, er selbst würde diesen Freunden – den Rechtsterroristen – wieder helfen und er befürworte Bomben im Rahmen einer »Revolution«. Und es fällt sogar der Satz: »[Er] *werde bis zum Dienstzeitende keine rechts-*

extremistischen Aktivitäten mehr entwickeln.« Bis zum Ende der Dienstzeit, aber was ist danach?

Ein sehr klarer Fall für den Staatsanwalt. Eigentlich. Während für die meisten Behörden das Legalitätsprinzip gilt, nachdem sie Straftaten anzeigen müssen, gilt für einen Nachrichtendienst das Opportunitätsprinzip – es liegt in ihrem Ermessen, wann und ob sie Straftaten melden. [34] Eine Kommission, angeführt vom ehemaligen Bundesrichter Gerhard Schäfer, die den NSU-Komplex als Erstes untersuchte, stellte schon 2012 fest, dass der MAD die Bundesanwaltschaft trotzdem aufgrund der Schwere der Straftat hätte informieren *müssen*, die dann ein Verfahren wegen des Verdachts der Gründung einer terroristischen Vereinigung hätte einleiten können. Doch der MAD löste keinen Alarm aus, entfernte Jürgen H. nicht einmal aus dem Dienst. Der MAD hatte offenbar andere strategische Ziele. Der *Abschirmdienst* leitet diese offenherzige Aussage H.s nur an andere Inlandsgeheimdienste weiter, allerdings auch das mit Verzögerung. Das LKA Thüringen, das nach dem Trio aus Jena, den Bombenbauern, suchte, wurde dagegen vom MAD zu keinem Zeitpunkt über H.s Aussage informiert.

Obwohl er den deutschen Staat ablehnt, durfte H. seinen Dienst an der Waffe – wie einst Uwe Mundlos, *Tristan* und all die anderen – bis zum Ende ableisten. Der MAD versagte also nicht in Einzelfällen – das Problem war systemisch. Der Dienst verteidigte nicht mehr die Verfassung oder die Bundesrepublik, sondern nur sich selbst und folgte dabei den Gepflogenheiten des deutschen Geheimdienstapparats. Der eine goldene Regel hatte: Die rechte Szene kontrolliert man am besten mit V-Männern. Und wenn man die rechte Szene kontrolliert und scheinbar mitsteuert, dann passiert der eigenen Institution nichts. So jedenfalls die Theorie.

• • •

Das Netz des *Militärischen Abschirmdienstes*, das zeigte vor allem der Fall NSU, funktionierte weiter. In ihm agierten diverse Unterstützer und Helfer, die auch die Bundeswehr durchliefen und als Extremisten strafrechtlich hätten verfolgt werden müssen. Das war kein Einzelfall, sondern passierte immer wieder, auch in der kritischen Zeit, als der NSU bereits existierte und begonnen hatte, Verbrechen zu begehen. Es ist fast schon absurd, wie der *MAD* immer wieder wichtige NSU-Unterstützer als Nazis enttarnte, weil sie irgendwann zur Bundeswehr gingen. Darunter war zu einem sehr kritischen Zeitpunkt auch André Eminger, der als NSU-Unterstützer vom Oberlandesgericht in München zu zweieinhalb Jahren Haft verurteilt wurde. Seine Ehefrau Susann und er hatten bis zuletzt intensiven Kontakt zu den untergetauchten Terroristen gepflegt. Eminger, der den Schriftzug »*Die Jew Die*« (Stirb Jude Stirb) in großen Lettern über den Bauch tätowiert hat, leistete seinen Grundwehrdienst seit 1. November 1999 im Panzeraufklärungsbataillon im thüringischen Gotha ab. Als Eminger sein »Feierliches Gelöbnis« auf die Bundewehr leistete, pflegte er mit den drei gesuchten Neonazis Mundlos, Böhnhardt und Zschäpe bereits engen Kontakt. 1999 beschaffte Eminger ihnen eine konspirative Wohnung in einem Chemnitzer Plattenbau. Wenig später, im Juni 1999, beging der NSU seinen ersten bekannten Bombenanschlag in der Nürnberger Kneipe »Sonnenschein«. Eminger wurde einige Monate später, zehn Tage nach Beginn seines Wehrdienstes im November 1999, erstmals von einem Oberleutnant der Bundeswehr vernommen und mit dem Verdacht der rechtsextremistischen Gesinnung konfrontiert. Auf die Frage, ob er ein Anhänger rechtsextremen Gedankenguts sei, antwortete er: »Ich denke nationalsozialistisch, aber nicht nach dem Führerprinzip. Nationalsozialismus sollte nicht unbedingt mit Hitler verbunden werden.«[35] Dem Vorhalt, ob er ein Rassist sei, wich André Eminger aus. Er sei gegen »kriminelle Ausländer und Deutsche, insbesondere gegen Drogen, sie zerstören unser Volk«. Er sehe darin nichts Ungesetzliches. Eminger trug damals schon eine Tätowierung mit dem Schriftzug »Blut und Ehre«, einer Parole der Hitlerjugend, nach der sich auch die rechtsextremistische Organisation *Blood and Honour* benannte, die damals kurz vor dem Verbot stand. Als ihn dann auch MAD-Beamte am 6. Mai 2000 befragten, gab er an, er bewundere die militärische Leistung der SS. Er sei »nicht rechtsradikal«, sondern er denke nur »nationalsozialistisch«. Eminger reiht sich also nahtlos in zig andere Befragungen durch den MAD ein. Aus den Akten des MAD geht hervor, dass seine Dienstvorgesetzten insgesamt dreimal mündlich über Eminger unterrichtet wurden. Der MAD stufte seine politische Haltung als verfassungsfeindlich ein. Trotzdem durfte André Eminger seinen Wehrdienst weiter regulär ableisten. Er wurde nicht aus der Bundeswehr geworfen oder als Extremist gemeldet. Nicht immer war also der MAD schuld, oft genug ließen auch die militärischen Vorgesetzten eines verdächtigen Soldaten die Situation einfach laufen.

Das Timing der Befragung Emingers war zudem besonders brisant: Der sächsische Verfassungsschutz hatte gerade eine Operation begonnen, bei der er Eminger gründlich beschatten ließ, nun wurde auch der MAD auf ihn aufmerksam. Aber all diese Maßnahmen wurden nicht koordiniert. Was besonders schwer wog, da genau in dieser Zeit der NSU gerade seinen ersten Mord vorbereitete. Der MAD und die Bundeswehrführung hatten also mehrfach die Chance, wichtige NSU-Unterstützer aus der Armee herauszuhalten und, was fast noch wichtiger gewesen wäre, die Rekruten als Rechtsextremisten zu melden. Man entschied sich bewusst dagegen.

All diese Erkenntnisse über das Versagen des *Militärischen Abschirmdienstes* fielen während der jahrelangen Auseinandersetzung mit dem NSU-Komplex in verschiedenen bundesdeutschen Parlamenten an. Doch die Exekutive, der Bundesinnenminister und die Kanzlerin, drang trotzdem auf keine tief greifende Reform des MAD. Der *Abschirmdienst* bekam zwar mit dem Juristen Christof Gramm einen neuen Chef, der jedoch, wie die nächsten Jahre zeigten, wich vom grundsätzlichen Ansatz – Informantenwerbung geht vor – nicht ab. Kein Wunder. Gramm hatte zuvor jahrelang im Verteidigungsministerium gearbeitet und dabei von 2008 an für vier Jahre die Fachaufsicht über den MAD innegehabt und dabei weiter den prinzipiellen Ansatz, auf Informanten zu setzen, mitgetragen. Im Herbst 2020 verlor er seinen Job, weil der MAD bei den Ermittlungen gegen Rechtsextremisten im KSK Informationen zurückgehalten hatte.

Sechs Jahre zuvor, im Sommer 2014, als der Bericht des ersten NSU-Untersuchungsausschusses des Bundestages mit all den verheerenden Informationen über den MAD im Sommer erschien, waren die Verschwörer von *Nordkreuz* gerade dabei, ihr Netz aufzubauen – angeleitet von Soldaten des *Kommando Spezialkräfte*, KSK. Ausgerechnet die Truppe, die am besten trainiert und dafür ausgebildet ist, den Feind in seinem eigenen Land zu bekämpfen.

4
Das Kommando

Im Frühjahr 2019 suchte ich den Kontakt zu einem Mann, der als Waffenhändler arbeitete. Vor allem ist er aber als Schießausbilder in interessierten deutschen Kreisen bekannt wie ein bunter Hund, weil er intensiv die Spezialkräfte der Bundeswehr und mehrerer Polizeibehörden trainiert, obwohl er selbst kein Uniformträger ist. Ein Zivilist trainiert die Profis, das kommt selten vor. Zu seinem großen Schießplatz in Güstrow in Mecklenburg-Vorpommern, den er mit seiner Firma *Baltic Shooters* betreibt, pilgern fast alle Eliteeinheiten aus Deutschland, hinzu kommen viele aus Europa. Das Motto des Unternehmens: »Wer trifft, hat recht!« Sein Inhaber, Frank T., trägt die blonden Haare lang und zu einem Zopf zusammengebunden, sieht so mehr aus wie ein Surfer, weniger wie ein Schießtrainer. Anders als all die Männer, die ihn auf seinem Schießplatz besuchen, um etwas zu lernen, und anders als sein guter Bekannter Marko G., der für ihn regelmäßig als Schießtrainer arbeitete, hatte er nicht in einer Spezialeinheit gedient, er war nach eigener Auskunft wehrpflichtiger Soldat bei der Nationalen Volksarmee und lernte anschließend den Beruf des Motorenbauers. Dann, so erzählte er einem Waffenmagazin, schulte er um. Und das sehr erfolgreich. Er wurde zu einem der bekanntesten Schießtrainer in Deutschland, mit Kontakten weit über seine Heimat hinaus. Ende 2015 trainierte er in Süddeutschland eine sagenumwobene Einheit der Bundeswehr, das *Kommando Spezialkräfte* (KSK).[36] Er kam dort in Kontakt mit mehreren Kommandosoldaten, die gerade dabei waren, ein klandestines Netzwerk aufzubauen, in dem sich andere Soldaten, Elitepolizisten, Behördenmitglieder, Spezialisten und Profis wie Frank T. miteinander vernetzten. Fortan wollte man über Chat-Gruppen miteinander kommunizieren und eine Untergrundstruktur aufbauen, erfuhr der Schießausbilder. Der wesentliche Organisator war André S., seit mehreren Jahren Kommandosoldat, der sich in dem Netzwerk den Namen *Hannibal* gegeben hatte. Frank T. bekam von dem KSK-Soldaten ein digitales Manifest der neuen Gruppe – die sogenannte *Standard Operating Procedure: »Desto besser die Kommunikation, umso einfacher die Organisation und das Sammeln untereinander am Tag X. Doch bis dahin gilt für jeden von UNS, so wenig wie möglich aufzufallen.«* Auf meine schriftliche Frage, woher er diese S.O.P. genau hatte, antwortete Frank T.: »Ich habe durch Herrn S. von den Chatgruppen (Nord, Süd usw.) 2015 während einer beruflichen Weiterbildung erfahren. Die SOP‘s habe ich von Herrn S. bekommen und an Herrn G. weitergeleitet, so entstand der Kontakt zwischen S. und G. Einen weiteren persönlichen Kontakt hat es mit Herrn S. nicht mehr gegeben, auch per elektronischer Kommunikation endete der Kontakt Anfang 2016.« Warum ausgerechnet er dieses Manifest bekommen hat, warum er es weitergeleitet und was genau er beim KSK gemacht hat, wollte Frank T. nicht beantworten: »Über Ausbildungen mit Spezialeinheiten muss ich verständlicher Weise Stillschweigen behalten.«

Anfang 2016 hatte Frank T. die S.O.P. weiter an seinen Freund Marko G., geschickt, den LKA-Beamten und Scharfschützen aus Mecklenburg-Vorpommern, der ihn als Schießtrainer unterstützte. Wenige Wochen später traf auch Marko G. auf die mysteriösen KSK-Soldaten, wie der Kronzeuge Horst S. dem Bundeskriminalamt erzählte.

Treffpunkt war die Messe »IWA OutdoorClassics« am Rande von Nürnberg, lange besser bekannt als »Internationale Waffenausstellung«, eine der größten Waffenmessen Europas, die alljährlich im März stattfindet. Man wähnt sich auf einer *Gunshow* in Texas, so viele Waffen werden dort offen ausgestellt, Waffen, die eigentlich für einen Kriegseinsatz gedacht sind und nur leicht modifiziert an Zivilisten verkauft werden – halbautomatische Sturmgewehre der Firma Heckler & Koch, Jagdgewehre, die umgebaut auch als Scharfschützen-Gewehre funktionieren. Munitionshersteller, Büchsenmacher, Personenschützer – die üblichen Verdächtigen treffen sich dort und können in Nürnberg unter sich bleiben, da nur angemeldetes Fachpublikum auf die Messe darf.

Marko G. reiste nach Aussage des Reserveoffiziers Horst S. mit einem weiteren *Nordkreuzler* an: Jörg S., einer seiner ausdauerndsten Unterstützer vor Gericht und einer der wichtigsten Köpfe von *Nordkreuz*. Der war wie der BKA-Zeuge Horst S. Reservist und im Eurofighter-Geschwader aktiv, das in Rostock stationiert ist. Er tauchte nach Feierabend in einem Versicherungsbüro regelmäßig auf Veranstaltungen der »Wutbürger« in seiner Heimatstadt Rostock auf – demonstrierte etwa für die AfD. Genau wie Marko G. war er ein fanatischer Schütze. Aber die beiden waren nicht nur für die neusten Waffen nach Nürnberg gekommen.

Am Rande der Messe traf Marko G. auf den Kommandosoldaten André S., der einige Jahre jünger als sie war. Im Gegensatz zu den beiden Mecklenburgern wirkte der Soldat klein, schmächtig und drahtig, als hätte er definitiv nie zu lange Zeit im Sportstudio mit dem Stemmen schwerer Gewichte verbracht. Deshalb fällt er auch an seinem damaligen Arbeitsplatz im baden-württembergischen Calw auf, dem Sitz des *Kommando Spezialkräfte*, KSK. Dort sind viele Soldaten breit gebaut, *Kommando-Schränke*, wie sie von anderen Soldaten genannt werden, Ausdruck des Körperkults in der Kommandoeinheit. Einer der KSK-Offiziere nimmt sogar, über und über bis zum Hals tätowiert, an Voll-Kontaktkämpfen teil – eine Mischung aus Boxen und Kickboxen, ohne dass dick gepolsterte Handschuhe die Schläge dämpfen.

André S. setzte mehr auf seinen Kopf, weniger auf die Muskeln. Mit dem Polizisten Marko G. aus Schwerin wollte er über das Netz aus Soldaten, Polizisten und Zivilisten sprechen, das sich bereits weit spannte. Es wurden nun weitere Stützpunkte gesucht, auch das Kommunikationsnetz sollten ausgebaut werden, dafür suchte er weitere Verbündete. Die hatte er mit Marko G. und dem Versicherungsvertreter Jörg S. aus Rostock gefunden. In einem Gespräch, das ich später mit André S. führte, betonte er, dass es sich bei den verschiedenen Chat-Gruppen, die er in Deutschland initiierte, um eine Art »Behördenchat« gehandelt habe. Soldaten, Polizisten, Beamte aus dem deutschen Sicherheits- und Justizapparat hätten an diesem Chat teilgenommen. André S. leitete die Chatgruppen mit einem weiteren KSK-Soldaten, die Gruppen waren regional aufgeteilt – in die Gruppen West, Süd, Ost – und eben Nord, bald geführt von Marko G. Die KSK-Soldaten kommunizierten dort mit Spitznamen. André S.' Kollege vom KSK nannte sich *Petrus*, eng angelegt an seinen tatsächlichen Namen. S. selbst wurde in den Gruppen als *Hannibal* bekannt. Er hatte außerdem einen Verein namens *Uniter* gegründet, der vor allem auch die Interessen von Kommandosoldaten vertreten sollte.

Er gab sich wie ein Auserwählter, der eine Struktur aufbauen musste, um Deutschland zu retten. Ein Ansatz, der gerade im KSK, wie sich zeigen sollte, weit verbreitet war. Man wollte ein Elite-Orden sein, wurde dann aber, so empfanden es viele Kommandosoldaten, von »der Politik« im Ausland verheizt, während sie ihre Heimat ungeschützt zurücklassen mussten.

• • •

André S. war genau wie einst Marko G. ein spezialisierter Elitesoldat und zum Zeitpunkt ihres Zusammentreffens seit zwölf Jahren bei der Bundeswehr. Der ursprünglich aus Halle an der Saale stammende S. hatte sich mit 19 Jahren verpflichtet – nachdem in seiner Jugend nicht immer alles glattgegangen war. Nach der Realschule besuchte er das Gymnasium und bekam Ärger. Dem BKA sagte er: »In meinem jugendlichen Leichtsinn hatte ich mich mal einer Jugendgang angeschlossen ... aber das ist lange her. Ich bekam Bewährung, und das war's dann auch. Aber deshalb habe ich Halle und die Personen darum komplett hinter mir gelassen und ich habe die Kurve bekommen. Mir wurde Raub vorgeworfen.« Obwohl er also wegen Raubes zu einer Bewährungsstrafe verurteilt wurde, durfte er sich als Zeitsoldat verpflichten, da es im Ermessen der Bundeswehr liegt, ob sie auch vorbestrafte Rekruten verpflichtet. André S. begann seine Karriere in Zweibrücken im Saarland bei den Fallschirmjägern, wurde später in die Kaserne nach Lebach versetzt – berühmt geworden als Tatort eines legendären Verbrechens. 1969 waren hier vier Soldaten ermordet worden, unter den Tätern war auch ein Ex-Soldat.

Wie an allen anderen Standorten auch, mussten die Soldaten aus Lebach bis 1989 nie in einen Einsatz, das ändert sich in den 1990er-Jahren und vor allem ab Ende 2001 mit dem Krieg in Afghanistan. Fortan wurde dort oft das *Fallschirmjägerbataillon 261* aus Lebach eingesetzt, um die Taliban und al-Qaida zu bekämpfen. Die Fallschirmjäger erlebten beide Seiten des langen, gefährlichen und unübersichtlichen Krieges. Sie wurden in Afghanistan schwer verletzt, an ihrer Seite starben Soldaten anderer Länder. Und sie töteten: So erschossen Lebacher Fallschirmjäger einen Jugendlichen, der in einem auf ihren Posten zurasenden Kleintransporter saß. Der Junge war gerade 15 Jahre alt. Sein Vater behauptete, die Deutschen hätten keinen Warnschuss abgegeben, die Soldaten sagten das Gegenteil. Eine deutsche Staatsanwaltschaft eröffnete und schloss das Verfahren ohne Anklage, die Bundesregierung zahlte 10.000 US-Dollar an die Familie. Das war die neue Realität der Bundeswehr, als sich André S. entschloss, ein professioneller Soldat zu werden – man konnte jederzeit sterben oder schwer verletzt werden oder ungestraft töten.

Nach Lebach wurde André S. im *Ausbildungszentrum Spezielle Operationen* in Pfullendorf zum Kommandosoldaten geschliffen. Im Jahr 2010 bewarb er sich beim KSK in Calw, die sagenumwobene und vor allem sehr geheime Spezialeinheit der Bundeswehr. Er musste das gefürchtete zehntägige »Eignungsfeststellungsverfahren« überstehen, wozu eine 90-stündige Belastungsübung gehört, bei der die Bewerber mit Schlafentzug und Nahrungsmangel an ihre körperlichen und geistigen Grenzen gebracht werden, beobachtet von Ausbildern des KSK. Übungen hält das Kommando mit scharfer Munition ab, lebensgefährliche Bedingungen sollen nicht nur simuliert werden. Hat der Bewerber den Test bestanden, folgt eine dreijährige Ausbildung, bei der die Soldaten in verschiedenen Klimazonen gedrillt werden. Im Dschungel Französisch-Guayanas, in der Wüste Dschibutis oder in der Kälte Norwegens. Nur wenige Kandidaten überstehen diese Zeit, was den Ruf des KSK als härteste Einheit mitbegründet. Das Kommando lebt jedoch darüber hinaus vor allem, so sollte auch André S. feststellen, nicht zuletzt von seinem Mythos. Denn tatsächlich hatte es seit seiner Gründung 1996 mit internen Problemen und Geburtsfehlern zu kämpfen. Viele der neuen Kommandosoldaten waren schon länger in der Bundeswehr – sie hatten Schwächen, Probleme und eine Vorgeschichte. Sie waren alles andere als perfekt. Auch wenn ein KSK-Kommandeur später das Gegenteil schrieb: Seine Soldaten seien ritterlich, mutig, besser als alle anderen Soldaten mindestens der Bundeswehr, gar Mitglieder eines Eliteordens. Das jedoch war eine Wunschvorstellung.

•••

• • •

Als André S. im Jahr 2010 zum KSK stieß, waren viele Kommandosoldaten schon seit über vierzehn Jahren dabei. Einige der Mitglieder, die insbesondere in der zweiten Kompanie zusammengefasst waren, kannten sich noch aus der Zeit vor dem KSK – gemeinsam waren sie bei den Fallschirmjägern im niedersächsischen Varel an der Nordsee. Sie hatten sich dort unter anderem als Ausbilder einen besonders üblen Ruf erarbeitet – ihre ehemalige Einheit, das *Fallschirmjägerbataillon 313*, stand daher auch im Mittelpunkt des Interesses des Bundeswehr-Untersuchungsausschusses des Bundestages im Jahr 1998. [37] Dass Varel damals zu einem Brennpunkt wurde, war für die Bundeswehrführung und das Verteidigungsministerium ein echtes Problem. Man hatte es gerade geschafft, Oberst Ulrich Quante und seine Undercover-Kommandos aus dem KSK zu halten, und nun stellte sich heraus, dass die Keimzelle des Kommandos ebenfalls mit rechtsradikalen Vorfällen zu kämpfen hatte, wie die Beweiserhebung des Untersuchungsausschusses zeigen sollte. Die Verbindung von Varel zum KSK durfte möglichst nicht publik werden, wollte man doch der Welt das neue Deutschland zeigen, das mit professionellen Soldaten wieder auf der internationalen Bühne agieren konnte. Niemand sollte sich Sorgen über die demokratische Grundeinstellung dieser modernen deutschen Soldaten machen müssen. Viele Ausbilder in Varel erfüllten jedoch eher das Klischee des ewig gestrigen deutschen Landsers, der geistig noch im Zweiten Weltkrieg unterwegs war und ohne die Vorbilder aus der NS-Zeit nicht auskommen wollte und konnte. Ausgerechnet der Sohn des ehemaligen Verkehrsministers Günther Krause von der CDU, Christian, hatte in Varel gedient und die Vorgänge dort gegenüber seinem Offizier kritisiert. Als seine Kritik öffentlich wurde, schlug sie sofort hohe Wellen. Der Untersuchungsausschuss des Bundestages fasste die bemerkenswerte Aussage Krauses zusammen:

»Der Gefreite K. hatte erklärt, in der Ausbildungskompanie des Fallschirmjägerbataillons 313 (5./FschJgBtl 313) in Varel sei es regelmäßig etwa zwei- bis dreimal im Monat zu rechtsradikalen Ausschreitungen gekommen. Mindestens drei Unteroffiziere und drei Mannschaftsdienstgrade hätten eine rechtsradikale Gesinnung. Bei Feiern sei immer wieder auf den ›Führer‹ angestoßen worden. Anläßlich eines Manövers im Juli 1997 habe in geselliger Runde am Lagerfeuer ein Unteroffizier fremdenfeindliche Parolen geäußert. Es seien Sätze wie ›Die Juden müssen vergast werden‹ und ›Ausländer raus!‹ gefallen. Ende Juli habe ein Kamerad ›rechtsradikale Aktivitäten‹ gemeldet, es sei jedoch nichts passiert. Wenige Tage später sei in seiner Kompanie ein aus Dänemark stammender Katalog gefunden worden, aus dem Nazi-Material habe bestellt werden können. In der Folgezeit habe ein Vorgesetzter über eine bevorstehende Untersuchung der Einheit durch den Militärischen Abschirmdienst gewarnt. Daraufhin hätten die betreffenden Soldaten säckeweise belastendes Material aus ihren Spinden geschafft. Am 17. Dezember 1997 habe eine Rekrutenabschlußfeier mit ca. 50 Fallschirmjägern stattgefunden, darunter auch Dienstgraden, die den Arm zum Hitler-Gruß erhoben haben sollten. Fallschirmjäger hätten die benachbarte Instandsetzungskompanie verwüstet, Bierflaschen durch ein Fenster geworfen, einen Weihnachtsbaum zerstört und drei Übungshandgranaten DM-12 im Keller des Gebäudes gezündet.« [38]

Ein anderer Soldat im Rang des Obergefreiten bestätigte die Vorwürfe Krauses und berichtete dem Ausschuss zudem, dass es »eine Clique« von sieben rechtsradikalen Ausbildern in Varel gebe, die des Öfteren auch außerhalb der Kaserne aufgefallen sei. Die Männer beeinflussten die Rekruten, die sich bald ebenfalls wie ihre Vorbilder in der Kaserne betranken und Nazi-Rock hörten. Die ganze betroffene 5. Kompanie werde deshalb, so der Zeuge, als rechtsradikal bezeichnet. Immer wieder habe er einen

Satz gehört: »*Ein deutscher Fallschirmjäger ist nur stramm und deutsch und hat zu dienen. Wir sind fähig zu kämpfen.*« Bei einem Besäufnis, das mittags auf einem Truppenübungsplatz stattfand, ließen sich betrunkene Soldaten zum »Obersturmbannführer« ernennen. Der Obergefreite erzählte dem Ausschuss auch, wie er nach einer Feier, bei der auch rechtsradikale Musik gehört worden war, einen Fahnenjunker und Vorgesetzten fragte, ob er den Vorfall nicht melden müsse. Die Antwort war eindeutig: *Wer so etwas melde, mache die Bundeswehr kaputt.*

Mit dieser Meinung stand der Offizier nicht allein da. Die Führung der umstrittenen Kompanie riss sich ein Bein aus, um es so aussehen zu lassen, als sei in Varel alles in bester Ordnung. Der Kompaniechef wurde von den Abgeordneten auf einen anderen jungen Offiziersanwärter angesprochen, der bei der Nazi-Party dabei war und dabei aus dem Fenster uriniert hatte. Er halte ihm zugute, so der Kompaniechef vor dem Ausschuss, dass er das nicht vor versammelter Mannschaft getan habe, sondern nur zufällig von einem zur Toilette gehenden Rekruten beobachtet worden sei. Und überhaupt, als er den Ort des Geschehens mit dem für die Kaserne zuständigen Brigadegeneral Friedrich Riechmann besichtigt habe, hätte man sich gefragt, wie der Fahnenjunker »aus einem Kippfenster heraus uriniert haben soll«. Die Spitzen-Offiziere verrenkten sich also mit großem Aufwand gedanklich, um die Vorwürfe unglaubwürdig erscheinen zu lassen. Brigadegeneral Riechmann war nicht irgendjemand – er war eben einer jener Spitzenoffiziere, der gerade dabei war, die Bundeswehr wieder ins Ausland zu führen, unter anderem nach Bosnien. Er war ein Vorbild – und musste nun mit Bundestagsabgeordneten darüber diskutieren, ob ein Soldat aus einem Fenster gepinkelt hatte oder nicht. Viel höher wurde das Niveau jedoch nicht.

Wenn die Offiziere die Vorwürfe nicht unglaubwürdig machen konnten, stellte man sich einfach dumm oder verlegte sich darauf, festzuhalten, dass es nun einmal sehr schwer sei, Rechtsextremes genau zu definieren: Die Unterscheidung zwischen Musik mit dem Originaltext und unterlegtem rechtsextremem Text etwa sei sehr schwierig, wenn dieselbe Melodie verwendet werde, erklärte der Brigadegeneral dem Ausschuss. Als bei einem Soldaten eine Keule gefunden wurde, auf der »Zigullenkeule«, »Peace-Maker«, »mach tot«, »mach kaputt was dich kaputt macht« und »hau mich tot« stand sowie eine Strichliste eingeritzt war und zudem die Zeichnung eines von der Keule geschlagenen Mannes zeigte, hatte der Brigadegeneral ebenfalls eine überraschende Einordnung parat: Aus seiner Sicht und der des *MAD* gebe es keinen Zusammenhang zwischen dem Vorhandensein der »Zigullenkeule« und einer rechtsextremistischen Szene. Überhaupt: Als er zum ersten Mal vom *MAD* über rechte Verdachtsfälle informiert wurde, habe er die Kompanie antreten lassen und klargemacht, dass man diese rechten Tendenzen nicht dulden würde – die aber, betonte er, es in der Kompanie auch gar nicht gebe. Folglich wurde auch kein rechtsextremer Ausbilder entlassen. Sie durften weiter Karriere in der Bundeswehr machen, andere Soldaten ausbilden. Was es nicht geben darf, gibt es eben nicht.

Der *MAD* wusste es besser. Die zuständige Stelle in Wilhelmshaven bearbeitete achtzehn rechtsextremistische Verdachtsfälle in der Kaserne in der Zeit – bei 2000 Soldaten also nur ein kleiner Prozentsatz, betonte der *Abschirmdienst* vor dem Ausschuss. Aber um als rechtsextremer Verdachtsfall zu gelten, musste eben schon einiges zusammenkommen. Denn der *MAD* legte der Definition zugrunde, dass der Extremist ein gefestigtes rechtsextremes Weltbild haben musste und sich etwa in einer verfassungsfeindlichen Organisation engagiert. Wann jedoch das Maß voll ist, ist wiederum eine sehr subjektive Entscheidung des zuständigen *MAD*-Offiziers.

Die fraglichen Ausbilder in Varel bezogen sich dabei immer

wieder auf die Wehrmacht. Die Namensschilder auf den Flecktarnanzügen der Ausbilder seien anfangs in altdeutscher Schrift geschrieben gewesen, sagte ein Soldat aus. Es gab zudem eine Formel, die man ab Mitternacht sagen musste, um an Posten vorbeizukommen – »Alpha Hotel«, für A H, Adolf Hitler. Ein anderes Losungswort war *»Wolfsschanze«*, also des Führers Hauptquartier, beides sei besonders in seinem Bataillon gang und gäbe gewesen. Auch soll ein Ausbilder bei Schießübungen gesagt haben: *»Stell dir vor, es wäre ein Jude, dann triffst du!«*

Das also war 1996 der Geist und der Grundstock eines Großteils der Kompanien des KSK, dort, wo André S. vierzehn Jahre später dienen sollte. Doch der MAD und die Bundeswehrführung relativierten damals das Problem. Überhaupt sei die Zahl von Rechtsextremisten an anderen Standorten der Fallschirmjäger größer, hieß es vor dem Ausschuss. Der Brigadegeneral Riechmann hatte zudem eine interessante Erklärung, warum Rechtsextreme sich gerade von den Fallschirmspringern angezogen fühlten. Im Ausschuss wurde seine Aussage wie folgt protokolliert: »Er sehe die Möglichkeit, dass die Fallschirmjäger wegen der Disziplin und hohen Einsatzbereitschaft und des Gefühls, besser zu sein als andere, eine besondere Anziehungskraft ausübten. Die Divisionsführung sei bemüht, diesen Bestrebungen entgegenzuwirken.« [39] Das jedoch stimmt so nicht für alle führenden Offiziere. Im Gegenteil. Ab dem Jahr 2000 übernahm mit General Reinhard Günzel ein Mann das KSK, der sich als einer der geistigen Väter der deutschen Kommandosoldaten sah – und betont darauf setzte, dass seine Soldaten ganz bewusst zu einer Elite gehören wollten. Doch sehr viele vor ihm scheiterten genau an diesem eigenen Anspruch. Die Realität war ihnen dabei sehr schnell in die Quere gekommen.

• • •

Es hätte nicht viel gefehlt und das KSK wäre kaum älter als fünf Jahre geworden. Denn der KSK-Soldat André C., gerade frisch aus dem Kommando geschieden, wurde zu siebeneinhalb Jahren Haft verurteilt, weil er einen Schießstand der Bundeswehr überfallen hatte, um Waffen zu erbeuten, mit denen er später einen rechtsextremistischen Terroranschlag begehen wollte. Den Skandal hätte das junge Kommando kaum überlebt. Der Fall wurde unter Verschluss gehalten – so erfuhr die Öffentlichkeit nie, dass der Soldat und Terrorist in spe seine Tat unter anderem deswegen nicht ausgeführt hatte, weil ihm ein anderer Rechtsterrorist zuvorgekommen war.

C. war fast noch ein Kind, als er mit 17 Jahren zur Bundeswehr ging. Das Gymnasium brach er vorzeitig ab, doch bei den Gebirgs- und Fallschirmjägern fiel er als guter Soldat auf. Als er um Versetzung zum KSK bat, wurde dem Antrag daher stattgegeben. Mit gerade 20 qualifizierte er sich als Kommandosoldat, verpflichtet auf 12 Jahre. Doch nach wenigen Monaten wollte C. nur noch raus, er kam mit den Strukturen des KSK nicht klar. Im Urteil des Landgerichts Hechingen steht dazu ein bemerkenswerter Absatz: »*Da der Angeklagte klare Strukturen und Kompetenzverteilung schätzt, kam er bei dem Kommando Spezialkräfte mit zunehmender Zeit immer weniger zurecht, da dort militärische Strukturen im engeren Sinne nicht existieren, sondern ausbildungs- und einsatzbedingt auch Eigeninitiative und selbstbestimmtes Handeln ohne feste Befehlsvorgaben gefordert wird.*«

Selbstbestimmtes Handeln ohne feste Befehlsvorgaben sollte eines der Probleme des KSK werden. Der Kommandeur Reinhard Günzel, der die Truppe Ende 2000 übernehmen sollte, hatte die Unabhängigkeit der Soldaten dort auch gespürt, das jedoch als Stärke, nicht als Problem gesehen. Er schrieb 2007: »Nach außen mag es manchmal so wirken, als würden die Kommandosoldaten es mit der Disziplin nicht so genau nehmen, der Umgang untereinander – auch zwischen den verschiedenen Dienstgraden – wirkt sehr locker. Auch für mich war das anfangs gewöhnungsbedürftig. Aber dieser erste Eindruck täuscht gewaltig. Disziplin ist das A und O einer gut funktionierenden Truppe. Profis können es sich jedoch leisten, sich ausschließlich auf die sogenannte ›funktionale Disziplin‹ zu konzentrieren, das heißt auf die Disziplin, die zur Erfüllung des Auftrags notwendig ist.«[40]

Auch mit der »funktionalen Disziplin« war das so eine Sache, wie sich wenig später zeigen sollte.

Im Urteil gegen den Ex-KSK-Soldaten André C., der mit der Struktur der Einheit nicht klarkam, heißt es weiter: *»Zugleich war er zunehmend enttäuscht, dass seine Kameraden nicht ein ähnliches Denken wie er pflegten, nämlich sich als Elite des deutschen Volkes zu fühlen und straffe Strukturen nicht nur innerhalb der Bundeswehr, sondern innerhalb der gesamten Gesellschaft zu befürworten.«*

Ob C. wirklich so allein mit dieser Denkweise im KSK war, wird in dem Urteil nicht weiter beleuchtet – und wie sich zeigen sollte, war der Soldat mit seiner Weltsicht nicht allein im Kommando. Er jedenfalls empfand es so, verließ die Armee – und plante nur vierzehn Tage später einen rechten Terroranschlag. In dieser Zeit erfuhr er auch, dass sein Vater sich erhängt hatte, was ihn zusätzlich in Aufruhr versetzte. C. machte dann trotzdem das, was er als Fallschirmjäger gelernt hatte – er bereitete seine Operation gründlich vor. Er wählte einen Schießstand der Bundeswehr in Stetten am kalten Markt aus, um dort Waffen zu erbeuten, jener Standort, der Sammelpunkt am *Tag X* der Gruppe Süd sein sollte. Gründlich klärte C. die Umgebung des Standortes auf, suchte nach Schwachpunkten und Fluchtwegen. Er zeltete im Feld und wartete auf die perfekte Gelegenheit. Die kam am 13. Juni 2000. Als junge Fallschirmjäger-Rekruten anrückten, um mit Pistolen am Schießstand zu trainieren, schritt C. zur Tat. Im Tarnanzug schlich er sich an den Schießstand heran. Einer der

Offiziere dort fragte ihn, ob er zum Sondereinsatzkommando der Polizei gehöre, die dort öfter trainierte. C. bejahte das, er sei beim SEK Bayern. Dann lauerte er weiter, ehe der Moment günstig war. Als der gekommen war, nahm er dem Offizier dessen Pistole ab, schob ein mitgebrachtes Magazin in die Waffe, feuerte zwei Warnschüsse in die Luft und schrie: »Alles hört auf mein Kommando!« Die anderen Soldaten mussten sich auf den Boden legen. C. sammelte die Waffen und mehr als 1500 Schuss Munition ein. Dann raste er mit einem gekaperten Bundeswehrjeep in Schlangenlinien davon, da ein anderer Offizier inzwischen auf ihn schoss. Der frisch entlassene Ex-KSK-Soldat wollte eigentlich jetzt seinen Plan umsetzen – er plante »dynamische Aktionen«, wollte dabei Politiker, Journalisten und »Mitglieder der Minderheitsgruppen der Gesellschaft« ermorden, sie hasste er, erklärte er dem Gericht, weil sie dafür verantwortlich waren, dass Deutschland nicht genau so war, wie er es wollte. Sein Ziel war daher – so abstrakt steht es im Urteil – »ein Umdenken des deutschen Volkes im Umgang mit seiner Geschichte und im Umgang mit Mitbürgern anderer kultureller Herkunft«. Er war also ein Rassist und Neonazi. Die legalen Möglichkeiten reichten ihm nicht aus, er hatte einen aggressiven »Veränderungswillen«, wie das Gericht später schrieb.

Nachdem er die Waffen und die Munition erbeutet hatte, fuhr C. ziellos durch das Land. Immer auf »Feuerkampfniveau«, jederzeit bereit, auf Verfolger zu schießen. Doch schon am Tag nach seinem Überfall auf den Schießstand hörte er von einem Vorfall in Nordrhein-Westfalen, der ihn verunsicherte: Der 31-jährige Michael Berger aus Dortmund, ehemals Mitglied in der DVU und bei den Republikanern, zudem Sympathisant der NPD, hatte auf zwei Polizisten geschossen, die ihn kontrolliert hatten, weil er nicht angeschnallt war, einen Beamten verletzte Berger tödlich. Auf der Flucht tötete er zwei weitere Polizisten mit Kopfschüssen, wenige Stunden später erschoss er sich dann selbst in seinem Wagen. Auf seinem BMW klebte ein »Landser«-Aufkleber – eine der wichtigsten Nazi-Rock-Bands –, in seiner Wohnung wurden eine Splitterhandgranate, zwei Pistolen und drei Revolver gefunden. Im Laufe der Ermittlungen wurde betont, der Täter habe »psychische Probleme« gehabt, über Depressionen geklagt, seine Tat sei deswegen nicht als rechtsradikal einzuschätzen, sondern ein unvermeidbarer Amoklauf. Die Morde an den Polizisten hatten, so die Feststellung des Gerichts in Hechingen, jedoch noch einen ganz anderen Effekt: Sie ließen den Ex-KSK-Soldaten an seinem Plan zweifeln. Vierzehn Tage nahm André C. sich Zeit, dann entschloss er sich, seine Aktion abzubrechen. Er versteckte die Waffen in der Garage seines Stiefvaters, der sie später in einem Fluss versenkte. Als die Polizei bei seiner Familie nach ihm fragte, setzte sich C. ab. Der Ex-KSKler reiste nach Straßburg, trat in die Fremdenlegion ein, wo man aber bald von seiner Tat erfuhr. Er wurde entlassen – und stellte sich am 31. Juli 2000 der Polizei. Die Katastrophe war ausgeblieben. Fürs Erste. Nur fünf Wochen später beging der NSU seinen ersten Mord in Nürnberg.

Der Fall, der damals aus der Presse herausgehalten worden war, offenbarte intern ein offensichtliches Problem des KSK: das mangelhafte Auswahlverfahren. Man gab und gibt sehr viel auf das konkurrenzlos harte Verfahren, das inzwischen nur noch fünf Prozent der Kandidaten überhaupt überstehen. Doch schon damals, am Anfang, rutschten offenbar wiederholt Soldaten durch, die aus mehreren Gründen gar nicht geeignet waren, in einem solchen Kommando zu dienen und dabei zu einer gefährlichen Waffe ausgebildet zu werden – und wie André C. ernste Probleme und gar schon ein gefestigtes rechtes Weltbild hatten, bevor sie zum KSK kamen.

Allerdings stellt sich die Frage, ob man nicht gerade diese Kandidaten wollte – Soldaten, die auf der Rasierklinge ritten, immer balancierend zwischen Mut und Leichtsinn, Fokussiert- und Besessenheit, immer engstirnig und beharrlich das Ziel verfolgten, die Risiken für sich selbst und die eigene Zukunft ausblendend, und dabei eine ganz eigene Haltung zur Bundesrepublik Deutschland entwickelten, die nicht zuletzt von manchem Kommandeur des KSK vorgelebt wurde. Kommandosoldaten als selbst ernannte politische Avantgarde.

• • •

Der hagere General, der im Jahr 2000 zum Kommandeur das KSK befördert wurde, wirkt mit seiner dünnen Brille wie ein humorloser Mathelehrer. General Reinhard Günzel hatte schon in den 1980er-Jahren Fallschirmjäger geführt, zu denen er selbst mit gerade 19 Jahren in Lebach gekommen war. 1995 soll er einem Offizier zufolge bei einer Gefechtsübung gesagt haben: »Ich erwarte von meiner Truppe Disziplin wie bei den Spartanern, den Römern oder bei der Waffen-SS«, einen Satz, den Günzel nie bestritt. [41] 1997 leitete er dann jene Gebirgsjägereinheit in Schneeberg, deren Rekruten das erschütternde Skandalvideo gedreht hatten. Günzels Karriere hatte das nur kurz aufgehalten. Auch seine Verachtung für das Konzept der »inneren Führung« – das moralische Gerüst der Bundeswehr, das etwa davon ausging, dass unmoralische Befehle nicht befolgt werden müssten, und es, soweit in einer Armee möglich, demokratisch zugehen solle, da der Soldat ein Staatsbürger in Uniform sei – hielt Günzels Karriere nicht auf. Das KSK zu übernehmen, war die Krönung seiner Laufbahn, das Kommando sollte Deutschland auch militärisch auf die Weltbühne zurückbringen, so jedenfalls der Traum von Günzel. Vorher hatte man im NATO-Bündnis ein »beschauliches Zwergendasein« geführt, so Günzel später. Es sei zudem schlicht peinlich gewesen, dass man als »großes« Deutschland das »kleine« Belgien um Hilfe bitten musste, um in Ruanda die deutschen Geiseln zu befreien.

Über die Soldaten des KSK schrieb Günzel im Jahr 2007, als er bereits in den Ruhestand versetzt worden war, einen glühenden Text in dem Band *Geheime Krieger*, der in Anbetracht der Skandale, die das Kommando immer wieder erschüttern sollte, besonders erhellend ist. [42] Er beschreibt die Kandidaten als das Gegenstück zur hedonistischen Spaßgesellschaft, ernsthafte, aufrechte Männer – Frauen spielen in seiner soldatischen Welt keine Rolle, außer als Ehepartnerinnen: »*Wer sich für die Kommandotruppe entscheidet, muß sich von der Luxusgesellschaft verabschieden ... Von den Männern wird verlangt, daß sie mitten im Frieden Krieg führen; immer wieder Leben und Gesundheit aufs Spiel setzen; in ständiger Askese leben, erhebliche physische und psychische Belastungen auf sich nehmen, ... und in Einsätze gegen Terroristen gehen, die vom Kriegsvölkerrecht noch nie etwas gehört haben. Dies alles wird von ihnen erwartet, ohne jede öffentliche Anerkennung, Ruhm oder Ehre. Kein ›normaler‹ Mensch nimmt so etwas auf sich.*«

Keine normalen Menschen also. Der Gedanke, der besseren, der Über-Menschen schimmert deutlich durch: »*Die Männer, die dies trotz aller Widrigkeiten tun, treten in einen besonderen Kreis ein, der sehr einem Orden ähnelt. Der Begriff ›Kameradschaft‹ ist dort heilig und alles andere als eine Floskel. Die Männer verstehen sich als feste, unzertrennbare Einheit, in der sich jeder für den anderen im Notfall opfern würde.*« Die Elite. Ein Orden. Eine heilige Kameradschaft. Ein Männerbund. Unzertrennbar. Opferbereit. Jenseits der Norm. Besser. Konsequent schreibt Günzel: »*Für ihre völlig neuen Aufgaben sind die besten Männer gerade gut genug.*«

Die tatsächlichen Grundlagen waren viel nüchterner. Der Pool an Kandidaten bestand noch immer nicht aus Übermenschen, die es plötzlich im Überfluss in Deutschland gab. Das KSK wurde vielmehr mit Fernspähern – wie Marko G. einer war – und Fallschirmjägern aufgebaut, darunter die fragwürdigen Kandidaten aus Varel. Zu den neuen Kommandosoldaten gehörten zuvor Mitglieder der Luftlandebrigade 25 in Calw an, andere Fallschirmjäger kamen aus anderen Standorten dazu.

64 Kommandotrupps wurden gebildet, vier Soldaten pro Trupp. Vier Trupps – also 16 Mann – sind ein Zug, zusammen mit drei weiteren Zügen bildet der eine Kompanie. 64 Soldaten pro Kompanie, die auf bis zu 80 Soldaten aufgestockt werden können. Macht maximal 320 Soldaten. Mehr Kommandosoldaten sollte es nicht geben, unterstützt von knapp 1000 anderen Soldaten. Trotzdem hatte Günzel große Pläne – und fragwürdige Vorbilder: »*Was bedeutet aber ›Elite‹ im militärischen Bereich? Kommandosoldaten wissen, dass sie immer erst dann zum Einsatz kommen, wenn konventionelle Kräfte nicht mehr ausreichen. Sie wissen auch, daß sie Aufgaben zu lösen haben, die eigentlich nicht zu lösen sind. Operiert wird immer aus einer Position der zahlenmäßigen Unterlegenheit, die mit Intelligenz und physischer Leistungsfähigkeit wettgemacht werden muß.*« [43] Und dann kommt das einzige Beispiel, an das der General denken kann, »*der Handstreich von Eben Emael im Jahr 1940*«, ein »*legendärer Einsatz*« im Zweiten Weltkrieg: »*70 speziell ausgebildete Fallschirmpioniere eroberten damals schnell und relativ unblutig das belgische Fort und nahmen 1.200 belgische Soldaten gefangen. Solche Operationen sind nur mit Männern möglich, deren körperliche, psychische und charakterliche Leistungsfähigkeit weit über der Norm liegt – Männer also, die regulären Soldaten in allem weit überlegen sind.*«

Was der General nicht schreibt: Das »Deutsche Reich« hatte Belgien nicht den Krieg erklärt, sondern das Land – wie bereits im Ersten Weltkrieg – überfallen, um auch Frankreich angreifen zu können. Die – tatsächlich – 82 Fallschirmpioniere waren mit Lastenseglern auf den Dächern der riesigen Festung gelandet und hatten mit sogenannten Hohlladungen die Geschütze gesprengt. Eine neue Art von Waffe, mit der die Belgier nicht rechnen konnten. Überwältigt wurden die belgischen Soldaten, weil sie überrascht und verwirrt waren, und zudem bald auch andere deutsche Truppen das Fort belagerten. Es waren also nicht die Fallschirmpioniere allein, die 1200 Soldaten entwaffnet hatten. Aber der General beruft sich öffentlich oft nur auf einen sehr schmalen Ausschnitt der Geschichte, obwohl er nicht nur Soldat war, sondern auch einige Semester Geschichte studiert hatte. Mit einem Angriffskrieg hatte er zudem offenbar kein Problem, denn genau dafür waren die meisten Kommandos ausgebildet – als Speerspitze der Offensive, um den Hauptangriff vorzubereiten.

Günzel setzte nicht nur auf die Tradition des Zweiten Weltkriegs, um eine Geschichte zu erzählen. Er suchte den Kontakt zu Wehrmachtsoffizieren: »*Bei der Traditionsfrage ist das KSK mit einer besonderen Schwierigkeit konfrontiert. Einerseits braucht es eine feste geistig-historische Grundlage, andererseits wird ihm diese offizielle Seite verweigert. Anfangs gab es noch intensive Kontakte zum ›Kameradenhilfswerk der 78. Sturm- und Infanteriedivision‹ der Wehrmacht. Das KSK hatte im Sommer 1996 die Patenschaft übernommen. Die 78. Sturm- und Infanteriedivision war die einzige Sturmdivision der Wehrmacht.*«[44] Dass diese »Kameraden« seit den Skandalen von 1998 Hausverbot in den deutschen Kasernen haben, verärgerte ihn noch Jahre später. Man brauche die Tradition der Wehrmacht und dürfe sie nicht verleugnen. Seine KSK-Soldaten seien zwar »geistig hellwach«, benötigten aber, so Günzel, gleichzeitig eine klare Tradition, auf die sie sich beziehen könnten: »*Der offizielle Traditionserlass des Bundesverteidigungsministeriums von 1982 ist alles andere als befriedigend, denn er läßt lediglich die Verschwörer des 20. Juli, die preußischen Heeresreformer und die eigene Bundeswehrtradition als offizielle Bindeglieder in die Vergangenheit zu. Das ist mehr als dürftig. Die Geschichte der Bundeswehr, die es erst seit 50 Jahren gibt, als ›Traditionsstrang‹ zu bezeichnen, ist ein beispielloser Euphemismus. Ein halbes Jahrhundert Bundeswehr ist keine Tradition, sondern eher eine kleine Firmengeschichte.*« Nicht die Bundeswehr genügt also als Vorbild, schon gar nicht die »Verschwörer« vom 20. Juli

1944, die versucht hatten, Hitler zu töten und so den Krieg zu beenden, sondern die Wehrmacht und ihre Spezialverbände, gedrillt auf Angriffskriege. Günzel verehrt dabei eine ganz besondere Gruppe von Soldaten: *»Die Kommandosoldaten des KSK wissen genau, wo ihre Wurzeln liegen. Die Einsätze der ›Brandenburger‹, der Vorläufer sowohl der GSG9 als auch des KSK, gelten in der Truppe als geradezu legendär. Die Operationen der ›Division Brandenburg‹ sind Lehrbeispiele erfolgreicher Kommandoeinsätze.«* [45]

Die *Division Brandenburg* gilt als erste deutsche Kommandoeinheit. Unabhängig vom Rest der Wehrmacht und gegründet als *Baulehrkompanie zur besonderen Verwendung* 800, wurde sie vor allem verdeckt, in enger Absprache mit der »Abwehr« – dem Militärgeheimdienst – eingesetzt, um in verschiedenen Ländern, denen man nie den Krieg erklärt hatte, zu operieren. Dabei wurden vor allem auch Geheimdienstmethoden benutzt, man tarnte und täuschte. Es wurden falsche Uniformen oder Uniformen des Gegners getragen, Desinformationen beim Gegner verbreitet oder – auf lange Hand – Nationalisten im Ausland trainierten. Diese indischen Nationalisten im Exil sollten später die Briten in Indien selber bekämpfen. In der Ukraine, in Ägypten, im Kaukasus oder im Irak bildeten *Brandenburger* ebenfalls nationalistische Widerstandsgruppen aus. Diese Nationalisten sollten einen Bürgerkrieg anzetteln oder deutsche Kriegsgegner angreifen. Oft hatten die Operationen nur mäßigen Erfolg, weil die Ziele – Sturz der britischen Herrscher in Indien mithilfe von ein paar Kommandosoldaten und Aufständischen – schlicht zu hoch gegriffen waren. Dennoch sind die *Brandenburger* das ultimative Vorbild für Günzel, obwohl oder gerade weil die Einheit arbeitete wie ein Geheimdienst und obwohl sie kaum Durchschlagkraft entwickelte. Günzel klammert sich an die kurzfristigen militärischen Erfolge – eine Brücke wurde hier eingenommen, ein Fort dort erobert, eine Einheit anderswo zurückgeschlagen –, als sei der Krieg eine Partie

»Risiko«, ein Spiel. Die Spieler verehrt der General: »*Ich selbst pflege mit dem ›Brandenburger‹ und Ritterkreuzträger Wilhelm Walther seit langem freundschaftlichen Kontakt und habe ihn als herausragenden Menschen kennen- und schätzen gelernt.*«

Von diesem Wilhelm Walther scheint Günzel eins zu eins seine Ideologie übernommen zu haben. Auch Walther schreibt in dem Buch über die »Geheimen Krieger« von 2007, auch er verklärt seine Einheit und die einzelnen Soldaten, die *Brandenburger*, das sei ein »ganz besonders befähigter Soldat, der in dieser Form in der Wehrmacht seinesgleichen suchte«. Die Kriegsgegner hätten die *Brandenburger* angeblich als »Asse« und »ritterlich« bezeichnet. Elementar sei die »idealistische und vaterländische Einstellung«, zudem sei jedes Mitglied freiwillig dabei gewesen. Man hatte vor allem auch »Auslandsdeutsche« aufgenommen, weil die sich besser bei den Einsätzen in fremden Ländern unter das Volk mischen konnten. Die *Brandenburger* seien eine »ganz spezielle Truppe« gewesen, ein wirklich wilder »Räuberhaufen«, »mit dem man den Teufel aus der Hölle holen konnte«, so Walther. Über die Methoden der *Brandenburger* schreibt er offen: »*Unsere Art zu kämpfen, stellte damals ein absolutes Novum in der bisherigen deutschen Kriegspraxis dar ... Bei unseren Unternehmungen galt es, möglichst lange unerkannt zu bleiben und den Feind gezielt zu täuschen, um ihn dann im Überraschungsmoment handstreichartig zu besiegen. Unsere Kampfweise war daher unter taktischen Gesichtspunkten von den Elementen List und Tücke geprägt. ... Zudem waren die meisten unserer Einsätze nicht von dem damaligen Kriegsvölkerrecht gedeckt, da nach diesem das Tragen der gegnerischen Uniform geächtet ist.*« Aber: »*Auch wenn unsere Kampfweise von List und Täuschung geprägt war, kann sie doch nicht als unfair bezeichnet werden.*«[46] Was Walther nicht schrieb: *Brandenburger* waren auch an Massakern an der Zivilbevölkerung beteiligt, wehrlose Opfer, die bestraft wurden, etwa in Kroatien, wo die Einheit in der Partisanenbekämpfung eingesetzt war. 257 Dorfbewohner wurden wahllos erschossen, um den Angriff auf Soldaten der *Brandenburger* zu rächen. [47] Auch erwähnte er nicht, dass die meisten Einsätze ohne große Wirkung blieben, die Soldaten eben keine Weltgeschichte schrieben, sondern allenfalls Fußnoten blieben.

Als sei der Krieg tatsächlich doch ein Spiel, schreibt Walther über Kämpfe mit britischen Kommandoeinheiten: »*Doch die Auseinandersetzungen hatten stets mehr Wettkampfcharakter.*« Nur um später zu bemerken, wie tödlich die Einsätze im Krieg vor allem für die Kommandoführer selbst waren: »*Etwa 75 bis 80 Prozent mussten dabei ihr Leben lassen.*« Ab 1943 wurde die Division in der Abwehrschlacht gegen die Rote Armee wie ein normaler Verband eingesetzt und verschlissen. Walther leitete am Ende des Kriegs noch den Stab des SS-Obersturmbannführers Otto Skorzeny – der zum harten Kern des Militärapparats des NS-Regimes gehörte, seit 1934 Mitglied in der SS. Er baute eine Kommandotruppe auf – aus Fallschirmjägern, SS-Soldaten und *Brandenburgern* zusammengesetzt –, die ebenfalls mit ihren verdeckten Operationen selten Erfolg hatte. Nach dem Krieg arbeitete Skorzeny dann für diverse Geheimdienste, er soll unter anderem auch daran beteiligt gewesen sein, die sogenannten *Stay-Behind*-Strukturen aufgebaut zu haben. Ehemalige Waffen-SS- und Wehrmachtssoldaten wurden dabei von der CIA ausgerüstet, damit die im Kriegsfall hinter den feindlichen Linien gegen die Rote Armee operieren konnten. Denn wahre Soldaten bereiten sich immer auf den nächsten Krieg vor, so die Logik.

Wilhelm Walther selbst hatte 50 Jahre nach der NS-Zeit für das neue Deutschland eine klare Vision – Elitesoldaten könnten das Land erwecken: »*Auch wenn die Zerfallserscheinungen des Zeitgeistes ihre Schatten auf die Entwicklung des Traditionsverständnisses der Bundeswehr werfen, kann diese dem Zusammengehörigkeitsgefühl der Kommandosoldaten des KSK … wenig anhaben. Vielleicht wird es eines Tages dieser spe-*

zifische Korpsgeist sein, der die Entwicklung hin zu einer nihilistischen Spaßgesellschaft zum Stoppen bringt.«

Das also waren die Vorbilder von Reinhard Günzel, dem geistigen Vater der KSK, der viele Soldaten prägte und offenbar nicht nur davon träumte, verdeckt, getarnt, vorab in fremden Ländern vollendete Tatsachen zu schaffen, sondern auch zu Hause, denn er sah zudem »die größte Herausforderung« ganz woanders, an der Heimatfront, im eigenen Land, durch »die Widrigkeiten des bundesrepublikanischen Alltags«: »*In den vergangenen zwei Jahren wurden die Rufe aus dem linken Lager wieder lauter, man solle doch das ›undurchsichtige KSK‹ sofort auflösen, die Kommandosoldaten seien ›politisch unzuverlässig‹. Statt einer offiziellen Maßregelung solcher Stimmen gab es von Regierungsseite nur peinliches Schweigen.*«[48] Der Kommandeur des KSK erwartet also von einer Regierung, dass Kritiker öffentlich gemaßregelt werden. In seiner Person wurde die ganze Unwucht des Kommandos deutlich: Er führte die Elite einer Armee in einem demokratischen Rechtsstaat, erwartete aber von einer demokratisch gewählten Regierung, dass sie Kritiker maßregelte, anstatt die Kritik einfach zu ertragen. Aber viele Anführer innerhalb des KSK hatten für Deutschland andere, größere Pläne, als sich mit Kritikern in der Bundesrepublik herumzuschlagen, sie wollten sich in der Welt beweisen. Die Diskrepanz zwischen Anspruch und Wirklichkeit war für andere Mitglieder des KSK, die einfach nur ihren Job machen wollten, von Anfang kaum auszuhalten. Und nirgends sollte sich das drastischer zeigen als in Afghanistan.

5
Afghanistan

Im Jahr 2002, als ich selbst mehrere Wochen in Afghanistan verbracht habe, um Gefolgsleute der Hintermänner der Anschläge vom 11. September 2001 zu finden, traf ich auf einen Mann, von dem ich mir Antworten über die führenden Dschihadisten von al-Qaida erhoffte. Er hatte in Pakistan die Dschihadis unterstützt, kannte Osama Bin Laden persönlich und sprach, da er mit einer Deutschen verheiratet war, akzeptables Deutsch. Er residierte in einem der vielen mehrstöckigen schlichten Häuser in Kabul hinter hohen Mauern. Im kleinen Innenhof standen mehrere bewaffnete *Mudschaheddin*, er selbst hielt in einem großen Zimmer im ersten Stock Hof. Er gehörte zu den Männern, die schon lange sehr mächtig in diesem Land waren und auch noch sehr lange mächtig bleiben würden.

Als ich mit ihm sprach, saßen uniformierte Afghanen und weitere *Mudschaheddin* auf Stühlen um ihn herum und beobachteten uns. Er erklärte mir, wo das Problem der westlichen Soldaten und anderer Vertreter des Westens in Afghanistan liege. Wenn die Westler, die UN, die NATO oder sonst wer, sicher von Kabul weiter in den Süden nach Kandahar wollten, müssten sie einen Hubschrauber nehmen: »Ich aber kann zu Fuß dort hingehen, weil mich hier jeder kennt.« Ihm kann keiner was, während die Fremden immer in Gefahr seien, sollte das heißen. Dass die Menschen aus dem Westen in Afghanistan höllisch aufpassen mussten, stimmte damals, und es stimmte viele Jahre später immer noch.

2002, als ich mit dem Mann sprach, hatte der jahrelange Bürgerkrieg das Land verheert, die Hauptstadt Kabul war zerstört, lag in Teilen in Trümmern. Von Kugeln durchlöcherte Straßenschilder hingen wie welke Blumen an ihren Pfosten herunter. Die Warlords waren so mächtig wie eh und je, weil sie den Drogenhandel kontrollierten und aus den Erlösen ihre Privatarmee finanzieren konnten, die in wechselnden Koalitionen das Land terrorisierten. Loyalität war relativ. *Einen Afghanen kauft man nicht*, sagte mir ein Afghane, *man mietet ihn nur*. Die verschiedenen Stämme, die Paschtunen, die Hazaren und Tadschiken sind auf ihre eigene Art zäh. Die Menschen müssen extrem heiße Sommer und bitterkalte Winter überstehen. Ein Dorfältester, den ich auf eine ungewöhnliche Konstruktion in seinem Ort ansprach – die Bewohner hatten aus russischen Panzerteilen eine Art Wasserkraftwerk gebaut –, erklärte mir, Fremde seien immer willkommen, solange sie den Afghanen nicht vorschreiben würden, was sie zu tun hätten. Wer sich nicht an diese Regel hält, sagte er und beendete den Satz nicht, sondern deutete mit dem Daumen auf die Panzertrümmer hinter ihm. Der Mann lebte in einem schmalen Tal im Hindukusch, nördlich von Kabul auf dem Weg nach Masar-e Scharif. Die Berge dort steigen extrem steil an, an ihren Füßen schmale Täler – ein Posten auf einem der Berge kann hier an klaren Tagen Kilometer weit schauen und sofort erkennen, wenn Fremde in das Tal eindringen. Die Straße, die durch das Tal an einem Fluss entlang führt, ist übersät mit riesigen Löchern, in die die Einheimischen Panzerteile geschoben haben, um die Löcher zu stopfen und gleichzeitig die Panzer verschwinden zu lassen, die in das Tal gekrochen waren, wo *Mudschaheddin* sie einen nach dem anderen zu Klump geschossen hatten. Afghanistan war immer ein hartes Land, auch für die Afghanen selbst, vor allem aber war es hart für die Fremden. Hier nun musste sich das KSK beweisen. Anfang 2002 war das Kommando seit wenigen Wochen im Land.

Wilhelm Walther, der im Zweiten Weltkrieg für die *Brandenburger* gekämpft hat, bemerkte später, wie passend er es gefunden hat, dass das KSK ausgerechnet seinen ersten langen Einsatz in Afghanistan absolvieren musste: »Manchmal ergeben sich in der Geschichte eigenartige Parallelen, die nur wenigen Menschen bewusst sind.« Denn die *Brandenburger* hatten von Afghanistan aus indische Nationalisten unterstützt, um Gandhi als Führer der Opposition zu stürzen, um dann die Briten direkt anzugreifen.

Nun waren in Afghanistan wieder deutsche Kommandosoldaten eingesetzt, auf der Suche »nach untergetauchten ›Terroristen‹ und Partisanen«, wie Walther begeistert schrieb. Man hatte wie vor 50 Jahren wieder Großes vor, sonst wäre das große Risiko auch nicht gerechtfertigt. Reinhard Günzel schrieb dazu: »Wer Kommandosoldat wird, der weiß, daß er das höchste Risiko eingeht, das unsere Gesellschaft zu vergeben hat. Er muß auch letztlich bei jedem Einsatz dazu bereit sein, sein Leben einzusetzen. Der Tod ist daher der ständige Begleiter der deutschen Elitekämpfer.«[49] Fast klang es so, als würden sich Männer wie Günzel auf den Tod freuen.

Vor Afghanistan war das Kommando in Bosnien eingesetzt worden, dort hatte das KSK unter anderem den Leiter eines serbischen Gefangenenlagers festgenommen, im Rahmen der Operation »Kilo 1«. Der Mann, Milorad Krnojelac, hatte es zugelassen, dass in seinem Lager bosnische Zivilisten misshandelt wurden. Ein Kommando aus französischen und deutschen Soldaten nahm den Mann nach langer Vorbereitung fest, setzte ihn in ein Flugzeug, mit dem er nach Den Haag geflogen wurde, wo ihm der Prozess vor dem Internationalen Gerichtshof gemacht wurde. Das KSK griff noch weitere Kriegsverbrecher auf, doch nicht immer lief alles so glatt wie beim ersten Mal. Eine Zielperson zündete bei dem Zugriff, der nicht ausreichend vorbereitet worden war, eine Handgranate und verletzte zwei KSK-Soldaten schwer.

Doch Afghanistan war noch einmal anders. Bis zu seinem Einsatz dort hatte das KSK nie Gegnern wie den Taliban in einem Krieg gegenübergestanden. Nun waren die Kommandosoldaten Teil eines von den US-Amerikanern geführten Krieges in einem zerstörten und demoralisierten Land. Die US-Amerikaner wollten durch Jahre des Bürgerkriegs kampferprobten Taliban dauerhaft die Macht entreißen. Die Taliban waren zum Ziel geworden, da sie vor den Anschlägen vom 11. September 2001 arabische Kämpfer der Terrorgruppe al-Qaida im Land geduldet hatten, die dort wiederum Trainingscamps für Terroristen aufbauen konnten. Die Camps hatten unter anderem die Männer durchlaufen, die zuvor in Hamburg studiert hatten und nach ihrer Zeit in Afghanistan mehrere Jets in das World Trade Center in New York und das Pentagon in Washington steuerten.

Afghanistan mit dem Hochgebirge, den Tälern, der Steppe, dem nahen Pakistan, den staubigen Städten mit hohen Mauern aus Lehm und verwittertem Beton, waren für al-Qaida und die heimischen Taliban ideal, um unterzutauchen und einer Konfrontation auf einem regulären Schlachtfeld aus dem Weg zu gehen. Die Suche nach diesen Kämpfern wurde zu einer der wichtigsten Beschäftigungen des KSK, dessen Kommandeur Günzel einhundert Kommandosoldaten nach Afghanistan schickte. Die Männer waren sich offenbar der historischen Parallele bewusst.

So wurde später bekannt, dass KSK-Soldaten mit einem weißen Jeep durch Afghanistan gefahren waren, auf dessen Tür eine Palme gesprüht war – Erkennungszeichen des Afrikakorps der Wehrmacht. Als der Vorfall publik wurde, sagte ein Soldat: »Ein paar unserer Jungs sind Ewiggestrige und fanden es besonders schick, mit dieser Wehrmachtsinsignie herumzufahren.« [50] In der Tat, das passte vor allem zu der 2. Kompanie.

Mit dem Zweiten Weltkrieg hatte der Einsatz in Afghanistan eigentlich nichts zu tun, die deutschen Soldaten kämpften an der Seite US-amerikanischer Streitkräfte, man lebte auch gemeinsam als Teil der Task Force K-Bar in einem Lager in Kandahar im südlichen Afghanistan nahe der pakistanischen Grenze. Einer der US-Soldaten hat einen Bericht über seine Zeit in Afghanistan geschrieben – und dabei ausführlich über das KSK berichtet. Brandon Webbs Buch »The Red Circle« hat für erstaunlich wenig Aufsehen in Deutschland gesorgt, obwohl der Scharfschütze der *Navy SEALs* schon im Jahr 2012 darin drastisch beschrieb, wie sich die deutschen Kommandosoldaten in Afghanistan aufführten. [51] Dabei ist Webb den Deutschen durchaus wohlgesinnt. Er beschreibt sie als »fantastisch trainiert«, taktisch erste Klasse, also Soldaten wie er, die endlich auch an der »Action« teilhaben wollten. Als man gemeinsam auf der Suche nach einem »High Value Target« mehrere Häuser in dem Dorf Prata Ghar stürmte, beschreibt Webb, dass allen Soldaten klar gewesen sei, wie historisch der Moment war – zum ersten Mal kämpften Deutsche an der Seite von US-Soldaten. Die Operation war jedoch ein Fehlschlag – der gesuchte Mann war schon lange weg. Webb fand mit seinem Trupp nur eine Mutter und ihre zwei verängstigten Töchter im Teenager-Alter. Der Einsatz war danach aber noch nicht vorbei – und daran war das KSK schuld. Die Elite der Bundeswehr, der General Reinhard Günzel so ausdauernd huldigte, war schlecht vorbereitet in die Mission gegangen. Die deutschen Soldaten mussten einen Teil der Ausrüstung vor dem Dorf ablegen, weil ihre Rucksäcke zu schwer waren. Und nun baten die Deutschen Webb, bei der Bergung ihres Materials zu helfen. Die Aktion endete fast im Desaster. Webb fuhr mit einem weiteren US-Soldaten und dem KSK-Mitglied »Dieter« mit einem Pick-up-Truck zu dem Ort, wo die 40 Rucksäcke lagerten. Zwei bewaffnete Afghanen warteten schon dort, die der kleine Trupp jedoch überwältigte. Schnell rannten weitere aufgebrachte Einwohner des Dorfes die Straße hoch, während die Soldaten die deutsche Ausrüstung zum Pick-up schleppten und auf die Ladefläche warfen. Immer mehr Dorfbewohner kamen hinzu: »Innerhalb von zehn Minuten war da ein Mob von Typen. 50, eindeutig angepisst und mit Waffen.« [52] Die drei Kommandosoldaten zogen ihre Sturmgewehre, hielten Handgranaten in die Höhe, versuchten die Afghanen zurückzudrängen. Ohne Erfolg. Die Soldaten begannen zu schießen, über die Köpfe, nichts, dann vor die Füße. Das wirkte. Sie rannten zum Truck und rasten davon. Alles, weil die KSKler zu viel Ausrüstung mitgenommen hatten. Die neue Speerspitze der Bundeswehr hatte Lehrgeld gezahlt. Nicht immer wurde das KSK jedoch zu solchen Einsätzen mitgenommen, oft übernahmen das die US-Truppen selbst, für das KSK blieben oft nur schlichtere Operationen, ein Waffenlager wurde hier, ein Waffenlager dort ausgehoben.

Einige Abende nach der größeren Operation in Prata Ghar feierten die US-Soldaten gemeinsam mit der KSK-Einheit eine Party im Lager, da die Deutschen als einziges Kontingent Bier zur Verfügung hatten. Die Partys wurden zu einer festen Einrichtung, die US-Kommandosoldaten meldeten sich dafür in ihrem Lager ab und sagten, sie müssten den letzten Einsatz mit den Deutschen »nachbesprechen«. Bei einer Party grölten die KSK-Soldaten bei jeder Granate der Taliban, die in der Ferne oder nah beim Camp explodierte, »Prost!« und tranken einen Schluck. Die *Navy SEALs* waren auch trinkfest, nicht jedoch so wie die Deutschen, stellte Webb fest. Doch die KSK-Soldaten tranken nicht nur. Nachdem man gemeinsam einen weiteren Höhlenkomplex an der Grenze zu Pakistan nach Waffen und Taliban durchsucht hatte, soff man wieder gemeinsam. Diesmal jedoch war etwas anders. Die KSK-Soldaten waren bereits ziemlich angetrunken, als Webb dazukam. Sie hatten eigens ein Zelt aufgebaut, in dem Bier ausgeschenkt wurde. Eine Stereoanlage war laut aufgedreht, die Soldaten spielten Musik, so schreibt es Webb, aus dem Zweiten Weltkrieg ab, dabei marschierten die Elitesoldaten im Kreis und sangen laut mit: »Irgendetwas Interessantes passierte, wir standen nur da und schauten zu. Wir verstanden die Texte zur Musik nicht und hatten keine Ahnung, was der Kontext war.« Major Mike, einer der KSK-Offiziere, ging auf Webb zu und erklärte ihm, was los sei. Die Amerikaner sollten sich nicht angegriffen fühlen, es sei nur so, dass die Großväter vieler Soldaten im Zweiten Weltkrieg gekämpft hätten. Sie seien vor allem sehr stolz darauf, dass ihre Vorfahren bis zum Tod gekämpft hatten. Andere Soldaten seien am Ende einfach desertiert und verschwunden: »Die meisten KSK-Kerle hatten Familienmitglieder, die niemals aufgegeben hatten, und auf die waren sie stolz.« Webb schaute weiter wie hypnotisiert in Richtung der Deutschen, die sangen und marschierten. Major Mike sagte ihm, er solle Bescheid geben, wenn er das alles für schlechten Geschmack halte. Die ganzen Verbrechen der Nazis seien schlimm gewesen, ja, aber ihre Großväter wollten nur gute Soldaten sein, ehrenvoll für ihr Land kämpfen, wie andere Soldaten auch. In Deutschland dürfe man nicht mal mehr Nazi sagen oder eine Rune an die Wand malen, erklärte Major Mike, »wir wissen, wie schlimm der Weltkrieg war, genau wie ihr. Aber unsere Großväter sind unsere Großväter und wir sind stolz auf sie.« Für Webb war das eine bizarre Szene. Er hatte keine Familienmitglieder, die im Zweiten Weltkrieg gekämpft hatten, und er hatte keine jüdischen Verwandten: »Aber – you know –, ich hätte sie haben können. Jeder von uns [Amerikanern] hätte das. Und wenn es [so] gewesen wäre, wie hätte dann die Szene auf denjenigen gewirkt?« Webb schaute umher, beobachtete weiter seine deutschen »Brüder«, wie sie sangen und marschierten: »Das waren gute Männer, Männer, mit denen wir Seite an Seite gekämpft hatten, niemand von ihnen war überhaupt schon geboren, als der Zweite Weltkrieg ausbrach. Es ist eine merkwürdige Sache, Ehrenmänner, die für ihr Land kämpfen. Wir sehen uns als die Guten, die für eine gerechte Sache kämpfen. Ich weiß, ich habe damals geglaubt, wir waren die guten Jungs in Afghanistan und glaube das noch immer. Aber die Großväter der Deutschen haben wiederum auch geglaubt, sie wären die Guten. Wir sind am Ende alle die Helden unserer eigenen Geschichte.«

Der Amerikaner Webb konnte im Februar 2002 nicht wissen, dass in der Heimat des KSK, in Deutschland, seit Jahren eine erbitterte Diskussion genau über diesen Punkt geführt wurde: Darf man stolz auf seinen Großvater sein, der im Zweiten Weltkrieg gekämpft hat? War nicht die Wehrmacht »sauber« geblieben? War sie nicht, zeigte die Wanderausstellung »Vernichtungskrieg – Verbrechen der Wehrmacht 1941 bis 1944« des Hamburger Sozialforschungsinstitut seit 1995. Dort wurden unter anderem Briefe von Soldaten an der Front ausgestellt, in denen sie schrieben, dass ihnen klar sei, dass sie ständig gegen das Kriegsrecht verstoßen hatten und dafür eines Tages bezahlen würden. Einer schrieb über den Krieg in Russland: » ...die Mittagssuppe reichte nicht. So nahmen wir den Frauen und Kindern das letzte Stück Brot [...] steckten ihre geringen Vorräte an Butter und Schmalz zu uns [...] Tränen, Flüche und Flehen störten uns nicht. Wir waren die Sieger, der Krieg entschuldigte den Raub, forderte die Grausamkeit, und der Selbsterhaltungstrieb befragte das Gewissen nicht.«[53] Man warf den Forschern Unsauberkeiten vor, die korrigiert wurden, Neonazis demonstrierten trotzdem in jeder Stadt, wo die Ausstellung fortan Station machte, dabei waren in mehreren Städten auch spätere Mitglieder des NSU, so in München und Dresden. 1999 wurde die Ausstellung in Saarbrücken sogar von unbekannten Tätern durch Zündung einer Bombe schwer beschädigt.

Es war paradox: Wenn die Neonazis allein waren, unter sich,

hörten sie Nazi-Rock, der den Holocaust und die Gräueltaten der Wehrmacht verherrlichte und die alte »Stärke« zurücksehnte. Aber öffentlich leugneten Neonazis den Massenmord an den Juden und nutzten die Ausstellung, um die Wehrmacht vor Anwürfen in Schutz zu nehmen, sie hätte Kriegsverbrechen begangen – für sie waren Soldaten Vorbilder, auf die sie stolz waren. Dabei vertraten sie keine Außenseitermeinung. Vor der Ausstellungseröffnung in Saarbrücken hatte die örtliche CDU eine Anzeige geschaltet: »Unsere Väter waren keine Mörder!«, und behauptete, das Ziel der Ausstellung sei das »systematische Zerstören von Nationalgefühl und Vaterlandsliebe«. In Dresden marschierten NSU-Mitglieder neben dem Plakat »Die deutsche Wehrmacht kämpfte tapfer und anständig«; zuvor in Erfurt bei einem Prozess gegen den Altnazi und Rechtsterroristen Manfred Roeder, der die Ausstellung angegriffen hatte, hielt Uwe Böhnhardt ein Plakat in die Höhe, auf dem stand: »Unsere Großväter waren keine Verbrecher«. [54]

Genauso sahen es die KSK-Soldaten in Afghanistan auch, wenn sie betrunken vor US-Soldaten dem Zweiten Weltkrieg auf ihre ganz eigene Art gedachten.

• • •

»Das Kommando sucht charaktervolle, leistungsstarke Männer, die ruhig und überlegt handeln. Gefragt ist der stille Profi, intelligent, robust ...«, schrieb Günzel. Doch viele KSK-Soldaten des ersten Kontingents in Afghanistan waren davon weit entfernt. Einer der Deutschen griff einen Gefangenen der US-Amerikaner an, wenige Tage nachdem das deutsche Kontingent überhaupt nach Afghanistan gekommen war. Der Vorfall zog die erste wirklich unangenehme Untersuchung durch den Bundestag für das KSK nach sich, denn der Gefangene stammte selbst aus Deutschland:

Es war der junge Bremer Murat Kurnaz. Kurnaz war nach einer, wie er selbst sagt, wilden Jugend vermehrt in eine Moschee gegangen, um schließlich eine Religionsschule in Pakistan zu besuchen. FBI-Beamten fragten ihn später, ob er ein Freund von Mohammed Atta sei, der einen Jet in das World Trade Center gesteuert hatte, und ob er zu al-Qaida gehöre. Kurnaz bestritt das. Mit Dschihadis will er nichts zu tun gehabt haben, ein dahingehender Verdacht der Bremer Staatsanwaltschaft sei unbegründet.

Kurnaz war im Oktober 2001, einen Monat nach den Anschlägen, ausgerechnet nach Pakistan geflogen, Heimat der Taliban. Ein riskantes Reiseziel zu dieser Zeit. Pakistanische Sicherheitskräfte griffen ihn in einem Bus auf, er kam dann in Haft und wurde zwei Wochen später in ein Gefangenenlager der US-Armee in Kandahar gebracht, unweit des Standorts einer *Taskforce*, wo auch die Deutschen stationiert waren. Die Militärpolizei der US-Amerikaner war noch nicht vor Ort, also baten die Amerikaner die Deutschen um Hilfe – sie sollten die Gefangenen bewachen. Wieder einmal mussten die Kommandosoldaten Aufgaben weit unter ihrem Niveau erledigen. Allerdings waren sie zu dem Zeitpunkt so kurz im Land, dass der Frustfaktor noch nicht hoch gewesen sein kann. In der Nacht, als die Deutschen Wache schoben, wurde Kurnaz – seine Hände auf den Rücken gebunden – von US-Soldaten an den Zaun des Lagers gerufen, so schildert es der junge Gefangene aus Bremen später selbst. Neben den Amerikanern standen zwei Soldaten in heller Tarnuniform und mit deutscher Flagge auf den Ärmeln. Kurnaz blickte den Soldaten ins Gesicht, einer blaffte: »Falsche Seite ausgesucht, auf den Boden gucken!« Kurnaz wurde weggebracht, wurde aber kurz darauf von US-Soldaten hinter einen Lastwagen geführt, wo die beiden deutschen Soldaten von zuvor warteten. Man warf ihn auf den Boden, wo er mit dem Gesicht aufschlug. Einer der KSK-Soldaten zog ihn hoch und fragte: »Weißt du, wer wir sind? Wir sind die deutsche Kraft, das KSK!«, so erinnert sich Kurnaz.[55] Der Soldat schlug ihn dann den Kopf auf den Boden, danach wurde er getreten, von wem, weiß Kurnaz nicht mehr. Der Bremer wurde kurz darauf in das amerikanische Lager von Guantánamo auf Kuba gebracht, wo er vier Jahre lang festgehalten wurde. Nach seiner Freilassung 2006 erwähnte er in einem Interview den Vorfall mit den deutschen Soldaten. Ein Untersuchungsausschuss des Bundestags wurde im Jahr 2008 eingerichtet, bei dem die neue Regierung, geführt von einer Großen Koalition, alles tat, um die Soldaten zu schützen. Akten wurden zurückgehalten oder vernichtet, Zeugen konnten sich an nichts erinnern.[56] Es war das übliche Trauerspiel. Doch die ebenfalls laufenden Ermittlungen der Staatsanwaltschaft untermauerten Kurnaz' Behauptungen. Der beschuldigte KSK-Soldat, einer von Günzels Elite, den Kurnaz auf Fotos wiedererkannt hatte, war vor allem eines nicht: cool. Der Bericht des Verteidigungsausschusses hält fest: »Ein Beschuldigter war bei seiner Zeugenvernehmung außergewöhnlich unsicher. Als er gefragt wurde, ob er die Bemerkung mit ›der falschen Seite‹ gemacht habe, reagierte er, wie vom ermittelnden Kriminalbeamten festgehalten, auffallend nervös und wurde rot. Schließlich bestätigte noch ein Zeuge, dass man im Nachhinein innerhalb der Kompanie darüber gesprochen habe, wer für den Ausspruch verantwortlich sein könnte und dass dabei der Name gerade dieses Beschuldigten genannt worden sei.«[57]

Als die Geschehnisse in der Nacht von Kandahar vom Bundestag geklärt werden sollten, stellte sich die Bundesregierung voll hinter den Soldaten. Aus Prinzip. Nicht wissen wollend, oder verschleiernd, was wirklich im KSK vor sich ging. Der Mann machte noch jahrelang Karriere, vertrat die Bundeswehr unter anderem bei den *Special Forces* der USA in Fort Bragg. Der KSK-Mann wurde erst 2020 suspendiert. Allerdings nicht wegen seines Übergriffs auf Kurnaz. Der MAD hatte ihm – auf einmal – eine Nähe zu der rechtsradikalen »Identitären Bewegung« nachgewiesen. Die Regierung hatte zwölf Jahr zuvor, als der Fall Kurnaz aufgeklärt wurde, eine weitere Chance verpasst, frühzeitig das KSK aufzuräumen.

Der Kurnaz-Ausschuss hätte genug Anlass gegeben. Vor allem das Alkoholproblem der KSK-Soldaten wurde thematisiert: »Sobald dies technisch möglich war, wurde Alkohol in erheblichem Umfang aus Deutschland eingeflogen. Bereits auf dem ersten Versorgungsflug soll sich eine Palette Bier befunden haben. Ein weiterer Kommandofeldwebel erläuterte, er habe im Zuge seiner Verlegung nach Kandahar zwei Paletten Bier mitgenommen, um diese zur Sicherung des Grundbedarfs der deutschen Spezialkräfte eintauschen zu können. Der Alkoholhandel war schwungvoll und Bier eine Tauschwährung im Umgang mit Spezialkräften anderer Koalitionspartner: Bier gegen Informationen oder Ausrüstungsgegenstände.« [58] Nicht nur die Amerikaner schätzten das Angebot, so ein KSK-Soldat. Es sei überall bekannt gewesen, »dass die Deutschen einen Haufen Alkohol haben. Das war auch eine Attraktion für andere.« Ein weiterer Zeuge erzählte, im deutschen Lager sei neben Bier auch Schnaps verfügbar gewesen: »Es gab auf jeden Fall harte Sachen, und es wurde da auch von einigen wesentlich mehr getrunken als zwei Dosen Bier«, was der noch erlaubten Menge entsprach. Ein Teil der Soldaten betrachtete den hohen Alkoholkonsum, insbesondere durch bestimmte militärische Führer, überaus kritisch: »Nein, ich möchte also sogar noch weitergehen: Es gab einige, die im Vorgesetztenstatus waren, die das vorgelebt haben.« Von einigen Kommandoführern war bekannt, dass sie Alkoholprobleme hatten. Trotzdem wurden sie mehrfach nach Afghanistan geschickt. Damit bestätigte sich vor dem Ausschuss, was ein KSK-Soldat anonym dem Magazin *Stern* 2005 erzählt hatte, ein hochrangiger Offizier war durch »seine Alkoholkrankheit führungsunfähig und dies [wurde] praktisch totgeschwiegen«.[59] Einmal sei der Mann »neben der Telefonzelle im Lager Kandahar betrunken zusammengebrochen«. Er habe in Calw manchmal »mittags geweckt werden müssen, weil seine Unterschriften dringend erforderlich waren. Mittlerweile sei der Mann versetzt worden, heimatnah an eine Luftlandeschule. ›So was wird stillschweigend vertuscht‹, empört sich ein KSK-Soldat.«[60]

Der Ausschussbericht bemerkte zu dem Gesamtproblem des undisziplinierten Trinkens: »Ein Zeuge berichtete dem Untersuchungsausschuss von einem Vorfall, bei dem ein US-amerikanischer Soldat von einer Bierflasche am Nasenbein getroffen wurde, die aus dem Lagerbereich der *US-Navy-Seals* geworfen wurde. Dies sei die schwerwiegendste Verletzung gewesen, die er während seines Einsatzes im 1. Kontingent ärztlich zu betreuen gehabt habe.« Auch Brandon Webb, der US-Scharfschütze der *Navy* SEALs, berichtet von diesem Vorfall. Allerdings schildert er ihn anders. Als man mal wieder hemmungslos soff und Musik aus dem Zweiten Weltkrieg laut hörte, beschwerte sich ein US-Luftwaffenoffizier vom Lager nebenan: *»Turn that fucking music off!«* Die Deutschen brüllten zurück, der US-Soldat feuerte eine Beleidigung ab – woraufhin ein KSK-Soldat eine Flasche warf, aber den Mann nicht traf. Plötzlich gingen auch die US-Einheiten aufeinander los, mitten drin die Soldaten von Webbs Einheit und die des KSK, ein Kollege von ihm schlug dabei den US-Luftwaffen-Offizier vor dem Lager in einer Gasse ins Gesicht und brach ihm die Nase. Ein KSKler kam hinzu und bot an zu helfen. Er tat so, als richte er die Nase, drückte fest zu und sagte dann: *»Oh, yah, diss is definitely broken.«* Eine Art von Humor des KSK-Mannes, die Webb lustig fand. Der US-Luftwaffen-Mann wurde anschließend zu den Sanitätern gebracht.[61] Die Geschichte erfuhr der Ausschuss des Bundestages jedoch öffentlich nicht, ebenso wenig hörten die Abgeordneten von den Zweite-Weltkrieg-Partys, mit dem Gesang, dem Marschieren und dem ganzen Stolz auf die tapferen Großväter. Der Ausschuss hatte aber auch so genug Anlass zur Sorge gegeben, was die innere Stabilität des KSK und die Verfassung der Mitglieder anbelangte.

Was hatte der damalige Kommandeur des KSK, Reinhard Günzel, noch geschrieben? »*Wer zum KSK kommt, der kommt nicht ›weil‹, sondern ›trotzdem‹. Vor allem der Wille, zu einer Auswahl der Besten zu gehören, treibt die Männer an. Hier scheint der bereits erwähnte Ordensgedanke wieder durch, die Mitgliedschaft in einem besonderen, einem verschworenen Männerbund. Es spornt die Männer an, ihre geistigen und körperlichen Fähigkeiten voll auszureizen. Viele kommen zum KSK, weil sie sich bei ihren vorherigen Einheiten schlicht unterfordert fühlten. Sie suchen nach dem Mehr und finden es bei der Kommandotruppe. Und ist nicht der Drang, sich in Extremsituationen beweisen zu wollen, zutiefst menschlich? Weshalb klettert sonst jemand ohne Sauerstoff auf den Mount Everest, warum umsegelt sonst jemand allein mit einem Katamaran die Erde? Die Männer des KSK gehören einem Elite-Orden an, in dem sie tagtäglich beweisen können, wie weit sie über ihre eigenen Grenzen hinauszugehen vermögen.*«[62] Der eine oder andere Soldat hatte seine Grenzen bereits in Afghanistan erreicht. Schonungslos legte der Einsatz die Diskrepanz zwischen dem eigenen Anspruch des KSK und der Realität offen. Daran verzweifelten einige der Männer. Und der Krieg war noch lange nicht zu Ende. Die US-Amerikaner kamen dort genauso wenig weg wie die Deutschen. Das Training der KSK-Soldaten war mehr denn je gefragt: in feindlicher Umgebung überleben können. Ziele ausmachen, suchen, finden, unschädlich machen. Wenn es sein muss: töten.

Wie sehr diese Zeit in Afghanistan die KSK-Soldaten geprägt hatte, verrät auch ein Vermerk einer Mordkommission aus Bayern, die den Namen »Bosporus« trug und der im März 2008 verfasst wurde. Darin beschreiben zwei Mordermittler, wie sie die

MAD-Dienststelle 62 im bayerischen Amberg besuchen. Sie brauchten bei einem rätselhaften Fall Hilfe. Neun Menschen mit migrantischen Wurzeln waren zwischen dem Jahr 2000 und 2006 mit der immer gleichen Waffe erschossen worden. Eingangs notieren die Ermittler: »Die Herren des MAD ... waren offenkundig über wesentliche Inhalte des Falles informiert.« Dann stellten sie einen neuen Ermittlungsansatz vor, dass nicht, wie lange vermutet, das organisierte Verbrechen hinter den Morden steckt, sondern ein oder mehrere Täter, die aus Ausländerhass gemordet haben könnten, die sogenannte Einzeltätertheorie: »Grundlage des Gesprächs [war]: die Hypothese, dass ein – wenigstens im ersten Kosovo-Einsatz – traumatisierter Soldat Täter (im Sinne der Einzeltätertheorie) der 9 Morde sein könnte ...« Viele Soldaten aus Amberg hatten im Kosovo gekämpft. Doch dann reagierten die MAD-Offiziere anders als erwartet: »Einhellig kristallisierte sich bei den 3 teilnehmenden MAD-Offizieren während des Gespräches aber die Ansicht heraus, dass das Serien- bzw. Einzeltäterprofil einige wesentliche Kriterien beinhalte, die markant auf Soldaten der KSK in Calw zutreffen (sowohl persönliche Eigenschaften wie auch zeitliche Dispositionsfähigkeit, unbedingter Korpsgeist, Abschottungsmöglichkeiten und ›handwerkliches‹ [=Tötungs-]Können).« Drei MAD-Offizieren fielen ausgerechnet KSK-Soldaten ein, als es um potenzielle Verdächtige für eine Mordserie ging, die neun Menschenleben gefordert hatte. Aber machen, so stellte sich heraus, wollten die Teilnehmer der Runde nichts mit der heiklen These der MAD-Offiziere. Die Mordermittler schrieben: »Einigkeit herrschte darüber, dass Ermittlungen auf diesem Terrain sich noch schwieriger gestalten würden als die bereits sehr schwerfälligen im Fall des hessischen LfV« – damit war gemeint, dass ein hessischer Verfassungsschützer am Tatort des letzten Mordes anwesend war und als Mordverdächtiger galt – » ...jedes Tätigwerden des MAD ab einer gewissen

Schwelle würde Argwohn im BMVg [Bundesministerium der Verteidigung] erregen und erheblichen politischen Wellengang verursachen. Konsequenterweise bedürfen derartige Ermittlungen intensiver Abstimmung zwischen dem BayStMI [Bayerischen Staatsministerium des Inneren] und dem BMVg; eigenmächtige Ermittlungshandlungen verböten sich.« Also machte man nichts in der Sache. Der Vorgang lässt tief blicken, was mancher MAD-Agent vom KSK und seinen Kommandosoldaten hielt. Dass drei Jahre später herauskam, dass tatsächlich der NSU hinter den neun Morden steckte, macht die damalige Tatenlosigkeit der Beamten nicht besser. Und vor allem drängt sich aus heutiger Sicht die Frage auf: Warum kamen die MAD-Agenten zu ihrem drastischen Schluss? Warum trauten sie KSK-Soldaten ohne mit der Wimper zu zucken neun Morde zu?

6
Im Schatten

Als André S. alias *Hannibal* im Jahr 2010 gerade beim KSK anfing, hatte das Kommando wieder gewaltigen Druck auszuhalten. Es ging darum, welche Rolle das Kommando beim Tod von 142 Menschen in Afghanistan gespielt hatte. Zum Zeitpunkt der tödlichen Operation, Anfang September 2009, war das KSK seit fast acht Jahren fast pausenlos in Afghanistan im Einsatz. Der Einsatz hatte sich jedoch gewandelt. Es hatte mittlerweile freie Wahlen gegeben, eine afghanische Verfassung war verabschiedet worden, die Taliban waren schon lange nicht mehr an der politischen Macht, aber auch nicht aus dem Land verschwunden. Sie warteten. Auf ihre Chance. Genau wie andere afghanische Warlords und versprengte arabische al-Qaida-Mitglieder, die sich nach wie vor in Afghanistan versteckten. Wie andere ausländische Armeen zuvor, waren die US-Amerikaner und ihre Verbündeten an Afghanistan gescheitert, sie hatten die Strukturen nicht aufgebrochen, auch weil sie die wechselnden Loyalitäten im Land nicht begriffen. So ging es in Afghanistan schnell nicht mehr darum, eine wirkliche Veränderung herbeizuführen. Spätestens im Jahr 2004 war die Situation gekippt, innerhalb weniger Monate: Die Taliban wurden immer mächtiger und militärisch erfolgreicher, nicht zuletzt, weil sie Pakistan als Rückzugszone nutzen konnten. Die US-Regierung hatte sich zu dem Zeitpunkt im Irak verstrickt, Afghanistan ließ man vor sich hin brodeln. Der Krieg gegen den Terror wurde zum Krieg gegen einzelne menschliche »Ziele« – man versuchte, einen führenden Taliban da auszuschalten, ein al-Qaida-Mitglied dort, wobei al-Qaida schon fast völlig aus dem Land vertrieben worden war. Der Terror war inzwischen auch nach Europa gekommen, Menschen starben bei dschihadistischen Anschlägen in London und Madrid. Die Täter hatten jedoch keine direkte Verbindung zu al-Qaida-Mitgliedern in Afghanistan, die meisten Dschihadis waren längst in alle Welt verstreut oder radikalisierten sich vor Ort in ihrer jeweiligen Heimat, was die Terrorabwehr noch komplizierter machte. Doch die Jagd auf Terroristen in Afghanistan wollten die USA und ihre Verbündeten trotzdem nicht abblasen, es gab dort noch genug Ziele, die man ausgemacht hatte. Also jagte man die Terroristen, Warlords, Taliban – die manches Mal alles drei auf einmal waren. An der Machtstruktur im Land änderte das nichts. Über Jahre bei der Jagd mit dabei: die Soldaten des KSK. Einige kamen immer wieder zurück nach Afghanistan. Das prägte das Kommando. Regelmäßig war es in kleine Gefechte, Anschläge und Hinterhalte geraten, die KSK-Soldaten wurden genau wie Soldaten aus anderen Einheiten angegriffen und verletzt. Das KSK wurde weniger bei gezielten Kommandoaktionen eingesetzt, wie damals auf dem Balkan, sondern erlebte oft nur eine blutige Abfolge von Scharmützeln. Eine wirkliche Strategie wurde von den USA nicht vorgegeben: Der Drei-Sterne-General Douglas Lute sagte später bei einem internen Briefing, dass man Afghanistan überhaupt nicht verstanden habe: »Wir wussten nicht, was wir da eigentlich taten. Und wir hatten nicht mal eine verschwommene Vorstellung davon, was wir dort eigentlich erreichen wollten.«[63] Die US-Militärführung hatte auch nicht die geringste Vorstellung, wie man verhindern konnte, dass die Taliban durch den Opiumhandel immer reicher und mächtiger wurden.

General Reinhard Günzel wollte deshalb schon im Jahr 2002

weg aus Afghanistan, er hatte andere Pläne und schrieb an das Einsatzführungskommando der Bundeswehr: *»Darüber hinaus wird es zunehmend schwieriger, den Soldaten sinnhaft zu vermitteln, weshalb sie über Monate hinweg unter noch durchweg nicht einfachen Bedingungen im Einsatzland bereitgehalten werden sollen, ohne absehbar in einem adäquaten Auftrag wirklich gefordert zu werden.«* [64] Dennoch blieb das KSK, auch um die US-Regierung vergessen zu lassen, dass Deutschland sich aus dem Krieg im Irak herausgehalten hatte. Günzel sagte dazu: *»Es war natürlich eher ein politischer Zweck, der uns über diese lange Zeit in Afghanistan gehalten hat, als ein militärischer Zweck.«* Genau das wollte der »Elite-Orden« gar nicht – zum Spielball werden, nicht sein eigenes Schicksal gestalten zu können, sondern einfach nur reagieren zu müssen. Der Frust gegenüber der Regierung, vor allem der Rot-Grünen, vertiefte sich. Man hatte ganz andere Pläne gehabt, man wollte der Welt zeigen, dass das Kommando zu bahnbrechenden Einsätzen in der Lage ist. Einzelne KSK-Soldaten wandten sich an die Öffentlichkeit – eigentlich streng verboten –, und prangerten den Einsatz in Afghanistan an. Sie versuchten Politik zu machen, ganz so, wie es Günzel vorgelebt hatte. Ein anonymer KSK-Soldat versorgte das Magazin *Stern* mit Fotos vom ersten Afghanistan-Einsatz und behauptete, dass Offiziere nach dem Briefing für einen neuen Einsatz »klipp und klar gesagt« hätten, »dass es um drug enforcement (Drogenbekämpfung) geht. Wir sollen die Drahtzieher ausschalten, eliminieren.« Und: »Nie habe man in Calw so hart ›Direct Action‹ trainiert wie in diesem Jahr, und zwar die dreckigen Varianten: Mehrere Trupps landen verdeckt, überfallen mit hoher Feuerkraft ein Areal mit Feind – kurz gucken, eliminieren. Notfalls rufen unsere Luftraumbeobachter dann US-Unterstützung aus der Luft.‹ Nie hätten KSK-Scharfschützen sich so intensiv auf ›Assassination‹ vorbereitet: ›Verdeckt ran an die Zielperson, ein Schuss, das war's.‹« [65] So empfand es also der anonyme KSK-Soldat. Ob es wirklich zu gezielten Hinrichtungen kam, ist nicht belegt. Die KSK-Quelle des Magazins hatte damals ihr Ziel trotzdem erreicht: Sie hatte dem eigenen Mythos eine Facette hinzugefügt, gleichzeitig politischen Druck gemacht und sich dabei auch ausdauernd über die Bedingungen in Afghanistan beschwert, was jedoch so gar nicht zu dem Image passte, da die KSKler nach eigener Auskunft ja dafür ausgebildet sind, einfach alles aushalten. Eines hatte der KSK-Soldat ebenfalls prophezeit: Diesmal würden einige Kommandosoldaten tot aus Afghanistan zurückkehren. Sterben sollten allerdings tatsächlich vor allem weiter die Afghanen, die Menschen, die so viel Krieg erlebt hatten. Zahlreiche Kriegsverbrechen verschiedener Armeen in Afghanistan sind dokumentiert. Im Dezember 2002 brachten US-Soldaten zwei unbewaffnete Zivilisten in Haft um, ein selbst ernanntes Kill-Team der 2. Infanteriedivision der US-Armee ermordete 2010 drei Zivilisten, fotografierte sich mit den Leichen, verstümmelte die Toten, nahm Finger und Zähne der Leichen mit. Danach ließ man es so aussehen, als habe man die Toten in einem Gefecht töten müssen, legte Waffen neben ihnen ab. 2012 ließ ein US-Offizier seine Soldaten auf drei unbewaffnete Menschen schießen, im selben Jahr erschoss der US Staff Sergeant Robert Bales sechzehn Zivilisten in Kandahar. Dort waren auch die Spezialeinheiten der australischen Armee eingesetzt, die es besonders schlimm trieben. Nachdem schon 2017 Geheimberichte über Morde der Spezialeinheiten an die australische Presse durchgesteckt worden waren, bestätigte die Armee-Führung im Herbst 2020, dass australische Kommandosoldaten 39 Zivilisten umgebracht hatten, allesamt unbewaffnet oder Zivilisten. Darunter waren viele Gefangene. Wie die entsprechenden US-Soldaten zuvor legten einige der Kommandosoldaten Waffen und Funkgeräte neben die Leichen, um es so aussehen zu lassen, als seien die Toten Kämpfer gewesen. Ein Führer einer Einheit wies einen jungen Nachwuchssoldaten der *Special Forces* an, einen unbewaffneten Gefangenen zu erschießen, damit er sich an das Töten gewöhnt –»blooding« nannte man diese Maßnahme. Die *Special Forces* brachten auch zwei Jugendliche um. Später tauchten Fotos auf, eines zeigte unter anderem ein Mitglied einer australischen Spezialeinheit, der Bier aus einer Prothese eines Taliban-Kämpfern trinkt.

Und auch die Soldaten des KSK werden inzwischen belastet. Der Militärhistoriker Sönke Neitzel, der mit Zeitzeugen über den Einsatz in Afghanistan sprach, schrieb über die deutschen Soldaten und Offiziere dort: »Wenn bei Operationen der amerikanischen Spezialkräfte Zivilisten auch mal im dreistelligen Bereich umkamen, nahm man das hin.« Mehr als einhundert tote Zivilisten also – und auch Kommandosoldaten sollen das mitbekommen haben, schreibt Neitzel: » ... so waren selbst hartgesottene Soldaten des KSK erschüttert, als ihnen Amerikaner nonchalant davon berichteten, wie sie gefangene Taliban exekutierten«.[66]

Ich fragte das Bundesministerium der Verteidigung, ob Mitglieder des KSK in Afghanistan Kriegsverbrechen beobachtet hätten. Das war die Antwort: »Erkenntnisse zu ›Übergriffen oder Tötungen außerhalb der Gefechtshandlungen von afghanischen Zivilisten oder unbewaffneten Kämpfern‹ durch US-Streitkräfte liegen dem BMVg nicht vor.« Und was war mit einer direkten Beteiligung an Kriegsverbrechen? »Dem BMVg liegen keine Erkenntnisse vor, wonach Soldaten des KSK unbewaffnete Zivilisten in Gefechten oder anderen Situationen verletzt oder getötet haben. Dem BMVg liegen ferner keine Erkenntnisse vor, wonach Soldaten des KSK an Übergriffen oder Tötungen von afghanischen Zivilisten oder Zivilisten anderer Nationalitäten in Afghanistan im Rahmen von Gefechtshandlungen beteiligt waren.« Das Ministerium betonte also eher defensiv, dass man keine Erkenntnisse über Kriegsverbrechen habe – was solche per se nicht ausschließt.

Unbestritten ist, dass das KSK in einen besonders blutigen Tag im September 2009 verwickelt war. Das *Kommando* verfügte in einem der Stammlager der Bundeswehr in Afghanistan über einen modernen und geheimen Gefechtsstand, Herzstück der »Task Force 47«, eine Einheit, die den Auftrag hatte, »Informationen über die Aktivitäten von Aufständischen zu sammeln und für Anschläge verantwortliche Anführer zu identifizieren«. Angeblich gewann sie vor allem »Informationen und Erkenntnisse ... mit Mitteln und Methoden der offenen Nachrichtengewinnung, insbesondere auch durch zielorientierte Gesprächsführung mit der afghanischen Bevölkerung«.[67] Ob man sich tatsächlich nur freundlich mit den Einheimischen unterhielt, ist jedoch fraglich. Der Task Force gehörten nicht nur 120 Bundeswehrsoldaten an, darunter vor allem KSK-Soldaten, sie wurde auch durch Mitarbeiter des Bundesnachrichtendienstes (BND) unterstützt.[68]

Von dem Gefechtsstand aus wurden auch die Einsätze des KSK geleitet, in der Nacht im September kam Oberst Georg Klein, militärischer Leiter des »Provinz-Wiederaufbauteams« hinzu, um einen Einsatz persönlich zu befehligen. Zwei Tanklastzüge, die für den Nachschub der NATO-Truppen gedacht waren, waren von den Taliban entführt worden. Ein afghanischer Informant machte sie über sein eigenes Spitzelnetz ausfindig. Die Laster steckten auf einer Sandbank fest, umringt von Menschen. Die Spitzel des Informanten meldeten, dass ausschließlich Taliban bei den Tanklastern seien – diese Nachricht wurde gefiltert über mehrere Stellen an den Gefechtsstand der Task Force geleitet, wo Oberst Klein um US-Luftunterstützung bat, da er und sein Team fürchteten, die Laster könnten als rollende Bomben eingesetzt werden. Die ersten US-Piloten waren skeptisch, umkreisten das Ziel mehrmals und drehten ab. Zwei F-15-Jets der US-Luftwaffe flogen daraufhin in den Luftraum, auch deren Piloten hatten Bedenken, doch der zuständige Oberst Klein bestand auf der Bombardierung. Er wollte, wie er später sagte, die Aufständischen treffen und deren Anführer töten, wodurch »den Aufständischen ein schwerer Schlag versetzt würde«.[69] Die Jets warfen schließlich auf Bitten des Deutschen zwei 500-Pfund-Bomben auf die Laster ab, die völlig zerstört wurden – bei der Explosion starben jedoch nicht nur Taliban, sondern auch sehr viele Zivilisten. Die Spitzel vor Ort hatten sich schlicht geirrt oder Fehlinformationen verbreitet. Im Gefechtsstand der *Task Force* 47 in Kundus waren zu dem Zeitpunkt auch mehrere KSK-Soldaten anwesend, das Kommando über die Einheit hatte der Offizier Markus Kreitmayr inne, er war der »Kommandeur des Einsatzverbandes Spezialkräfte (TF 47)« in Afghanistan. Als der Luftschlag angeordnet wurde, war er nicht im Gefechtsstand, schrieb mir das Verteidigungsministerium auf meine Frage: »Brigadegeneral Markus Kreitmayr war zum Zeitpunkt des Angriffs auf die Tanklastzüge nicht als Kommandeur in Afghanistan.... Er war nicht vor Ort; ob er zeitnah andernorts von dem Angriff erfahren hat, ist unbekannt.« Kreitmayr sollte im Jahr 2020 während der schlimmsten Krise der Einheit Kommandeur des gesamten KSK sein, als immer mehr rechtsradikale Strukturen in dem Kommando deutlich wurden, darunter einige, die André S. alias *Hannibal* mit zu verantworten hatte.

Durch die vielen Toten von Kundus geriet das Kommando wieder in den Blick der Presse und ins Visier von kritischen Bundestagsabgeordneten, die seit Bestehen des Kommandos erfolglos versucht hatten, Kontrolle über das KSK zu gewinnen oder zumindest verlässlich informiert zu werden. Ein Untersuchungsausschuss, der sich des Luftschlags von Kundus annahm, kam in seinem Bericht zu dem Schluss, dass das KSK zwar nicht den Befehl gegeben hatte, die Tanklaster anzugreifen, aber durchaus eine wichtige Rolle gespielt habe, die jedoch im Unklaren blieb, weil dem Ausschuss Schlüsselinformationen vorenthalten wurden. Es wurde auch nie die Frage befriedigend beantwortet, warum Oberst Klein so erpicht darauf war, »Aufständische auszuschalten«, eine Aufgabe, die eigentlich vor allem die Task Force 47 und das KSK hatten. Besonders erzürnte die Opposition, dass das KSK gar kein Mandat mehr hatte, 2009 in Afghanistan präsent zu sein. Es operierte also ohne parlamentarische Legitimation und war ohne Wissen des Bundestags in die Situation in Kundus hineingeraten. Die Bundesregierung änderte ihre Strategie trotzdem nicht: Sie hielt fast alles, was mit dem KSK zu tun hatte, streng geheim, so blieb die Rolle der *Task Force* 47 in Afghanistan nebulös. Dass die Einsätze in Afghanistan das KSK geprägt haben, steht jedoch außer Frage.

In Afghanistan entstand eine toxische Mischung im Kommando – die Wehrmacht als Vorbild, dazu das Gefühl, in einem falschen Einsatz von »der Politik« verheizt zu werden, in dem KSK-Soldaten zu besseren Kopfgeldjägern geworden waren. Besonders dieser Punkt machte Kommandosoldaten zu schaffen. Vor allem Reinhard Günzel hatte den Einsatz in Afghanistan immer scharf kritisiert, wieder ging es ihm, vorgeblich, um das moralische Gleichgewicht seiner auserwählten Soldaten: »*Der Soldat muß sich … stets sicher sein können, dass er auf der moralisch richtigen Seite, auf der Seite der ›Guten‹ kämpft. Nicht wenige zweifeln an der Rechtmäßigkeit vor allem der letzten Phase des Afghanistan-Einsatzes. Ein Minister, der behauptet, die deutsche Freiheit werde ›am Hindukusch verteidigt‹, trägt zu einer solchen Verunsicherung bei, denn die Soldaten des KSK sind geistig hellwach und verfolgen aufmerksam die politischen Entwicklungen. Gegen wen verteidigen wir diese Freiheiten? Etwa gegen die Afghanen – ein Volk, das uns ausgesprochen gewogen ist?*« [70] Und dann folgt eine seiner Verkürzungen komplexer Geschichte: »*Natürlich wissen auch die Kommandosoldaten, dass ein wesentlicher Impuls für den weltweiten Terrorismus erst von der militärischen Intervention in Afghanistan ausgegangen ist.*« Die Intervention in Afghanistan, vor allem aber der Krieg im Irak, haben sicher Dschihadis mobilisiert und sie radikalisiert. Aber die Dschihad-Bewegung gab es schon lange vorher, sie ist nicht »erst« durch den Krieg in Afghanistan entstanden. Spätestens ab 1995 wurde die dschihadistische Bewegung immer gefährlicher. Und selbst als US-Soldaten Muslimen in Bosnien halfen, sahen die Dschihadisten die USA als einen großen Feind an – nicht zuletzt, weil die US-Armee noch immer in Saudi-Arabien stationiert war.

Günzel warf der Rot-Grünen Bundesregierung, die zwischen 1998 und 2005 regierte, auch explizit einen Völkerrechtsbruch vor, nicht nur in Afghanistan. Er kommt dabei zu einem verblüffenden Schluss: »*In der Vergangenheit gab es bereits völkerrechtlich zumindest fragwürdige Einsätze der Bundeswehr. So befanden sich unsere deutschen Bomberpiloten, die während des Kosovo-Krieges 1999 Einsätze gegen Belgrad geflogen sind, in einer völkerrechtlich fragwürdigeren Situation als der Leutnant, der 1941 über Kreta abgesprungen ist.*« [71] Die so schlecht geplante Invasion von Kreta, mit den vielen toten deutschen Fallschirmjägern, die ein integraler Teil des deutschen Angriffskrieges im Zweiten Weltkrieg war, stellte in den Augen des Generals völkerrechtlich ein kleineres Problem dar als der Angriff der NATO 1999 auf Serbien, der erste Kampfeinsatz deutscher Soldaten seit 1945. NATO-Bomber hatten über 70 Tage lang Serbien bombardiert, um den serbischen Staatschef Slobodan Milošević dazu zu bewegen, sich aus dem Kosovo zurückzuziehen, wo seine Soldaten bereits Albaner massakriert hatten. Ein völkerrechtlich tatsächlich umstrittener Einsatz. Auf diesen Punkt stürzte sich Günzel, um sich gleichzeitig in einen Widerspruch zu verstricken, da er wieder einzelne Schlachten der Wehrmacht im Zweiten Weltkrieg glorifizierte, um weiter Traditionslinien zum »Dritten Reich« ziehen zu können, ohne jemals zu thematisieren, welches Leid die Wehrmacht über die Welt gebracht hatte.

Günzel war in großen Teilen des KSK hoch angesehen, er

wirkte weit in die Truppe hinein, all seine Widersprüche und unvollständigen Interpretationen färbten ab. Er bewegte sich damit mit seinem Kommando in einem eigenen moralischen Universum, in dem eigene Regeln galten und Widersprüche ignoriert wurden. Man hatte eine eigene Sichtweise auf die Welt und sich selbst: »Meister ihres Fachs«, denen ihr ganz individueller Ansatz verziehen werden müsse, so hatte Günzel das Wirken seiner Männer erklärt. Günzel hatte in diesem Geiste auch die Struktur der angelegten Verselbstständigung des Kommandos weiter gefördert, die über Jahre nicht gestoppt wurde, auch weil es keinerlei Zugriff durch zivile Stellen gab. Das KSK durfte im Schatten operieren und im Schatten mutierte es. Dabei hätte das Kommando dringend Hilfe gebraucht.

• • •

Viele der Afghanistan-Veteranen blieben über Jahre nach ihrem letzten Einsatz am Hindukusch im KSK, weil man zunehmend Probleme hatte, Nachwuchs zu finden. Die Prägung durch Führer wie Günzel, der Frust über die verlorenen Jahre in Afghanistan brach bei dem einen oder anderen jedoch durch. Einer der erfahrensten Soldaten, Daniel K., seit der Gründung des KSK dabei, hatte einen regelrechten Hass auf einen Offizier der Bundeswehr entwickelt: Oberstleutnant Jürgen Rose, Mitglied im Darmstädter Signal, ein Zusammenschluss kriegskritischer Soldaten. Rose kritisierte die Bundeswehr seit Jahren von innen heraus scharf, seit 2001 vor allem für den Einsatz in Afghanistan. Als der im Rahmen der *Operation Enduring Freedom* im Jahr 2007 verlängert wurde, verweigerte Rose dort den Dienst – er sollte die Luftaufklärung durch Tornado-Jets der Luftwaffe mit koordinieren, vermutete aber, dass es nicht nur um Aufklärung, sondern auch um die Planung von Luftschlägen gehen würde. Der Einsatz sei völkerrechtswidrig, »weil mit den Tornados der Kreuzzug von US-Präsident George W. Bush gegen den Terrorismus unterstützt wird«, erklärte er. Die Bundeswehr gab nach, Rose musste nicht nach Afghanistan, sondern durfte in seiner Kaserne in Deutschland bleiben. Kurz darauf gab er ein Interview, in dem er auch das KSK kritisierte: *»Der amtierende Inspekteur des deutschen Heeres, Generalleutnant Hans-Otto Budde, verkündete: ›Wir brauchen den archaischen Kämpfer!‹. Und ein Fallschirmjäger-Kamerad ergänzte im selben Geiste: ›Man muss sich diesen archaischen Kämpfer vorstellen als einen Kolonialkrieger, der fern der Heimat nach eigenen Gesetzen lebt und handelt.‹ Dieser Inspekteur ist nach wie vor unbeschadet in Amt und Würden. Solche Äußerungen geschehen seit der Endphase des Verteidigungsministers Wörner, und es hat sich nach dem Ende des Kalten Krieges verstärkt. Wenn man also von ganz oben her diesen wehrmachtsinspirierten Kämpferkult predigt, solche Latrinenparolen ausgibt, die sich dann kaskadenartig über alle Hierarchieebenen ergießen, dann muss man sich nicht wundern, wenn an unterster Ebene solche Kloaken entstehen wie in Calw oder in Coesfeld. Der Fisch beginnt bekanntlich vom Kopfe her zu stinken.«* [72] In Calw ist das KSK-Hauptquartier angesiedelt, in Coesfeld hatten Ausbilder 163 Rekruten eines Instandsetzungsbataillons während der Ausbildung misshandelt, was zu mehreren Gerichtsverhandlungen führte. Die Soldaten wurden bei einer Nachtwanderung von ihren Ausbildern überfallen, zum Schein entführt, *Waterboarding* und Erschießungen wurden simuliert.

Der Hauptmann des KSK, Daniel K., ärgerte sich so über die Äußerungen von Jürgen Rose, der auch noch den Dienst an der Front in Afghanistan verweigert hatte, dass er ihm eine E-Mail schrieb. Unter seinem echten Namen:

»Guten Tag Herr Rose,
Mit Befremden registriere ich die strukturelle Ausrichtung Ihrer Vorfeldorganisation und distanziere mich als deutscher Offizier ent-

schieden von diesem linken Zeitgeistkonglomerat uniformierter Verpflegungsempfänger. Nicht die Kritik an kritikwürdigen Themenfeldern kritisiere ich, sondern die Intention und Diktion dahinter. Sie wissen was ich meine und sie wissen auch, dass sie nicht das Sprachrohr einer, unserer Armee sind. Ich beurteile sie als Feind im Inneren und werde mein Handeln daran ausrichten, diesen Feind im Schwerpunkt zu zerschlagen. Die Phase des 68er Marsches ist beendet, kehren Sie um in den Gulag der politischen Korrektheit oder in die Sümpfe des Steinzeitmarxismus, dem Sie entkrochen sind. Sie werden beobachtet, nein nicht von impotenten instrumentalisierten Diensten, sondern von Offizieren einer neuen Generation, die handeln werden, wenn es die Zeit erforderlich macht. Somit verbleibe ich mit vorzüglicher Geringschätzung und trefflicher Erheiterung in der Betrachtung Ihrer weiteren operativen Unfähigkeit.
K., Daniel Hauptmann
»Es lebe das heilige Deutschland« (Stauffenberg) [73]

Der »*Feind im Inneren*«, der »*im Schwerpunkt ... zerschlagen*« werden muss. Der »*beobachtet*« wird, »*von Offizieren einer neuen Generation, die handeln werden, wenn es die Zeit erforderlich macht*«. Eine ernste Drohung, noch dazu, wenn sie von einem KSK-Soldaten kommt, der im Auslandseinsatz zusätzlich verroht ist. Obwohl die E-Mail publik wurde, bekam Daniel K. nur einen milden Verweis. Er blieb beim Kommando – für elf weitere Jahre. Bevor er zur Bundeswehr kam, war er Mitglied der NPD-Nachwuchsorganisation JN. Doch das verhinderte seine Karriere nicht. Erst am Ende seiner Karriere beim KSK will man dort realisiert haben, wie radikal und extrem der Mann geworden war. Er war inzwischen zum Reichsbürger geworden. Ein Mann also, der die Existenz der Bundesrepublik Deutschland ablehnte.

Wie der Soldat, der Murat Kurnaz misshandelt hatte, und wie andere Problemfälle auch, gehörte Daniel K. zur 2. Kompanie des

KSK. Das Problem war also prinzipiell sehr gut eingrenzbar, doch daran hatte die Bundesregierung kein Interesse. Nachdem etwa Daniel K. beim KSK bleiben durfte, trotz seiner Drohung an den Kritiker, hatte die Opposition eine kleine Anfrage an die Bundesregierung gestellt. Die Antworten bringen das Dilemma auf den Punkt, man wollte sich des rechtsextremen Problems einfach nicht annehmen: »Es liegen keine Anhaltspunkte dafür vor, dass innerhalb des Truppenteils *Kommando Spezialkräfte* eine Gruppe von Offizieren oder anderer Soldaten besteht, von der rechtsextremistische Bestrebungen ausgehen bzw. die sich an solchen Bestrebungen beteiligt.« Auch als die Bundesregierung im Bundestag nach Günzels Text im Buch *Geheime Krieger* gefragt wurde, mauerte sie wie eh und je, gestand nicht einmal das ein, was zum Teil schon öffentlich bekannt war: »Es liegen keine Erkenntnisse vor, die den Verdacht einer Identifikation der genannten Verbände oder anderer Truppenteile mit Verbänden der Waffen-SS oder der Wehrmacht begründen könnten. ... Eine ›Ordensgemeinschaft‹ kann daraus nicht abgeleitet werden. Das Selbstverständnis der Soldaten entspricht dem des Leitbilds vom Staatsbürger in Uniform und den Grundsätzen der Inneren Führung.« [74]

Reinhard Günzels Zeit war erst abgelaufen, als er den CDU-Bundestagsabgeordneten Martin Hohmann unterstützte. Der hatte am 3. Oktober 2003 eine Rede vor einem CDU-Ortsverband gehalten, in der er sich daran stieß, dass die Deutschen in wirtschaftlich schlechten Zeiten zu viel Entschädigung für NS-Zwangsarbeiter zahlen würden. Zudem kritisierte er, dass die Deutschen im Zusammenhang mit dem Holocaust noch immer als »Tätervolk« beschrieben würden, obwohl nicht alle Deutschen Täter gewesen seien: »Auf diesem Hintergrund stelle ich die provozierende Frage: Gibt es auch beim jüdischen Volk, das wir ausschließlich in der Opferrolle wahrnehmen, eine dunkle Seite in der neueren Geschichte oder waren Juden ausschließlich die Opfer, die Leidtragenden?«[75] Ausführlich zitierte er aus dem Buch von Henry Ford, *Der internationale Jude – ein Weltproblem*, in dem der über die Macht angeblicher jüdischer »Weltbolschewisten« schrieb, und verwies in diesem Zusammenhang darauf, dass viele führende Bolschewisten tatsächlich ebenfalls Juden waren und gleichzeitig für viele Verbrechen in Russland verantwortlich gewesen seien. Deshalb müsse man bei den Juden im Umkehrschluss auch von einem »Tätervolk« reden: »Das mag erschreckend klingen. Es würde aber der gleichen Logik folgen, mit der man Deutsche als Tätervolk bezeichnet.« Aber, schloss Hohmann: »Daher sind weder ›die Deutschen‹ noch ›die Juden‹ ein Tätervolk. Mit vollem Recht aber kann man sagen: Die Gottlosen mit ihren gottlosen Ideologien, sie waren das Tätervolk des letzten, blutigen Jahrhunderts [...]. Mit Gott in eine gute Zukunft für Europa! Mit Gott in eine gute Zukunft, besonders für unser deutsches Vaterland!«

Es war ein ziemlich durchsichtiger und wie später seine Kritiker sagten »perfider« und »abgefeimter« Versuch, die Schuld der Deutschen und den Holocaust selbst zu relativieren, gerade weil die Rede in Konjunktive verpackt war. Hohmann wurde aus der CDU ausgeschlossen, nachdem seine Rede mit einiger Verzögerung zum Staatsskandal geworden war. General Günzel war dagegen begeistert und schrieb dem Abgeordneten Hohmann einen Brief: »Für Ihren Vortrag zum Nationalfeiertag bedanke ich mich sehr herzlich. Eine ausgezeichnete Ansprache – wenn ich mir dieses Urteil erlauben darf –, wie man sie mit diesem Mut zur Wahrheit und Klarheit in unserem Land nur noch sehr selten hört und liest. Und auch, wenn sich all diejenigen, die sich dieser Auffassung anschließen oder sie gar laut und deutlich artikulieren, von unserer veröffentlichten Meinung sofort in die rechtsradikale Ecke gestellt werden, können Sie sicher sein, dass Sie mit diesen Gedanken der Mehrheit unseres Volkes eindeutig aus der Seele sprechen. Ich hoffe, dass Sie sich durch Anwürfe aus dem vorwiegend linken Lager nicht beirren lassen und mutig weiterhin Kurs halten.«[76]

Das »linke Lager«, der Feind im eigenen Land war auch für Günzel von Anfang an das eigentliche Problem: »*›Elite‹ – dieser Begriff spielt für das KSK von Anfang an eine Rolle. Dabei ist in kaum einem anderen Land dieser Begriff so negativ besetzt wie in Deutschland, denn Leistungsdenken und Leistungsbejahung wurden vor allem in politisch linken Kreisen seit 1968 wirkungsvoll bekämpft.*« Schließlich hatte er sogar gefolgert: »*Letztlich ist die größte Herausforderung des KSK nicht der äußere Feind, sondern es sind die Widrigkeiten des bundesrepublikanischen Alltags.*«[77]

Jahre später sollte ein junger Offizier seine Magisterarbeit bei der Bundeswehr schreiben, die wie ein irritierendes Echo dieser Zeit klang. Er arbeitete auch mit KSK-Soldaten daran, ein Untergrundnetz über Deutschland zu spannen. Er plante Terroranschläge auf seine Feinde und schrieb, dass seine Heimat besetzt sei, von Verrätern, die mit dem größten Feind überhaupt gemeinsame Sache machten: den Juden. Aus ihrer Heimat war, wenn es nach Männern wie ihm ging, ein Feindesland geworden.

7
Feindesland

Mit siebzehn Jahren begann Franco A., Sohn einer deutschen, alleinerziehenden Mutter und eines italienischen Vaters, der die Familie früh verlassen hatte, intensiv über seine Welt nachzudenken. Er machte dabei etwas, was kaum mehr andere Jugendliche in seinem Alter auf sich nahmen: Er begann, seine Gedanken in ein Tagebuch zu schreiben.[78] Franco ging zunächst auf eine Gesamtschule in seiner Heimatstadt Offenbach am Main, wechselte dann aufs Gymnasium. Er ruderte, worauf schon seine erste Schule spezialisiert war, und machte sich, wie sein Tagebuch zeigte, intensiv Gedanken über sein Heimatland und über seine ganz spezielle Aufgabe in der Welt. Einige Gedanken sind eher typisch für manche Teenager in seinem Alter, kurz vor ihrem 18. Geburtstag. Franco A. litt etwa daran, schrieb er, dass er in der Schule keine Freunde hatte und niemand seine Interessen teilte. Die allerdings waren auch nicht massenkompatibel. Er war stolz auf seine Heimat Deutschland, allerdings über alle Maßen, sein Glaube an das Land jedoch sank stetig, er sah es »diskreditiert von Medien und staatlichen Institutionen«. Er grübelte darüber, wie er diese Situation selbst ändern kann, was er also tun könne. Franco A. kam zu dem Schluss, dass er zwei Möglichkeiten hatte. Entweder er könnte sich in den Medien hocharbeiten, bis er dort eine Führungsposition erreicht hätte, oder, so die zweite Möglichkeit, er könnte sich der Bundeswehr anschließen.

In den Medien sah er für sich aufgrund seiner nationalen Gesinnung kaum eine Chance, in der Bundeswehr dagegen schon eher. Dort könne er sich, so die Idee, bis an die Spitze dienen, um dann einen Putsch zu organisieren. Die »Besatzungsmacht« USA, so schrieb er, könne eventuell Probleme bereiten, aber dennoch: Alle großen Führer ihres Volkes seien schließlich beim Militär gewesen, Atatürk, Napoleon, Hitler, warum also nicht er? Anfang 2007, als er diese Zeilen schrieb, war Franco A. 17, knapp 18 Jahre alt. In diesem Alter waren auch andere Jugendliche schon lange überzeugte Neonazis – Uwe Mundlos etwa oder Uwe Böhnhardt vom NSU, viele ihrer Unterstützer ebenfalls. Wie andere Rechtsradikale – denn das war Franco A. eindeutig – blieb er seinem Glauben treu, dass Deutschland nationalistisch geführt werden müsse, dass andere Kulturen und Ethnien das Land schwächen und nicht stärker und vielfältiger machen. Zwei Jahre nachdem er die Zeilen in sein Tagebuch geschrieben hatte und kurz nach dem Abitur, meldete er sich bei der Bundeswehr. Er setzte seinen Plan Punkt für Punkt um. Um aufzusteigen, wollte er Offizier werden und bei der Armee studieren. Ein Weg, der Soldaten wie André S., Marko G. und anderen ohne Hochschulabschluss verschlossen blieb. Ohne Studium kann man inzwischen kein Offizier mehr werden.

Franco A. konnte diesen Weg wählen, ohne einen Tag auf einem Truppenübungsplatz im Matsch verbracht zu haben. Ihm wurde sogar eine ganz besondere Ehre zuteil. Als einer der ersten deutschen Soldaten überhaupt wurde er auf der französischen Militärschule Saint-Cyr angenommen, die erst kurz zuvor ein Austauschprogramm mit der Bundeswehr begonnen hatte.

Saint-Cyr in der Bretagne ist die Offiziersschule in Frankreich mit der längsten Tradition, gegründet noch von Napoleon Bonaparte, hier werden alle Offiziere des französischen Heeres ausgebildet. Charles de Gaulle lernte dort das Kriegshandwerk, er unterrichte nach dem Ersten Weltkrieg in Saint-Cyr auch selbst. Mehr Tradition ist also kaum möglich. Dass Deutsche dort ausgebildet wurden, zeigte, wie sehr sich die Zeiten geändert hatten, ging es doch über Jahrzehnte in Saint-Cyr vor allem darum, wie man die deutsche Armee in Schach hält oder am besten für immer besiegt. Franco A. wurde Soldat im 195. Ausbildungslehrgang, die Ausbildung dauerte drei Jahre und ist so hart, wie man es von einer so alten Offiziersausbildung erwarten kann. Die Soldaten haben meist lange Tage, lernen regelmäßig bis 22 Uhr. Die Anwärter müssen wie Kommandosoldaten zur Einzelkämpferausbildung und eine Woche in den Dschungel, nach Französisch-Guayana. Kurz bevor Franco A. seine Ausbildung begann, war ein Rekrut bei einem Drill gestorben, weil ihn »Kameraden« gezwungen hatten, mit schwerer Ausrüstung einen tiefen Bach zu durchqueren. Der Todesfall wurde lange von der Militärführung vertuscht. Franco A. war einer der Jahrgangsbesten, was sein großes Potenzial andeutete, denn fast alle Kurse in Saint-Cyr werden auf Französisch abgehalten. Wie André C. beim KSK fielen auch Franco A.'s tief eingeschliffene rechtsradikale Ansichten angeblich zunächst nicht auf. Er schien weiter seinen Plan erfolgreich und diszipliniert zu verfolgen: in der Armee aufzusteigen, um seine eigentlichen Ziele später zu erreichen. Dafür ist Saint-Cyr eine sehr gute Adresse, ein Sprungbrett, um irgendwann in der Führung der Bundeswehr oder der NATO zu landen. 2013 und 2014 besuchte A. die britische Militärschule Sandhurst, Fotos zeigen ihn in französischer Ausgehuniform, die sich seit dem 19. Jahrhundert kaum verändert hat, auf seinem Kopf ein hoher blauer Hut mit schwarzem, kurzem Schirm, darüber eine goldene Plakette, darin eingraviert: *École Spéciale Militaire*, hinter ihm eine Parade britischer Soldaten. Ein anderes Foto zeigt ihn neben Sandhurst-Rekruten, er wesentlich kleiner, lächelnd, mit Sommersprossen im Gesicht und dem goldenen *Epaulett* samt Fransen an der Schulter. Franco A. war dabei, ein Teil der Elite europäischer Jung-Offiziere zu werden. Bevor er jedoch wirklich zum Offizier werden konnte, musste er 2014 seine Masterarbeit abgeben, wie es in Saint-Cyr vorgesehen war, ganz wie bei einem zivilen Studium. Und da war es vorbei mit seiner Vorsicht. Im Jahr zuvor hatte er an der Arbeit geschrieben und es zeigte sich: Der Sound aus seinem Tagebuch war mit voller Kraft zurück – oder nie weg gewesen. »Politischer Wandel und Subversionsstrategie« nannte er die Arbeit, über 140 Seiten ist sie lang. Unter Zeitdruck habe er sie geschrieben, entschuldigte er später das, was darin stand. Doch es waren die gleichen Gedanken wie in seinem Tagebuch 2007, und, wenn das überhaupt möglich war, noch radikaler: »Ursache des heutigen Genozids der Völker in Westeuropa ist die bereits angesprochene Einwanderung, die durch Maßnahmen zur Heterogenisierung verstärkt wird. Es lässt sich nicht bestreiten, durch welche politische Ideologie auch immer, dass eine solch massive Einwanderung, wie wir sie in der Vergangenheit erlebt haben und wie wir sie heute erleben, zum Untergang der betroffenen Völker führt. Das ist eine mathematische Gewissheit. Diese Realität zu tabuisieren ist ein subversiver Akt.« [79] Und, noch verquaster, an einer anderen Stelle: »Durch die massive Einwanderung und die Aufforderungen auszuwandern, wird die körperliche Zerstörung aus genetischer Sicht Realität.« An der Einwanderung störte ihn alles. Er kritisierte, die »Masseneinwanderung von einfachen Arbeitern nach dem Zweiten Weltkrieg und bis heute« – »Nichts in der Welt zwingt uns zu Einwanderung oder Privatisierung. Es ist eine politische Entscheidung.«

Er sah ein ausgetüfteltes System hinter alldem: Eine Koordinierung der Masseneinwanderung und gleichzeitige Anstachelung zur Auswanderung derjenigen Deutschen, die er persönlich für deutsch genug hielt. Deshalb prangerte er Sendungen im deutschen Fernsehen an, von denen er glaubte, sie verfolgten das

Ziel, Deutsche zur Auswanderung zu motivieren. Auch lehnte er »Mischehen« ab, da diese zur »Durchmischung der Rassen« führen würden. Im Erasmus-Studienprogramm sah er zudem eine »absichtsvoll betriebene inneneuropäische Vermischung«. Nur Minderheiten seien an Menschenrechten interessiert, die Mehrheitsgesellschaft könne kein Interesse an der Verbreitung der Menschenrechte haben, sie hätten einen »infektiösen Charakter«.

Diese »Mehrheitsgesellschaft« sei jedoch nicht frei von Schuld. Die gezielte Einwanderung sei ein »Genozid« an den Völkern, aber weil die wiederum keine Gegenwehr leisten würden, seien sie auch für einen »Autogenozid« mit verantwortlich. Das bedeute aber am Ende für Franco A. nicht, dass diese Völker – wie »das deutsche Volk« – für diesen Genozid allein verantwortlich seien. Im Gegenteil. Im Hintergrund hätten die Juden die Fäden in der Hand. Sie gehörten zu gefährlichen »Diasporagruppen« und seien eine Gefahr für die jeweilige »Umgebungsgesellschaft«, »da sie niemals Teil eines Volkes sein könnten«. Die USA hätten etwa lange Zeit eine jüdische und armenische Diaspora »ausgebeutet«. Opfer der Subversion seien auch der Holocaust-Leugner David Irving sowie Jörg Haider und Jürgen Möllemann, die angeblich bei politischen Attentaten von internationalen Geheimdiensten getötet wurden. Die Arbeit wurde später auch wegen dieser Exkurse in manchen Publikationen als eine Ansammlung von wirren Verschwörungstheorien bezeichnet. Tatsächlich bediente sich Franco A. bei seinen Kerngedanken voll aus dem Mainstream der rechtsextremistischen Bewegung, die schon in den späten 1970er-Jahren etwa durch den extrem einflussreichen Romantext *The Turner Diaries* eine klare Radikalisierung erfahren hatte. Darin erzählt der amerikanische Autor und Nationalsozialist William Pierce, der auch einige Jahre auf einer Militärschule ausgebildet wurde, wie der weiße Amerikaner Turner einen »Rassenkrieg« führt. Nachdem die Bundesbehörden Afroamerikaner zu Turner schicken, um ihm und allen weißen Christen ihre Waffen wegzunehmen, geht er in den Untergrund, um den finalen »Rassenkrieg« zu führen. Mit anderen Aufständischen überfällt er Banken und Geldtransporter, fälscht große Mengen Geld, um die Bundesbehörden bekämpfen zu können. Turner und Komplizen sprengen dann ein FBI-Gebäude in die Luft, töten dabei 700 Menschen, Turner setzt am Ende eine Atombombe ein, um den »Rassenkrieg« zu gewinnen. In einem internen Papier einer deutschen Sicherheitsbehörde heißt es: »Der Einfluss des Buches kann nicht hoch genug veranschlagt werden.« [80] Es war nicht zuletzt eine nur schlecht kaschierte Handlungsanweisung für Terroristen im Untergrund – samt Bombenbauanleitung –, aber eben auch die populäre Verdichtung des rassistischen Grundgedankens des Ku-Klux-Klans in den USA. Das Gedankenkonstrukt – die weiße Rasse befinde sich in einem Endkampf gegen, vor allem, die »schwarze Rasse«, während im Hintergrund die Juden den Krieg gegen die »christlich-weiße Rasse« koordinieren – ist bis heute die Grundüberzeugung der globalen Bewegung transnationaler Rassisten. Zu der gehörte ohne jeden Zweifel auch der angehende Offizier Franco. A aus Offenbach. Genauso sahen es seine französischen Vorgesetzten. Sie ließen ihn durchfallen und gar nicht erst zur mündlichen Prüfung zu. Ein französischer Offizier schrieb: »Wenn es ein französischer Lehrgangsteilnehmer wäre, würden wir ihn ablösen.« Genau das aber war Franco A. nicht. Zuständig war für ihn am Ende immer noch die Bundeswehrführung, er war nun mal als deutscher Austauschstudent in Saint-Cyr. Sein Fall sorgte bei seinen deutschen Vorgesetzten durchaus für Wirbel und Betriebsamkeit. [81] Der deutsche Kommandeur von Franco A. telefonierte zweimal mit ihm, er wurde zudem von einem Oberstleutnant vernommen. Franco A. wusste, was nun von ihm erwartet wurde. Natürlich sei er kein Extremist, beteuerte er, dann führte er die Entschuldigung an, der Zeitdruck sei enorm gewesen und überhaupt habe er keine wissenschaftliche Begleitung gehabt. Seine Vorgesetzten beauftragten einen Historiker des Zentrums für Militärgeschichte in Potsdam, die Arbeit zu begutachten. Auch dessen Urteil war glasklar: »Bei dem Text handelt es sich nach Art und Inhalt nachweislich nicht um eine akademische Qualifikationsarbeit, sondern um einen radikalnationalistischen, rassistischen Appell, den der Verfasser mit einigem Aufwand auf eine pseudo-wissenschaftliche Art zu unterfüttern sucht.« [82] Der Historiker erkannte genau, wohin diese Rhetorik führen könnte, dass durch sie eben nicht nur ein tiefer Hass offensichtlich wurde, sondern in ihr bereits der Aufruf zur Gewalt angelegt war – die nach Ansicht Franco A.'s nur aus einem Grund angewandt werden dürfe: für »den Schutz der eigenen Identität und des eigenen Volkes gegen ›ausländische Elemente‹«. Aus Notwehr quasi. Daher sei die Masterarbeit gefährlich, sie sei »ein Aufruf dazu, einen politischen Wandel herbeizuführen, der die gegebenen Verhältnisse an das vermeintliche Naturgesetz der rassistischen Reinheit anpasst« und sei darüber hinaus anschlussfähig an die völkische Rassenideologie, die gerade wieder immer populärer wurde. Reichte das der Führung der Bundeswehr? Nein. Die Vorgesetzten glaubten Franco A.'s Ausrede und alarmierten auch nicht den MAD. Der MAD behauptet jedenfalls später, nie von dem Fall gehört zu haben. Der zuständige Wehrdisziplinarsanwalt verteidigte Franco A. sogar wortreich: Es deute »alles darauf hin, dass der Soldat angesichts der ihm unzweifelhaft zugeschriebenen hohen Intellektualität ein Opfer seiner eigenen intellektuellen Fähigkeit in der Darstellung geworden ist«. Der rechtsextreme Soldat als Opfer. Aber dabei beließ es der Wehrdisziplinarsanwalt nicht. Er wusch Franco A. rein: »Aufgrund des gewonnenen Persönlichkeitsbildes sind Zweifel an der erforderlichen Einstellung zur Werteordnung nicht nur nicht belegbar, sondern auszuschließen.« [83] *Auszuschließen*. Disziplinarverfahren eingestellt. Eine milde Verwarnung und weiter ging's. Das Echo von André C., Günzel, Marko G. und nicht zuletzt von Uwe Mundlos war deutlich zu vernehmen. Mundlos hatte den Holocaust als Bundeswehrsoldat geleugnet und in einem Strafaufsatz als Erklärung pseudo-wissenschaftliche Quellen angeführt. Ganz genau wie Franco A. – beide wurden nicht aus der Bundeswehr entfernt. In zentralen Teilen der Bundeswehr hatte man aus dem NSU-Desaster noch immer nicht gelernt.

Franco A. durfte eine neue Masterarbeit schreiben – »*Gerechtigkeit und Krieg*« –, in der er sich keinen Ausrutscher erlaubte. Er verließ Saint-Cyr, Prädikat »bon« im Bereich Führung von Menschen und Organisationen, war nun offiziell Offizier und blieb als Soldat in Frankreich, als er in die nächste, traditionsreiche Kaserne versetzt wurde, ein Symbol deutsch-französischer Freundschaft. Er wurde Berufssoldat und Ausbilder junger Soldaten beim *Jägerbataillon 291* in Illkirch-Grafenstaden, ganz in der Nähe von Straßburg. Dort sind die einzigen Soldaten eines Kampfverbandes der Bundeswehr dauerhaft im Ausland stationiert. Entsprechend stehen sie unter Beobachtung. Die »Jäger« sind auf den Kampf in stark bewaldeten Gebieten spezialisiert und gehören zu Elite-Verbänden wie die Fallschirmjäger oder die Fernspäher etwa auch. Die Bundeswehr selbst beschreibt das Bataillon so: »Die Hauptaufgabe der Aufklärer im *Jägerbataillon 291* ist es, Informationen über feindliche Verbände und ihre Technik zu erlangen sowie das Gelände zu erkunden. Ihr Aufbau und ihre Arbeitsverfahren sind so ausgeprägt, dass sie den Informationsbedarf des Truppenführers im Felde decken und ein umfassendes, möglichst lückenloses Lagebild ermöglichen.«[84] Von seinen Plänen, einen rechten Umsturz herbeizuführen, hatte Franco A. allerdings nicht gelassen. Im Gegenteil. Noch bevor er überhaupt nach Illkirch versetzt wurde, hatte er sich mit anderen Verschwörern der Eliteverbände der Bundeswehr getroffen, da der Handlungsdruck, so der Eindruck der Gruppe, größer geworden war. In seiner Masterarbeit hatte Franco A. geschrieben, dass es trotz aller »düsteren[,] aber realistischen, notwendigen und dringenden Überlegungen (zur steigenden Heterogenität der Bevölkerung)« wichtig sei, »nicht den Mut zu verlieren«. Er glaubte schon spätestens 2013, dass er und die anderen »reinen« Deutschen durch die Einwanderung fremder Menschen in ihrer Existenz bedroht seien – wenn man sich nicht wehren würde. Zwei Jahre später, Mitte 2015, hatte sich in seinen Augen die Situation noch einmal drastisch verschärft. Der Offizier und andere Gleichgesinnte waren sich einig. Man musste endlich handeln. Es ging endgültig um alles.

•••

Als die Gruppe später aufflog, gaben einige der Männer Interviews oder sie trafen sich, wie der KSK-Soldat *Hannibal*, mit Reportern, darunter ich selbst, um in Hintergrundgesprächen ihre Interpretation der Dinge durchzusetzen. Dabei etablierten sie ein Narrativ. Die Lage im Sommer 2015 und die Ankunft von Hunderttausenden Migranten in Deutschland habe ihre Aktivitäten ausgelöst. Der Gedanke, dass man nur reagiert und die eigene Selbstverteidigung vorbereitet habe, wurde erfolgreich gesetzt.[85] Es wurde der Anschein erweckt, dass unbescholtene Bürger durch die Extremsituation des Sommers 2015 zu außergewöhnlichen Maßnahmen greifen mussten. Doch die Soldaten, Polizisten und Zivilisten, die sich im Herbst 2015 in einem Vereinsheim einer Schützenvereinigung in Albstadt im tiefsten Baden-Württemberg trafen, waren keine Bürger, die erst in den Wochen zuvor rechtsextremes Gedankengut entdeckt hatten. Die Ereignisse des Sommers hatten die Überzeugungen der späteren Gruppenmitglieder aber weiter motiviert und radikalisiert. Die Bilder der Flüchtlinge und Migranten am Budapester Hauptbahnhof, später umgeleitet nach München, kamen einigen der Verschwörer sogar gelegen, da es nun einfacher werden würde, neue Mitglieder zu rekrutieren, hofften sie.

Zu dem Treffen in Albstadt aufgerufen hatte André S. alias *Hannibal*, der KSK-Soldat, der seit Jahren versuchte, Kommandosoldaten und Zivilisten zu vernetzen. Ende 2015 hatte er bei einer Übung des KSK dem Schießlehrer Frank T. die »Standard Operation Procedures« der Gruppe übermittelt – »*Desto besser die Kommunikation, umso einfacher die Organisation und das Sammeln untereinander am Tag X. Doch bis dahin gilt für jeden von UNS, so wenig wie möglich aufzufallen*« –, zudem hatte er unter Hochdruck neue Mitglieder rekrutiert. Einer seiner treusten Helfer wurde der baden-württembergische Waffenhändler und Ex-Soldat Volker L., den ich mit meinem Team im März 2020 aufgesucht hatte, wo er, nach einigem Zögern, ausführlich über das Treffen im Schützenhaus sprach. Er log uns an, was den Ort des Treffens anbelangte. Gefragt, ob es sich um das Vereinsheim über der Stadt handele, unweit seines Wohnhauses, an einem steilen Hang gelegen, hatte er gelächelt und geantwortet, wir seien auf dem Holzweg. Waren wir nicht. Der Waffenhändler war dort ein verdientes Mitglied und hatte deshalb die Schlüssel für das große Vereinsheim, in dem auch der Schießstand untergebracht war. In der Gaststätte im ersten Stock konnte also das bizarre Treffen stattfinden. Außer dem Waffenhändler und *Hannibal* war auch Franco A. anwesend. Er hatte gerade seine zweite Masterarbeit abgegeben, war inzwischen Berufssoldat, aber noch nicht bei den »Jägern« in Illkirch stationiert. Aufgrund seiner ersten Masterarbeit hätte er aus der Armee fliegen müssen, aber er war mit der schlichten Leugnung, ein Extremist zu sein, durchgekommen und nun war er hier, bei einem klandestinen Treffen von Soldaten und Polizisten, die in der Zeit nach dem Treffen eine Kette von Aktionen in Gang setzten. Ein Berliner Fallschirmjäger, Spitzname »Gurti«, der A.

kannte, habe ihn, so erzählte es später *Hannibal* dem *BKA*, in die Gruppe eingeführt. Franco A. hatte einen weiten Weg auf sich genommen, um nach Albstadt zu kommen, viele Kilometer von seiner Basis in Frankreich und seiner Heimatstadt Offenbach entfernt.

Der Waffenhändler erzählte uns später, er sei nicht immer im Raum gewesen, er wäre rein und raus gehuscht, hätte sich um die Getränke gekümmert. Wenn er mal im Raum war, erinnerte er sich, dass André S. – *Hannibal* – wie so oft das große Wort geführt hat. Überzeugend konnte er sein, der *KSK*-Soldat. Irgendwann sei André S. bei ihm im Waffenladen erschienen. Der Händler war für Spezialanfertigungen bekannt, bemalte etwa Sturmgewehre in Tarnfarben. Außerdem betrieb er eine *Prepper*-Gruppe bei Facebook, Menschen die sich auf eine angenommene Katastrophe vorbereiten wollen – die Gruppe hatte knapp 9.000 Mitglieder. Viele von ihnen interessierten sich ausnehmend für Waffen. André S. machte Eindruck auf den Händler. Er lud den Waffenhändler sogar nach Calw in die *KSK*-Kaserne ein: »Ich habe die Möglichkeiten gesehen, die er hatte, dass er einfach da mal in Calw die Tore aufmacht und dort ein Treffen veranstaltet.« Erst traf man sich in einer größeren Gruppe, offiziell war es ein Treffen des Vereins *Uniter*, den *Hannibal* auch gegründet hatte, um Kommandosoldaten zu unterstützen, der aber auch andere Soldaten, Polizisten und Zivilisten aufnahm. Nicht alle Mitglieder wurden von *Hannibal* in seine Pläne eingeweiht, erklärt der Waffenhändler: »Im Endeffekt war dann der offizielle Teil vorbei, und nach diesem offiziellen Teil, ja da hat er gesagt, wir gehen danach noch mal rein und quatschen noch ein bisschen.« Es ging um die Flüchtlingskrise, die nach Ansicht von André S. und anderen von dritten Mächten im Hintergrund gesteuert sei. Und man fragte sich, was dagegen zu tun sei. *Hannibal* instruierte den Waffenhändler, die App Telegram auf sein Handy zu laden, mit der man verschlüsselt kommunizieren kann. Wenig später bat er den Waffenhändler, ein weiteres größeres Treffen zu organisieren. Der kam der Bitte nach, lud in das Vereinsheim seines Schützenvereins, wo sich schließlich Männer aus ganz Deutschland unauffällig im Spätherbst 2015 trafen. Dort habe *Hannibal* erneut über Russland gesprochen, er gab vor, viele Informationen über angebliche Angriffspläne Russlands zu haben, so erzählte uns der beeindruckte Waffenhändler. Seit mit Russlands Hilfe russische Söldner die Krim im Jahr zuvor besetzt hatten, sahen *Hannibal* und die anderen Russland als akute Gefahr. Volker L. zufolge sprach *Hannibal* darüber, dass er Kontakte in die Schweiz und nach Großbritannien habe, man Pläne entwerfe, wie man sich im Falle eines russischen Angriffs verhält. Ein Szenario: sich über die Schweiz nach Südeuropa und dann weiter nach Afrika durchzuschlagen. Doch »gleichauf«, genauso wichtig also, war das Thema »Flüchtlingskrise«. In rechten Kreisen wurden damals direkt die Soldaten angesprochen. Am 13. September 2015 erschien ein Aufsatz des Chefredakteurs Jürgen Elsässer des rechten Magazins *Compact* – der Titel: »Aufruf an unsere Soldaten: Sichert die deutschen Grenzen!« Im Artikel hieß es: »Wartet nicht auf Befehle von oben! Diskutiert die Lage mit euren Kameraden und werdet selbst aktiv! Nur ihr habt jetzt noch die Machtmittel, die von der Kanzlerin befohlene Selbstzerstörung zu stoppen.« [86]

An dem Abend im Schützenhaus wurde auch darüber gesprochen, was passiert, wenn die Situation außer Kontrolle gerät. Einen akuten Anlass gab es in dieser Zeit durchaus: Am späten Abend des 13. November 2015 hatten Millionen deutscher Fernsehzuschauer die Übertragung des Spiels des amtierenden Fußballweltmeisters, die deutsche Nationalmannschaft, gegen das französische Team im Pariser Stadion Stade de France verfolgt, als plötzlich, nach nur einer Viertelstunde der ersten Halbzeit, im Hintergrund zwei laute Knallgeräusche zu hören waren. Das

Match lief weiter, auch die zweite Halbzeit wurde zu Ende gespielt. Der französische Staatspräsident François Hollande war allerdings schon zum Ende der ersten Halbzeit informiert worden, dass drei Attentäter vor dem Stadion ihre Sprengstoffwesten gezündet und sich selbst in die Luft gesprengt hatten, nachdem es ihnen nicht gelungen war, ins Stadioninnere zu gelangen. Die Terroristen gehörten zu einem von drei Teams, die an diesem Abend gemeinsam die französische Hauptstadt in Angst und Schrecken versetzten. Zwei weitere Attentäter schlugen in der Innenstadt, am Boulevard Voltaire zu, das dritte Team überfiel die Konzerthalle Bataclan, in der gerade die US-Band *Eagles of Death Metal* spielte. 129 Menschen starben an diesem Abend, allein im Bataclan wurden 89 Besucher erschossen oder von den Handgranaten der Angreifer tödlich verletzt. Es war der blutigste Anschlag in Europa seit vielen Jahren und trotzdem hätte es noch viel schlimmer kommen können – wenn die Männer am Stadion etwa mit Sturmgewehren bewaffnet und besser trainiert gewesen wären und sich während des laufenden Spiels Zutritt ins Innere des Stadions verschafft hätten. Koordinierte Überfälle von Terrorgruppen waren nicht neu, in Kenia und Mumbai hatte es ähnliche Attentate gegeben. In Mumbai hatten die Angreifer 2008 zehn Ziele parallel angegriffen, dabei über 170 Menschen getötet. Die Gefechte mit der Polizei dort dauerten drei Tage lang. Auch in Europa hatte es koordinierte Simultan-Angriffe gegeben – in London und Madrid, aber immer setzten die Attentäter Bomben ein, sprengten sich meist selbst in die Luft, agierten nicht, wie die Bataclan-Attentäter, als seien sie bewaffnete Kommandoeinheiten einer Armee. Der »Islamische Staat« bekannte sich zu den Attentaten in Paris, nachdem der Angriff auf die Redaktion der Satirezeitschrift *Charlie Hebdo* im März zuvor noch einer Splittergruppe von al-Qaida zugeschrieben wurde. Eines hatten die beiden Anschläge, die viele Menschen in Europa geschockt und tief verunsichert hatten, allerdings gemeinsam: Die Täter waren zum großen Teil EU-Staatsbürger, entweder in Frankreich oder Belgien geboren und aufgewachsen. [87] Das jedoch geriet in den Hintergrund, da zwei der Attentäter, die sich am Stade de France in die Luft sprengten, über Griechenland nach Europa gekommen waren und sich dabei unter syrische Flüchtlinge gemischt hatten. Bei einem fand die Polizei ein – gefälschtes – Dokument, das ihn als syrischen Flüchtling auswies. Das wurde bei europäischen Sicherheitsbehörden genau zur Kenntnis genommen und es befeuerte auch die Gruppe, die der KSK-Soldat André S. alias *Hannibal* hochzog. Die Rolle der Flüchtlinge aus Syrien, dem Irak und anderen Ländern, die über Griechenland einreisten, wurde intensiv diskutiert, die Möglichkeit, dass sich darunter eine große Zahl von Terroristen befinden könnte, rückte dabei in den Vordergrund. Für die KSK-Soldaten war ein Aspekt zudem besonders interessant: Unter den Flüchtlingen waren auch viele Afghanen, Menschen aus jenem Land also, in dem sie so lange so erfolglos gekämpft hatten. Dort hatten die Soldaten auch intensiv *Dschihadisten* aus vielen Ländern erlebt – und wussten daher, wozu diese fähig waren. Und diese Kämpfer schienen nun, so die Wahrnehmung der Afghanistan-Veteranen, in großer Zahl nach Europa zu kommen, ohne dass die deutsche Grenzpolizei sie an der Grenze aufzuhalten schien. Volker L. mokierte sich darüber bei Facebook und verbreitete einen Aufnäher, auf dem das »Je suis« durchgestrichen war – »Je suis Charlie« (Ich bin Charlie) war nach den Attentaten vom März ein Zeichen der Solidarität. Unter dem durchgestrichenen »Je suis« stand »SEARCH – HUNT –KILL«, versehen mit dem Kommentar: »Es reicht!«

Bei Treffen mit den anderen Mitgliedern erzählte *Hannibal*, dass er Zugriff auf Geheimdienstinformationen habe, erinnert sich der Waffenhändler Volker L.: » ...dass da anscheinend Waffencontainer ins Land geschmuggelt werden. Und da soll es dann ... einen Aufstand ... geben von Flüchtlingen, vom IS, die mit eingeschleust werden, also lauter so Zeug.« Die Verbreitung dieser – angeblichen – Geheiminformationen, die nur in Behördenkreisen zirkulierten, hatte bei *Hannibal* Methode, so Volker L.: »Die ganzen Mitglieder, die werden [so] gezielt bei der Stange gehalten, weil man die ganze Zeit mit Ängsten arbeitet, [was] die Leute dann ... zusammenhält. Das ist im Endeffekt der Klebstoff in der ganzen Geschichte.«

So diskutierte man in dem Schützenverein, wie die Männer reagieren müssten, wenn sich ein Anschlag wie in Paris zu einem Angriff auf einen Staat wie Deutschland auswächst. Anwesende Soldaten und Polizisten schätzten die Abwehrbereitschaft des Landes als nicht besonders hoch ein – obwohl oder gerade weil einige von ihnen ihr ganzes Berufsleben Teil genau dieser Abwehr waren. Was also tun, wenn der *Tag X* kommt, ausgelöst etwa durch dschihadistische Anschläge des Islamischen Staats? Man habe über das Anlegen von Vorräten und Medikamenten gesprochen, erzählte der Waffenhändler, ein Mann jedoch hatte mehr vor, der war »gefährlich«: »Der hat nämlich dann die Frage in den Raum gestellt, was denn sei, wenn dann die gesellschaftliche Ordnung zusammengebrochen ist, und kein Staat in dem Sinne mehr existiert. Ob es dann so sei, dass man dann nach Calw [zum KSK] und in die Kasernen gehen kann, um dann Fahrzeuge und Waffen rauszuholen.« An den Namen des Mannes wollte sich der Waffenhändler nicht mehr erinnern. Ich bemerkte: »Das sind schon relativ konkrete Umsturzpläne.« Er antwortete: »Es geht in die Richtung, wo man es so auslegen könnte.« Aber dann wurde er philosophisch: »Von meinem persönlichen Betrachtungswinkel muss ich auch sagen, wenn ein Staat nicht mehr existiert, kann auch nichts umgestürzt werden, was es nicht mehr gibt.« Der Nachfrage, ob Mitglieder der Gruppe nachhelfen wollten, dem Staat sozusagen einen Stoß zu geben, damit man noch rechtzeitig die Macht an sich reißen kann, bevor eine fremde Macht das Ganze übernimmt, wich der Waffenhändler aus.

Der Anführer, André S. alias *Hannibal*, schrieb wenige Wochen später in einer Nachricht in der Telegram-Chatgruppe [Schreibweise im Original]: »Aber egal wann oder was passieren mag. Für uns wäre es ein vorteil wenn wir mehr zeit bekommen. Jeder Tag gibt uns die möglichkeit besser und professioneller vorbereitet zu sein. Fakt ist [aber] auch .... Wenn der Konflikt nicht dieses oder nächstes Jahr kommt brauchen wir in spätestens 10 Jahren gar nicht erst daran denken uns wehren zu wollen.« Der letzte Satz »*wenn der Konflikt nicht dieses oder nächstes Jahr kommt brauchen wir in spätestens 10 Jahren gar nicht erst daran denken uns wehren zu wollen*« klingt harmlos, aber im Kontext der Äußerungen von Franco A. scheint hier ein Gedanke auf: Muss man den Bürgerkrieg, den Umsturz, mindestens das Chaos auslösen, um mit dem Gegner abrechnen zu können, bevor es zu spät ist? Bevor, wie *Hannibal* an anderer Stelle behauptet, Deutschland eine No-Go-Area für Menschen wird, die nicht muslimischen Glaubens sind?

Der Offizier Franco A. schrieb später an Gleichgesinnte, dass der »Terrorismus«, vor dem sie – die etablierten Mitglieder des Apparats der Bundesrepublik – sich fürchten, »der Aufstand des dt. Volkes« sei. Frei nach dem Motto: »Des einen Freiheitskämpfer ist des anderen Terrorist«. Nur eine solche Handlung – ein Terroranschlag – sei eine politisch wirksame Handlung, weil der Mensch auch »die größte Wahrheit« nicht annehmen werde, wenn sie nicht mit einem »auslösenden Event verbunden« sei. Das Geschenk, das sie der Menschheit machen müssten, bestehe »darin, das Geschenk der Wahrheit gut zu verpacken«. Offen schrieb Franco A. darüber, »Angriffe durch die Antifa [zu] inszenieren«; es solle etwa ein Asylbewerber dazu gebracht werden, eine Granate auf eine Gruppe der Antifa zu werfen, und dabei gefilmt werden. [88] Das klang alles nicht danach, als wolle man passiv auf den *Tag X* warten. Groß war die Wut auf das System, man solle das »System zu unseren Gunsten ausnutzen / Schlüsselpositionen ausschalten oder es infiltrieren oder das ganze System zerreißen«.

Das Treffen im Schützenverein in Albstadt löste tatsächlich eine große Dynamik aus, bei der es nicht nur darum ging, sich im Notfall zu verteidigen. Der KSK-Soldat mit dem Spitznamen *Petrus* schickte eine Nachricht an den Berliner Soldaten *Gurti*. Er solle eine Chatgruppe *Süd* eröffnen, man expandierte also. Weitere Kommunikationsgruppen wurden gegründet, in der Schweiz und in Österreich. Der zivile Schießausbilder Frank T. schickte im Dezember die *Standard Operation Procedure* an Marko G., den Elitepolizisten in Mecklenburg-Vorpommern, der sie weiterverbreitete. Franco A. hatte zudem etwas ganz Besonderes vor. In seiner Heimatstadt Offenbach ging er zu dem lokalen Standort des Bundesamts für Migration und Flüchtlinge, BAMF. Er stellte sich als David Benjamin vor, ein christlicher Syrer und bat am 29. Dezember 2015 offiziell um Asyl in der Bundesrepublik Deutschland. Ein Offizier der Bundeswehr, der die Eliteschule Saint-Cyr absolviert hatte und sein ganzes Erwachsenenleben Angst vor der »Überfremdung« Deutschlands gehabt hat, stellt am Ende eines bewegten Jahres, das Deutschland verändert hat, unter falschem Namen einen Asylantrag. Was hatte er vor?

Bei dem Treffen in Albstadt hatte Franco A. den Waffenhändler angeblich zufällig angesprochen: »Ich habe im Endeffekt die leeren Gläser weggebracht und gerade da dann hat mich dann da Franco A. abgepasst und hat mich gefragt, du sag mal wie kommt man denn in Deutschland, also wie wird man Waffenbesitzer, dann habe ich ihn angeguckt und habe gesagt ja, dann machst du eine Waffenbesitzkarte, oder einen Jagdschein. Also Sportschützen WBK oder Jagdverein. Man muss ja auch verstehen für mich ist die Frage absolut nichts Besonderes, nicht verwerflich.«

Auch Soldaten kommen nicht so einfach an Waffen heran, auch sie brauchen eine Erlaubnis und einen Waffenschein: »Das sind Dienstwaffenträger, Dienstwaffen fallen unter Dienstwaffenkontrollgesetz, Privatwaffen unter das normale Waffengesetz.« Franco A. befriedigte die Antwort angeblich nicht: »Dann hat er mich angeguckt und gefragt: Ja andere Möglichkeiten gibt es nicht?« Darauf will der Waffenhändler nicht eingegangen sein, er habe Franco A. gesagt: »Da bist du bei mir beim Falschen.« Angeblich fand dieses Gespräch am Rande statt, ohne dass *Hannibal* oder andere davon erfuhren. Erst nachdem er den Asylantrag gestellt hat, wird Franco A. Anfang 2016 in die Kaserne Illkirch zu den *Jägern* versetzt, wo er ebenfalls, scheinbar zufällig zum richtigen Zeitpunkt, neue Gleichgesinnte trifft, andere Soldaten aus Deutschland, die wie er den Staat, dem sie dienen sollten, in seiner aktuellen, demokratischen Form ablehnten.

8
Die Loge

Obwohl die Behörden im Laufe des Jahres 2017 immer mehr Gruppenmitgliedern auf die Spur kamen, wurden die Ermittlungsstränge nie zusammengefasst. Jeder einzelne Strang – *Nordkreuz, Franco A.*, *Hannibal* und das KSK – wurde von den jeweiligen Ermittlern so behandelt, als hätte er mit dem jeweils anderen nichts zu tun. Erst nachdem Konturen des Netzwerks deutlich wurden, gründete der *Militärische Abschirmdienst* eine Ermittlungseinheit, die sich mit dem Phänomen befasste, und gab ihr den Namen CLUEDO – wie das Brettspiel, bei dem die Spieler einen Mordfall lösen müssen. Denn das Handeln der einzelnen Mitglieder wirkte abgesprochen, mindestens aber voneinander inspiriert. Zudem trafen sich die Mitglieder der Gruppe um *Hannibal* seit Ende 2015 regelmäßig, und auch Franco A. beteiligte sich rege an der Organisation. Die Männer handelten dabei mit einer immer größeren Dringlichkeit – und verhielten sich gleichzeitig zunehmend klandestiner. Nur wenige Wochen nach dem Treffen im Schützenverein traf sich die Gruppe im Januar 2016 erneut in Albstadt, der Heimat des jungen Waffenhändlers Volker L. Vier Tage vor der Zusammenkunft schrieb *Hannibal* an die Teilnehmer: »Handy im Auto lassen, versteht sich von selbst«. Die modernen Smartphones können von Behörden – dem Staatsschutz, der Polizei und den Verfassungsschutzämtern etwa – nicht nur sehr leicht geortet werden, sondern auch als eine Art ferngesteuerte *Wanze* fungieren; das wollte *Hannibal* offenbar verhindern. Am Tag des Treffens schrieb er noch einmal: »Handy im Auto lassen.« Bei seiner Vernehmung durch das Bundeskriminalamt wollte André S. über dieses Treffen nicht sprechen.

Auch ob Franco A. dort anwesend war, ist ungeklärt. Der Offizier hatte inzwischen das erste Mal als Asylbewerber Geld vom deutschen Staat bekommen – knapp 185 Euro. [89] Gleichzeitig war ihm sein neuer Standort in Illkirch zugeordnet worden. Ursprünglich hatte das Treffen der Gruppe in Göppingen stattfinden sollen, dort war eine große Kaserne der Bereitschaftspolizei Baden-Württembergs angesiedelt, zu der auch *Hannibal* Kontakt hatte. *Hannibal* hatte dort junge Bereitschaftspolizisten ausgebildet, ihnen mit anderen Soldaten gezeigt, wie schwere Schussverletzungen versorgt werden müssen. *Hannibal* hatte sich dabei selbst als Model mit aufgemalten Schusswunden zur Verfügung gestellt, was einige bizarre Fotos zur Folge hatte. Diese Übungen waren für ihn und andere Mitstreiter offenbar auch ein Weg, um Verbindungen zu Polizeieinheiten aufzubauen. Als aus ungeklärten Gründen Göppingen nicht mehr als Treffpunkt infrage kam, traf man sich doch wieder in Albstadt – was dort besprochen wurde, hielten *Hannibal* und die anderen geheim. Doch interne E-Mails und Kurznachrichten zeigen ein deutliches Bild: Man bereitete nun immer konkreter den *Tag X* vor. Für Ende Februar setzte die Gruppe eine Übung an, die Volker L. organisieren sollte und die »Grauwind« getauft wurde. Die regionale Gruppe *Süd* – in der auch Franco A. Mitglied war – sollte die Übung ausrichten, Mitglieder der regionalen Gruppe Ost durften jedoch auch daran teilnehmen. *Petrus*, wie sich der KSK-Soldat in dem Chat nannte, hatte die Übung in der Kommunikationsgruppe angeboten und koordiniert. Der Waffenhändler übernahm die konkrete Planung vor Ort in seiner Heimat Albstadt. Er hatte schon in den Jahren zuvor mehrmals Kriegssimulationsspiele organisiert – dabei trafen sich die Teilnehmer meist irgendwo in seiner Heimatgegend, dem Schwarzwald.

Der Waffenhändler machte von einigen dieser Übungen Fotos, wie von vielen seiner Veranstaltungen. Sie zeigen Teilnehmer, die aussahen wie Soldaten einer Kommandoeinheit, professionelle Ausrüstung, Funkgeräte, Satellitentelefone an Militärwesten geklemmt, die Gesichter geschminkt mit dunkler Farbe, einer hatte einen Klettsticker an seine Jacke geheftet, auf der vermutlich seine Blutgruppe stand.

Die Teilnehmer einer Übung, die der Waffenhändler »Schneller Falke« getauft hatte, hatten Militärkarten im Gepäck, um sich im Gelände zurechtzufinden und auf der die Ziele verzeichnet waren, die sie einnehmen oder sabotieren sollten: drei dicht beieinanderliegende Brücken über der Donau, Codenamen *Torero Alpha*, *Bravo* und *Charly*. Selbst Waffen hatten die Teilnehmer dabei, allerdings keine scharfen, sondern sogenannte Airsoft-Waffen, die den echten täuschend ähnlich sehen und Kugeln verschießen, die im Prinzip niemanden verletzen können, aber zu Trainingszwecken benutzt werden. Bei dieser Übung war mindestens ein aktiver Soldat einer österreichischen Spezialeinheit dabei, wie später ein Vertrauter aus dem Umfeld des Waffenhändlers berichtete. Außerdem zog das professionell organisierte Kriegsspiel auch Zivilisten und ehemalige Soldaten an, was die Basis der Gruppe verbreiterte. Es ging bei den Übungen also auch darum, Zivilisten militärisches Know-how beizubringen, bei der wiederum zivile Ziele – Brücken – angegriffen werden sollten. Der Waffenhändler hatte außerdem eine Übung mit dem Codenamen »Donauwelle« durchgezogen. Die Teilnehmer trugen dabei alle Bundeswehruniformen, übten, wie man Brücken besetzt, vermint und sprengt – das zeigen die Fotos, die Volker L. bei sich aufbewahrte. In einem Schlauchboot paddelten die uniformierten und behelmten Männer einen Fluss hinunter, um an einer Brücke hochzuklettern und dort auf Seilen neben der Brücke zu balancieren, Helme und Schutzbrillen auf dem Kopf. Dann ließen sie sich unter eine Brücke treiben, auf der Suche nach alten verschlossenen Hohlräumen in den Pfeilern. Im Zweiten Weltkrieg hatte man in Brückenpfeilern Sprengstoff versteckt, um Brücken schnell sprengen zu können. In der Schweiz waren bis 2007 noch fast alle zentralen Brücken nach Deutschland mit Sprengstoff bestückt, damit sie im Kriegsfall schnell zerstört werden konnten. [90] Die Brücken, die der Waffenhändler mit seinen Mitstreitern in Tarnuniform im Rahmen der »Operation Donauwelle« abklapperte, lagen in der Nähe des Truppenübungsplatzes Heuberg, später der Treffpunkt am *Tag X*. Über die Brücken wurde unter anderem auch der Nachschub für die große Kaserne in Stetten am kalten Markt, die direkt am Heuberg lag, versorgt.

Der umtriebige Waffenhändler hatte auch Übungen im Ausland, in Tschechien und Ungarn, organisiert, wo die Teilnehmer auf einem Gelände Häuserkampf trainieren und sogar mit Militärjeeps durch die Gegend rasen konnten, auf dem ein täuschend echt aussehendes Maschinengewehr montiert war. Auch die Fotos von diesem Event vermitteln einen deutlichen Eindruck von Männern, die nicht nur Krieg spielen, sondern es ernst meinen. Und Volker L. bekam das zu spüren. Bei der »Operation Donauwelle« stürzte er im Inneren des Pfeilers unter der Brücke ab und verletzte sich schwer. Ein Foto zeigt ihn mit schmerzverzerrtem Gesicht. In seiner Waffenfirma, erinnern sich Kollegen, machte Volker L. danach klar, er wolle auf keinen Fall ins Krankenhaus.

In einem Interview mit mir spielte der Waffenhändler seine Rolle trotzdem konsequent herunter. Die Übung »Grauwind« – maßgeschneidert für *Hannibals* Netzwerk – habe nie stattgefunden, den Grund erklärt er allerdings nicht schlüssig. Er habe auch die Pläne von *Hannibal* zunehmend albern gefunden, wollte eigentlich immer aussteigen, aber irgendwie blieb er dabei, weil der

KSK-Soldat ihn immer wieder um Gefallen gebeten habe und er sehr überzeugend sein könne. *Hannibal* habe oft so lange auf ihn eingeredet, bis er nachgegeben habe. Der Waffenhändler konnte nicht ahnen, dass ich später eine seiner Festplatten aus seinem Geschäft auswerten konnte. Darauf fanden sich nicht nur die Fotos seiner Übungen – »Donauwelle«, »Schneller Falke« sowie diverse Trainingseinheiten, die den Mann selbst getarnt wie einen Scharfschützen zeigten –, sondern auch E-Mails aus dem Kreis der Gruppe. Die belegen, wie ernst es den Männern mit dem *Tag X* war.

Kurz vor dem zweiten Treffen in Albstadt schrieb *Hannibal* dem Waffenhändler eine Nachricht, in der es um Erkennungszeichen für die Gruppe am *Tag X* ging. Sie bräuchten verschiedene Abzeichen, *Patches*, schrieb *Hannibal*: »Innerer Zirkel = für gewisse Führungspersonen in speziellen Netzwerken (Rechteckig) ... Uniter / Endgame Patch: Erkennungszeichen vor und nach Tag x für verteilte Kräfte. Überleg dir die zusammensetzung und Farbauswahl.« [91]

Erkennungszeichen vor und nach Tag x für verteilte Kräfte – kein Wort von einer Übung, es ging um den tatsächlichen *Tag X*. Der junge Waffenhändler und Ex-Soldat, der nebenbei noch hobbymäßig als Grafikdesigner arbeitete, machte sich an die Arbeit. Als Abzeichen für den »inneren Zirkel«, die »gewissen Führungspersonen«, hatte er sich einen Totenschädel ausgedacht, der in einem Kreis aus einem Dreieck ruht, der Unterkiefer fehlt, stattdessen scheint er Linien auszuspucken. Die Grundfarben sind Schwarz und Weiß vor rotem Hintergrund, was an eine Hakenkreuzfahne erinnert. Als Erkennungszeichen für den *Tag X* entwarf der Waffenhändler ein schlichtes weißes Zeichen des Vereins *Uniter* auf schwarzem Grund, das Schwert vor einem Kreuz, umkränzt von Eichenblättern – das nicht zufällig an das Logo der KSK erinnert. Später änderte er das Design ab: Das Kreuz wurde zu einem T und blau eingefärbt, das Schwert dahinter machte dann das T erst zu einem Kreuz. Im April 2016 bestellte der Waffenhändler endgültig fünfundzwanzig tarnfarbene *Uniter-Patches* und einhundert *Patches* für den *Tag* X. Auf diesem Abzeichen ist deutlich das blaue Kreuz zu erkennen.

War das Erkennungszeichen nur eine Spinnerei oder Spielerei eines infantilen Waffenhändlers, angestiftet von einem gelangweilten Kommandosoldaten, der seine innere Balance in Afghanistan verloren hatte? Dagegen spricht das Verhalten des hochrangigen Offiziers in der Gruppe: Franco A. Auch er erzählte später einem Vertrauten, dass man die »Guten« von »den Bösen« durch einen einfach Trick unterscheiden könne: die Guten hätten ein blaues Kreuz auf der Windschutzscheibe oder auf der Uniform. *Ein blaues Kreuz*. Man hatte das Zeichen also in der Gruppe und mit dem Offizier Franco A. besprochen. Franco A. sprach auch oft über den Verein *Uniter* mit diesen Vertrauten, eine Verbindung liegt also auf der Hand: »Er hat mir gesagt, dass ich mich bei ›Uniter‹ registrieren soll. ... Bei der Untergruppe handelt es sich um einen Verein aus Elitesoldaten, Polizisten und weiteren Angehörigen von z. B. Sicherheitsbehörden«, sagte er laut dieses Vertrauten, den das Bundeskriminalamt später verhören sollte. Der Offizier habe auch gebeten, zum »Jahrestreffen« des Vereins *Uniter* kommen zu dürfen. Welche Rolle spielte also *Uniter*? Hatte man den Umsturz wirklich mit einem eingetragenen Verein umsetzen wollen, in dem alle zahlenden Mitglieder automatisch in den Plan eingeweiht wurden? Oder ist die Wahrheit komplizierter? Jahre später sagte *Hannibal* der Gruppe in einer Sprachnachricht, die er bei Telegram herumschickte: »Es gibt ja verschiedene Arten von Infiltrationsmöglichkeiten. Die habe ich ja entwickelt im Lauf der Jahre. Fahrstuhleffekt, Raupentechnik und viele Geschichten.«[92] Methoden »aus dem militärischen oder nachrichtendienstlichen Bereich« habe er in zivile Organisationen, »die

Service-Clubs reingebracht«. Eine dieser vermeintlich zivilen Organisationen hatte er selbst gegründet: *Uniter* – lateinisch für Einheit.

• • •

Im Juni 2012 ließ André S. den Verein *Uniter* in seiner Heimat ins Vereinsregister eintragen. Seine Ausbildung beim *Kommando Spezialkräfte* war zu dem Zeitpunkt noch nicht einmal abgeschlossen. Er baute dabei, so behauptete der Verein später auf seiner Website, auf eine von Kommandosoldaten gegründete Gruppe auf, die sich drei Jahre zuvor gefunden hatte, um als »Bund der Wölfe« gemeinsam Trekking- und Abenteuertouren im Ausland zu organisieren. [93] *Hannibal* erkannte das Potenzial, das frustrierte, zum Teil schlecht versorgte KSK-Soldaten boten, also gab er der Idee mit *Uniter* einen professionellen Rahmen. Er dachte schon damals nicht mehr nur als Soldat, sondern versuchte neben seinem KSK-Sold zusätzlich Geld zu verdienen. Auch das wurde ein Antrieb für ihn. *Hannibal* verkaufte über den Verein unter anderem Risikolebensversicherungen, die für Kommandosoldaten naheliegenderweise schwer zu bekommen waren. André S. ging es immer auch ums Geldverdienen, nie nur um die Sache, den angeblichen Widerstand gegen falsche Entscheidungen in der Politik, die angeblich notwendig gewordene Selbstverteidigung.

Also passte es, dass er *Uniter* gemeinsam mit einem Versicherungsmakler (und einem Steinmetz) gründete, die in seiner Heimatgegend lebten. Die drei Männer hatten eines gemeinsam: Sie waren alle Freimaurer. André S. war Mitglied in einer Loge in Halle an der Saale, er trug stolz den Ring an seiner Hand. Freimaurerlogen, in manchen Beschreibungen Geheimbünde genannt, gibt es in Deutschland seit vielen Hundert Jahren. Die Mitglieder dürfen meist nicht über das sprechen, was sie in der

Loge tun, die meisten neueren Logen, so viel ist bekannt, organisieren jedoch vor allem regelmäßig Diskussionen und Vorträge in ihren Logenhäusern. Es gehe dabei, erklären Mitglieder, um die Selbstoptimierung und den freien Austausch von Ideen, allerdings auch um schlichtes *Networking*. Rituale, Verschwiegenheit und der Austausch in der Gruppe sind den Mitgliedern, den »Brüdern« und, in Ausnahmefällen, »Schwestern«, wie sie sich nennen, sehr wichtig. Genau wie die Symbole, erklärt die *Vereinigte Großloge von Deutschland*: »Die in der Freimaurerei verwendeten Symbole sind mit der immer wiederkehrenden Aufforderung verbunden, ständig über sich selbst sowie die eigene Beziehung zu anderen nachzudenken. Hierauf aufbauend ist das eigene Handeln nach anspruchsvollen moralischen Maßstäben ausgerichtet. Der so freimaurerisch gebildete ›bessere Mensch‹ soll seinen individuellen Beitrag zu einer besseren Welt leisten.« Anders als Religion etwa, sei »maurerisches Denken« ganz auf »das Verbindende und Integrierende ausgerichtet«. [94]

Doch warum schottet man sich ab, wenn man nichts zu verbergen hat? Die Freimaurer antworten meist, dass man nur dadurch sicherstellen könne, dass sich die »Brüder und Schwestern« in der Logo wirklich frei fühlen. Und sie verweisen regelmäßig darauf, wie oft sie in ihrer Geschichte verfolgt wurden, nicht zuletzt von den Nationalsozialisten. Die Mitglieder sind auch deswegen traditionell zur Verschwiegenheit verpflichtet, was *Hannibal* sehr gelegen kam und im Prinzip an das KSK erinnerte. Man umgab sich mit einer Aura des Mysteriösen und Mythischen, auch aufgrund der alten Rituale und Symbole. Aber wie das KSK hatte auch mancher Freimaurer Probleme damit, dem hehren Menschenbild, dem man so nacheiferte, gerecht zu werden. Freimaurer haben regelmäßig interne Konflikte, die sie mit eigenen Gerichten zu regeln versuchen. [95] Nach außen jedoch dringt davon meist wenig durch, selbst wenn man sich, wie im Fall der Freimaurer bei *Uniter*, sehr intensiv stritt. Der Versicherungsmakler habe früher bei der *Staatssicherheit* gearbeitet, verbreitete ein *Uniter*-Mitglied, ebenfalls ein Freimaurer. Bald gab es auch Streit um die Versicherungen, die man verkaufen wollte. [96] Keine guten Voraussetzungen für *Hannibals* Verein, um ein wirklicher Faktor zu werden. Zumal *Uniter* nicht die einzige Gruppe war, die versuchte, KSKler zu vertreten. Seit 2007 gab es die *Gesellschaft der Kommandosoldaten*, von KSK-Soldaten in Calw gegründet, die ebenfalls ein Faktor in der Szene der Elitesoldaten war und teilweise von Ex-Soldaten geführt wurde, die freischaffend in der Sicherheitsbranche arbeiteten, um dort mit Waffenkursen und Spezialtechniken Geld zu verdienen.

André S. hatte trotz der Konkurrenz große Pläne mit *Uniter*, mit denen er zunächst jedoch nicht wirklich weiterkam. Einmal, 2014, schaffte er es, den Verein prominent in einem Artikel der *Frankfurter Allgemeinen Zeitung* zu platzieren. [97] Ein Ex-KSK-Soldat, lange aus dem Kommando raus, beschwerte sich in einem Artikel darüber, wie sehr sein Rücken und die Knieunter den vielen Einsätzen gelitten hätten, vor allem das Gewicht der Ausrüstung – bis zu 70 Kilogramm schwer – habe ihm zu schaffen gemacht, er habe Schmerzmittel genommen, um weitermachen zu können, denn jeder Kommandosoldat werde gebraucht, das Kommando sei völlig unterbesetzt: Das KSK sei »personell heruntergewirtschaftet«, es herrsche eine »riesige Frustration«, erzählte der Informant der Zeitung, er fühlte sich »verheizt«. 95 Prozent der ehemaligen KSK-Soldaten, die nicht als Berufssoldat übernommen wurden, arbeiteten für private Sicherheitsunternehmen, sagte er: »Mancher taugt zu nichts anderem mehr.« Das gelte auch für ihn. Die Bundeswehr habe ihm während und nach dem Dienst nicht genügend geholfen, ein Verein versuche, Abhilfe zu schaffen: »Der Verein heißt *Uniter*. Nach eigenen Angaben hat er knapp 350 Mitglieder, davon 53 aktive Angehörige des KSK. *Uniter* sei so etwas wie eine Navigationshilfe für Kommandosoldaten durch den Dschungel des Zivillebens, in dem sie von der Bundeswehr keine Hilfe erwarten könnten, sagt ein Vorstandsmitglied. In dem Verein helfen ehemalige KSK-Angehörige ihren aktiven Kameraden bei der Suche nach einem Job, im Umgang mit Behörden und in juristischen Fragen. Man kennt sich, man schätzt sich.« Zum zweiten Mal – nach 2005 – hatten KSK-Soldaten damit unerlaubt mit der Presse gesprochen, eine weitere massive Indiskretion der Kommandosoldaten. *Hannibals* Karriere schadete der Artikel jedoch zunächst nicht. Allerdings fuhr er sichtbare Aktivitäten für den Verein danach zurück.

In den sozialen Medien, bei Facebook und andernorts war *Uniter* nur sehr dezent aktiv, wo man mit dem Slogan von »Profis für Profis« warb. *Hannibal* konzentrierte sich damals eher darauf, Kontakt zu anderen Freimaurerlogen herzustellen. Dabei nahm er kein Blatt vor den Mund. So kontaktierte er 2015 Mitglieder einer Loge, die erst 2010 gegründet worden war – nicht irgendwo, sondern in einem Offizierskasino des Einsatzführungskommandos in Geltow bei Potsdam. Von dem Standort aus werden die Auslandseinsätze – auch des KSK – geleitet. Die Logenmitglieder wollten eine alte Tradition aufgreifen, denn bis kurz nach dem Ersten Weltkrieg hatte es Militärlogen in Deutschland gegeben. Die Loge in Potsdam benannte sich nach einem Vertrauten des Grafen von Stauffenberg, Henning von Tresckow, der auch Namenspatron der Kaserne in Geltow war. Ein besonderes Mitglied dieser Loge schrieb *Hannibal* im Juni 2015 direkt per E-Mail an, wie der *Stern* später berichtete.[98] Die Schreiben liegen mir vor. Der Empfänger war beim Einsatzkommando in Potsdam beschäftigt, also direkt an der Spitze der Bundeswehr angesiedelt (Rechtschreibung im Original): »Guten Morgen mein Bruder, Ich bin jetzt wieder nach 2 Monaten Afghanistan zurück im Ländle (wie die Schwaben sagen würden)«, begann *Hannibal*, um dann anzukündigen, dass er sich als »freier Berater und Headhunter für Fach- und Führungskräfte« selbstständig machen wolle: »Die letzten Jahre habe ich Dutzende Projekte ermöglicht im In und Ausland durch meine Kontaktvermittlung und meine Visionären Bestrebungen. Jedes dieser Projekte wurde Finnalisiert und ging mit enormen gewinnen raus, nur ich hatte außer ein feuchten Händedruck nichts davon.« Das wollte *Hannibal* ändern: »Ich möchte die Kräfte welche ich in die Industrie, Nachrichtendienste und Politik schicke nicht nur Optimal weiterbilden sondern sie auch erziehen. Erziehen zu Verantwortungsvollen und Radikalen Führern. Radikale Führer welche Entscheidungen treffen können und ihren eigenen Weg gehen statt der Masse hinterher zulaufen. Disziplinierte Führer welche über einen Ehrenkodex verfügen sollen. Miteinander vernetzt und durch Mentoren geführt, sollen Sie ständig an sich arbeiten um das beste aus sich rausholen zu können … daher möchte ich lieber langsam und besonnen und sogar über viele Jahre vorweg schon die Kräfte formen und Gestalten. Damit sie dem Ganzen am Ende besser dienen können. Und somit uns als Großes Netzwerk vielleicht auch mitverbessern.«

Der angeschriebene Freimaurer und Offizier antwortete geschockt, es scheine hier nicht um Personalberatung zu gehen, sondern um eine Unterwanderung der Gesellschaft: »Der Begriff Deiner ›radikalen Erziehung‹ ängstigt mich und lässt mich sehr ernsthaft an Deinem Freimaurertum zweifeln. Freimaurerei ist das Gegenteil von dem, was Du in Deinen knappen Zeilen beschreibst. Deine ›Erziehung‹ und ›Formung‹ mit dem Ziel eines ›Netzwerkes‹ stimmt mich arg bedenklich.« *Hannibal* hatte zudem geschrieben, dass er einige Fachbücher den »zukünftigen Führungskräften als Pflichtlektüre« aufgeben werde, darunter »Machiavelli, Der Fürst«, »Edward Bernays, Propaganda« (ein Vordenker der psychologischen Kriegsführung). Also schrieb der Offizier: »Einen Satz Macchiavellis solltest Du Dir aber sehr zu Herzen nehmen: ›Wenn der Herr die Welt aus den Fugen bringen möchte, bedient er sich der Idealisten‹. Ich bin, um es zu wiederholen, sehr in Sorge um Dich. Du hast bereits in mehreren Kurznachrichten anklingen lassen, dass Du dabei bist, Dir Deine eigene Weltverschwörungstheorie zuzulegen. Der Nationalsozialismus war vor allem eine solche. Viele dieser Theorien richten sich gegen die Freimaurer, die Chats [im Internet] sind voll davon. Jetzt also auch Du?« Schließlich endete er: »Du machst mir eher den Eindruck, als müsste man Dich aus Deiner Atomkriegshöhle holen, oder was immer in Dir herumgeistert. Der beste Rat, den ich Dir heute geben kann: Lass uns reden. Nicht am Telephon.«

Hannibal antwortet daraufhin: »Anscheinend haben wir aneinander vorbei geredet. Zur Beantwortung deiner Fragen. Radikal ist jemand der nicht nur von etwas spricht sondern etwas unternimmt auch wenn die Masse sich es nicht traut oder scheut denn ersten Schritt zumachen. Damit ist eigentlich im positiven Sinne die Freimaurerei gemeint. Egal ob Garibaldi [ein italienischer Freischärler und Mitglied eines Geheimbundes aus dem 19. Jahrhundert] oder [der Freimaurer George] Washington oder sonst wenn, ohne radikale Veränderungen kann man die träge Masse nicht verändern um im sinne der Humanität zu wirken. Alles andere wie Rotweintrinken und sich auf die Schultern klopfen... Ich denke meine kurze Militärische und Pragmatische schreibweise hat das Thema etwas verzehrt für dich, alle anderen Brüder die den selben Text bekommen haben hatten es zumindest verstanden. ... Alle Bereiche melden mir ein Wettrüsten und Vorbereitungen, sogar unsere Russischen Kontakte geben es offen zu. Die Frage ist nur wann und wie es sich entläd.« Russische Kontakte, Vorbereitungen auf einen Krieg, der kommt – *Hannibal* trug wieder dick auf. Dem Offizier aus Potsdam, viele Ränge über *Hannibal*, war das zu viel, er brach den Kontakt ab. Erst als vier Jahre später die Schlagzeilen nicht abrissen und sich herausstellte, dass

Hannibal tatsächlich Gefolge in der Loge rekrutieren konnte, meldeten sich die Freimaurer bei den Behörden. *MAD*, *Verfassungsschutz* und *BKA* standen danach Schlange, um sie zu verhören. Die Loge zerriss der Konflikt um *Hannibal* fast. Aber 2015 stoppte *Hannibal* zunächst niemand. Er konnte so weiter Führer und Gefolge unter den soldatischen Freimaurern suchen, weiter Kontakte in der Loge knüpfen.

Der KSK-Soldat trieb sich deshalb auf vielen Veranstaltungen der Freimaurer herum. Auf einem Ball, den ein US-General in Deutschland ausrichtete, ebenfalls ein Freimaurer, traf der KSK-Soldat einen interessanten »Bruder« aus einer anderen Loge: Ringo M. [99] Der war kein Soldat, hatte aber als Beamter bei der Bereitschaftspolizei in seinem Leben ebenfalls viel Zeit auf Schießplätzen verbracht. Er war allerdings schon lange kein Polizist mehr, sondern analysierte terroristische Gruppen für das *Landesamt für Verfassungsschutz Baden-Württemberg*, und versuchte unter anderem, die Gefahr durch Dschihadisten vorauszusehen. Bei diesem Thema war das Amt immer führend, weil es ehemals einen Chef hatte, der diese spezifische Gefahr sehr früh erkannt hatte. *Hannibal* nutzte die neue Bekanntschaft aus, denn in Halle an der Saale war der Streit im Verein eskaliert, also beschloss er, *Uniter* neu zu gründen – an einem anderen Ort. Ringo M. hatte Beziehungen zur Loge in Stuttgart auf der Gänsheide, einem Villenviertel über der Stadt, in dem einst Robert Bosch seine größte Villa bauen ließ. So trafen sich *Hannibal* und die anderen für die Neugründung seines Vereins *Uniter* in der Freimaurervilla hinter einem gusseisernen Tor. Besonders aktiv bei diesem Prozess: der Verfassungsschützer Ringo M. aus Sindelfingen.

• • •

Als parlamentarische Kreise, die sich auch intensiv mit den Verbrechen des NSU auseinandergesetzt hatten, sich mit dem Fall *Uniter* beschäftigten, stießen sie relativ schnell auf den Namen Ringo M., der früher einen anderen Nachnamen getragen hatte. Der Verfassungsschützer, geboren in Eisenach, war bei der Neugründung von *Uniter* nicht nur besonders aktiv, er hatte zudem eine schillernde, persönliche Geschichte. Denn einst war Ringo M. Ausbilder der Bereitschaftspolizei von Baden-Württemberg, leitete hier unter anderem eine *Beweis- und Festnahmeeinheit* (BFE), die BFE 523, eine Einheit, die bei Demonstrationen in die Menge stößt, Demonstranten verhaftet, abdrängt, einkesselt – die Züge fürs Grobe, oft werden sie auch zur Unterstützung der Kriminalpolizei verdeckt eingesetzt. Eine der Polizistinnen, die Ringo M. und anderen unterstellt waren, war Michèle Kiesewetter aus Thüringen, die im Alter von 22 Jahren von Tätern des NSU in Heilbronn am helllichten Tag im April 2007 erschossen wurde. Deshalb taucht der Name Ringo M. in den Ermittlungsakten zum Mord an Kiesewetter an einigen Stellen auf. Ringo M. wurde in der Mordermittlung auch als Zeuge vernommen, er erzählte, dass er anfangs Kiesewetter unterschätzt hatte: »Es ging im Wesentlichen darum, dass Michèle natürlich mitbekommen hat, dass ich anfangs nichts von ihr gehalten habe, so hat sie mir das auch gesagt. Und bei diesem Gespräch konnte ich klarstellen, dass ich ihre Fähigkeiten erkannt habe.« Denn: »Eigentlich geriet sie erst an der WM 2006 in meinen Fokus. Ich hatte damals die Idee von einer zivilen Zugriffstruppe und Michèle zeigte hier ein Interesse und ich habe bei den Einsätzen anlässlich der WM 2006, bei der sie häufig in Zivil eingesetzt war, ihr Potenzial erkannt.« Dieses Potenzial konnte die junge Polizistin nicht mehr ausschöpfen.

Die Mordermittlungen waren von Anfang an ein Desaster – lange dachten die Ermittler, eine unbekannte weibliche Person würde hinter dem Mord stecken, weil man eine entsprechende DNA-Spur am Polizeiwagen fand, in dem Kiesewetter erschossen und ihr Kollege schwer verletzt worden war. Erst nachdem die Ermittler fast zwei Jahre verschwendet hatten, stellte sich heraus, dass die DNA-Spur durch ein verunreinigtes Wattestäbchen an den Tatort getragen worden war. Doch auch die Polizisten aus Kiesewetters Einheit verhielten sich während der Ermittlungen nicht kooperativ, sie gaben an zentralen Punkten vor, sich nicht erinnern zu können. [100] Erschwerend kam hinzu, dass einer der ersten Kollegen, der nach dem Mord am Tatort auftauchte, Mitglied im rassistischen Ku-Klux-Klan war.

Auch der Chef der Einheit 523 selbst, Thomas B., wurde mehrfach gehört, da er sehr schnell am Tatort war, obwohl er an dem Tag nichts mit dem konkreten Einsatz seiner Polizisten zu tun hatte und eigentlich zu Hause sein sollte. Jener Thomas B., ehemaliges Mitglied des Sondereinsatzkommandos und prämierter Scharfschütze, war ein guter Freund von Ringo M. und zudem, wie er mir später selbst erzählte, mit *Hannibal* bekannt. Ein weiterer Polizist der Einheit wurde später Mitglied bei *Uniter*, was zeigt, wie groß die Anziehungskraft des Vereins zeitweilig war. Einige Zeit nach dem Mord an Kiesewetter verließ Ringo M. die Polizei und bewarb sich beim *Landesamt für Verfassungsschutz* in Stuttgart. Dass Polizisten zum Verfassungsschutz wechseln, ist nicht ungewöhnlich. Allerdings hatte der Verfassungsschutz im NSU-Komplex eine besonders unrühmliche Rolle gespielt. Deswegen erregte der Umstand, dass Ringo M. ausgerechnet bei einem der Verfassungsschutzämter gelandet war, großes Aufsehen. Ob all das damit zusammenhängt, dass Mitglieder von Spezialeinheiten ein sehr kleines Milieu bilden und sich so fast zwangsläufig kennenlernen, wollte ich von Ringo M. wissen.

Ich sprach daher mehrmals mit dem Ex-Verfassungsschützer, der zu dem Zeitpunkt schon nicht mehr für das Amt arbeiten durfte. Wie Ringo M. mir dabei immer wieder erläuterte, habe er sich aus rein privaten Gründen dem Verein *Uniter* angeschlossen.

Auf keinen Fall sei er rechtsradikal – eher im Gegenteil, er habe Auschwitz und Buchenwald besucht. Den Verfassungsschutz hatte er informiert, dass er bei *Uniter* mitmachte, sein Dienstherr habe zunächst nichts dagegen gehabt. Ringo M. hat mir gegenüber auch darauf bestanden, dass er mit einer Verschwörung nichts zu tun hatte und er nur zu *Uniter* gegangen war, um dort Beziehungen zu knüpfen, die ihm beruflich – und finanziell – weiterhelfen könnten. Unter anderem soll es dabei um Investmentprojekte gegangen sein. *Hannibal* erzählte in der Szene durchaus Ähnliches. Man wolle in eine Fabrik in den Vereinigten Arabischen Emiraten Millionen investieren, andere Geschäfte anstoßen. [101] Der Junge aus Halle an der Saale hatte wenig reales Kapital, aber große Träume, die er überzeugend verkaufen konnte.

In der Freimaurerloge auf der Gänsheide in Stuttgart kam auch deshalb eine sehr gemischte Runde zusammen, angereist aus verschiedenen Teilen Deutschlands. Dabei waren ein türkischstämmiger Anwalt aus Köln, ein Immobilienmakler aus Neu-Ulm, ein Mann, der im Büro eines CDU-Landtagsabgeordneten arbeitete, außerdem, neben drei anderen Mitgliedern, darunter *Gurti* aus Berlin, der *Hannibal* zufolge Franco A. an die Gruppe herangeführt hatte und der online als Unterstützer der Tempelritter auftrat, als Sir M. von Gurt zu Blankenfelde. Den Tempelrittern fühlt sich *Hannibal* ebenfalls verbunden. Diese bemerkenswerte Gruppe tagte an dem Mai-Samstag ab 15 Uhr für drei Stunden, der Verfassungsschützer und der CDU-Mitarbeiter leiteten die Sitzung. André S. stellte laut Protokoll die Ziele und den Zweck des zu gründenden Vereins vor. Dann wählte man den Verfassungsschützer Ringo M. zum Vorsitzenden, André S. alias *Hannibal* zum Stellvertreter, gemeinsam mit dem Immobilienmakler und dem CDU-Mitarbeiter, *Gurti* wurde Schatzmeister. Eine Mitgliederdatenbank und Homepage sollten aufgebaut werden. Der Verfassungsschützer wollte sich um das Finanzamt kümmern. Im September schließlich plante man eine Jahresfeier im KISS-PARK in Bad Kissingen, bekannt für seinen großen Paintball-Parcours, wo die Spieler mit hohem Druck Farbkugeln aufeinander feuern können. Ohne Schießen schien es also nie zu gehen.

Hannibal war der neue Verein allerdings nicht genug, er hatte größere Pläne. Er besuchte auch nicht nur die Militärloge in Potsdam, sondern auch eine Loge in Stuttgart, die in der Villa ihren Sitz hatte, wo er gerade *Uniter* mitgegründet hatte. Dort war auch Wilfried von Tresckow Mitglied, ein entfernter Verwandter des Wehrmachtsoffiziers Hennig von Tresckow und Namensgebers der Militärloge in Potsdam. Nach einem Treffen einer der Stuttgarter Freimaurerlogen in der alten Villa sprach *Hannibal* von Tresckow an, wie der mir später erzählte. Man saß damals, im Sommer 2016, draußen beim Kaffee auf der Terrasse eines griechischen Restaurants, *Hannibal* schien es zunächst darum zu gehen, über von Tresckow, der sich im Personalwesen auskannte, »Großkaliber« kennenzulernen, um sie als Kontakt zu gewinnen, ähnlich wie er es bei anderen Mitgliedern der Potsdamer Militärloge versucht hatte. Von Tresckow fragte dann neugierig bei *Hannibal* nach, was denn das KSK eigentlich genau mache, er vermutete, das *Kommando* »produziere Sicherheit«. *Hannibal* ging nicht weiter auf die Frage ein, dann allerdings nahm das Treffen einen merkwürdigen Verlauf. *Hannibal* sprach über die aktuelle Situation im Land, die bedenklich sei, schuld daran seien zentrale Politiker, die »entfernt« werden müssten. Das löste etwas bei Wilfried von Tresckow aus. Er war der Sprecher des Familienverbands, der an einen Offizier erinnerte, der Hitler töten wollte und durch seinen Freitod an der russischen Front seiner Hinrichtung entkam. Wilfried von Tresckow hatte viele Vorträge über den 20. Juli 1944 gehalten, Hennig von Tresckow hatte er dabei das »Herz und den Motor des Widerstands« genannt.[102] Und nun saß ein Mitglied eines geheim operierenden Elite-Kommandos der Bundeswehr vor ihm, der davon sprach, Politiker müssten entfernt werden. Also fragte Wilfried von Tresckow entsetzt, ob er die Situation mit dem Juli 1944 vergleichen wolle – »sind wird wir wieder soweit?« *Hannibals* Antwort war glasklar: »Er hat Ja gesagt«, so von Tresckow und habe erwidert: »Ihr übertreibt unendlich, wir haben doch stabile Verhältnisse.« *Hannibal* blieb dabei, »Du weißt nicht alles«. Das »Entsetzen war groß«, sagte mir von Tresckow, offenbar wollte hier jemand »Gleichgesinnte zusammenschmieden«. Von Tresckow fühlte sich an die 1920er-Jahre erinnert, als die *Thule Gesellschaft*, ein Geheimbund ähnlich organisiert wie eine Freimaurerloge, damals von Adolf Hitler und anderen Nationalsozialisten genutzt wurde. Fast einhundert Jahre später gab sich der KSK-Soldat *Hannibal* als Retter Deutschlands aus.

Während er also weiter Logen besuchte, um Gefolge zu rekrutieren, professionalisierte *Hannibal* den Verein *Uniter* nach der Neugründung, wurde aktiv auf Facebook und Instagram und warb neue Mitglieder, zu denen auch ein SPD-Bürgermeisterschaftskandidat aus einem kleinen Ort gehörte, zudem Menschen, die in der Sicherheitsbranche arbeiteten, aber auch Rettungssanitäter und Neugierige, die der Ansatz von *Uniter* anzog: Wo sonst konnte man so einfach KSK-Soldaten treffen und sogar Mitglied in einem Verein werden, der von Elitesoldaten geführt wurde? Unter den Neugierigen waren auch deshalb viele Reservisten der Bundeswehr und reguläre Polizisten, die sich vernetzen wollten und mit ihrer eigenen Situation nicht zufrieden waren. Ein Pressesprecher von *Uniter*, der anonym bleiben wollte, betonte in zahlreichen E-Mails an mich, dass *Uniter* trotzdem nichts mit irgendwelchen Umsturzversuchen zu tun habe, dass es nie um einen *Tag X* gegangen war, man wolle Kommandosoldaten helfen, außerdem Menschen in sozialen Notlagen und Veteranen. Um mich zu überzeugen, lud man mich auch zu einem Treffen in Stuttgart ein, das in einem Vereinsheim am Rande eines Sportplatzes stattfand, auf dem bei bestem Wetter eine Jugendfußballmannschaft trainierte, während gleichzeitig Leichtathleten ihr Programm abspulten. Die regionale Gruppe traf sich, angeleitet von einem Mann mit türkischen Wurzeln, der in der Sicherheitsbranche arbeitete. Ein Rettungssanitäter hielt einen Vortrag über die Versorgung schwerer Wunden. Die Anwesenden, darunter *Uniter*-Mitglieder und viele Neugierige aus verschiedenen Bereichen, einige von Sicherheitsfirmen, die dort als Bodyguards oder Ähnliches arbeiteten, unterhielten sich in der Pause angeregt darüber, wo sie wann das letzte Mal Schießen waren. Vor allem dieses riesige Interesse an Waffen schien die Gruppe in diesem Moment zusammenzuhalten.

Ich zeigte dem Sitzungsleiter, dem Mann aus der Sicherheitsbranche, Fotos, die wenige Wochen nach der Neugründung in der Freimaurerloge bei *Uniter* im Sommer 2016 regelmäßig bei Instagram und Facebook hochgeladen wurden. Es waren militaristische Fotos, Bilder von Waffen, Sturmgewehren und Pistolen, von verschossener Munition: »Aus der Historie ist Uniter definitiv militärisch angehaucht, das ist klar, das müssen wir nicht bestreiten, aber es ist nicht allein militärisch, bietet nicht nur für Leute aus dem Militär seine Unterstützung an«, erklärte der Mann. Die Unterstützung sei für jeden gedacht, also »für die gesamte Gesellschaft«.

Die Bilder zeigten jedoch vor allem viele Soldaten und Polizisten, die alle den *Uniter-Tag*-X-Patch trugen. Ein Foto zeigte das blaue *Uniter*-Kreuz auf der Uniform eines Polizisten einer hessischen *Beweis- und Festnahmeeinheit* der Bereitschaftspolizei. Auf anderen Fotos war ein Kommandosoldat zu sehen, das neue G36-Sturmgewehr im Anschlag, ein olivfarbenes *Uniter-Patch* auf der Tarnkleidung. *Patches* waren auf Feuerwehruniformen und die Kleidung eines Luftwaffen-Soldaten genäht worden. Wiederum andere Fotos zeigten ein *Uniter*-Abzeichen neben dem Helm in einem Helikopter-Cockpit, auf vielen anderen Bildern wurden *Uniter*-Kreuz-Zeichen einfach vor einer ganzen Reihe von Sturmgewehren, Pistolen oder Messer gehalten, manche gar in Waffenkammern präsentiert. Die Fotos wurden fast alle in den Monaten Juni und Juli 2016 hochgeladen – also nach der Neugründung des Vereins und genau in der Zeit, in der auch die Gruppe *Hannibal* anderweitig ernst machte. Das Erkennungszeichen – das blaue Kreuz – machte offenbar die Runde.

Wussten alle *Uniter*-Mitglieder, was in dem Verein vor sich ging? Was das Kreuz bedeutete? Dass es bei dem Kreuz um den *Tag X* ging? Die Gespräche, die ich persönlich mit *Uniter*-Mitgliedern führen konnte, deuteten auf etwas anderes hin. Es waren offenbar auch einige unbedarfte Menschen verführt worden. Das *Uniter*-Mitglied, mit dem ich in Stuttgart sprechen durfte, fragte ich, was er von *Hannibals* Kontakten zu Soldaten wie Franco A. hielt. Seine Antwort war interessant: »André S. hat genug Vertrauen in mir erweckt, dass ich auf solche Kleinigkeiten nicht eingehen muss.« Ich fragte nach: »Also die Kleinigkeit, dass er den Kontakt zu diesen Leuten hatte.« – »Ja, also mir gegenüber ist er immer loyal, fair, und das reicht aus.« Also stellte er keine Fragen mehr. Diese naive Haltung ist mir in der Gruppe nicht nur einmal begegnet.

Ein Vertrauter schickte Franco A. in der fraglichen Zeit 2016 einen vielsagenden Satz per Telegram: »Desto mehr im Verein sind, desto unauffälliger ist es!« Der Zeuge, selbst in die Gruppe verstrickt, leugnete später, dass es bei dem Satz um *Uniter* ging. Die Zweifel konnte er nicht zerstreuen, zu offensichtlich war die Strategie der *Uniter*-Führung um *Hannibal* – man gründete offenbar eine Gruppe, um das Kernteam der Verschwörer in ihrer Mitte zu tarnen, indem man sie durch einen Ring respektabler Mitglieder schützt. Eine Figur wie der Waffenhändler Volker L. war nie offiziell Mitglied, ebenso wenig Franco A. Die Soldaten um *Han-*

nibal ahmten damit noch eine Gruppe nach – wissentlich oder unwissentlich: wie die großen Vorbilder des Ex-KSK-Chefs Reinhard Günzel, die *Brandenburger* Kommandosoldaten der Wehrmacht, verhielten sie sich wie Soldaten auf geheimer Mission in Feindesland, die dabei wiederum wie Geheimagenten agierten. Sie suchten klandestine Strukturen, die schon existierten – Freimaurerlogen –, oder gründeten diese Strukturen neu, wie *Uniter*, wo sie sich ungestört und ohne Aufsehen zu erregen treffen konnten, und gleichzeitig die Chance bestand, neue Mitstreiter zu rekrutieren. Rekrutieren war jedoch, so zeigte sich bald, weniger das Problem. Viel schwieriger war es, Problemfälle aus der Gruppe zu halten. Problemfälle, die alles gefährdeten.

9
Echokammer

Extremisten haben eine Schwäche, die ihnen oft in den Weg kommt. Sie können ihre radikalen Ansichten, ihren Extremismus, nicht lange vor ihren Mitmenschen verbergen. Denn im Herzen sind sie Missionare. Sie wollen der Welt mitteilen, dass sie recht haben, dass sie die einzig relevante Elite sind, die dem Rest sagen darf und sagen muss, wie die eigene Region, das Land, die Welt zu retten ist. Weil die Lage also außergewöhnlich ist, sind der selbst ernannten Elite, so sieht sie es, außergewöhnliche Maßnahmen erlaubt. Auch Marko G. sagte vor Gericht, er sei davon ausgegangen, dass er zu den Guten gehört und nur das Richtige gemacht habe, als er all die Waffen und Munition illegal gehortet hatte. Aber zu den Guten zu gehören, schließt in der Welt dieser Menschen mit ein, dass man die vermeintlich Schlechten stoppen muss. So sehen sich viele Rechtsextremisten in der Verantwortung, die eigentlichen Feinde des Volkes – Demokraten, die Regierung, Journalisten – auszuschalten, damit »das Volk« überleben kann. Diese wesentliche Überzeugung von Extremisten traf auf die zentrale Regel der Gruppe, die Marko G. und andere im Norden aufbaute, und die in der *Standard Operation Procedure* festgehalten wurde: unauffällig bleiben, nicht als radikal auffallen und sich dadurch angreifbar machen. Das jedoch fiel Marko G. immer schwer. Selbst bei der Bundeswehr hatte man von seiner radikalen Einstellung Notiz genommen. Trotzdem durfte er –

wie so viele – seinen Dienst dort beenden und die letzten Jahre in Heimatnähe als Adjutant eines Kommandeurs vom Panzerbataillon verbringen. Danach suchte man eine »Anschlussverwertung« für ihn, wie es bei der Bundeswehr heißt. Doch es gibt kaum einen Job nach der Armee, der Männer wie Marko G., die zum Einzelkämpfer gedrillt wurden, zufriedenstellen könnte. Man hatte sie zu tödlichen Waffen ausgebildet, nur um sie dann, »unbenutzt«, wegzuschmeißen. So jedenfalls fühlte es sich für viele potenzielle Elitesoldaten in der Zeit an. Die Bundeswehr finanzierte Marko G. stattdessen eine Ausbildung zum medizinischen Masseur, mehr war nicht drin – Masseur wollte er nicht bleiben, also bewarb er sich bei der Bereitschaftspolizei, bei den Einheiten also, in denen auch Kiesewetter und der Verfassungsschützer Ringo M. eingesetzt waren. Bereitschaftspolizisten sind meist junge Berufsanfänger, keine spezialisierten Kommandosoldaten, die älter als 30 Jahre sind – und eine politisch fragwürdige Überzeugung hatten. Da er im Prinzip also schon zu alt war, brauchte Marko G. einen Beschluss des Innenministers, um Polizist werden zu dürfen. Aufgrund seiner Qualifikation – er hatte Altenstadt durchlaufen, war ein mehrfach ausgezeichneter Schütze – wurde ihm die Ausnahmegenehmigung erteilt. G. wollte jedoch nicht für immer bei der Bereitschaftspolizei bleiben, er wollte die Einheit als Sprungbrett nutzen, um zum *Sondereinsatzkommando* zu wechseln. Da wäre er wieder bei den Waffen, der Munition, dem Training, den Einsätzen in Gefahr. So diente er sich Stück für Stück hoch. Er wurde in der *Beweis- und Festnahmeeinheit* (BFE) der Bereitschaftspolizei eingesetzt, das sind die Einheiten, die bei Demonstrationen in die Menge stoßen, Demonstranten verhaften oder abdrängen – die Züge fürs Grobe. Sie werden auch zur Unterstützung der Kriminalpolizei verdeckt eingesetzt. Marko G. schlug sich bei der BFE durch, wurde Beamter auf Lebenszeit und wurde dann in Schleswig-Holstein zum Mitglied eines *Sonderein-*

satzkommandos ausgebildet: Observieren, Schießen, Zugreifen. Er hatte es geschafft und war wieder bei einem Kommando, so wie er es von der Armee kannte. Bald gehörte er zur Schießmannschaft der Polizei des Landes Mecklenburg-Vorpommern, wurde Schießtrainer, gewann Medaillen als Sportschütze und durfte sogar dem Innenminister Lorenz Caffier deswegen die Hand schütteln. Dass er sich immer wieder rechtsradikal äußerte, hielt seine Karriere nicht auf. So fiel er beim Schießtraining 2009 auf einem Übungsplatz in Güstrow auf. Kollegen monierten danach in einem Vermerk, dass er sich »ohne Distanz« besonders für die Waffen-SS und den Nationalsozialismus zu interessieren scheine.

G. wurde zum Polizeikommissar ernannt, galt bald als Experte für Waffen, die nur Scharfschützen brauchen. Nach und nach bekam er jede Waffenbesitzkarte, die man in Deutschland überhaupt haben kann. Wenn es um Waffen ging, war der Mann eine Koryphäe in der Umgebung. Seine Freizeit verbrachte G. gern auf den Schießständen in der Gegend, wo er fast immer die Wettschießen locker gewann. Regelmäßig hielt er einen überdimensionierten Pokal, eine Urkunde oder einen großen Schinken in die Kamera, je nachdem, was es gerade zu gewinnen gab. Seine Augen stachen dabei hell und blau auf jedem der Fotos hervor.

Anfang 2016 schoss er um einen ganz besonderen Pokal mit. Marko G. wurde zum Geburtstag des Anwalts Jan Hammer in Rostock eingeladen. Der war ein potenzieller Rekrut für das Netz, das *Hannibal*, G. und andere aufbauten, denn ein wichtiges Kriterium erfüllte er: Hammer gab sich nach außen bürgerlich und verhältnismäßig staatstragend. Auf den ersten flüchtigen Blick. Er war als Vertreter einer unabhängigen Liste in das Stadtparlament von Rostock gewählt worden. Davor war er Mitglied in der FDP, wurde dann aber zunehmend radikaler. Er lehnte die Flüchtlingspolitik seiner Partei ab, blieb von Parteisitzungen fern und plädierte für eine Allianz mit einem AfD-Abgeordneten, Holger

Arppe. Im Mai 2015 – wie später geleakte Facebook-Chats zeigen sollten – hatte Hammer sich bereits intensiv mit Arppe ausgetauscht. Nach einem Treffen mit Hammer schrieb Arppe einem Parteifreund, »*Manche Leute in der Bürgerschaft kann ich mir nur mit einem Loch im Kopf vorstellen, sonst ertrage ich diese linken Schweine nicht*«, habe Hammer etwa gesagt. Der AfD-Mann war schwer begeistert: »*Der Typ würde perfekt in unsere Reihen passen. Er hasst die Linken, hat einen gut gefüllten Waffenschrank in der Garage und lebt unter dem Motto: Wenn die Linken irgendwann völlig verrücktspielen, bin ich vorbereitet.*« Und: »*Ich würde sagen, er ist ziemlich rechtskonservativ. Aber auch schon sehr pessimistisch. Er glaubt, dass es fast schon zu spät ist, da der Organisationsvorsprung der Linken kaum noch aufzuholen ist. Und wenn jetzt auch noch die AfD scheitert, dann ist es eben gut, wenn man einen Schrank voller Gewehre und 'ne Munitionskiste in der Garage hat.*« »*Recht hat er!*«, antwortet der Parteifreund, Thomas Jesus de Fernandes, Abgeordneter im Schweriner Landtag. [103]

Hammer lud Marko G. im Frühjahr 2016 zu sich in sein Haus, um seinen Geburtstag mit einem ganz besonderen Wettschießen zu feiern. Der Anwalt lebt in einem beschaulichen Wohnviertel, in dem sich viele Familien niedergelassen haben, voller neu gebauter Einfamilienhäuser, modern, aber eng nebeneinander errichtet, mit Blick über eine grüne Tiefebene auf die Kirchtürme von Rostock. Hammers Haus war dagegen schon in die Jahre gekommen. Im Wald hinter dem Haus wollten sie auf Ziele feuern und der beste Schütze sollte einen Pokal erhalten. Hammer schrieb in der Einladung, dass der Pokal einem »südländischen Neubürger« gewidmet sei, der durch »gar fiese Mörder hingerafft wurde« – Mehmet Turgut. Mehmet Turgut wurde am 25. Februar 2004 von Mitgliedern des NSU in Rostock-Toitenwinkel erschossen, morgens in dem Döner-Imbissstand »Mr. Kebab Grill«, der auf einem Parkplatz stand, eingefasst von mehreren Plattenbauten. Der Betreiber des Imbisses fand Mehmet Turgut blutend am Boden liegend, mit den Beinen Richtung Eingangstür. Er lebte noch. Der Betreiber zog Turgut ins Freie. Notarzt und Polizei erreichten fünf Minuten später den Tatort. Die Einsatzkräfte konnten Turgut nicht mehr helfen. Er starb um 11 Uhr 09. Mit zertrümmertem Schädel und erstickt an seinem eigenen Blut. Drei Schüsse aus einer Ceska 83 mit Schalldämpfer hatte der Täter auf ihn gefeuert, in die Schläfe, den Hals, den Nacken, zurück blieb auch eine Hülse, die aufrecht auf dem Boden des Imbisses stand.

Jan Hammers Haus ist nur gut drei Kilometer entfernt vom Tatort. An seinem Geburtstag 2016 schoss er also mit seiner Partygesellschaft zum ersten Mal den »Mehmet-Turgut-Pokal« aus und bezog sich damit auf den NSU und das fünfte Opfer der rechten Terroristen, einen jungen Mann, der nur 25 Jahre alt geworden war. Der Polizist, Scharfschütze, Bundeswehrveteran und *Nordkreuzler* Marko G. nahm an dem Wettschießen teil – und gewann als bester Schütze der Gegend den »Mehmet-Turgut-Pokal«. Er hatte Hammer schon zuvor von *Nordkreuz* erzählt, von dem *Tag X*, auf den man sich vorbereitete. Der Anwalt war Feuer und Flamme, wollte unbedingt dabei sein. G. schickte ihm daraufhin am 25. März 2016 die *Standard Operation Procedure*, die er einen Tag zuvor von Frank T. bekommen hatte. Hammer antwortete, dass ihn die Nachricht sehr gefreut habe – »bin zurück in Rostock, die Regeln nehme ich zu Kenntnis und werde sie befolgen. Erwarte weitere Schritte.« Darauf der Polizist Marko G.: »Prima, dann geht es jetzt los in NORD«. Nord für *Nordkreuz*.

Marko G. hatte also einen Mann rekrutiert, der seine Gesinnung bei privaten Treffen nicht geheim hielt, sich offen rechtsextremistisch äußerte – *manche Leute in der Bürgerschaft kann ich mir nur mit einem Loch im Kopf vorstellen, sonst ertrage ich diese linken Schweine nicht.* Der Reserveoffizier und *Nordkreuzler* Horst S. beschrieb später dem BKA die interne Dynamik des Kerns der Gruppe um Marko G. und Jan Hammer – sie wurde immer »radikaler«: »Mit

›radikaler‹ ist zum Beispiel gemeint, dass man gegen bestimmte Personen vorgehen müsste, wenn die staatliche Ordnung zusammenbricht. Damit sind ausdrücklich nicht Ausländer gemeint, sondern Personen und Organisationen, die von der Flüchtlingspolitik profitieren.« Neben dem Anwalt entwickelte sich ein weiterer Kriminalbeamter zur treibenden Kraft: *»Also so ab dem 2. Quartal 2016, kamen immer mehr Leute zu den Treffen der Gruppe ›Nord‹, die radikalere Ansichten in die Gruppe reingebracht haben. So wie z. B. Jan Hendrik HAMMER und der Haik (Nachnamen weiß ich nicht). Ersterer ist als FDP-Mitglied, mittlerweile vielleicht AfD oder parteilos, in Rostock in der Bürgerschaft und Rechtsanwalt, letzterer ist Polizeibeamter, soweit ich weiß.«*

In der Tat war letzterer – Haik, Haik J. – Polizeibeamter. Haik J. arbeitete wie Marko G. als Kriminalbeamter, eingesetzt in Ludwigslust in Mecklenburg-Vorpommern. Einst hatte Haik J. in Hamburg gearbeitet, abgeordnet war er unter anderem zum Polizeikommissariat 42 im Stadtteil Billstedt, bekannt als sozialer Brennpunkt in der Hansestadt. 2010 suchte er per Inserat einen Tauschpartner in Mecklenburg-Vorpommern – er wollte den Dienstort Hamburg verlassen und weiter östlich arbeiten. Er hatte am Ende Erfolg und landete in Ludwigslust in Mecklenburg-Vorpommern, wo er seinen Kollegen durch rassistische Äußerungen auffiel. Er also gehörte als Kriminalbeamter mit zum harten Kern von Nordkreuz. Gemeinsam mit dem Anwalt Jan Hendrik Hammer führt die Bundesanwaltschaft ihn als Beschuldigten in einem Verfahren, das den beiden vorwirft, eine schwere staatsgefährdende Gewalttat vorbereitet zu haben. Zum einen wurden die beiden durch die Aussagen des Nordkreuzlers Horst S. belastet, dem Major der Reserve. Zum anderen hatte man einen Ordner und einen Hefter mit Namen und Adressen von Politikern gefunden, ergänzt durch handschriftliche Notizen. Darunter waren vor allem Politiker, die sich für Flüchtlinge eingesetzt hatten. Einer dieser Politiker war Mitglied in der kleinen Partei »Freier Horizont« in Ludwigslust und dort ein Bürgermeisterschaftskandidat. [104] Er hatte 2015 per Post eine Morddrohung erhalten und die Polizei gerufen. Er wurde gebeten, zur Polizeiinspektion Ludwigslust zu kommen, wo auch Haik J. arbeitete. Der Kommunalpolitiker wurde von Kripobeamten der Inspektion Ludwigslust und von einem Staatsschützer des *LKA* aus Schwerin befragt, der Behörde, für die Marko G. gearbeitet hat. Kurz nach diesem Gespräch besuchten zwei Kripobeamte aus der Polizeiinspektion Ludwigslust den Politiker zu Hause, überprüften sein Haus, legten eine Skizze der Räumlichkeiten an, um die neuralgischen Punkte zu erfassen. Diese Skizze tauchte später im Aktenordner von Jan Hammer auf. Zumindest einzelne Mitglieder von *Nordkreuz* und andere, wie Franco A., begannen Menschen, die sie als Feinde betrachteten, systematisch zu erfassen – und auszuspähen. Andere in der Gruppe waren so gut vernetzt, dass sie sich interne Informationen der Polizei über Menschen besorgten, die für all das standen, was sie selbst ablehnten.

• • •

Die Stimmung in Deutschland und in den Kreisen, in denen sich Marko G., *Hannibal* oder Franco A. bewegten, heizte sich im Laufe des Jahres 2016 immer weiter auf. Das Jahr hatte mit einem Vorfall begonnen, der den Verschwörern direkt in die Hände spielte, ihre Befürchtungen, Meinungen und Vorurteile zu bestätigen schien. Auf der Kölner Domplatte, vor und im angrenzenden Hauptbahnhof war es in der Silvesternacht zu Übergriffen gekommen, Frauen wurden sexuell belästigt, bedrängt, ausgeraubt, mehr als 1300 Anzeigen wurden erstattet. Gegen 290 mutmaßliche Täter ermittelte die Staatsanwaltschaft und Justiz, über 40 Männern wurde der Prozess gemacht, den meisten wegen Diebstahls. Viele der Täter kamen aus Algerien, einige aus Marokko, dem Irak und

Libyen. Am Ende wurden drei Täter wegen sexueller Delikte verurteilt. [105] Deren Opfer waren in Köln begrapscht, beleidigt, in einem Fall angeleckt worden, die Täter hatten zum Teil dabei ungefragt Selfies gemacht. Die Polizei war überfordert, weil sie sich unzureichend auf die Nacht vorbereitet hatte, wie ein Untersuchungsausschuss des Düsseldorfer Landtags später feststellte. Man wollte offenbar möglichst vielen Polizisten eine dienstfreie Jahreswende ermöglichen. Das Resultat war ein Desaster, nicht zuletzt kommunikativ. Der Thüringer AfD-Parteichef Björn Höcke war nur einer von vielen, der den Vorfall nutzte: »Die Silvesternacht hat unserem Land mit den Ereignissen am Kölner Hauptbahnhof einen Vorgeschmack auf den drohenden Kultur- und Zivilisationszerfall gegeben.« [106] Gemeint war der drohende *Zivilisationszerfall*, ausgelöst durch »Feinde von außen«. Es war das Mantra von *Hannibal*, Marko G. und den anderen.

Schnell wurden Schuldige – außer den direkt beteiligten Tätern – gesucht. Falsche Zitate machten die Runde. So wurden der Grünen-Politikerin Claudia Roth Sätze zugeschrieben, die sie so nie gesagt hatte – etwa der Koran böte die Lösungsansätze, »die wir brauchen«. Facebook-Gruppen und Telegram-Verteiler, Teile der sozialen Medien, die sich seit September 2015 immer mehr aufgeheizt hatten, wurden noch radikaler und fanden gleichzeitig mehr Gehör bei immer mehr Nutzern. Erschwerend kam im Fall von Köln hinzu, dass die Polizei erst gelogen und über den Abend zunächst gemeldet hatte: »Ausgelassene Stimmung, Feiern weitgehend friedlich«. Man gab zwar zu, dass die Domplatte geräumt werden musste, es sei jedoch um illegales Feuerwerk gegangen, und: »Trotz der ungeplanten Feierpause gestaltete sich die Einsatzlage entspannt – auch weil die Polizei sich an neuralgischen Orten gut aufgestellt [hatte] und präsent zeigte.« [107] Erst nach und nach wurde deutlich, was wirklich vorgefallen war. Als die Kölner Oberbürgermeisterin schließlich eine Pressekonferenz abhielt und der Stadt beichtete, was wirklich passiert war, erwähnte etwa das ZDF die Übergriffe in der abendlichen Hauptnachrichtensendung immer noch nicht. Ein Fehler, wie die Chefredaktion später einräumte. Auch andere überregionale Medien hatten einen blinden Fleck bei dem Thema – was der Meinung von Männern wie Marko G., dass man den »Deutschen« die Wahrheit vorenthalte, weiter Vorschub leistete. Marko G. las etwa das als rechtsradikal eingestufte Magazin *Compact*, das sich damals auf die Vorfälle von Köln gestürzt und auf die Titelseite gehoben hatte: »Schweigekartell – Der Sexmob und die Medien«, »Freiwild Frau – Das Böse Ende der Willkommenskultur«. In Blättern wie *Compact* instrumentalisierte man also Vorfälle wie die in Köln, auch um sich zunehmend eine eigene Realität zu basteln, und tat dabei so, als würden *die* Medien immer lügen, wenn sie über Flüchtlinge berichteten. Hier die Hüter der Wahrheit, die Krieger des Lichts, dort die Lügenpresse, die gemeinsame Sache mit dem »Flüchtlingsmob« macht, angeleitet von einer Staatsführung, die angeblich Deutschland schaden will – weil hinter ihr andere Mächte stehen oder weil sie einfach Verräter sind. Der *Tagesspiegel* zitierte den Post eines Pegida-Anhängers: »Schon bald werden die meist jungen und männlichen Kulturbereicherer sich das holen, was sie haben wollen – und zwar mit Waffengewalt. Der Bürgerkrieg wird in der Tat kommen.«[108] Sätze wie diese waren eine Aufforderung zum Handeln, es wurden starke Männer gesucht, die das Land retten würden. So sah die Binnensicht in einer sich zunehmend radikalisierenden Szene aus, zu der Marko G., Franco A. und andere gehörten.

Der Offizier Franco A. lebte auch deshalb fortan weiter drei Leben – er diente zum einen in der Eliteeinheit, bei den *Jägern*, im französischen Illkirch. Diese Einheit war nicht nur besonders, weil sie in Frankreich stationiert war, sondern auch, weil sie regelmäßig zu prestigeträchtigen Übungen und in Realeinsätze der

NATO geschickt wurde, sie war somit auch das Gesicht der modernen Bundeswehr. Franco A. war im zweiten Leben weiterhin der Asylbewerber aus Syrien, der ab und an in der Flüchtlingsunterkunft auftauchte und Unterstützungsleistung vom Staat kassierte. Schließlich war er in seinem dritten Leben der selbst ernannte Widerstandskämpfer, der mit anderen Elitesoldaten und Polizisten die eigenen Pläne vorantrieb, um »sein« Deutschland zu »retten«.

Franco A. traf sich im Frühjahr 2016 ein zweites Mal mit *Hannibal* und dem Waffenhändler Volker L. Der erzählte mir, dass das zweite Treffen mit dem Offizier in der Wohnung von *Hannibal* in Sindelfingen stattgefunden habe. Der Waffenhändler nahm seine Ehefrau mit, da die sich mit der Partnerin von *Hannibal* gut verstanden habe: »Das sollte ein *Uniter*-Treffen sein, aber es waren vielleicht nur vier, fünf Leute da. Ich glaube, es war ein Soldat, irgendeiner aus Hammelburg oder, [der] da gerade auch auf Lehrgang war oder so.« In Hammelburg werden auch viele Mitglieder der Bundeswehr-Spezialeinheiten zu Einzelkämpfern ausgebildet. Das Treffen fand tagsüber statt, und Volker L. konnte und wollte sich an kaum einen konkreten Inhalt mehr erinnern. Konfrontiert mit dem Vorhalt, dass das sehr unwahrscheinlich sei, sprang ihm seine Ehefrau bei, als ich mal wieder mit Volker L. telefonierte. Das sei ein Treffen wie so viele andere gewesen, unbedeutend, da gäbe es nichts zu erinnern. War sie denn die ganze Zeit bei André S., Franco A. und ihrem Mann, konnte sie also alles mitbekommen?, fragte ich. War sie nicht, konnte sie nicht. Trotzdem glaubte sie zu einhundert Prozent zu wissen, was ihr Mann und *Hannibal* besprochen hatten – oder eben nicht. Das einzig Konkrete, an das sich Volker L. schließlich erinnern wollte – Franco A. habe ihn wieder nach Waffen gefragt: »Nach einer halben Stunde war das Treffen im Endeffekt wieder um, dann ist da Franco A. zum zweiten Mal [nach dem Treffen im Schützenhaus] auf mich zugekommen und hat dann gefragt, wie ist das denn jetzt noch mal mit den Waffen und der Munition, und dann habe ich ihm wieder genau das Gleiche gesagt …« Erneut will er also dem Offizier klargemacht haben, dass er bei ihm an der falschen Adresse sei und er keine Waffe auf die Seite schaffen könne. Ob das stimmt oder nicht, ist bislang nicht zu klären.

Interessant ist allerdings, dass der Offizier Franco A. genau in dieser Zeit Kontakt zu einem anderen Waffenhändler aufnahm, bei dem sich die Frage stellt: Wie nur war er auf den gekommen? Der Waffenhändler lebte in Bayern an einem der äußersten Enden Deutschlands, in der Nähe der deutsch-tschechischen Grenze, noch einmal anderthalb Stunden östlich von Zirndorf, wo Franco A. als Flüchtling gemeldet war. Wie Volker L. bediente auch dieser Händler eine Nische. Er war spezialisiert auf Sturmgewehre, handelte mit Teilen für diese Waffen gemeinsam mit seinem Geschäftspartner aus dem Keller seines Wohnhauses heraus. Tagsüber hatte er noch einen anderen Job, er war also in erster Linie ein Waffenliebhaber. Er gehörte einem Milieu an, zu dem Tausende deutsche Fans von durchschlagkräftigen Waffen zählen, die für das Militär entwickelt worden sind und modifiziert auch an Zivilisten verkauft werden. Der Mann bot etwa AR-15-Sturmgewehre als Maßanfertigungen. Diese Waffe war für die US-Armee entworfen worden und hatte spätestens 2016 in den USA einen schlechten Ruf, weil erneut ein Amokläufer genau dieses Gewehr benutzt hatte, um in Orlando 49 Menschen zu töten – wie viele Täter vor ihm, die in den USA wehrlose Menschen angegriffen hatten. »Weapon of Choice«, die Waffe der Wahl für Amokläufer, wurde das AR-15 deswegen auch genannt. [109] Es war sehr leicht und dennoch präzise, dazu in den USA ohne große Probleme zu bekommen. Der Attentäter, der in Neuseeland 51 Menschen in zwei Moscheen erschoss, nutzte ebenfalls ein AR-15. Der Attentäter hatte ein Pamphlet veröffentlicht, das er »Den großen Austausch« nannte. Darin stellte er sich als »einfacher weißer Mann« mit Vorfahren schottischer, irischer und englischer Herkunft vor. Er begehe den Anschlag, »um Rache zu nehmen an den Invasoren für die Hunderttausenden Toten«, an denen sie schuld seien »auf europäischem Boden, die ganze Menschheitsgeschichte hindurch«. Er drehte die Geschichte einfach um und schrieb, er wolle Rache nehmen, »für die Versklavung von Millionen Europäern durch islamische Sklavenhändler« und »für die Tausenden europäischen Leben, die bei Terroranschlägen ausgelöscht« worden seien. Schließlich müssten die Einwanderungszahlen nach Europa »durch Einschüchtern und körperliche Beseitigung der Invasoren selbst« reduziert werden. [110] Es war kein bloßes Gerede, am Ende ermordete er wehrlose Menschen mit seinem Sturmgewehr. Franco A. hatte im Übrigen in seiner Masterarbeit an der französischen Militärschule ähnlich argumentiert – »*Es lässt sich nicht bestreiten, durch welche politische Ideologie auch immer, dass eine massive Einwanderung, wie wir sie in der Vergangenheit erlebt haben und wie wir sie heute erleben, zum Untergang der betroffenen Völker führt.*«

Auch in Deutschland hatte das AR-15 eine große Fangemeinde. Der kleine Laden in Bayern belieferte, genau wie der Waffenhändler Volker L. auch, Behörden, also Militär und Polizei, mit spezieller Zusatzausrüstung, nicht mit den Waffen selbst. Und wie Volker L. bot auch der Händler in Bayern Schalldämpfer an, außerdem spezielle Zielfernrohre und Nachtsichtgeräte. Er durfte sogar Sturmgewehre verkaufen, die nur an Personen veräußert werden durften, die eine Sondergenehmigung des BKA besaßen. Der Laden bot also eine ganz besondere Mischung, auch für Käufer, die sich professionell mit Waffen befassten. Im März 2016 waren der Händler und sein Partner in einem Video eines beliebten Waffentesters aufgetreten, der die *German Rifle Association* mit gegründet hatte, die versuchte, der amerikanischen Waffenlobby NRA nachzueifern. In dem auf YouTube abrufbaren Video besuchte der Tester die Firma im abgelegenen Teil von Bayern, probierte dort verschiedene Sturmgewehre in einem Schießstand aus, feuerte auf Ziele, die bis zu 100 Meter entfernt sind, erfuhr, dass der Händler die Gewehre sogar auf 300 Meter kalibriert hatte und testete zudem Schalldämpfer. [111] Wie laut waren die Schüsse noch mit einem professionellen Schalldämpfer? Wie präzise war welches Gewehr? Das waren Fragen, die den Tester ebenso wie seine Fangemeinde interessierten.

Wenige Tage nachdem das Video hochgeladen wurde, tauchte Franco A. in Ostbayern auf. Er parkte sein Auto nicht auf dem Parkplatz der kleinen Firma, sondern die Straße hoch, in der »Prärie«, wie der Waffenhändler beobachtete, was erst recht auffiel, zumal sein Auto ein markantes schwarzes Nummernschild mit weißer Schrift hatte – wie sie früher Militärangehörige in Frankreich bekommen haben und inzwischen nur noch historische Fahrzeuge. Der Umstand, dass Franco A. überhaupt persönlich in den Laden kam, war ungewöhnlich, das meiste wickelte der Händler online ab – wenn doch jemand leibhaftig bei ihm auftauchte, dann meldete er sich in der Regel telefonisch an. Franco A. hatte das angeblich nicht getan, und brannte sich auch deshalb in das Gedächtnis des Waffenhändlers ein. Offenherzig erzählte Franco A. angeblich, dass er gerade aus Tschechien käme, er sei auf der Rückreise zu seinem Standort.

Der Waffenhändler behauptete später beim *Bundeskriminalamt*, dass Franco A. den weiten Weg gekommen war, um angeblich nur ein sehr kleines Teil zu kaufen: eine Platte, die er gebraucht habe, um ein Zielfernrohr, das er zuvor in Nürnberg bei einem großen Händler erworben habe, auf ein G3-Sturmgewehr der Bundeswehr anbringen zu können. Warum er das Zielfernrohr nicht gleich mit bei den Spezialisten in der fränkischen Großstadt gekauft hatte, erschloss sich nicht.

Franco A. bestand auf Barzahlung, sein Name sollte nicht auf einer Rechnung festgehalten werden. All das fand der Händler zwar auffällig, aber offenbar nicht so sonderbar, als dass er den Kontakt mit Franco A. abgebrochen hätte. Im Gegenteil. Die beiden tauschten sich fortan intensiv aus. Es gab auch Schnittmengen, was die Weltsicht anbelangt. Als das BKA den Mann fragte, ob er davon gehört habe, dass man sehr leicht Waffen im nahen Tschechien erwerben könne, antwortete der, auf »den Fidschi-Märkten verkaufen die viele Gegenstände«. Fidschi-Märkte, so nannte man in der tschechischen Grenzgegend Märkte, auf denen meist Vietnamesen Waren verkauften. In der DDR war Fidschi ein Schimpfwort für alle Asiaten. Der Waffenhändler sponserte zudem die *German Rifle Association* (GRA) mit, deren Vorsitzender ihn im Gegenzug regelmäßig besuchte, um in seiner kleinen Waffenschmiede Videos zu drehen. Dieser Vorsitzende schrieb einen interessanten Onlinetext über die Silvesternacht von Köln und die Vorschläge der Oberbürgermeisterin Henriette Reeker, die Frauen geraten hatte, Abstand zu bestimmten Gruppen von Männern zu halten, um in Sicherheit zu sein: Der GRA-Vorsitzende sieht darin eine Bankrotterklärung der machtlosen Politik, die den Frauen vermittele: »Lasst euch lieber widerstandslos vergewaltigen, dann wird es vielleicht nicht ganz so schlimm. Liebe Frauen (und Männer), bitte nehmt solches Geschwafel nicht widerstandslos hin. Ihr habt in Deutschland ein Recht auf Notwehr und Nothilfe.« Er fordert dann dazu auf, die Waffenrechtsdebatte in Deutschland energisch weiterzuführen: »Es darf nicht sein, dass ein offenbar teilweise hilfloser Staat uns weiterhin die entsprechenden Möglichkeiten für eine effektive Selbstverteidigung verwehrt. Der Staat muss aufhören, die Täter zu schützen! … *Si vis pacem para bellum* – wenn du Frieden willst, bereite den Krieg vor.« [112]

Wie der Waffenhändler aus dem baden-württembergischen Albstadt machte auch der Händler aus Bayern nicht nur Geld mit dem Verkauf von Waffen und Zubehör, Waffen schienen sein Leben zu sein und sein Denken zu bestimmen. Er war im Schützenverein, machte bei großen Schießveranstaltungen mit, engagierte sich in der *German Rifle Association*. Der Offizier war von dem aufs Schießen ausgerichteten Denken des bayerischen Waffenhändlers offenbar beeindruckt. Er schrieb später an André S., dass er verlässliche Waffenhändler »im Süden« kenne, die zur Gruppe passen würden.

Nur einen Tag nachdem Franco A. so überraschend viel Zeit in Bayern verbringen konnte, obwohl er offiziell erst seit wenigen Tagen in Illkirch stationiert war und man annehmen könnte, dass er dort erst mal seine Soldaten zu führen hatte, wurde ein Teil seines *Jägerbataillons* 291 noch Litauen geflogen. Dort sollten die Soldaten in der Nähe der weißrussischen Grenze Präsenz zeigen, zur Unterstützung der lokalen Truppen und zur Abschreckung der russischen Armee. Auf einem Video des litauischen Verteidigungsministeriums ist zu sehen, wie ein Airbus der Luftwaffe landet, zum Stehen kommt, mehrere Soldaten die Gangway herunterkommen. Sie treten vor der Maschine zum Appell an. Den nimmt der Kommandeur des *Jägerbataillons* ab, der mit heiserer Stimme über den Flughafen schreit, »Auuuuugen gerade aus! Herzlich Willkommen in Ruuuukla!« [113] Rukla, dort wurden die Deutschen stationiert. Dieser Kommandeur sollte später unter Beobachtung eines deutschen Inlandsgeheimdienstes stehen, weil er sich einer rechtsradikalen Online-Gruppe angeschlossen hatte, zu der auch KSK-Soldaten gehörten. Und nicht zuletzt war er in Illkirch der höchste Vorgesetzte von Franco A., dem so auffällig viel Freizeit und Freiraum zugestanden wurde.

• • •

Franco A., Marko G., *Hannibal*, all die anderen hatten ihr großes Mitteilungsbedürfnis gemeinsam. Sie tauschten sich aus, per

SMS, in Telegram-Gruppen und bei Facebook, meist unter Tarnnamen, oft aber auch so, dass sie sehr leicht zu identifizieren waren. Franco A. schickte Nachrichten an andere Soldaten, in denen es hieß, dass jeder, der »dazu beitrage, dass das bestehende Konstrukt des Staates kaputtgehe«, Gutes tue. Gesetze seien als »null und nichtig« anzusehen. Seine politischen Gegner bezeichnete er in einer Audiodatei, die er im Februar 2016 aufgezeichnet hatte, als »Schweine«, die ihn und seine Gesinnungsgenossen umbringen würden, wenn sie sich in den Weg stellen würden, so der Bundesgerichtshof später: »Diese Personen seien nur da, wo sie heute seien, ›weil sie immer wieder gemordet haben‹. Deshalb müsse ein Bewusstseinswandel vonstattengehen, dass sie die Mörder ›zurück‹ ermordeten. Wörtlich sagte er: ›Ich weiß, du wirst mich ermorden, ich ermorde dich vorher.‹ Wer zu einem solchen Vorgehen nicht bereit sei, könne ›den Kampf von vornherein gleich lassen‹.« [114]

Marko G. bekam rechtsradikale Memes zugeschickt, der KSK-Soldat Daniel »Danny« K., der schon 2007 einem Offizier per Brief gedroht hatte, war wiederum Mitglied in einer Facebook-Gruppe, die an Ernst von Salomon erinnerte und dessen Namen trug, eine zerrissene deutsche historische Figur. Er war Soldat, Freischärler, Revolutionär, Rechtsterrorist, Bestsellerautor, Intellektueller. Von Salomon war nicht zufällig als Galionsfigur für eine rechte Diskussionsgruppe ausgesucht worden. In den 1920er-Jahren war er zum einen als verurteilter Rechtsterrorist einer der Protagonisten der rechtsextremen Revolution. Er hatte Attentate organisiert und eine Untergrundgruppe mit organisiert. Später widerstand er auf der anderen Seite jedoch der Versuchung, eine große Karriere im »Dritten Reich« zu machen, sodass es rechtsnationalen Soldaten heute unverfänglicher scheint, ihn zu huldigen. Von Salomon wurde tatsächlich kein hochrangiger NS-Funktionär, zudem half er einer Jüdin unterzutauchen, aber dennoch lehnte er sich nie offen gegen das Regime auf. Eine ähnliche Funktion hat Hitlers Vize Rudolf Heß in der Neonazi-Szene, der angeblich am Ende des Krieges Frieden wollte. Von Salomon wurde nach dem Zweiten Weltkrieg als einer der ersten Bestsellerautoren der Bundesrepublik bekannt, mit Romanen, in denen er, scheinbar, sein eigenes Leben autobiografisch verarbeitete. Er schrieb über die Entnazifizierung durch die Amerikaner, machte sich über diesen Prozess lustig und kritisierte gleichzeitig das NS-Regime dafür, dass es nicht elitär genug gewesen war. Er sah sich selbst als Revolutionär an und wurde als Querdenker in diverse Fernsehsendungen eingeladen – trotz oder gerade aufgrund seiner rechtsradikalen Vergangenheit in den 1920er-Jahren. In der rechten Szene interessiert man sich bis heute vor allem für seine Schilderung des rechten Terrors. Von Salomon war einer der wichtigsten Chronisten einer rechtsextremen Anarchie, die Deutschland nach dem Ersten Weltkrieg destabilisierte, über die er jedoch nicht nur schrieb, sondern die er als Soldat gelebt und geprägt hatte. Das alles machte ihn, scheinbar ein Mann der Tat, für viele deutsche Soldaten auch im 21. Jahrhundert interessant. Insbesondere für einen KSK-Soldaten wie Daniel K., dem Mitglied in der Gruppe, oder für einen ehrgeizigen Offizier wie den Kommandeur von Franco A. und für weitere hochrangige Offiziere, die bei der Facebook-Gruppe dabei waren.

Von Salomon, Sohn eines preußischen Offiziers, der später Kriminalbeamter wurde, durchlief eine Kadettenanstalt, zu der ihn sein Vater geschickt hatte, um ihn zu disziplinieren. Der Erste Weltkrieg endete, als von Salomon gerade 17 Jahre alt war – er jedoch wollte trotzdem kämpfen und schloss sich einem Freikorps an, die überall in Deutschland entstanden. Die Reichswehr und die Marine waren zerbrochen, alte Hierarchien kollabiert, also fanden sich Soldaten und Offiziere, die noch immer nicht genug vom Kämpfen hatten oder zu jung dafür gewesen waren, zu solchen Freikorps zusammen, die keinem Oberkommando mehr gehorchten. Die Mitglieder hatten verschiedene Hintergründe, waren kommunistisch, sozialdemokratisch, nationalradikal. Von Salomon schloss sich rechtsextremen und radikalen Gruppen an – erst dem Freikorps Maercker, dann dem Freikorps Bahrenfeld, anschließend kämpfte er mit einem Freikorps auf dem Baltikum gegen »Bolschewiken«, er verherrlichte später in seinen Büchern den angeblich gerechten Krieg in Oberschlesien, zu dem sich Freiwillige, Söldner, Ex-Soldaten gemeldet hatten. Von Salomon kämpfte auch in Berlin, war beim Kapp-Putsch dabei, mit Soldaten und Offizieren, die alles an der gerade gegründeten Weimarer Republik hassten. Über diese Zeit schrieb er: »Wir schossen auf alles, was Waffen trug und nicht zur Truppe gehörte, und manchmal lagen auf den Straßen auch Menschen, die keine Waffen getragen hatten, manchmal lagen auch Frauen da, und manchmal auch Kinder, und über ihre Leiber flitzten die Geschosse, und es konnte vorkommen, daß die Geschosse in die Toten fuhren, dann war es, als ob sie noch einmal aufzuckten, und wir hatten einen fauligen Geschmack im Mund.« [115] So fühlt es sich an, wenn man gegen die Menschen im eigenen Land Krieg führt.

Von Salomon wurde nach der Auflösung der Freikorps, nur konsequent, Mitglied der »Organisation Consul« – O.C. –, eine rechtsextreme Terrorgruppe, die weiter Akteure der Weimarer Republik aus dem Untergrund heraus bekämpfte und tötete. Der Schriftsteller von Salomon schrieb später über »O.C.«: »Durch die Gassen schlich der Mord. Gift, Dolch, Pistole und Bombe schienen die Werkzeuge einer aus dem Dunkel der deutschen Wirrnis emportauchenden Schar kaltherziger Verbrecher. ... Von London, von Paris kam erst vertraulich, dann mit verhaltener Drohung die Frage, was ist es mit dieser O.C.? Die Beschwörungen in der Presse, die Anfragen in den Parlamenten häuften sich. Aber die unterirdische Macht der O.C. wuchs und wuchs.« Er behauptete aber: »Die schärfste Waffe in der Hand der O.C. aber und die ungeheuerlichste Gefahr, die aus ihr erwuchs, war die Tatsache, dass sie niemals bestand.« Dass von Salomon in seinem Roman die Wahrheit verbog und die Existenz der Gruppe verschleierte, ließ manche Kritiker zweifeln, ob er jemals den Zielen seiner Revolution, ein großes, autoritär geführtes Deutschland, abgeschworen hatte. Die Gefahr der Gruppe O.C. war tatsächlich sehr real. Ihre Mitglieder ermordeten vor allem Politiker, die sie für Volksverräter hielten, darunter den Außenminister Walter Rathenau – eigentlich für seine konservative Politik bekannt, aber als Jude der antisemitischen *Organisation* Consul ein Dorn im Auge. Von Salomon plante das Attentat mit, er beschattete Rathenau, um seine Gewohnheiten zu studieren, suchte einen Fahrer für das Auto, aus dem die Attentäter später auf den Außenminister schossen. Mit den Attentätern besprach er bis kurz vor der Tat den Plan in einem Berliner Hotel. [116] Für diese Beihilfe wurde von Salomon zu fünf Jahren Zuchthaus verurteilt, später bekam er nochmals eine Gefängnisstrafe, weil er an dem Fememord eines O.C.-Mitglieds beteiligt war. Lange blieb er nicht im Gefängnis, er kam billig davon. Im »Dritten Reich« schrieb er Skripte für Goebbels und dessen Propagandafilme, saß den Großteil des Kriegs auf einem Anwesen in Bayern aus, nur ganz am Ende diente er im Volkssturm. Trotzdem war er ein Held der neuen und alten Rechten sowie einiger Soldaten und Offiziere – weil er in den chaotischen 1920er-Jahren gehandelt hatte, ohne auf einen Befehl zu warten. Er ermächtigte sich stattdessen selbst und nutzte eine Krisensituation aus. Davon träumen seine Fans heute auch. Dass seine Taten den Lauf der Geschichte nicht geändert hatten – wie so oft bei Terroristen –, war offenbar egal. Es ging um die Tat an sich. Um die Macht über andere Leben. Dass sein Handeln anfangs vor allem darin bestand, Andersdenkende, Juden oder Kommunisten zu töten, macht sein Leben und Wirken so problematisch. Der KSK-Soldat Daniel K. bezog sich in der Facebook-Gruppe Ernst von Salomon genau auf diesen Aspekt und kommentierte sinngemäß, dass mit der Einwanderung der Bogen überspannt sei, »nun müsse man die Sache selbst in die Hand nehmen«.[117]

Das passte haargenau. Auch andere – Franco A., *Hannibal*, Marko G. – glaubten, das Recht zu haben, ohne Befehl handeln zu dürfen, da sie die Legitimität des Staates – und der Bundeswehrführung – anzweifelten. Franco A. war dabei lange der einzige aktive Berufsoffizier, der bei dieser Gruppe mitmachte. In der Facebook-Gruppe über Ernst von Salomon las jedoch eifrig ein Karriereoffizier mit, dem eine noch glänzendere Laufbahn bevorstand: Oberstleutnant C., der Chef von Franco A. und Kommandeur der *Jäger* in Illkirch. Ausgerechnet in einer Gruppe mit dem Rechtsterroristen Ernst von Salomon als Namenspatron, war der Spitzenoffizier aktiv.

Oberstleutnant C. aus Hamburg war, scheinbar, ein Bilderbuchoffizier, wie ihn sich die Bundeswehr eigentlich wünscht. Abiturient aus einem Hamburger Vorort, ausgebildet an der Führungsakademie der Bundeswehr in seiner Heimatstadt Hamburg, dann zur Marine Corps University in Quantico Virginia abkommandiert, unweit des Ausbildungszentrums des FBI, um mehr über Kriegsführung zu lernen, anschließend in Berlin an einer Top-Position: Generalstabsoffizier beim Abteilungsleiter Politik im Verteidigungsministerium – sein Chef, Géza Andreas von Geyr, war zuvor Vizepräsident des Bundesnachrichtendienstes (BND). Auf dieser Position arbeitete von Geyr direkt der Verteidigungsministerin von der Leyen zu. Als Generalstabsoffizier hatte Oberstleutnant C. also Zugang zu Dokumenten, Briefings und Inhalten, die mit der Ministerin besprochen wurden. Er gehörte zwar nicht zum inneren Kreis, erfuhr aber alles, was dort passierte. Ein Mann in Wartestellung, auf dem Sprung zur ganz großen Karriere, der dafür die meiste Zeit am Schreibtisch, in Sitzungen oder auf Fluren eines Ministeriums verbracht hat.

Das änderte sich 2015. Oberstleutnant C. arbeitete fortan nicht mehr in Berlin, sondern führte mehrere Hundert Soldaten am Standort Illkirch in Frankreich. Unter seinem Kommando, wie einst in Varel und Altenstadt, wurden auch dort die alten Zeiten gehuldigt: Es gab den sogenannten Bunker im »Haus Zehn«, ein Aufenthaltsraum für Unteroffiziere, hinter einer dicken Tür war aufwendig eine Bar eingekleidet worden, sodass sie aussah wie ein deutscher Bunker in der Normandie – in der Mitte der Spalt für die Maschinengewehre, oben auf dem Bunker ein grünes Tarnnetz, als müsste man amerikanische Tiefflieger in die Irre führen. Auf Regalen lagen Stahlhelme, an den Wänden darüber hingen alte Musketen, aber auch der Nachbau einer MP 40, die Standard-Maschinenpistole der Wehrmacht. Ein großes, antikes rotes Banner dominierte jedoch die Wand, darauf ein großes weißes F – die Fernmeldeeinheit der Wehrmacht und Waffen-SS nutzten solche Banner, Soldaten in diesen Einheiten hörten vor allem auch den Feind ab. Mit schwarzer Farbe waren Soldaten aus verschiedenen Kriegen an die Wand gemalt, darunter ein Landser aus dem Zweiten Weltkrieg mit geschultertem Gewehr. Ein ehemaliger Soldat hatte eine Holztafel gespendet, darauf waren Wehrmachtssoldaten eingebrannt, die Waffe gezückt und Granaten werfend, daneben, in altdeutscher Frakturschrift stand das Gedicht »Kameradschaft« aus dem Jahr 1944, ebenfalls eingebrannt: »Wenn einer von uns fallen sollt', der andere steht für zwei, denn jedem Kämpfer gibt ein Gott den Kameraden bei.« Eingerahmt auf vergilbtem Papier neben der Skizze eines Landsers ein weiterer Spruch, angeblich hinterlassen von einem Soldaten, auf einer Latrinenwand in einem sibirischen Kriegsgefangenenlager: »Gott und den Soldaten ehret man, in den Zeiten der

Not und zwar nur dann. Ist die Not vorüber und die Zeiten gewandelt, wird Gott vergessen und der Soldat schlecht behandelt.« Als Oberstleutnant C. später, als sein Untergebener Franco A. verhaftet worden war, auf den Bunker angesprochen wurde, sagte er, er habe den Bunker nur selten besucht, dabei sei ihm auch nichts aufgefallen. Er musste schließlich sogar die Verteidigungsministerin Ursula von der Leyen in den Bunker führen – mit der er zuvor in anderer Rolle so viel zu tun hatte.

Als Spitzenoffizier mit glänzender Karriere bei einer Ernst-von-Salomon-Gruppe mitzumachen, war ein enormes Risiko und lässt darauf schließen, dass C. überzeugt von der Sache war. Man bezog sich dort mit voller Absicht auf die Freikorps der jungen Weimarer Republik.

Für einen ZDF-Film interviewte ich Professor Wolfram Wette in Freiburg, der seit Jahrzehnten auf diesem Feld forscht. [118] Er hatte selbst früh Anfeindungen erlebt, als er im Militärhistorischen Forschungsamt der Bundeswehr gearbeitet hatte, so bereits Mitte der 1970er-Jahre: »Ich erzählte etwas von einer Friedensforscher-Tagung, die ich gerade besucht hatte. Dadurch sah sich ein in der Runde sitzender, in Geschichte promovierter Stabsoffizier zu der folgenden Reaktion herausgefordert: ›Solche Leute wie Sie muss man im Ernstfall sofort umlegen‹. Nach zwei Tagen Bedenkzeit entschloss ich mich, den Vorfall dem Amtschef schriftlich zur Kenntnis zu bringen. Es stellte sich heraus, dass sich keiner von ihnen genau an den Vorfall erinnern konnte, was dann dazu führte, dass der Amtschef mir versicherte, dass er meiner Meldung Glauben schenke, aber wegen der Gedächtnislücken der ›Kameraden‹ leider nichts machen könne.« [119]

Auch Vorfälle wie diese hatten Wettes Blick geschärft. Vorbilder der rechtsextremen Soldaten waren nicht in erster Linie die Waffen-SS, sondern die Freikorps, erklärte mir Wette. Und das passte auf die Soldaten, mit denen etwa von Salomon kämpfte:

»Das sind Männer, die aus dem Ersten Weltkrieg kamen, die nichts anderes gelernt hatten, als Soldat zu sein. Und die kamen 1918, 19 nun in die neu gegründete Republik und waren erbittert über die Kriegsniederlage, über die neue Demokratie, über die neuen Parteien, die da aufgestanden sind, über den Versailler Friedensvertrag, über die Zwangsabrüstung, die auch sie treffen würde. Und das hat dazu geführt, dass sie aus dieser Erbitterung und ihrem rechtsgewirkten Weltbild heraus gesagt haben: Notfalls nehmen wir die Dinge in die eigene Hand. Und wir können uns dazu legitimiert fühlen, weil wir Offiziere ja schon immer den Staat verkörpert haben. Wir sind ja nicht die Angestellten des Staates oder das bloße Instrument des Staates, wir sind der Staat und dann müssen wir notfalls eingreifen und wir tun das mit den Mitteln, die wir gelernt haben, und die Mittel heißen Schießen, Gewalt, Pistolen, Gewehre. Auf diesem Wege sind Rosa Luxemburg und Karl Liebknecht umgekommen, auf diesem Wege ist der bayerische Ministerpräsident Kurt Eisner umgekommen, später der Reichsfinanzminister Matthias Erzberger, der Reichsaußenminister Walther Rathenau, Attentate gab es gegen Philipp Scheidemann und gegen Hugo Hase, das war alles die Sprache der rechtsradikalen Freikorpsleute. Es sind um die 360 Menschen von Rechtsradikalen ermordet worden in den Jahren 1919 bis 1923 und das hat damals definitiv zur Destabilisierung der Republik geführt. Und die Biografien dieser Menschen enden ja nicht mit der Stabilisierung der Republik 1923, sondern man findet die gleichen Namen dann später wieder bei der SS und SA.«

Dass man in einem Freikorps war, schadete natürlich in der NS-Zeit nicht, im Gegenteil, anders als von Salomon machten einige Freikorps-Mitglieder Karriere: »Die radikalen Freikorpsleute von 1920, die etwa beim Kapp-Putsch beteiligt waren und die dann am laufenden Meter ihre selbst ausgewählten Gegner einfach abgeknallt haben, waren gern gesehene Leute – mit der Ernennung Hitlers zum Reichskanzler war der Rechtsterrorismus an der Macht und er ist bis 1945 geblieben.«

Dass neuzeitliche Fans der Freikorps sich einen »bürgerkriegsähnlichen Zustand« herbeiwünschen, sei also nur konsequent, so Wette: »Dann könnten die Rechtsradikalen als Ordnungsmacht auftreten. Das ist ja ihre Vorstellung. Und wenn sie als Ordnungsmacht aufgetreten sind und praktisch der Polizei dirigieren können, was zu sagen ist, dann kann man den Systemwechsel durchführen.« Diese Idee gefährde auch aktuell die Bundesrepublik, betonte Wette eindringlich, sie komme »aus der extremen, rechten Ecke, hat keine Distanz zur Gewalt, sondern benutzt die Gewalt, um unsere Republik zu destabilisieren und um mit Gewalttaten den Umsturz vorzubereiten.«

Die Wut der Freikorps-Fans der Neuzeit richtete sich so auch nicht nur direkt gegen den Feind von außen, sondern gegen den Feind im Inneren, der diese Situation – den angeblichen Invasoren ausgeliefert zu sein – erst möglich gemacht habe. Vor allem richtete sich also der Hass gegen Menschen, die tatsächlich oder nur in der Vorstellung der Verschwörer Flüchtlingen halfen. Franco A. arbeitete sich an diesem Punkt besonders ab – er wollte allerdings nicht allein in der Facebook-Gruppe rumtrödeln. Er handelte.

• • •

Amadeu Antonio kam 1987 als Vertragsarbeiter in die DDR. Zuvor war er schon in Schweden und Portugal, um dort ausgebildet zu werden, geboren worden war er in der mittelgroßen Stadt Quimbele in Angola. Er hatte davon geträumt, Flugzeugtechnik zu studieren, doch die DDR-Verwaltung untersagte ihm dies, also arbeitete er als Fleischer in einem Schlacht- und Verarbeitungskombinat im brandenburgischen Eberswalde. Arbeiten durfte er, willkommen war er nicht. »Kontakte zu Einheimischen waren unerwünscht, in den örtlichen Gaststätten waren die ›Ausländer‹ nicht gerne gesehen«, so beschrieb später die Amadeu-Antonio-Stiftung die Zeit. [120] Die Wende 1989 machte das nicht besser. Skinheads, die schon in der DDR aktiv waren, nutzten das staatliche Vakuum, das auch der Beitritt der DDR zur Bundesrepublik im Oktober 1990 nicht füllen konnte. Wenige Wochen später, im November, rotteten sich Rechtsextreme zusammen, zwischen 50 und 60 an der Zahl, um »Neger zu klatschen«, [121] wie ein Teilnehmer später zugab. Die Gruppe zog zur Kneipe »Hüttengasthof«, der einzige Ort, an dem ein schwarzer Vertragsarbeiter wie Amadeu Antonio geduldet wurde. Er saß dort mit zwei Freunden und zwei Frauen aus dem Ort, als die Polizei den Wirt warnte – ein Trupp Skinheads sei unterwegs zu seiner Kneipe. Der Wirt schloss und schickte Antonio und die anderen nach draußen. Dort warteten die Schläger und prügelten mit Latten und Baseballschlägern auf ihre Opfer ein. Amadeu Antonio konnte sich nicht retten, er wurde ins Koma geprügelt, ein Angreifer sprang auf seinen Kopf, während drei bewaffnete Zivilpolizisten zuguckten und nicht eingriffen, offenbar hatten sie Angst vor den Schlägern und Angst zu schießen. Nach elf Tagen starb Antonio, seine Freundin brachte später den gemeinsamen Sohn zur Welt, der seinen Vater nie kennenlernte. Die Täter wurden zu maximal vier Jahren Haftstrafe verurteilt, weil man den Beweis angeblich nicht führen konnte, welche Schläge tödlich waren. Die Polizisten, die nur zugeguckt hatten, kamen ohne Strafe davon. Amadeu Antonio war das erste bekannte Todesopfer rassistischer Gewalt nach dem 3. Oktober 1990, im geeinten Deutschland. Und nicht das letzte. Nach Antonio wurde acht Jahre später eine Stiftung benannt, gegründet von der Journalistin Annette Kahane, die für die Bürgerrechtsbewegung am Zentralen Runden Tisch gesessen hatte und sich einst eine andere DDR und ein anderes Deutschland gewünscht hatte. Die Stiftung unterstützt lokale Projekte finanziell und will das Thema Rassismus, Rechtsextremismus und Antisemitismus konsequent an die Öffentlichkeit bringen. Kahane wurde schnell das Feindbild von neuen und alten Nazis, zumal sie Jüdin war. Zwölf Jahre lang, bis 1982, war Kahane zudem »Inoffizielle Mitarbeiterin« der Staatssicherheit gewesen. Man drohte regelmäßig, sie zu ermorden und ihr Gewalt anzutun. Kahane selbst sagte laut *Tagesspiegel*: »Ich bin jetzt das Synonym für die volksverräterische Jüdin, die den Volkskörper zersetzt.« Im Herbst 2015, als das Wort »Flüchtlingskrise« geprägt wurde, schrieb ein anonymer Nutzer unter ein Foto des Stiftungsteams: »Irgendjemand erkennt doch bestimmt einen von denen und weiß womöglich, wo er wohnt und dann veröffentlichen und alles weitere ergibt sich von selbst.« Als der damalige Justizminister Heiko Maas (SPD) sie 2015 in eine Kommission berief, die sich mit Hass im Internet auseinandersetzen sollte, bekam sie einen Teil genau dieses Hasses umso mehr ab. Auch Franco A. war das nicht verborgen geblieben. Am Freitag, den 22. Juli 2016, drang er in die Tiefgarage des Bürogebäudes der Stiftung in Berlin-Mitte ein. Er fotografierte die Nummernschilder der geparkten Autos, skizzierte die Garage. Er spähte offensichtlich einen Feind aus, den er für eine Situation verantwortlich machte, die er für unhaltbar hielt.

Den ganzen Monat über waren Franco A. und seine Freunde aus der Gruppe aktiv wie nie. *Hannibal* bot der Gruppe in einer hastig geschriebenen Nachricht an, einen besonderen Kurs zu absolvieren: »Es besteht die Möglichkeit nächste Woche Dienstag aus einem Hubschrauber zu schießen Sniper welche Lust haben Bitte bei mir melden (ist zivile Geschichte, mun [Munition] und Waffe muß selber mitgebracht werden). Gruß« Der Waffenhändler Volker L. hatte Kontakte zu dem tschechischen Hubschrauberpiloten. *Hannibal* behauptete beim BKA, es sei dabei nur um Tragegurte gegangen, die man innerhalb der Dienstzeit in dem Ort Wildflecken in Bayern getestet habe, wo die Bundeswehr einen Truppenübungsplatz hat. *Hannibal* wusste, wie er seine Klientel bei Laune halten konnte.

Weiterhin war es überraschend, wie viel Zeit Franco A. und die anderen Soldaten für die »Sache« investieren konnten. Vor allem der Offizier war viel unterwegs. Nachdem er die Stiftung in Berlin ausgespäht hatte, war er drei Tage später, nach dem Wochenende, wieder in Bayern bei dem Waffenhändler in Vohenstrauß. Die beiden hatten weiter intensiv Kontakt, Franco A. informierte ihn detailliert über viele seiner Schritte, schrieb ihm etwa, wann er welche Reise nach Paris plante. An zwei aufeinanderfolgenden Tagen war der Offizier in dem kleinen Ort, um mit dem Waffenhändler einige Dinge zu klären. Übernachtet habe Franco A. allerdings nicht bei ihm, sondern in Nürnberg, über 100 Kilometer entfernt, behauptete der Waffenhändler gegenüber dem BKA später. Am ersten Tag sei es um ein Magazin für eine Pistole gegangen, am zweiten Tag habe Franco A. – allein, ohne ihn – mit seinem G3 im Schießstand geübt, er selbst musste noch ein AR-15 einschießen. Angeblich habe man nicht gemeinsam mit den Sturmgewehren geschossen. Warum die beiden Männer, die sich so gut verstanden, nicht gemeinsam trainierten, erschließt sich nicht.

Am Tag darauf, der Offizier hatte den Ort verlassen, fragte Franco A. beim Händler nach, ob er die »Kralle« bekommen habe – angeblich ging es um eine Kralle für eine Pistole. Doch Krallen können auch bei G3-Gewehren benutzt werden, um Zielfernrohre an ihnen zu befestigen. Und der Händler schickte Franco A. am selben Tag ein Bild von einem teuren Thermalgerät, mit dem man auch nachts seine Ziele erfassen kann. Um dieses professionelle Gerät kaufen zu können, braucht man allerdings eine Genehmigung des Bundeskriminalamts. Mit einem Attentat soll die ganze Kommunikation allerdings nichts zu tun gehabt haben, beteuerte der Waffenhändler, das Probeschießen, die vielen Besuche, all das sei der reine Zufall. Doch auch am Tag drauf, dem 28. Juli, schrieb er dem Offizier eine Nachricht – ob er denn in Paris sei? An diesem Tag, so der *Bundesgerichtshof*, kaufte Franco A. mit »hinreichender Wahrscheinlichkeit« eine Pistole in Paris, die bis 1944 hergestellt wurde, und die Offiziere der Armee trugen das Modell 17, Kaliber 7,65 mm Browning der Manufacture d'armes des Pyrénées Françaises.[122] Mit dieser Waffe hatte Franco A. später besondere Pläne.

Wie schnell aus dieser Szene – Waffenhändler und junge Männer, die seit Langem darüber nachdenken, sich an der Welt zu rächen – der Horror erwachsen kann, wussten deutsche Mordermittler zu diesem Zeitpunkt bereits. Am 22. Juli 2016, ausgerechnet an dem Tag, als Franco A. die Tiefgarage der Amadeu-Antonio-Stiftung ausspioniert hatte, erschoss ein 18-Jähriger neun Menschen in München. Die Stadt und das Land waren über Stunden in Panik, weil nicht klar war, wer warum zugeschlagen hatte. Waren es ein, zwei oder mehrere Täter? War es ein Terroranschlag? Würde das Morden weitergehen?

Lange Zeit hielt sich die Lesart, der Täter sei aus rein psychischen Gründen Amok gelaufen. Erst sehr viel später wurde der neunfache Mord als die Tat eines Rechtsextremen eingestuft – der Täter hatte gezielt nur Opfer mit migrantischen Wurzeln ausgesucht und erschossen. Über seine Motive wurde zuvor lange gestritten: War er vor allem psychotisch oder vor allem rechtsextrem, welcher Aspekt war wichtiger, weshalb hatte er am Ende wirklich gemordet? Er hatte sich offenbar maßlos geärgert, dass eine türkischstämmige Mitschülerin nichts mehr mit ihm zu tun haben wollte, er erfand ein Alter Ego, mit dem er selber chattete, gab ihm den Namen des Amokläufers Bastian B., der in Emsdetten sechs Menschen angeschossen hatte. Im Ergebnis war allerdings nicht entscheidend, welcher Teil – die Psychose oder die rechtsextreme Ideologie überwog –, die Mischung war mörderisch, das zählte.

Der 18-jährige Sohn eines deutsch-iranischen Ehepaares wandelte sein Minderwertigkeitsgefühl offenbar in Hass um und projizierte ihn auf andere. In einem Chat wütete er »gegen den Asylantenstrom« und träumte davon, »mit nur einer Bombe sehr viele Drogen-Kanaken« zu treffen, erhoffte sich von seinen Taten, dass die AfD »in die Höhe gepusht« werde. [123] Er verehrte Anders Breivik, den Attentäter aus Norwegen, besaß mehrere Bilder und Videos von ihm und nutzte teilweise ein Foto des Massenmörders als Profilbild für seinen eigenen Facebook-Account. Und er mordete auf den Tag genau fünf Jahre nach dem Attentat Breiviks in Oslo und Utøya. Der Münchener Attentäter nahm zuvor auf der Online-Spielplattform »Steam« Kontakt mit einem jungen Rassisten in den USA auf, gemeinsam waren sie dort in der Gruppe »Anti-Refugee Club«. Der US-Rassist erschoss später an seiner Schule zwei Mitschüler. Die Waffe kaufte der 18-jährige Deutsche von einem Händler im »Darknet«, der über das Forum »Deutschland im Deep Web« vor allem Pistolen erwarb und verkaufte. Der Münchener Attentäter zahlte für die Tatwaffe und die über 200 Schuss Munition 4 000 Euro, die der Händler zuvor selbst in Tschechien gekauft hatte. Bei der Übergabe erzählte der spätere Attentäter, dass er lieber eine Maschinenpistole wolle, nahm dann aber die angebotene Glock. [124] Kurz vor der Tat traf er den Händler ein zweites Mal, kaufte mehr Munition, die er brauche, so sagte er, um im Urlaub zu schießen. Wenn er noch Patronen übrig habe, werde er damit »Kanaken abknallen« fügte er an – und schob nach, dass er natürlich nur einen Witz gemacht habe. Der Waffenhändler ist später zu sieben Jahren Gefängnis verurteilt worden.

In den Monaten vor der Tat schrieb der Attentäter viele Texte – »Mein Kampf mit den Menschen«, »Ich werde jetzt jeden Deutschen Türken auslöschen egal wer.docx«, »Mein Manifest. Der Erlöser. Die Rache an diejenigen die mich auf dem Gewissen haben« –, darin Sätze wie diese, unorthodoxe Schreibweise inklusive: »Die Ausländischen Untermenschen mit meist Türkisch-Balkanischen Wurzeln regieren die Kriminalität und sind für die Destabilisierung des Stadtteils verantwortlich. Sie haben einen unterdurchschnittlichen IQ sind sehr aggressiv ...« Dann: »So jetzt komme ich schon zum Hauptteil meines Textes, nämlich die Untersuchung dieser Kakerlaken, Untermenschen, Menschen, die ich Exekutieren werde.« An dem Tag, als Franco A. in Berlin die Stiftung ausspionierte, fuhr der junge Täter zu einem Schnellrestaurant in der Nähe des Olympiazentrums, suchte sich Opfer aus, fand einen Tisch voller Jugendlicher zwischen 13 und 15 Jahren, alle mit migrantischen Wurzeln, und erschoss sie mit der Glock. Danach schoss er noch auf weitere Menschen, verletzte weitere Opfer tödlich und schrie: »Darauf habe ich seit sieben Jahren gewartet!«, »Ihr habt mich sieben Jahre lang gemobbt!«, »Jetzt ficke ich Euch Alle, jetzt ficke ich Euch Alle!«, »Türken in Deutschland! Ich bin kein Kanake, ich bin Deutscher!«, »Ich hasse Euch Moslems!«, »Ihr habt den Tod ins Land geholt!«, »Ihr scheiß deutschen Moslems!«, »Scheiß Türken, ich bin Deutscher!« und »Ich bin Deutscher – ich bin hier geboren worden, wegen den Scheiß-Kanaken tue ich das!«[125]

Klang die Wut – im Kern – nicht nach Franco A.? Der Offizier war überzeugt, dass Migranten Deutschland auslöschen wollten. Er hatte daher bei der Bundeswehr geschrieben, die gezielte Einwanderung sei ein »Genozid« an den Völkern, die gestoppt werden müsse, indem man gezielt gegen Repräsentanten dieses Systems vorgehe. Er wollte Schlüsselpositionen des Systems »ausschalten oder es infiltrieren oder das ganze System zerreißen«, wie der Bundesgerichtshof festhielt: Franco A. habe seine potenziellen Opfer nur deshalb ausgewählt, weil sie dieses System – das die Einwanderung möglich machte – als Amtsträger oder in sonstiger Weise repräsentierten.[126]

Waren der Offizier und die anderen Männer, die Deutschland in einer finalen Schlacht wähnten, in der alles erlaubt schien, so viel anders als der Attentäter von München, der sich nach seiner Tat selbst erschoss? War sein Terror nicht der Terror, den sie wollten?

10
Die Reserve

Drei Tage nach dem Attentat von München, weitläufig damals als Amoklauf beschrieben, trafen sich führende Angehörige der deutschen Spezialeinheiten in Güstrow in Mecklenburg-Vorpommern auf einem riesigen Gelände in der Nähe eines Segelflugplatzes. Im Norden der Mecklenburgischen Seenplatte, die so weit ist, so malerisch wirkt, und beim Besucher den trügerischen Eindruck hinterlassen kann, dass hier alles immer friedlich zugeht, befindet sich der private Schießplatz Großer Bockhorst. Dort treffen sich seit 2009 im Sommer Angehörige vieler Spezialeinheiten – von Bundeswehr und Polizei – beim »Special Forces Workshop«, um sich drei Tage lang fortzubilden, zu trainieren und im Wettbewerb gegeneinander anzutreten. Dass sich Spezialeinheiten austauschen und miteinander messen, ist nicht ungewöhnlich, dass sie das auf dem Gelände eines Mannes tun, der als Waffenhändler und privater Unternehmer bekannt ist, schon eher. Zumal nicht irgendwelche Mitglieder der Spezialeinheiten dorthin kommen, sondern die Besten, die Schützen, die oft gleichzeitig als Ausbilder arbeiten. In Güstrow trifft sich also die Elite der selbst ernannten Elite. Der Workshop findet immer in den Sommerferien statt, denn er ist mitnichten eine Behördenveranstaltung. Einige Teilnehmer müssen sich extra Urlaub nehmen, weil sie von ihrem Dienstherrn nicht freigestellt werden. Denn der Workshop, der sich gern als eine Art Klassentreffen gab, war intern bei den Spezialeinheiten umstritten. Wie sich zeigen sollte: zu Recht.

Der Organisator der Veranstaltung war wie jedes Jahr Frank T., der Waffenhändler und Ausbilder aus der Gegend, der im Herbst 2015 bei einer Übung die *Standard Operating Procedure* vom KSK-Soldaten *Hannibal* bekommen und etwa an Marko G., den *Nordkreuz*-Logistiker, weitergereicht hatte. Erst 2007 hatte Frank T. den Schießplatz bei Güstrow übernommen, auf dem schon die Kaiserliche Armee trainierte – und wo Kriegsgefangene im Ersten Weltkrieg interniert wurden, darunter Franzosen, aber vor allem Russen. Nach 1933 übte auf dem Gelände die Wehrmacht, ehe 1945 die Rote Armee das Gelände eroberte, weiter militärisch nutzte und es 1992 zurückließ. Vier Jahre später übernahm dann ein Schützenverein das Gelände und baute dort mit Freiwilligen fast dreißig Schießbahnen. [127]

Später rüstete Frank T. mit seiner Firma *Baltic Shooters* weiter auf. Er veranstaltete sofort Wettbewerbe auf dem Gelände, vor allem ging es dabei um das sogenannte Reaktionsschießen, das eher an konkrete Kampfsituationen erinnert, weniger an das klassische Sportschießen auf träge Metallscheiben, wo der Schütze liegt, kniet oder steht und sich nicht bewegt. Zu diesem Zeitpunkt – und schon bevor Frank T. überhaupt das Gelände mit übernahm – schossen die Spezialeinheiten aus Schwerin auf dem Gelände, seit spätestens 2004 trainierten sie dort und hatten offensichtlich von Anfang an kein Problem mit den Plänen, die T. mit dem Schießplatz hatte. [128]

Über die Jahre erarbeitete sich T. Kontakte und seinen Ruf – bis ihn schließlich das Sondereinsatzkommando Sachsen-Anhalts bat, einen Lehrgang zu organisieren, da man selbst kein geeignetes Gelände zur Verfügung hätte. Daraus entwickelte sich der »Special Forces Workshop«, der zu einer ungewöhnlichen Plattform wurde: Hier trafen sich Elitesoldaten, Scharfschützen,

Waffenhändler, Büchsenmacher, Handelsvertreter der Rüstungsindustrie – und Politiker.

Den Workshop im Juli 2016 eröffnet wie jedes Jahr der Innenminister von Mecklenburg-Vorpommern, Lorenz Caffier – ein Ostdeutscher, CDU-Mitglied und gelernter Ingenieur, der in der DDR noch Landmaschinen repariert hatte. In seiner Rede zur Eröffnung des Workshops sprach Caffier die Attentate an, beschrieb den »dramatischen Wandel der Zeit«, wie ein Beobachter notierte. Caffier war seit 2011 der Schirmherr des Workshops; das LKA in Schwerin, so formuliert sein Ministerium später, »war mit einer inhaltlichen und fachlichen Begleitung betraut und leitete das Vergleichsschießen im Rahmen des Workshop«. [129] Eine Landesregierung, das Landeskriminalamt und ein privater Waffenhändler organisierten also eine sehr elitäre Schulung, auf der Know-how ausgetauscht wurde, das nur wenige Menschen auf der Welt überhaupt haben – eine ungewöhnliche Konstellation, die auch 2016 nicht jedem deutschen Innenministerium gefiel, da die Trennung zwischen Staat und einem Unternehmen ausgerechnet beim Gewaltmonopol aufgeweicht zu werden schien. Zu diesen Workshops wurden keine Journalisten eingeladen, allerdings immer Hobbyschützen, die nebenbei als Fachjournalisten auftraten. Einer monierte: »*Es ist daher vollkommen unverständlich, ja geradezu widersinnig, dass es in diversen Ministerien immer noch Bestrebungen gibt, dieser Veranstaltung Steine in den Weg zu legen, beziehungsweise Mitglieder von Spezialeinheiten nicht nach Güstrow zu schicken. Solche hauptamtlichen Bedenkenträger müssen sich dann fragen, ob sie es mit ihrem Gewissen vereinbaren können, wenn ein SEK-Beamter aufgrund fehlender Weiterbildung im Einsatz zu Tode kommt.*« [130]

Im Sommer 2016 wähnten sich die Befürworter des Workshops im Aufwind. Nachdem Europa eine ganze Kette von Attentaten erlebt hatte, war der Terror mit dem Anschlag von München auch in Deutschland angekommen. Einer schrieb: »*Die Ereignisse haben zwangsläufig über Nacht die Themen Aus- und Weiterbildung sowie Beschaffung und Ausrüstung wieder in ein ganz anderes Licht rücken lassen, denn nun dürfte auch den Naivsten klar geworden sein, dass man in Germanien vor Anschlägen und Terrorismus keineswegs mehr sicher sein kann. Schöne neue Welt!«* [131] Germanien also.

Darüber sprach auch der Innenminister Lorenz Caffier, er beschrieb den »dramatischen Wandel der Zeit«, wie ein Beobachter notierte. [132]

Erst am Vortag hatte ein Selbstmordattentäter im mittelfränkischen Ansbach eine Bombe in einem Rucksack gezündet, 15 Menschen verletzt und sich selbst dabei umgebracht. Der Täter hatte Kontakte zum Islamischen Staat. Nur knapp eine Woche zuvor hatte ein 17-Jähriger aus Pakistan, der ohne Papiere über Ungarn und Österreich nach Deutschland gekommen war, in einem Regionalzug bei Würzburg fünf Passagiere mit einem Beil und einem Messer verletzt, vier davon schwer. Zwei Beamte einer Spezialeinheit aus München, die zufällig in der Gegend waren, erschossen den Jugendlichen.

Der Chef des Mecklenburger SEKs betonte deshalb in Güstrow ebenfalls, wie wichtig gerade jetzt der Zusammenhalt der Spezialeinheiten sei. Tatsächlich waren bei dem Workshop auch Mitglieder der USK anwesend, eine Spezialeinheit der bayerischen Polizei, die zuvor in München bei dem Attentat eingesetzt worden waren. Viele Polizisten hatten dort drei Tage zuvor kein gutes Bild abgegeben. Sie waren bewaffnet in Zivil durch die Stadt gerannt, um vermeintliche weitere Attentäter zu stellen. Die gab es dort aber nicht. Stattdessen verwechselten Zeugen die Polizisten in Zivil mit Terroristen. Ein Arzt erzählte später: »Wir konnten sehen, dass auf der Lindwurmstraße vor dem Hauner'schen Klinikum bewaffnete Menschen unterwegs waren und wussten nicht, dass es Polizisten waren. Auch Angehörige der Patienten in der Kinderklinik haben dies beobachtet und sich an die Polizei gewandt –

woraufhin ein Sondereinsatzkommando, auch in der Kinderklinik, die Lage klären musste.« Die Polizeikräfte in Zivil sorgten erst recht für Panik: »Eltern versuchten, sich mit den Kindern zu verstecken, was traumatisierend für alle Beteiligten war.« [133] Es zeigte sich: Die Spezialeinheiten waren auf eine Lage wie in München nicht vorbereitet, sie brauchten zu lange, um einen klaren Überblick zu bekommen und trugen – in Zivil und hochgerüstet – zur Verunsicherung der Menschen bei. Moderne Waffen allein halfen also nicht. In Güstrow ging es allerdings nicht um Selbstkritik, sondern eher um Selbstvergewisserung, und wie immer doch um die neusten Waffen und die neueste Munition. Kleine Schmieden für Scharfschützen-Spezialgewehre und Zielfernrohre, aber auch Rüstungsgrößen wie Rheinmetall und Heckler & Koch stellten hier Prototypen neuer Modelle vor, vom gepanzerten Fahrzeug bis zum Sturmgewehr G29 für das KSK mit speziellem Schalldämpfer. Der Workshop war nicht zuletzt zu einem immer größeren Erfolg geworden, weil die Waffenindustrie mit immer mehr Aufwand neue Waffen, Munition und Ausrüstung in Güstrow präsentieren durfte – und sie dort von den Profis testen ließ. Der neue Terror verhieß auch gute Geschäfte für die Zukunft.

Nachdem Caffier den Workshop eröffnet hatte, wurden so auch »trendige Schalldämpfer« vorgeführt, wie ein Beobachter freudig schrieb, zuvor durfte der Munitionshersteller MEN aus Nassau in Hessen seine neueste Hartkernmunition vorstellen, die auch Schutzwesten und Stahlplatten durchschlägt – also potenziell auch Polizisten selbst gefährden könnte. Ein Fachmagazin zitierte in einem der Vorjahre einen MEN-Manager, Jörg Hildebrandt: »Der Dialog mit dem Nutzer stellt das A und O dar. Nur so kann ich schnell auf neue Erkenntnisse und Bedürfnisse ›an der Basis‹ reagieren.« [134] MEN stellte nicht nur den überwiegenden Teil der Munition für die Veranstaltung bereit, sondern ist auch einer der größten Munitionslieferanten der Polizei und Bundeswehr. Hildebrandt selbst, Mitglied der CDU, der wegen rassistischer Posts aus der Partei geworfen wurde, war ein ehemaliges hochrangiges Mitglied der Bundeswehr. Auch so entstehen Netzwerke.

Der CDU-Politiker Caffier ist ebenfalls auf Fotos mit mindestens einem Waffenhändler in Güstrow zu sehen. Auf einem Foto aus dem Jahr 2011 sieht man ihn mit seiner dicken Brille und dem Schnauzbart, wie er sich Waffen zeigen lässt, in dem Fall von einem umtriebigen Waffenhändler, dessen gut vernetzte Firma ein Jahr später unter anderem 50.000 Maschinenpistolen nach Saudi-Arabien verkaufte. Mit dem Organisator Frank T. wurde Caffier ebenfalls mehrfach fotografiert, man kannte sich, traf sich auch auf anderen Messen. Der Innenminister kaufte ihm sogar eine Pistole ab, zur privaten Nutzung. Er habe die Waffe zur Jagd gebraucht, erklärte Caffier im November 2020 und sagte: »Mit dem Wissen von 2019 hätte ich den Waffenkauf bei T. natürlich nicht getätigt. ... Den Landesbehörden und mir lagen keine Hinweise zu möglichen rechtsextremistischen Bestrebungen vor. Deshalb war ich im Januar 2018 beim Kauf der Waffe arglos.« [135] Tatsächlich ist es möglich, dass die Schweriner Behörden den Waffenhändler T. zum Zeitpunkt des Kaufs – anders als etwa die Bundesbehörden – noch nicht auf dem Schirm hatten, aber nur wenig später änderte sich das. Und trotzdem wies Caffier nicht von selbst auf den Waffenkauf hin, etwa gegenüber dem Parlament in Schwerin. Er versuchte das Problem auszusitzen. Kurz nach seiner öffentlichen Stellungnahme trat Caffier dann aber doch zurück. Frank T. schrieb mir persönlich, auf meine Frage, wie die Waffenübergabe abgelaufen war: »Schon die Vorschriften des Waffengesetzes waren der Grund dafür, dass die Waffe ihm persönlich übergeben worden ist.« Die Übergabe fand auf dem Schießstand statt.

Caffiers Polizeiinspektor Wilfried Kapischke, der höchste Polizist im Land, sagte in Güstrow trotzig einen Satz, den er später eher nicht wiederholen würde: »Ich als Inspekteur der Landespolizei bin sehr stolz darauf, dass wir als Land Mecklenburg-Vorpommern eine solche Veranstaltung gemeinsam mit Frank T. und Euch als Teilnehmern hier ausrichten können und wir sind froh diese mittlerweile als traditionelle Veranstaltung gemacht zu haben.« [136]

Politiker, Polizisten und Soldaten begaben sich in Güstrow tatsächlich in einen Graubereich, der so bei einer offiziellen behördlichen Übung kaum denkbar wäre – private Unternehmen klüngeln mit Elitepolizisten und Soldaten, bewerben und testen Produkte – und das alles unter den Augen eines Innenministers der CDU, Lorenz Caffier, und seiner LKA-Führung. In all den Jahren, so sollte sich zeigen, hatte sich der Workshop zu einem riesigen Sicherheitsrisiko ausgewachsen, das nicht nur Deutschland betraf.

Zu dem Treffen in Güstrow kamen 2016 auch Abgesandte von fast allen Spezialeinheiten, die in Europa als Vorreiter galten. Darunter die Einheiten *Cobra* und *Wega* aus Österreich, die Teilnehmer auch trainierten, zudem kam die Einheit *Skorpion* aus Zürich. Außerdem besuchten Polizisten aus den Niederlanden, Monaco, Frankreich, Tschechien und aus vielen anderen Ländern den Schießstand bei Güstrow – sogar ein Ex-*Navy*-SEAL-Ausbilder aus den USA wurde eingeflogen. Im Sommer 2016 ebenfalls dabei: Mitglieder der *Kommando Spezialkräfte* aus Calw. Sie schossen im Wettbewerb mit, wie im Jahr zuvor bereits. Auch ein Mann, der die Scharfschützen des KSK ausgebildet hat, war Stammgast in Güstrow: Hermann »Rosi« Rosenberg. Und er war nur einer von mehreren Ex-KSK-Soldaten, die auf dem privaten Gelände ihr Wissen weitergaben. Einer durfte natürlich nicht fehlen: Regelmäßig war auch Marko G. bei den Workshops anwesend, als

Scharfschütze, Schießtrainer, Ex-Elitesoldat traf er hier auf Kollegen, die wie er ein enormes Wissen über die Kunst des Schießens besaßen.

Im Sommer 2016 arbeitete Marko G., wie in der Gruppe besprochen, mit großer Intensität daran, Munition für *Nordkreuz* zu besorgen. Unter anderem hatte er einem Kollegen vom SEK in Schwerin im April geschrieben: Er wolle »alles was geht« in Sachen »Doppelkern-Geschosse« haben. G. war also auf der Suche nach Munition, die möglichst auch Panzerung durchschlägt. Sein eigenes Sondereinsatzkommando aus Schwerin war auch – wie jedes Jahr – in Güstrow vertreten und schoss dort mit. Am dritten Tag beim abschließenden Wettbewerb musste auch das Team aus Mecklenburg durch den Parcours, den Frank T. sich ausgedacht hatte. Die Teams mussten aufpassen, dass sie nicht aus Versehen einen verdeckten Ermittler erschossen, der immer wieder als Pappkamerad im Parcours auftauchte, oder fiktive Sprengfallen auslösten, weil sie den Stolperdraht übersehen hatten. Außerdem mussten sie fiktive Bomben entschärfen. Das Event hatte etwas von einem Abenteuerspielplatz für Polizisten und Soldaten. Auf dem tummelten sich in dem Jahr ebenfalls Sondereinsatzkommandos aus mehreren Städten in Nordrhein-Westfalen, darunter Köln, Dortmund, Bielefeld. Was später eine große Rolle spielen sollte. Am letzten Abend des Treffens führte ein Feuerschlucker seine Künste vor, und wie jeden Abend unterhielten sich die Teilnehmer über die aktuelle Lage. Ein Polizist wurde besonders gefeiert. Er war bei Frontex eingesetzt, jener Einheit, die für die EU die Außengrenzen schützen soll. Er hatte auf eigene Kosten den weiten Weg zurückgelegt und konnte aus erster Hand berichten, wie es um die Situation der Flüchtlinge an den Außengrenzen stand.

Eine sagenumwobene Spezialeinheit, die das Wort Grenze in ihrem Namen trägt, war allein vier Mal in Güstrow dabei – die

Grenzschutzgruppe 9 – GSG 9 – der Bundespolizei. Legendär, seit sie 1977 Geiseln aus der Lufthansa-Maschine »Landshut« in Mogadischu in Somalia befreit hatte. 2016 fehlte sie jedoch in Güstrow. Sie kam erst Ende 2017 im Sommer zurück nach Mecklenburg-Vorpommern, allerdings nicht, um zu trainieren. Mitten in der Nacht umstellten Mitglieder der GSG 9 mehrere Häuser von *Nordkreuzlern*, damit das BKA sie durchsuchen konnte. Darunter das Wohnhaus von Marko G. Mitglieder einer legendären Spezialeinheit – der GSG 9 – stürmten also das Haus eines Mannes, der selbst in sagenumwobenen Spezialeinheiten gedient hatte, sowohl beim Bund als auch bei der Polizei, zudem hatten sowohl GSG-9-Beamte als auch G. in Güstrow geschossen. Eine bizarre Situation. Begleitet wurde die GSG 9 von Ermittlern des BKA, das, besonders peinlich, ebenfalls 2015 und 2016 Beamte nach Güstrow geschickt hatte. Als das BKA schließlich das Haus von G. im Jahr 2017 durchsuchte, geschützt von der GSG 9, fanden sie zig Waffen und Tausende Schuss Munition, die G. eigentlich gar nicht hätte haben dürfen, da sie unter anderem an diverse Spezialeinheiten in ganz Deutschland ausgeliefert worden waren. 2019 sollte die Polizei Marko G.'s Haus erneut durchsuchen. Bei beiden Durchsuchungen zusammen fand man knapp 60.000 Schuss Munition, 12.000 davon waren ursprünglich für Behörden bestimmt gewesen. Jede Patrone hat auf dem Boden eine eingestanzte Nummer, die sogenannte LOS-Nummer. Durch diese Nummer kann eine Patrone zu einer ganzen Charge von Munition zurückverfolgt werden. Eine einzelne Patrone hat also keine individuelle Nummer. Als später Ermittler des LKA Schwerin gegen ihren Kollegen G. vorgingen, verwendeten sie sehr viel Zeit darauf, über die LOS-Nummern die ursprünglichen Empfänger der Munition herauszufinden. G. selbst äußerte sich zu diesem zentralen Punkt vor Gericht nicht, was der Richter nicht gegen ihn auslegte. Er beantwortete also nicht die Frage, woher er all die Behördenmunition hatte. Sehr bald entstand bei den Ermittlern trotzdem ein klares Bild. Die Munition war zum großen Teil an Behörden geliefert worden, deren Einheiten zu irgendeinem Zeitpunkt auch in Güstrow geschossen hatten. So etwa Spezialeinheiten aus Hessen. Und das USK Bayern. 100 Vollmantelgeschosse Kaliber 9 mm, die für diese Einheit bestimmt waren und unter das Kriegswaffenkontrollgesetz fallen, wurden bei G. gefunden – diese Geschosse sind besonders gefährlich, weil sie den Beschossenen mit großer Geschwindigkeit durchschlagen, dabei große Wunden reißen können und die Flugbahn zudem nach dem Austritt unvorhersehbar wird und Unbeteiligte dadurch erheblich gefährdet werden.[137] Dass eine Polizeieinheit diese Munition benutzt, ist problematisch genug. Dass sie nicht die Kontrolle über sie behält und einhundert Schuss einfach abhandenkommen, ist skandalös. Doch damit nicht genug. Über 1200 Schuss wurden zudem bei G. gefunden, ebenfalls Kaliber 9 mm, die ehemals für das *Landesamt für Zentrale Polizeiliche Dienste* in Duisburg bestimmt waren. Diese Behörde verteilt Munition an alle Polizeibehörden in Nordrhein-Westfalen. Schriftlich bestätigte man mir, dass die fragliche Munition, die bei G. gefunden wurde, nur an Sondereinsatzkommandos im eigenen Bundesland geliefert wurde: »Die in Mecklenburg-Vorpommern aufgefundene Munition wird in NRW ausschließlich von den Spezialeinheiten des Landes NRW eingesetzt.« Aber: »Eine eindeutige Zuordnung, an welche Behörden welche Chargennummern ausgegeben wurden, ist nicht möglich.« Angeblich, möchte man anfügen, denn die Staatsanwaltschaft Schwerin ließ den Schießplatz von Frank T. in Güstrow durchsuchen, weil man vermutete, dass die Munition dort beiseitegeschafft worden war.

Denn von den Spezialeinheiten aus Nordrhein-Westfalen etwa, die als potenzielle Empfänger infrage kamen, hatten gleich mehrere in Güstrow beim Workshop geschossen – so die SEKs aus

Köln, Dortmund, Bielefeld, Düsseldorf und Münster. Hier nun liefen die Ermittler aus Schwerin gegen eine Wand. Normalerweise muss jede Patrone der Einsatzmunition von demjenigen Beamten quittiert werden, der sie aus dem Lager bekommt. Man könnte also anhand der Kladden abgleichen, ob ein Beamter des SEK Dortmund etwa in Güstrow geschossen hat und für Patronen gegengezeichnet hat, die dieselbe LOS-Nummer wie Munition hat, die bei G. gefunden worden ist. Das Gleiche gilt für die Munition aus Bayern und Hessen: Man könnte auch dort überprüfen, ob ein Polizist, der in Güstrow geschossen hat, Munition mit einer LOS-Nummer ausgetragen hat, die später bei Marko G. gefunden worden ist.

Genau das bekamen die Schweriner Ermittler nicht hin, weil die fraglichen Behörden in den Empfängerbundesländern – Bayern, Hessen, NRW – mauerten und behaupteten, der Punkt sei nicht aufzuklären. Unklar ist, ob die Mitglieder der SEKs, die in Güstrow geschossen hatten, alle gründlich verhört worden sind. Man ließ lieber die Situation in der Schwebe, weil man behaupten konnte, dass theoretisch die Möglichkeit besteht, dass die fehlende Munition der Sondereinsatzkommandos auf einem anderen Weg zu G. gekommen war, also nicht über Güstrow. Wäre jedoch herausgekommen, dass aus den Kladden der Behörden klar hervorgeht, dass Munition mit LOS-Nummern, die bei G. gefunden worden sind, von Mitgliedern eines Sondereinsatzkommandos in einem Munitionslager ausgetragen worden sind, wäre die Absurdität dieser Theorie zu deutlich geworden – also lebte man in Bayern, Nordrhein-Westfalen und Hessen lieber mit dem Vakuum.

In einigen Fällen konnte nicht eingegrenzt werden, für wen die Munition bestimmt war, denn gleich mehrere Empfänger kamen infrage. Immer handelte es sich dabei um Munition des Herstellers MEN. Bei einer Lieferung waren das Polizeipräsidium

Frankfurt, der »Special Forces Workshop« selber und sogar eine Polizeidienststelle in den Niederlanden die möglichen Empfänger. Bei wiederum anderen Chargen kam ebenfalls der »Special Forces Workshop« selbst infrage, zudem ein Verteilerzentrum der NATO, das Polizeipräsidium Karlsruhe – und die GSG 9. Auch hier deuteten sich die Ausmaße des Skandals an. Aber auch bei diesem Punkt ließen die betroffenen Behörden die Staatsanwaltschaft in Schwerin weitgehend allein und halfen nicht bei der Aufklärung.

Auch Bundesbehörden waren also massiv betroffen: Gleich bei mehreren fraglichen Chargen waren die GSG 9 und das KSK unter den möglichen Empfängern, und beide hatten ja in Güstrow geschossen. In beiden Fällen konnte man angeblich nicht klären, ob den Einheiten Munition beim »Special Forces Workshop« abhandengekommen ist. Ob jemals die KSK-Soldaten, die vor Ort in Güstrow geschossen hatten, befragt wurden, ist nicht bekannt. Doch eines sollte sich zeigen: Die Ermittlungen zogen sich über Jahre hin – weil viele Betroffene in den Behörden den Skandal einfach aussitzen wollten.

Die meisten Behördenpatronen, die man bei G. fand, waren für sein Schweriner SEK bestimmt. Dort waren Tausende Schuss Munition abhandengekommen. Wie das passieren konnte, wollte ich von Innenminister Caffier wissen. Spezifischen Fragen zu dem Thema weicht man in seinem Ministerium allerdings aus. Andere Bundesländer verhielten sich ähnlich und blockten Fragen ab, verwiesen auf laufende Ermittlungen in Schwerin. Einzig die Behörde *Zentrale Polizeiliche Dienste* in Duisburg gestand mir gegenüber ein: »Die Prozesse, welche die Ausgabe von Munition betreffen, befinden sich im Landesamt für Zentrale Polizeiliche Dienste (LZPD NRW) zurzeit in einer grundlegenden Evaluierung.«

Eines stand zudem fest: Mehrere Spezialeinheiten Deutschlands waren in dem kleinen Ort Güstrow allein deswegen kompromittiert worden, weil sie mit Frank T. trainiert hatten. Erst spät stellten Beamten des LKA Schwerin fest, die eigentlich gegen Marko G. ermittelt haben, dass sich auch Frank T. in Chats »nationalsozialistisch« und »fremdenfeindlich« geäußert hatte, wie später das Schweriner Innenministerium zugeben musste. Erst dann wurden die Verträge mit T. gekündigt. Spezialeinheiten hatten zuvor ausgerechnet dort Hunderte Schuss Munition »verloren«, die anschließend von einem Untergrundnetzwerk gebunkert wurde. Die Frage ist: geschah das mit Absicht oder nicht?

• • •

Die Nachlässigkeit, das Wegschauen und Schleifenlassen bei Polizei und Bundeswehr seit den 1990er-Jahren, wann immer es um rechtsradikale Tendenzen ging, hatte Konsequenzen. Nicht nur bei mancher Elite-Einheit – sondern auch bei den Reservisten. Dort war die Bundeswehrführung ebenfalls bei der Rekrutierung und dem Aufbau neuer Einheiten zu naiv gewesen, was sich besonders drastisch in Mecklenburg-Vorpommern zeigte. Im Januar 2013, zwei Jahre nachdem die Wehrpflicht in der Bundesrepublik abgeschafft worden war, wurde in der Schweriner Kongresshalle eine Kompanie der *Regionalen Sicherungs- und Unterstützungskräfte* – kurz RSU – feierlich in den Dienst gestellt. Knapp 200 Soldaten gehörten zu der neuen Kompanie, keine gewöhnlichen Soldaten allerdings, es waren Freiwillige, darunter vor allem in die Jahre gekommene Ex-Soldaten.

Mit der Etablierung dieser *Unterstützungskräfte* hatte die Bundeswehrführung auch auf das Ende der Wehrpflicht reagiert – sollte es doch irgendwann nicht mehr um Auslandseinsätze gehen, sondern das Land verteidigt werden müssen, so die Sorge, würde es dafür nicht mehr genug Soldaten geben. In allen Bundesländern sollte es, so der Plan, RSUs geben, dem jeweiligen Landeskommando der Bundeswehr unterstellt. Das Konzept der Bundeswehr, mit Reservisten die eigenen Reihen aufzustocken, heißt inzwischen, ausgerechnet, Heimatschutz – der Auftrag: »Hilfeleistungen in Fällen von Naturkatastrophen, schweren Unglücksfällen und bei innerem Notstand sowie Amtshilfe, und die Beiträge zur Terrorabwehr im Rahmen der verfassungsgemäßen Voraussetzungen«. [138] Ab 2012 war der damalige Hauptfeldwebel Dirk Friedriszik im Landeskommando Mecklenburg-Vorpommern für die Aufstellung der RSU zuständig, später wurde er SPD-Abgeordneter im Schweriner Landtag, wo er sich intensiv mit Rechtsextremen in der Bundeswehr auseinandersetzte. Als er die RSU aufbaute, setzte er auf gediente, ehemalige Zeitsoldaten oder Kandidaten, die ihren Grundwehrdienst abgeleistet hatten, so mussten die Freiwilligen nicht komplett neu ausgebildet werden.

Friedriszik stieß auf die Namen von Horst S. und Jörg S., die späteren *Nordkreuzler*. Die Akte des Bundeswehroffiziers Horst S. fiel ihm ins Auge. Horst S. war wie einige andere Mitglieder von *Nordkreuz* in einer Einheit der Luftwaffe gewesen, die unter anderem einen großen Luftwaffenstützpunkt in Rostock-Laage betrieb. Er war schon in seiner alten Einheiten als rechts aufgefallen, wie Friedriszik feststellte. Noch etwas fand er merkwürdig: Horst S. war schon seit 2008 als regulärer Reservist nach seiner Bundeswehrzeit aktiv, trotzdem hatte er sich freiwillig als Reservist für die RSU gemeldet, die im Ernstfall nur Wache schieben muss, er war also völlig überqualifiziert. Warum hatte er das getan? Was hatte er vor? Trotz dieser offenen Fragen musste Friedriszik Horst S. aufnehmen, weil gegen den Mann nichts strafrechtlich Relevantes vorlag. Das galt auch für Jörg S., ehemals Mitglied im Wachregiment Feliks E. Dzierżyński, das als militärisch-operativer Arm der Stasi galt, später Berufssoldat in der Bundeswehr. Schließlich kam noch der SEK-Beamte Marko G.

hinzu, ebenfalls für die RSU überqualifiziert. Diese Ex-Soldaten sollten also das Rückgrat der RSU stellen. Friedriszik sprach mit Vorgesetzten über seine Bedenken, es passierte jedoch nichts. Den Rechtsanwalt Jan Hammer immerhin konnte er als Mitglied der RSU verhindern, wie Friedriszik mir später erzählte. Die anderen jedoch durften bleiben und konnten eine weitere Parallelstruktur schaffen. Für Friedriszik, so sagt er mit einigen Jahren Abstand, hatten seine Warnungen vor den Rechtsradikalen berufliche Konsequenzen: Er wurde nicht wie zunächst geplant der Feldwebel der RSU, ihm wurde eine andere Rolle zugeteilt. In der Kongresshalle bei der Indienststellung der RSU-Kompanie war er aber noch mit mulmigem Gefühl dabei.

Dass er den richtigen Instinkt gehabt zu haben schien, wurde Friedriszik wenige Monate später beim Elbe-Hochwasser von 2013 klar, als auch die Bundeswehr eingesetzt wurde. Er besuchte in einem größeren Tross verschiedene Einsatzabschnitte in Mecklenburg-Vorpommern, mit dabei ein vorgesetzter General und der Innenminister Lorenz Caffier. Als die Gruppe eine Abfüllstation für Sandsäcke besuchte, wunderte sich Friedriszik über diverse uniformierte Soldaten, die dort halfen. Er kannte einige Gesichter – sie gehörten zur RSU. Das Problem war nur: Die RSU hatte gar keinen Befehl bekommen, dort tätig zu werden. Sie hatten sich quasi selbstermächtigt, was im Nachgang für erheblichen Ärger sorgte. Die Unterstützungskräfte hatten also das Potenzial, schnell auch zu einem politischen Problem zu werden. Ein Problem, das auch den Innenminister direkt betraf. Denn auch Lorenz Caffier, Schirmherr des *Special Forces Workshop*, war seit Jahren Reservist. Caffier hatte den Grundwehrdienst bei der *Nationalen Volksmarine* durchlaufen und sich später als Reservist bei der Bundesmarine gemeldet, als er schon lange Berufspolitiker geworden war. Öffentlichkeitswirksam machte er 2015 bei einer einwöchigen Wehrübung in Berlin mit, und wurde zwei Jahre später zum

Kapitänsleutnant der Reserve ernannt. Ob der Innenminister dabei jemals in Güstrow oder andernorts mit *Nordkreuz*-Reservisten geschossen hat oder Kontakt zu ihnen hatte, beantwortet sein Innenministerium auch auf meine Anfrage nicht.

Caffier hatte tatsächlich eine gespaltene Meinung zur Bundeswehr und ihren Reservisten. Einerseits gab er spätestens seit 2016, als es zu den islamistischen Anschlägen in Deutschland kam, den Hardliner und forderte den Einsatz der Bundeswehr bei »Terrorlagen« im Inland, da die Grenzen zwischen äußerer und innerer Gefahr immer mehr verschwimmen würden. Er schloss sogar einen Einsatz von bewaffneten Bundeswehrsoldaten im Inneren nicht aus. Gleichzeitig traute er ausgerechnet den Reservisten, zu denen er ja selbst gehörte, dabei keine größere Rolle zu. Als nach dem Terroranschlag von München die Idee diskutiert wurde, eine sogenannte Reservistenarmee aufzustellen, die in solchen Fällen ausrücken und etwa der Polizei helfen sollte, war Caffiers Antwort eindeutig: »Von der Idee halte ich nicht viel. Weil ich grundsätzlich der Auffassung bin, dass eine Reservistenarmee ... bestimmte Voraussetzungen, Ausbildungsinhalte und auch Fähigkeiten und Fertigkeiten mitbringen muss, die in so einer Reservistentruppe oder Reservisten-Polizeieinheit überhaupt nicht vorhanden wären.« [139] Als schien Caffier geahnt zu haben, welche Probleme sich die Bundeswehr mit der Idee, auf Freiwillige und unkontrollierbare Ex-Soldaten zu setzen, bereits eingehandelt hatte.

Zumal die Bundeswehrführung die Lage noch mal komplizierter gemacht hatte, als entschieden wurde, auch »ungediente« Freiwillige als Reservisten anzunehmen, die noch an der Waffe ausgebildet werden mussten, um sie in Krisenfällen einsetzen zu können. Das neue Konzept – jeder darf mitmachen und sich in seiner Freizeit zum bewaffneten Soldaten ausbilden lassen – barg jedoch große Risiken in sich. Denn die Aussicht, kostenlos am Feierabend zu lernen, wie man mit Sturmgewehren präzise schießt, zog, wenig überraschend, auch die falschen Interessenten an. Diese Gefahr wurde jedoch von der Bundeswehrführung nicht erkannt oder, wie schon so oft zuvor, verdrängt. Dem Hauptfeldwebel Dirk Friedriszik fiel zudem auf, dass eine strenge Kontrolle der freiwilligen Soldaten innerhalb des Apparats nicht vorgesehen war. Man fragte zwar Vorstrafen ab, wenn aber etwa ein Freiwilliger als prügelnder Hooligan aufgefallen war und in kein Fußballstadion in Deutschland mehr hineingelassen wurde, bemerkte man das bei der RSU manchmal nicht, weil man solche Informationen nicht standardmäßig abfragte. Hatte einer der Freiwilligen als Wehrpflichtiger gedient, überprüfte man nur, ob es während der Bundeswehrzeit Probleme gegeben hatte, mehr nicht. Auch dem Verfassungsschutz bekannte Neonazis, die bislang zu keiner Freiheitsstrafe verurteilt worden waren, wurden deshalb als Reservisten aufgenommen – eine planmäßige Abfrage von Verfassungsschutzerkenntnisse war einfach nicht vorgesehen.

Dieses Vorgehen erinnerte an ein Programm des Landesamts für Verfassungsschutz Thüringen aus dem Jahr 1996, als man versuchte, junge wehrpflichtige Neonazis zu resozialisieren, indem man sie absichtlich zur Bundeswehr schickte. Der zuständige Präsident des Amtes bemerkte damals: »Gespräch mit dem Standortältesten, (...) Dass unser vor zwei Jahren hoffnungsvoll begonnenes Projekt, mit Hilfe der Bundeswehr junge wehrpflichtige Neonazis zu resozialisieren, den Bach herunter ist, nehmen wir resigniert zur Kenntnis. Spätfolgen der Pressekampagne aus dem letzten Sommerloch.« [140]

Friedriszik beschäftigte sich auch mit einem weiteren Problem: dem Reservistenverband. Denn nicht die Bundeswehr war allein für die Reservisten zuständig, sondern sie kooperierte dabei mit einem Verein, dessen Name Reservistenverband nicht darauf schließen ließ, dass er eine private Organisation war. Auch der Auftritt des Verbands im Internet etwa wirkte, als habe man es mit einem offiziellen Teil der Bundeswehr zu tun. Dem Verein kann jedoch jeder beitreten. Zivilisten, ungediente Interessenten – oder eben Neonazis, jeder durfte Mitglied werden und konnte so den Anschein erwecken, er oder sie sei tatsächlich ein Reservist oder eine Reservistin oder konnte sich zumindest unter diese mischen. Der Verband war eines dieser Ziele, wie sie *Hannibal* beschrieben hatte, leicht zu unterwandern und optimal als Tarnung zu benutzen. Zudem konnten Mitglieder durch den Reservistenverband – genau wie in den RSUs – ohne große Probleme organisiert das zielgenaue Schießen lernen.

Dem Hauptfeldwebel Dirk Friedriszik fiel so auch auf, dass viele Freiwillige, die sich beim Reservistenverband engagierten, eigenartige Prioritäten hatten: Sie wollten vor allem im sogenannten Reaktionsschießen unterrichtet werden, wo es darum geht, bewegte Ziele auszuschalten, was eher eine Sache der Spezialeinheiten ist. Friedriszik erklärte mir, dass er damals schon etwas Seltsames über den Reservistenverband erfahren hatte. Mitglieder hatten in Polen und in Österreich Schießszenarien absolviert, bei denen die Teilnehmer in Fallschirmgurten hängend schießen mussten – »das gehört definitiv nicht zum Ausbildungsumfang eines normalen Soldaten«, so Friedriszik. In schwingender Bewegung auf Ziele zu schießen, gilt als besonders schwierig und wird etwa von einem RSU-Soldaten, der eine Kaserne bewacht, so gut wie nie nicht benötigt.

Der Reservistenverband organisierte trotzdem regelmäßig Veranstaltungen mit der Bundeswehr, um weitere Reservisten zu werben. Die Bundeswehr riskierte sehenden Auges mit dieser Zusammenarbeit einen riesigen Imageschaden. Der auch nicht lange auf sich warten ließ. So hatte einer der bedeutendsten und einflussreichsten Neonazis im Nordosten es geschafft, als Mitglied im Reservistenverband aufgenommen zu werden. Dieser Kandidat David Petereit, von 2011 an NPD-Abgeordneter im Landtag von Mecklenburg-Vorpommern und schon ein Veteran in der rechtsextremen Szene, hatte sogar eine indirekte Verbindung zum NSU. Der gelernte Rechtsanwaltsfachangestellte hatte jahrelang ein Neonazi-Magazin herausgegeben: *Der Weiße Wolf* – ein Heft, das die »Gefangenen« aus der rechten Szene in den Mittelpunkt stellte, an dessen Produktion mindestens zwei V-Männer teilgenommen haben. Petereit hatte als Herausgeber des *Weißen Wolfs* 2002 einen Brief bekommen, verfasst von einer Gruppe namens NSU, angereichert mit einer Geldspende. In dem NSU-Schreiben hieß es: »Verfolgung und Strafen zwingen uns unerkannt und anonym zu agieren. Der Nationalsozialistische Untergrund verkörpert die neue Kraft in dem Ringen um die deutsche Nation. Keine Partei oder Verein ist die Grundlage des Nationalsozialistischen Untergrundes (NSU), sondern die Erkenntnis [,] nur durch wahren Kampf dem Regime und seinen Helfern entgegentreten zu können.« [141] Auf dem Titel der Ausgabe des *Weißen Wolfs*, die diesen Brief aufgriff, war ein Bild von Adolf Hitler als Baby zu sehen, darunter die Zeile: »Die Jugend ist die Zukunft von Morgen«. Auf Seite zwei stand oben ein Vorwort. Es gebe immer mehr Durchsuchungen in der Szene, man solle aufwachen und nicht mehr denken, Handys könnten nicht abgehört werden: »Wenn die Zeiten härter werden – muß der Kampf es auch werden. Unterstützt die Kameraden in Haft, im Rechtskampf, auf der Straße, bildet Netzwerke.« Darunter, unter einem schwarzen Balken, stand: »Vielen Dank an den NSU, es hat Früchte getragen ;-) Der Kampf geht weiter …« Petereit, der Herausgeber dieses Magazins, hatte 2.500 Euro vom NSU bekommen – Geld von einer Terrorgruppe, die sich hauptsächlich mit Banküberfällen finanziert hatte und zu einem Zeitpunkt, als die Gruppe schon vier Menschen umgebracht hatte. Zwei Jahre nachdem die Spende Mecklenburg-Vorpommern erreicht hatte, erschoss der NSU in Rostock sein fünftes Opfer, Mehmet Turgut. Später, im Jahr 2009, als der Empfänger des NSU-Briefes Petereit Mitglied im Reservistenverband war, gelang es dem Verband nur mit großer Mühe, ihn wieder loszuwerden. Andere Problemfälle, wie Landtagsabgeordnete der AfD, sind bis heute in dem Verband und können auf den Schießständen der Gegend an ihrer Schusstechnik feilen. Der Verband und die Reservistenszene waren generalstabsmäßig unterwandert worden – auch, weil man auf konkrete Warnungen nicht gehört hatte.

Das nutzten auch die *Nordkreuzler* aus. Sie mischten sich nicht nur unter die Reservisten, sondern nahmen dort in diversen Gruppen führende Rollen ein. Horst S. wurde einer der ranghöchsten Offiziere innerhalb der RSU. Und auch Jörg S., der enge Gefolgsmann von Marko G. und Versicherungsmakler aus Rostock, der Mann also, der später kaum einen Prozesstag von G. in Schwerin verpassen sollte, war extrem umtriebig – er war nicht nur in der RSU, sondern führte auch eine eigene Reservistenkameradschaft an, eine lokale Zelle des übergeordneten Reservistenverbands. Seine Kameradschaft machte damit Werbung, dass man die Grünflächen in Rostock-Laage pflegte, Hallenfußballturniere für Kinder und Sommerfeste veranstaltete, lauter soziale Dinge also. [142] Natürlich schossen die »Kameraden« auch gemeinsam, aber etwas anderes machte die Kameradschaft des *Nordkreuzlers* so besonders: Sie hatte ein eigenes Büro – ausgerechnet auf einem Hochsicherheitsgelände der Bundeswehr, dem Fliegerhorst der Luftwaffe in Rostock-Laage. Dort ist ein Eurofighter-Geschwader stationiert, zuständig für die Luftverteidigung Richtung Osten und einer der wichtigsten Stützpunkte der Bundeswehr. Die Eurofighter, pro Stück 130 Millionen Euro teuer, sind das moderne Kampfflugzeug der Bundeswehr, ihr ganzer Stolz. Nach zähen politischen Diskussionen überhaupt gebaut worden, auch um den Luftraum zu überwachen und im Ernstfall zu verteidigen. Das erste Eurofighter-Geschwader wurde 2004 in Rostock-Laage stationiert, dort bildete man auch Piloten an den Maschinen aus. Ein besonderer Ort also. Trotzdem durfte ein privater Verein ein Büro auf einem Hochsicherheitsgelände unterhalten – so etwas gäbe es nur sehr selten, wie das interne Magazin des Reservistenverbands *Die Reserve* bei der Eröffnung bemerkte, was nicht ganz stimmte: Denn der Reservistenverband hatte einige Büros in Bundeswehrkasernen in Mecklenburg-Vorpommern, die Mitarbeiter wurden mit den entsprechenden Zutrittspapieren versehen, was sich als Sicherheitsrisiko herausstellen sollte. Auch Jörg S. konnte – als Zivilist – in einem Hochsicherheitsbereich ein und aus gehen. Seine Reservistenkameradschaft rühmte sich derweil öffentlich, wie eng das Eurofighter-Geschwader mit der Reservistenkameradschaft zusammenarbeitete, die Unterstützung sei »hervorragend«, wie Jörg S. erklärte; es hatte wohl geholfen, dass er selbst in Laage gedient hatte. Zu DDR-Zeiten waren dort noch russische Kampfflugzeuge des Typs MIG-29 stationiert, die später die Bundeswehr teilweise übernahm. Jörg S. diente dann später auf dem Stützpunkt als Zeitsoldat der Bundeswehr. »Wenn man sich persönlich kennt, geht alles viel, viel leichter«, kommentierte ein Mitstreiter von Jörg S. diese Seilschaft gegenüber *Die Reserve.* [143] Der Versicherungsmakler wurde also zum Stammgast im Fliegerhorst und regelmäßig auch dann eingeladen, wenn das Eurofighter-Geschwader einen neuen Kommodore, wie der Kommandeur bei der Luftwaffe heißt, begrüßte und einen alten verabschiedete. Selbst als sich das Bundeskriminalamt für den umtriebigen Jörg S. interessierte, hatte die Geschwaderführung keine Berührungsängste und setzte ihn weiter auf die Gästeliste. Jörg. S. hatte weiter einen ganz exklusiven Zugang zum Eurofighter-Geschwader, was rückblickend für die Bundeswehr extrem peinlich wurde. Denn dieser Mann, der so oft in der Zeitung als der seriöse Vertreter der Reservisten Mecklenburg-Vorpommerns auftrat, hatte bei *Nordkreuz* ab spätestens Anfang 2016 eine besondere Rolle. Öffentlich gab er weiter den Musterbürger schlechthin. Er ließ sich mit anderen Reservisten fotografieren, nachdem sie an einem Denkmal Unkraut gezupft hatten, das an General Gebhard Leberecht von Blücher erinnerte, dessen Truppen Napoleons Armee in Waterloo besiegt hatten und der dem Fliegerhorst zu DDR-Zeiten seinen Namen gab. Gleichzeitig organisierte Jörg S. die Parallelstruktur von *Nordkreuz*. Er war insbesondere verantwortlich für die Suche und die Führung der sogenannten *Safehouses* der Gruppe Nord. Man nannte ihn bei *Nordkreuz*, was sonst, den *Safehouse-Führer*.

• • •

Als *Safehouse* verstand man bei *Nordkreuz* sichere Rückzugsräume oder wie es früher, etwa bei der Staatssicherheit in der DDR, hieß: konspirative Wohnungen und Häuser. Orte also, wo man sich ungestört treffen konnte, um weitere Aktionen zu planen, sich mit Ausrüstung eindecken oder einfach für einige Zeit verstecken konnte. Auch die Bundeswehr benutzt den Begriff, um sichere Rückzugsorte hinter der Front zu beschreiben. Nachrichtendienste wiederum legen großen Wert darauf, dass keine direkte Verbindung beim Kauf oder bei der Anmietung eines solchen Objekts zum Dienst selbst gezogen werden kann. Nun war es also die Aufgabe des Vorzeige-Reservisten und Ex-Soldaten Jörg S., für die optimale Tarnung zu sorgen und ein *Safehouse* im Norden zu organisieren. Der KSK-Soldat *Hannibal* und die anderen hatten bereits konspirative Häuser in vielen Teilen Deutschlands gesucht und gefunden; einige, nicht alle, Standorte lassen sich inzwischen rekonstruieren. So hatte der Waffenhändler Volker L. in Albstadt nicht nur ein Gebäude auf dem Militärgelände Heuberg als *Safehouse* ausgewählt, sondern auch ein Haus, das er von der Stadt angemietet hatte und in dem er mit seiner Familie lebte, ein Gelände mit einem ganz eigenen Zugang zur Wasserversorgung. Das alte Gebäude liegt am Fuß eines Berges, auf dem sich wiederum das Gebäude des Schützenvereins findet, wo sich der Waffenhändler mit anderen *Uniter*-Mitgliedern und Franco A. getroffen hatte. *Hannibal* selbst gab ein Autohaus als *Safehouse* an, ein Gebäude vor den Toren von Halle an der Saale, das seiner Familie gehörte. Außerdem ging man in den Chats 2016 davon aus, dass die legendäre Eisberg-Kaserne in Nagold, seit 1998 leer stehend und früher Standort einer Luftlandetruppe, sowie die nicht weit davon entfernt liegende Kaserne der KSK in Calw, nach der Übernahme durch »eigene« Soldaten, wie eine Nachricht andeutete, zu konspirativen Stützpunkten werden könnten. Weitere Orte wurden ebenfalls in den Chats genannt – Ulm, Lenggries und Bad Tölz in Bayern. Als die Verschwörer später vom BKA gefragt wurden, wo genau die *Safehouses* waren, wollte sich jedoch niemand mehr an die genauen Koordinaten erinnern.

In Mecklenburg-Vorpommern fiel die Wahl, so zeigte die interne Kommunikation, auf ein ehemaliges Gelände der Staatssicherheit in Warin, im Herzen des Bundeslandes gelegen, in der Nähe eines kleinen Sees, weit weg von jeder großen Stadt. Marko G. kannte die Gegend, weil in der Nähe auch das SEK trainiert hatte, Jörg. S beschrieb sie als ideal in der Nähe des Reservistenverbands gelegen. Der Kronzeuge Horst S. behauptete später beim BKA, den genauen Ort nicht gekannt zu haben: »Mir ist lediglich von Marko G. oder Jörg S., vielleicht auch Haik, berichtet worden, dass es ein Gelände gibt, das geeignet sei, 30 bis 50 Personen für zwei bis drei Wochen sicher unterzubringen.« Der Ort solle es ermöglichen, »bestimmte Gefahrensituationen in der Stadt zu umgehen. Mit Gefahrensituationen meine ich Störungen der öffentlichen Ordnung, die durch Terrorakte verursacht werden.« *Hannibal* wurde ebenfalls vom Bundeskriminalamt zu den *Safehouses* befragt – und konstruierte seine ganz eigene Wahrheit: »Es wurde angedacht, in einem Planspiel Safe-Häuser anzulegen. Überall in Deutschland ... sollten solche Häuser sein. Diese Planspiele wurden bei der Bundeswehr ›War-Gamings‹ genannt. Aber zu mehr als nur der Planung kam es nicht.« Wiederholt betonte er das, obwohl er es besser wusste: »Die Örtlichkeiten hat sich jeder ausgedacht, das sind Hirngespinste. Die sind für die Zukunft angedachte Örtlichkeiten, die man sich lediglich vormerkt. Mit den Örtlichkeiten wurde nichts gemacht. ... Das sind nur Sammelpunkte, es gibt keine realen Safehäuser. Es geht um Planspiele und nicht um Realitäten. ... Man denkt sich Lagen aus und plant. Die Leute bereiten sich abstrakt vor. Wenn im Chat steht, dass Safe-Häuser errichtet wurden, dann hat das nichts mit Realität zu tun; das wurde so nur geschrieben .... Eine gesunde Vorbereitung macht ja heutzutage jeder, der im Staatsdienst arbeitet.« Eine krude Behauptung. Er gab aber zu: »Natürlich spielen auch Waffen und Munition eine Rolle«, das »Überlebenselixier« nannte er diesen Posten. Munition stand in der Kommunikation der Gruppe tatsächlich im Mittelpunkt, was die Beteuerungen *Hannibals* und der anderen entkräftet, dass es nur um passive Planspiele gegangen sei, dass man sich also nur verstecken wollte, bis das Schlimmste vorüber wäre. In einer internen Nachricht hieß es vielmehr: »PUP Nähe Nürnberg ... Ausreichend Waffen und Mun vorhanden um sich weiter durchzuschlagen.« »Mun« war die Munition, PUP, das waren die *Pick-up-Points*, jene Sammelpunkte, um von dort zu den *Safehouses* zu gelangen, um dann geeint und geordnet die nächsten Schritte einleiten zu können. Im Falle von Nürnberg war dieser *Pick-up-Point* ein Schützenverein, wie so viele andere in dem Netzwerk, spezialisiert auf das Training des sogenannten *Combat*-Schießens, also Gefechts-Schießen auf bewegte Ziele. Einige Mitglieder in der Gruppe erwarteten offenbar eine

Auseinandersetzung mit feindlichen Verbänden. Auch die Munition, die vor allem Marko G. unter anderem in seinem Haus hortete, ließ ebenfalls darauf schließen, dass man auf eine Auseinandersetzung mit einer Armee oder paramilitärisch ausgerüsteten Polizisten vorbereitet sein wollte. Ein Waffenexperte und Ex-Fallschirmjäger sagte mir in einem Interview für einen meiner Filme: »Das, was gefunden wurde, ist offensive Munition, militärische Munition, die dazu konzipiert wurde, Barrikaden zu durchschlagen, Objekte zu durchschlagen, hinter denen jemand Deckung nimmt und im Anschluss noch gegen diese Personen wirken zu können. Das hat nichts mit Selbstverteidigung zu tun. Das ist offensiv. Tatsächlich muss man davon ausgehen, dass Munition, die dazu konzipiert ist, Schutzwesten zu durchschlagen, auch dafür eingesetzt wird, in diesen Szenarien Personenschützer zu beseitigen und gegen Polizeibeamte vorzugehen.« [144]

Im Sommer stand also dieses Netz, Mitstreiter hatten Safehäuser in Mecklenburg-Vorpommern, Bayern, Baden-Württemberg organisiert sowie Spezialmunition und Waffen gebunkert. Franco A. hatte ein Sturmgewehr besorgt, mit dem man auf große Distanz Menschen erschießen könnte, zudem die kleine, alte Handfeuerwaffe in Frankreich gekauft, deren Sinn sich unter all den anderen Kriegswaffen noch nicht erschloss. Alles schien bereit zu sein.

11
Westkreuz

Auf den ersten, ja sogar zweiten oder dritten Blick kann die deutsche rechtsextreme Szene verwirrend wirken. So viele Namen, so viele Gruppen, Parteien. Sie kommen und gehen, werden gegründet und verboten, geraten in Vergessenheit oder sind nur Eingeweihten bekannt: *FAP, NPD, Wiking-Jugend, Blood & Honour, Combat 18, NSDAP-AO, Der Dritte Weg, Thule Seminar, Germanische Glaubens-Gemeinschaft wesensgemäßer Lebensgestaltung, Thüringer Heimatschutz, Old School Society* und so weiter und so weiter. Es scheint fast, als folgte die rechte Szene weiter der Maßgabe des Über-Neonazis Michael Kühnen, der schon in den 1980er-Jahren gefordert hatte, so viele Gruppen wie möglich zu gründen, um die Feinde – Behörden, Polizei, Medien – zu verwirren. Gleichzeitig stürzen sich wiederum genau diese Gruppen, Polizisten, Verfassungsschützer, Journalisten, auf jede vermeintlich organisierte Struktur in der rechten Szene, die sie finden können, um das Objekt – die militanten Neonazis – besser greifen, beschreiben, kategorisieren zu können. Man braucht klare Überschriften, Fallnamen, Obergruppen, um das Phänomen überhaupt fassen zu können. Auch bei anderen terroristischen Szenen hat man ähnliche Probleme, nicht zuletzt bei islamistischen Terroristen, die oft als Solotäter operieren und nicht von der einen Organisation – al-Qaida, IS – verlässlich gesteuert werden. Vor allem die Sicherheitsbehörden projizieren dabei die abgeschlossene Hierarchie ihres Systems auf das Gegenüber, weil sie das luzide, extremistische Chaos sonst nicht verstehen und bekämpfen können. Doch entscheidend sind am Ende oft nicht die Gruppen, sondern die handelnden Personen, die Menschen und ihre Ziele, die – auch und gerade in der rechtsextremistischen Szene – eine überraschend große Kontinuität aufweisen. Viele Akteure bestimmen die Szene über Jahrzehnte hinweg mit immer gleichen Zielen, deren Verpackung sie regelmäßig dem Zeitgeschehen und den Trends anpassen und dafür von einer Organisation zur nächsten springen. Im Kern bleiben dabei ihre wesentlichen Antriebskräfte gleich: Antisemitismus, Rassismus, Nationalismus. Bei einem Mann wie Rigolf Hennig wird das deutlich – ein inzwischen über 80 Jahre alter überzeugter Rechtsextremist, der viele Moden mitgemacht hat und eine Szene militanter Neonazis, die sich auf den *Tag X* vorbereiten wollten, noch im hohen Alter mit Propaganda versorgte. Er war früher in der CSU, zudem in einer Partei namens *Deutsche Liga für Volk und Heimat*, einst auch Kommunalpolitiker der NPD in Niedersachsen und schon in den 1990er-Jahren im engen Kontakt mit Neonazis, die sich auf die sogenannte Anti-Antifa-Arbeit konzentrierten – im weitesten Sinne der Kampf gegen den politischen Feind, der allerdings sehr weit gefasst wurde. Sie ist der kleinste gemeinsame Nenner der rechten Szene – und seit Anfang der 1990er als Grundmotiv etabliert. Der Hamburger Neonazi Christian Worch hatte den Begriff »Anti-Antifa« als Reaktion auf den Widerstand gegen rechte Gewalt geprägt und 1992 die erste Liste mit Antifa-Objekten in seinem Blatt *Index* veröffentlicht.[145] Das Gewaltpotenzial, das sich in Hoyerswerda und Lichtenhagen gezeigt hatte, sollte auf den »Inländerfeind« umgelenkt werden, der Kampf gegen die Linken so ein Instrument werden, das die zersplitterte, oft zerstrittene rechte Szene eint. In einem Neonazi-Heft, dem *Umbruch*, hieß es damals: »Jeder, der sich gegen die nationale Sache direkt oder indirekt ausspricht, ist Volksfeind. Jeder, der gegen nationale Gruppierungen und deren Anschauungen agitiert, stellt sich gegen das Volk, denn wir vertreten das Volk.« [146] Wer ist der Feind? »Redakteure und andere Medienvertreter, Antifa und u. U. bestimmte Linke, Mitarbeiter in städtischen Behörden, Institutionen und Initiativen wie Ordnungsamt, ... Post u. a., die sich gegen national eingestellte Menschen hervortun«. Alles solle gesammelt werden: »Personalien (Name, Anschrift, Foto), Beruf (wo beschäftigt, Position usw.); Kfz; Auffällig geworden. Wann, wo und mit was?; Polit. und gesellschaftl. Aktivitäten (z. B. Mitgliedschaft in Parteien, Organisationen, Kegelverein usw.; Schwachstellen Schulden, schwul, Alkoholiker, Drogen usw.; Psychogramm; Kontakte und Verbindungen zu anderen Zielpersonen; Hobbys, Gewohnheiten usw.« Denn: »Der rasende Verfall des Rechtsstaates zwingt uns als Nationale – wie viele andere betroffene Bürger auch – zur Selbsthilfe zu greifen. Dies ist legitim und steht uns laut Grundgesetz (§ 20 Widerstandsrecht) zu.« Gemeint war der Artikel 20 des Grundgesetzes, der ein Widerstandsrecht allerdings nur dann erkennt, wenn die legitime demokratische Ordnung von Verfassungsfeinden gestürzt wird. Weiter hieß es: »Jeder politische Realist – und unsere Gegner am allerbesten – weiss heute, daß die gegenwärtig Herrschenden ihre längste Zeit weit hinter sich haben. Wir wissen nicht, wann genau Änderungen eintreten werden und wir wissen nicht, was danach kommt, doch wir wissen, dass wir uns vorbereiten müssen. Lasst euch nicht unterkriegen, greift an!« Rund 28 Jahre später argumentierten alte und neue Rechte immer noch sehr ähnlich und sind sich wieder einmal sicher, dass der Kollaps des verhassten Systems kurz bevorsteht.

Es gab also immer wieder Themen, auf die sich Neonazis auch mit verschiedenem Hintergrund einigen können, sei es aus Überzeugung oder aus strategischen Überlegungen. Die Bekämpfung des ärgsten Feindes – die *Antifa* – ist das eine Thema. Die Leugnung des Holocaust ist ein anderes, das sich auch Rigolf Hennig auf die Fahnen geschrieben hatte, eine interessante Figur im Netz der 100-Prozentigen. Der Reserveoffizier und Chirurg mit einer Praxis in Niedersachsen leugnete den Holocaust und engagierte sich in Gruppen, die diesen Punkt zum Zentrum ihrer Aktivitäten machten. Aber es ging nicht nur darum, die Geschichte umzuschreiben und deutsche Massenmörder reinzuwaschen – im Hintergrund stand ein zentrales strategisches Ziel: das herrschende System abzulösen. Dafür musste man Mitkämpfer mobilisieren und rekrutieren, egal wie. Denn Rigolf Hennig sah das »deutsche Volk« mit einer großen Aufgabe konfrontiert, »nämlich Europa befreien zu helfen und zu einen«, wie er schrieb.[147] Dass er eine europäische Lösung bevorzugte, gefiel nicht jedem Nationalisten in Deutschland, aber es passte etwa zu der Gesinnung einiger *Nordkreuz*-Mitglieder, die sich mit ihrer Vernetzung in Europa gerühmt hatten. Hennig war zudem überzeugt, dass jüdische Mächte das »Regime« in Deutschland kontrollieren würden. Aber ab 2015 witterte er eine Chance. Er schrieb in seiner »Schrift zur weltpolitischen Lage«, dass die Zionisten die »Kontrolle verloren« hätten. Hennig veröffentliche Texte wie diesen gemeinsam mit einem Mitstreiter auf der Homepage der *Europäischen Aktion*, eine dieser Gruppen, deren Mitglieder im Kern nichts anderes wollen als andere Rechtsextremisten auch, aber sich einen intellektuelleren Anstrich zu geben versuchten – was allerdings nur mühsam gelang. Gegründet wurde die *Aktion* 2010 von dem Schweizer Bernhard Schaub als eine Art Oberorganisation für europäische Holocaustleugner, das jedenfalls gab man öffentlich als Ziel an. Rigolf Hennig führte die *Aktion* bald wesentlich mit.[148] Die Männer hinter der *Europäischen Aktion* offenbarten in den Schriften, die noch immer im Internet zu finden sind, ein geschlossenes, rechtsextremes Weltbild, angefangen mit dem 9. Mai 1945 und den Folgen: »Nicht zu vergessen sind die Nürnberger Prozesse und die anschliessende Ermordung der deutschen Führungskräfte.« *Führungskräfte.* »Niemals vergessen wir euer Schicksal und die an euch vergangenen Verbrechen!!« [149] Für die aktuellen politischen Führer dagegen hatte die *Aktion* nur Verachtung übrig: »Die Asylanten-Trulla im Kanzleramt darf man gar nicht wichtig nehmen; sie ist bloß eine Hiwi des Mulatten im Weißen Haus, der seinerseits vom Sender Al Dschasira als ›Hausneger der New Yorker Bankjuden‹ apostrophiert wurde.« [150] Im Hintergrund steht also der eigentliche, mächtige Feind: »Erst wenn der Kriegshetzer und Völkerfeind in Gestalt des internationalen Zionismus stillgelegt ist, wird ein Friede auf dieser Welt möglich sein.« Der *Europäischen Aktion* ging es also durchaus wirklich auch um *Aktion* – verbrämt als Befreiungskampf. Ab 2015 nutzte die Gruppe das Thema Migration, wo es ging, um die Stimmung weiter aufzuheizen. Schlagzeilen wie »Die Zuwanderung – Das Kapitalverbrechen am deutschen Volk«, oder »Land unter – Die tödliche Zuwanderungsflut« zeigen die Marschrichtung. Die *Aktion* sprach auch direkt Soldaten und Polizisten an: »Hilf dir selbst – sonst hilft dir keiner. Das bedeutet für uns: Wir indigenen Europäer müssen jetzt endlich die Faust aus der Hosentasche nehmen und Klartext reden. Dazu gehört auch, dass wir den Polizisten und Soldaten der BRD klar machen, dass ihnen ihr Eid von einem Staat abgenommen wurde, der nicht ihr Staat ist. Und der deswegen auch nicht das Recht hatte, ihnen einen Eid abzunehmen. Bitte erklärt ihnen das, bevor sie auf euch schießen! Danach ist es zu spät.« Damit begibt sich die *Aktion* ins Fahrwasser der Reichsbürger, die eine Existenz der Bundesrepublik nicht anerkennen. Hennig, das passte, ist auch ein führendes Mitglied der Reichsbürger-Bewegung. Schon 2012 waren gegen einen Bundespolizisten Ermittlungen geführt worden, weil er mit der *Europäischen Aktion* sympathisierte, was dem *Bundesamt für Verfassungsschutz* aufgefallen war. [151]

Schließlich schrieb die *Aktion*: »Wir brauchen einen europaweiten Volksaufstand.« Der erste Schritt: »Da mit schweren Notlagen zu rechnen ist mit dem Ausfall von Wasser, Strom und Heizung und plündernden Ausländerbanden in den Großstädten gilt es — um nur das Wichtigste anzureißen — haltbare Lebensmittel für mindestens drei Monate, Wasser und Kerzen vorzuhalten und Rückzugsmöglichkeiten auf dem Lande vorzubereiten. Zur Notvorsorge gehört selbstverständlich die Bewaffnung und Vorbereitung von Bürgerwehren, (wobei ich freilich nur zugelassene Waffen empfehlen darf.)« Darf. Nicht: will. Schließlich: »Zusammenrücken, Zellen bilden und diese vernetzen.« [152] Das alles klang wie bei *Hannibal*, *Nordkreuz* und Franco A. Ganz in der Nähe von dessen Kaserne, bei Straßburg, veranstaltete die *Aktion* regelmäßig »Europafeste«, kündigte dort Großes an – eine europäische Vernetzung, den Volksaufstand eben –, schien aber, wie so viele rechte Gruppen zuvor, bei der Umsetzung der konkreten Pläne zu versagen. Was allerdings der Radikalität und Gefährlichkeit keinen Abbruch tat. Ein Mitglied fiel 2015 im März bei einer »Thügida«-Demonstration auf, als er davon redete, dass es einen geheimen Plan für das »deutsche Volk« gebe, »eine eurasisch-jüd ... [sic] negroide Mischrasse soll aus uns gezüchtet werden«, und weil die »Mischrasse« sich nicht organisieren könne, würden europäische Juden die Leitung übernehmen. [153]

Die *Europäische Aktion* schien trotz ihrer Radikalität in der rechten Szene keinen großen Einfluss zu haben, sie fiel lediglich öffentlich auf, weil es der Gruppe regelmäßig gelang, Lautsprecher, Lastwagen und Kameras für rechte Demonstrationen zu organisieren, offenbar hatte man also Geld. Aktiver war die Gruppe im Verborgenen, wenn es darum ging, militante Neonazis zusammenzuführen. Die Köpfe der *Aktion* trafen sich mit den Anführern anderer militanter Gruppen und nutzten deren Infrastruktur. Ein Treffen fand auf dem Anwesen von Thorsten Heise statt, einer der wichtigsten Organisatoren in der Szene, der als geistiger Vater der Gruppe *Combat 18* gilt und schon in vielen anderen Parteien und Gruppen aktiv war. [154] Er hatte in Kroatien als Söldner gekämpft und im Gefängnis gesessen, weil er einen libanesischen Flüchtling überfahren hatte. Das BKA stellte im Zuge der NSU-Ermittlungen eine Tonbandaufzeichnung bei Heise sicher, auf der Heise einen Mann namens Danny anging, der Geld unterschlagen zu haben schien: »*Und weißte wofür das Geld is? (flüstert) Was schätzte, wofür das Geld is? (lauter) Was denkst du denn?*

Danny: *Für den Kampf.*

Thorsten: *Für den Kampf? Ja, für nen ganz besonderen Kampf. Da sind ganz andere Leute mit drin, Mann! Oder was denkst du, wo das … hingeht. Wir haben reichlich, reichlich Gruppen im ganzen Bundesgebiet, wir haben reichlich Leute hier, versorgen sich reichlich mit Waffen. … Weißt du, was die Leute mit dir machen?*« Das Gespräch wurde mutmaßlich in den 1990er-Jahren geführt, ist aber heute noch aufschlussreich. Es belegt den Drang der rechten Szene, sich zu bewaffnen und Zellen zu bilden.

Rigolf Hennig von der *Aktion* war es aber auch wichtig, dass der intellektuelle Anstrich nicht vernachlässigt wurde. So war er Vorstandsmitglied in einem Verein, der vor allem Bücher, Kalender und Magazine mit rechtem Gedankengut verlegte: [155] das *Thule Seminar*. Auch einige Mitglieder von *Nordkreuz* suchten intensiven Kontakt zu dem Seminar. Dieses hatte ein historisches Vorbild: Die *Thule Gesellschaft*, ein Geheimbund, der sich 1919 wie die rechten Freikorps in den deutschen Bürgerkrieg einmischte und viele spätere Spitzen des NS-Regimes in den eigenen Reihen hatte, darunter Rudolf Heß und Karl Harrer, der den Vorläufer der NSDAP gründen sollte. Das *Thule Seminar* selbst war 1980 von einem selbst ernannten Vordenker einer neuen rechten Bewegung aufgebaut worden, Pierre Krebs, ein Lehrer, der lange in den 1960ern in Frankreich studiert hatte – sich dort der Rechten und nicht den rebellierenden linken Studenten anschloss. Bei Veranstaltungen kündigten die *Europäische Aktion* und das *Seminar* auch offen eine engere Zusammenarbeit an. Die Verbindung des *Seminars* mit der *Aktion* war besonders für die Sicherheitsbehörden interessant, also für das Bundesamt für Verfassungsschutz, die verschiedenen Landesämter für Verfassungsschutz und die Staatsschutzeinheiten der Polizei. Denn: Dort war spätestens ab 2016 erkannt worden, dass die *Europäische Aktion* trotz oder gerade wegen ihrer wenigen, verschworenen Mitglieder tatsächlich eine terroristische Gefahr darstellte. Die Behörden hatten registriert, dass die *Aktion* Trainingslager für den bewaffneten Kampf durchführte und immer militanter wurde. Im »Gemeinsamen Extremismus- und Terrorismusabwehrzentrum zur Bekämpfung des Rechtsextremismus/-terrorismus« (GETZ-R) in Berlin, das eingerichtet wurde, um Gruppen wie den NSU in Zukunft rechtzeitig zu erkennen und in dem vor allem das BKA und der Bundesverfassungsschutz versuchen sollen, ihre Arbeit zu koordinieren, war die *Aktion* zwischen 2016 und 2018 sechzehn Mal Thema. [156] Der damalige Chef des Bundesamts für Verfassungsschutz Hans-Georg Maaßen schrieb 2015 in einem Vermerk, dass einer der Anführer der *Aktion* aus Österreich »seit mindestens 2014« intern propagiere, dass es erforderlich sei, »konspirative Vorbereitungen für einen bewaffneten Untergrundkampf zu treffen«. [157] Inzwischen wurden ein Dutzend Männer der *Europäischen Aktion* in Österreich angeklagt. Der Vorwurf: Hochverrat und die Wiederherstellung nationalsozialistischer Organisationen. Ein Mann, der bei mindestens einem Aktionstreffen dabei war, hatte bei einem Rockfestival zwei Menschen erschossen.

Also war es keine Bagatelle, als der Major und Hauptzeuge Horst S. aus Mecklenburg-Vorpommern den Kontakt zum *Thule Seminar* suchte, das so enge Verbindung zur *Aktion* hatte. Der Kontakt blieb den Behörden nicht verborgen, da man die Tarnung des

Gruppengeflechts um die *Aktion* herum inzwischen durchschaut hatte und das Umfeld unter Beobachtung nahm, indem unter anderem die Kommunikation ausgewertet wurde.

Horst S., der Major, hatte in die zentrale Chat-Gruppe von *Nordkreuz*, die sich »Vier Gewinnt« nannte, am 17. Oktober 2016 geschrieben, ob jemand Lust und Zeit habe, am 28. und 29. Oktober 2016 an einer Veranstaltung in Bad Wildungen teilzunehmen. Am Abend des gleichen Tages verschickte er die entsprechende Einladung zu einem *Thule-Seminar* mit den Seminarinhalten. Und die hatten es in sich. Jedes Jahr veranstaltete das Seminar eine »Tafelrunde der freien Geister«, wie es hieß, eine »Werkstätte zur Strategie der kulturellen Revolution«. Diese »Tafelrunden« fanden in verschiedenen Schlössern in Hessen statt. Etwa hundert Zuhörer kamen dann zusammen, aßen fürstlich in einem Schlosssaal und lauschten Vorträgen, die von einem Podium aus gehalten wurden. Die Redner versuchten vor allem zu begründen, warum Rassismus die einzige Lösung ist.

Jedes Jahr wurde für die Veranstaltung ein anderer »geistiger Schirmherr« ausgewählt. Die Wahl der Schirmherren ließ tief blicken. In einem Jahr war der Schirmherr Jürgen Rieger, Anwalt und Altnazi, Gründer der »Artgemeinschaft«, eine dieser rassistischen Organisationen, die die rechte Szene wie Kitt zusammenhielt. Stephan Ernst, der gestanden hat, Walter Lübcke erschossen zu haben, war dort genauso aktiv wie Beate Zschäpe, die ein wichtiges Treffen der »Artgemeinschaft« besuchte, die »Hetendorfer Tagungswoche«.

Der Anwalt Rieger war ein überzeugter Rassist. Er bezeichnete es als »biologischen Verrat«, wenn ein »arischer Mann« mit einer Frau aus einer »fremden Rasse« ein Kind zeuge. Rieger hatte zudem bereits einen »Neun-Punkte-Plan zur Ausländerrückführung« entwickelt und einmal einem Journalisten gesagt: »Warten Sie es doch ab: Wenn der erste Reporter umgelegt ist, der erste

Richter umgelegt ist, dann wissen Sie, es geht los. Reporter, Richter, Polizist, Sie!«[158]

Im Herbst 2016, als sich der Major Horst S. für das Seminar interessierte, war der »geistige Schirmherr« Hans F.K. Günther. Der 1968 verstorbene Autor des Buches *Rassenkunde des deutschen Volkes* wurde auch »Rasse-Günther« genannt und war ein NSDAP-Mitglied mit goldenem Parteiabzeichen, über den ein gleichgesinnter Kollege 1935 geschrieben hatte: »Die Wucht der heutigen nationalsozialistischen Bewegung, ihre Schaffung eines einheitlichen Volksempfindens in Millionen deutscher Menschen wäre unmöglich gewesen ohne Günthers Rassenwerk, wie dieses unmöglich gewesen wäre … ohne den Siegeszug der heutigen Erblehre. So ist er mit den Erbforschern ein Wegbereiter nationalsozialistischer Weltanschauung und Politik.«[159] Ein Überzeugungstäter, der eindrucksvoll bewies, dass Intelligenz nicht vor Extremismus schützt. Er beherrschte mehrere Sprachen, wurde in den 1920er-Jahren mit seinen rassistischen Werken Bestsellerautor, verarmte trotzdem und bekam noch vor 1933 eine Professur in Jena zugeschanzt. Seine Antrittsvorlesung hieß: »Die Ursachen des rassischen Verfalls des Deutschen Volkes seit der Völkerwanderungszeit«. Adolf Hitler war bei der Vorlesung dabei und soll Günther gesagt haben: »Ich freue mich ja so, daß Sie hierher berufen worden sind.«[160] Selbst das NS-Regime setzte Günthers radikale Theorie allerdings nicht vollständig um, die nur »nordische Völker« als rein betrachtete, was die NSDAP missachtete, als sie etwa »Lebensraum« im Osten an sich reißen wollte, und auch dort »arisches Blut« vermutete. Günther verlor an Bedeutung, hatte aber die NSDAP bereits wesentlich mit beeinflusst – »Blutfremdheit bedingt Gegnerschaft« hatte er als Gebot festgelegt, und die »Aufartung« und »Wiedervernordnung« der »Nordrasse« gefordert –, denn nur die »könne im Entscheidungskampf um die Weltherrschaft zwischen dem nordischen Menschen und den jüdischvorderasiatischen Mächten obsiegen«, wie ein Biograf Günthers Weltsicht zusammenfasste.[161]

Dieser Mann also war der geistige Schirmherr des *Thule Seminars*, der »Tafelrunde der freien Geister«, »Werkstätte zur Strategie der kulturellen Revolution«. Bei der Veranstaltung 2016 im Schloss Friedrichstein wurde ausführlich über Hans F.K..Günther gesprochen, danach folgte ein Vortrag über Afroamerikaner im entsprechenden Kontext und ein flammendes Plädoyer für einen bedingungslosen Rassismus durch den *Thule-Seminar*-Gründer Krebs. So jedenfalls beschreibt es ein Gast, der selbst zur rechten Szene gehört.[162] Die Teilnehmer konnten sich noch so vornehm ausdrücken, lange, verklausulierte Aufsätze schreiben und gedämpft in Schlössern diskutieren – am Ende waren sie lupenreine, unverbesserliche Rassisten und hatten ihre »geistigen Schirmherren« mit Bedacht gewählt.

Der Major aus Mecklenburg-Vorpommern wurde vom BKA daher auch zum *Thule Seminar* befragt: »Ich habe von Frau Schwarz, die mit Herrn Krebs das Thule-Seminar organisiert, die Einladung zu dieser Veranstaltung erhalten. Da ich wusste, dass bei Jörg S. und Marko G. durchaus Interesse an derartigen Veranstaltungen besteht, habe ich die Einladung weitergeleitet. Ich selbst habe weder diese noch andere Veranstaltungen des Seminars besucht.« Mehrere Nordkreuzler, so geht aus geheimen Akten der Sicherheitsbehörden hervor, haben an der Tafelrunde des *Thule Seminars* im Schloss teilgenommen.

Was faszinierte die *Nordkreuzler* so am *Thule Seminar*? Als ich mit Major Horst S. und seiner Frau in der Küche des Ehepaars saß, versuchte er mir zu erklären, warum er sich auf das *Thule Seminar* eingelassen hatte. Er erklärte mir, dass er auf der Suche nach Informationen über seinen Großvater gewesen sei, ein Mitglied der Waffen-SS, der im Zweiten Weltkrieg in Gefangenschaft geraten war, außerdem habe er sich für einen Kalender interessiert, den das Seminar herausgegeben hat und der verboten worden sei, er habe sich einfach selbst ein Bild machen wollen. Die 2016er-Ausgabe dieses *Thule-Seminar-*Kalenders – »*Mars Ultor*« nach dem Kriegsgott aus der Römischen Mythologie benannt – war auf den Index jugendgefährdender Schriften genommen worden. NS-Funktionäre, SS-Offiziere und »Rassenforscher« sind in dem Kalender mit ihren Geburtstagen eingetragen, Hitler habe sich, so heißt es an einer Stelle, »im Dienste Deutschlands, ja letztlich wohl auch Europas, vollständig aufgerieben«. [163]

Horst S. wirkte bei unserem Gespräch so, als habe er mit Rechtsextremisten rein gar nichts zu tun und als hätte er den Behörden alles gesagt. An den Wänden in seinem Haus fanden sich keine verräterischen Bilder, es gab keine verdächtigen Bücher, Zeitungen oder andere Spuren. Doch beim Verhör mit dem *BKA* hatte er zugegeben, dass er Kontakte zu einer Familie in Nordrhein-Westfalen hatte, in der diverse Mitglieder als rechtsradikal galten. Der Major ging offenbar davon aus, dass das *BKA* über den Kontakt schon im Bilde war und bestätigte ihn deswegen. Er erzählte dem *Bundeskriminalamt*, dass er 2016 – in der heißen Phase der Verschwörung also – ein Mitglied der »Gruppe West« besucht hatte: »Die Gruppe ›West‹ ordne ich dem Ruhrgebiet zu. Aus dieser Gruppe kenne ich das Mitglied ›Gerhard H.‹, mit dem ich mich im Sommer 2016 einmal im Bereich Dortmund getroffen habe.« Gerhard H., Mitglied der »Gruppe West«, lebte tatsächlich im Ruhrgebiet. Die Sicherheitsbehörden haben ausführliche Akten über ihn angelegt, aus denen unter anderem hervorgeht, dass H. auch an Tafelrunden des *Thule Seminars* teilgenommen hat. Als ich ihn besuchte, wartete ich zunächst in dessen Wartezimmer, der Mann ist Allgemeinarzt in Essen. Das Wartezimmer war wie viele andere in der Republik damals leer gefegt, da viele Menschen zu Beginn der Pandemie lieber zu Hause blieben. Schließlich kam nicht der Arzt, sondern sein Anwalt. Der

Anwalt, mit einem Schmiss quer über eine Gesichtshälfte, erläuterte mir, was ich berichten dürfe und was nicht und wie andere Kollegen von mir mit dem Thema umgegangen seien. Er blieb zunächst freundlich. Dann jedoch kam der Arzt selbst ins Wartezimmer, jenseits der 60 Jahre, graue Haare, ein langer weißer Bart, deutlich hervorstehende Augen, eine eindrucksvolle Erscheinung, weil sie so deutlich das Klischee eines zornigen alten weißen Mannes erfüllte. Er blickte mich an und sagte sinngemäß: Sie also wollen mein Leben zerstören. Und dann, bedrohlicher, *ich weiß jetzt, wie Sie aussehen*. Der Anwalt fühlte sich offenbar angesichts dieser Drohung allein aus juristischen Gründen unwohl. Das Gespräch war danach bald beendet, ich blieb mit meinem Kamerateam auf der Straße, um weiterzudrehen. Der Anwalt, der sein Büro in der gleichen Straße wie der Arzt hatte, kam zu uns, versuchte, uns am Filmen zu hindern und sagte mir schließlich, ich solle jetzt mal »den Kopf zumachen«. Dann stapfte er davon. Sein Mandant, der Arzt, war es gewohnt, dass über ihn berichtet wurde. Drei seiner Söhne und er waren schon lange Gegenstand von *Antifa*-Recherchen, die einiges in den sozialen Medien zutage gefördert haben, da vor allem die drei Söhne des Arztes in verschiedenen rechtsradikalen Gruppen aktiv waren oder immer wieder im Umfeld rechtsradikaler Gruppen auftauchten, sich fortwährend dabei fotografierten oder fotografieren ließen. Drei Söhne waren allein bei der *Identitären Bewegung*, einer hielt dort Reden, ein anderer blockierte die CDU-Parteizentrale, posierte mit Jagdgewehren und schweren Waffen und organisierte bei einem Nazi-Rockkonzert die Sicherheit als Mitglied der *Arischen Bruderschaft*, die Thorsten Heise ins Leben gerufen hatte und die sich – so das BKA – »als eine Art Elite oder übergeordnet organisierte Kameradschaft mit entsprechendem Bekanntheitsgrad« verstehe. Motto: »Die Jungs für's Grobe«. H. selbst soll laut Akten des *Bundesamtes für Verfassungsschutz* Kontakt zur *Europäischen Aktion* haben, was er jedoch leugnet. Ausgerechnet jenen Arzt mit diesem familiären Hintergrund traf also der Major aus Mecklenburg-Vorpommern, der *Nordkreuzler* und Reservist, bei gleichzeitigem Interesse für das *Thule Seminar*. Was man im heißen Sommer 2016 besprach, das verriet der freundliche Offizier der Reserve mir nicht. Wie wichtig seine Rolle beim *Thule Seminar* wirklich war, erklärte er auch nicht. Befolgte man am Ende den Rat der *Aktion – Zusammenrücken, Zellen bilden und diese vernetzen?* Alles sah danach aus. Führende Mitglieder der *Aktion* waren überzeugt, man müsse eine »freiwillige europäische Befreiungsarmee« gründen, zuvor Parteien, Beamtenschaft, Polizei und Militär infiltrieren – denn, so schrieb ein österreichischer Aktivist der *Aktion*: »Solange den Verratspolitikern keine körperliche Gewalt angetan wird, wird sich überhaupt nichts bewegen!« Die *Aktion* hatte sich auch öffentlich darüber Gedanken gemacht, wer den gewaltsamen Aufstand anführen sollte: »Was beim kommenden Volksaufstand in Europa entscheidend sein wird, ist natürlich die Elite, die ihn anführt. Es ist uns in den letzten Jahrzehnten leider nicht gelungen, eine solche Elite zu formieren. Das muss schmerzerfüllt zugegeben werden.« Das wollte man offenbar ändern.

• • •

Die Situation der Flüchtlinge und Migranten im Sommer und Herbst 2015 kam vielen Rechtsradikalen wie gerufen. Die täglichen Nachrichten entflammten, mobilisierten und motivierten sie – rechtsextrem und rassistisch waren sie jedoch schon zuvor. Das zeigte sich auch bei einer Gruppe von Reservisten in Sachsen, die sich gegenseitig immer weiter hochschaukelten und sich bald auf eine bewaffnete Auseinandersetzung vorbereiteten. Im Mittelpunkt stand ein Mitarbeiter der AfD-Landtagsfraktion in Sachsen. Michael S. war ausgerechnet »Sozialreferent« für zwei Landtagsabgeordnete, außerdem Reservist der Bundeswehr und Mitglied der rechtsextremen Leipziger Burschenschaft Germania. [164] Die Recherchegruppe »Sachsen-Anhalt Rechtsaußen« beschäftigte sich intensiv mit dem Mann aus dem benachbarten Bundesland und brachte seine Kommunikation ans Tageslicht. [165] Schon im April 2015 schrieb er demnach einem Bekannten: »Ich wollte dich sowieso mal ansprechen bezüglich des Aufbaus einer Militärischen Einheit der überwiegen[d] Leipziger Germanen [also Mitglieder der Burschenschaft] angehören. Ich hörte deine Gedanken gehen in eine ähnliche Richtung.«

Wie die *Nordkreuzler* etwa auch, war der AfD-Mitarbeiter mehrgleisig unterwegs. Er war Reservist, beordert, wie es in der Bundeswehrsprache heißt, zu einem Kreisverbindungskommando, die im Katastrophenfall aktiviert werden und dann den Kontakt etwa zwischen Bundeswehr und Polizei halten sollen. Jeder Landkreis in Deutschland hat ein solches Kommando – das im sächsischen Weißenfels war jedoch unterwandert von Neonazis, wie die RSU in Mecklenburg-Vorpommern. Ein anderer ehemaliger Burschenschaftler, inzwischen Zahnarzt, war ein führender Reservist in Sachsen und saß während der Corona-Phase in einem Pandemie-Stab. Während er mit graumelierten Haaren Seriosität aus jeder Pore ausstrahlte, engagierte er sich parallel in der Chatgruppe »Zuflucht Beuden« – Beuden ist ein Ortsteil der Gemeinde Krostitz in Nordsachsen –, in der es vor allem um Waffen für den *Tag X* ging. Sein Freund Michael S. wechselte Anfang September 2015 mit einem Freund aus jener Chatgruppe Nachrichten aus, die Stimmung zusammenfassend:

Michael S.: »..hmm, dr Rassenkrieg scheint doch ganz lustig zu werden«
Joerg K.: .. realistisch betrachtet sind wir schon tot, es

geht nur noch um die reibungslose Schlüssel- und Hausübergabe.
Michael S.: nüscht wird reibungslos, zumindest nich da wo meine wumme glüht

Kurz darauf – viele Migranten kamen gerade am Hauptbahnhof München an – gründete Michael S. eine Chatgruppe namens »Endkampf«, für Burschenschaftler: »Ich weiß nicht wie ihr drauf seid, aber nach den Informationen die ich gerade am Wochenende bei der Bw [Bundeswehr] bekommen habe, gehe ich fest von einer echten Krise aus. Um die zu überstehen ist Vorbereitung alles. Diese geheime Gruppe ist nur eine Plattform für die Germanen [Mitglieder der Burschenschaft] um sich auszutauschen. Da meine Planung bereits steht, gebe ich Euch damit lediglich die Möglichkeit Euch selbst Gedanken zu machen.« [166] Parallel trieb er den Aufbau der Gruppe »Zuflucht Beuden« voran, wo man sich weiter über Vorräte, Waffen und Schießtraining austauschte. Als ein gewaltbereites Mitglied, Robby, mitmachen wollte, schrieb er: »aber wenn ihr Robby mitteilt, dass er mit seiner Madame willkommen is, sollte er schon auch was an lebensmitteln mitbringen, nur mal zwei Somalier aus der Ferne umgenietet zu haben, is jetzt nich so die Riesenkompetenz ...« [167] Außer dem Zahnarzt aus der Burschenschaft, der auch den seriösen Reservisten gab, machten dessen Ehefrau und unter anderem ein Sozialpädagoge mit, der zugleich Tierschützer, Veganer und Yoga-Fan war. Der AfD-Mitarbeiter und Organisator Michael S. – begeisterter Jäger und Sportschütze – brüstet sich im Chat damit, wie viel Munition er bereits gehortet hatte. Die anderen sollten möglichst auch oft schießen. Auch die Frage, wie man an Waffen herankommen könnte, wurde ausführlich diskutiert. Da man nur eine Waffenbesitzkarte bekommt, wenn man nachweislich über längere Zeit regelmäßig geschossen hat – was angesichts des drohenden »Rassenkriegs« nach Ansicht der Teilnehmer in dem Chat zu lange dauern würde –, vermittelte Michael S. seinen Freunden aus der Chatgruppe einen Kontakt der Reservistenarbeitsgemeinschaft Schießsport Nord beim sächsischen Reservistenverband. Der Vorsitzende sei ein Burschenschaftler, also ein Gesinnungsgenosse: »er is am samstag zwischen 10–13 Uhr im Schützenhof, entweder in der Waffenkammer oder hinten im reservistenzimmer, einfach nach ihm fragen. Bzgl. der ›Spende‹ sind 50,- mehr als großzügig!«

So versuchte ein Reservist der Bundeswehr und Mitarbeiter der AfD, Zivilisten dabei zu helfen, zu Waffenscheinen zu kommen, damit die am *Tag X* Waffen besitzen und nutzen können. Fotos vom Schießtraining mit leichten Sturmgewehren schickte man sich ebenfalls in der Gruppe hin und her. Als der Sozialpädagoge und Yoga-Fan fragte, ob es auch für ihn sinnvoll sei, Reservist zu werden, antwortete Schuster: »na klar, und wen es nur darum geht nen ausweis zu bekomen und ne uniform, damit kan man dan in der übergangszeit als Vertrter der statsmacht auftreten und enteignungen durchführen.« Es waren also sehr ähnliche Denkmodelle wie bei *Nordkreuz*. Als man sich in einem Chat über die Reservisteneinheiten in Sachen unterhielt, stellte einer fest: »Von der RSU Sachsen habe ich allerdings noch nichts gehört …« – ein anderer antwortete: »Die RSU in Sachsen sind wir«, darauf ein Chatteilnehmer und Anwalt aus Leipzig: »Wohl eher nsu«. *Zwinker-Smiley*.

Die Reservisten ließen es nicht bei Anspielungen. Einer von ihnen lud zu einer Veranstaltung mit einem der wichtigsten Sänger der Rechtsrockszene ein, Michael Regener, genannt Lunikoff, ehemals Kopf der Band Landser, gegen die als kriminelle Vereinigung ermittelt wurde. *Lunikoff* selbst musste dafür ins Gefängnis. In einem der Landser-Texte aus dem Jahr 1995 hieß es: »Jeder kleine Türke hat hier 'ne scharfe Wumme/ Jeder brave Deutsche ist jeden Tag der Dumme/ Oder du stehst ganz plötzlich auf den Todeslisten / irgendwelcher verrückter linker Terroristen / Glaubst du, dir hilft ein Polizist? So ein blasser grüner Knabe / Da fühl ich mich viel wohler, wenn ich meine Pumpgun habe.« Und, genauso passend: »Ich seh den Rassenkrieg beginnen / Ich spür die Wut in unserm Land / Ich weiß wir werden ihn gewinnen / Was dann passiert, ist allen wohlbekannt / Ich weiß Ihr habt alle Waffen / Und ihr seid zum Kampf bereit / Gemeinsam werden wir es schaffen / Den Aufbruch in eine neue Zeit – Eine bessre Zeit.« [168] Das Thema Bewaffnung und »Rassenkrieg« ist also seit Jahrzehnten ein Urthema der rechten Szene.

Die Kommunikation des AfD-Mitarbeiters Michael S. zeigt, wie die Radikalisierung und Vernetzung in der apokalyptischen rechten Szene seit 2015 funktionierte. Auf einer Wehrübung der Reservisten lernte der AfD-Mitarbeiter etwa ein CDU-Mitglied aus dem brandenburgischen Bernburg kennen, Kai Mehliß. Der war gleichzeitig bei *Uniter* – *Hannibals* Verein – in Brandenburg und seit Jahren als Rechtsradikaler bekannt. Als der AfD-Mitarbeiter zum Hauptmann der Reserve befördert wurde, schrieb Mehliß, laut der Recherchegruppe »Sachsen-Anhalt-Rechtsaußen«: »Herzlichen Glückwunsch und Sieg Heil, Herr Hauptmann!« [169]

Die Reservisten waren also zu einem ernsten Problem geworden, genau wie erwartet. Als Jahre später schleppend die Aufklärung begann, mussten der *MAD* und das *Bundesamt für Verfassungsschutz* (*BfV*) schließlich zugeben, dass man inzwischen über weit mehr als 1000 potenziell problematische rechtsextreme Reservisten »diskutiert« hatte und als Konsequenz über 800 Reservisten aus der Planung herausgenommen worden seien, die also nicht mehr in einer RSU oder einem lokalen Kommando eingesetzt werden durften. [170] Die Situation war offenbar außer Kontrolle geraten – die Reserve war ein offeneres Einfallstor.

Die Reserve der Bundeswehr war nur ein Knotenpunkt, an dem sich militante Neonazis und »Wutbürger«, die erst noch Nazis werden sollten, trafen. Ein weiterer Katalysator für die Radikalisierung der Szene waren die vielen Schießstände. Denn Waffen und Schießtraining standen im Mittelpunkt vieler Gespräche.

Der AfD-Mitarbeiter Michael S. pries in einer seiner Chatgruppen eine »herrliche Schießbahn« in Sachsen-Anhalt an, »absolut professionell«, wo man es krachen lassen könne und wo die Bundeswehr ebenfalls schon trainiert hatte. Der in die Jahre gekommene Tierarzt und Betreiber der Schießbahn, Walter Schöbe, zu DDR-Zeiten Mitglied in der antikommunistischen Untergrundorganisation *Kampfgruppe gegen Unmenschlichkeit (KgU)*, der später von der Bundesrepublik freigekauft wurde, war ein enger Verbündeter von Götz Kubitschek – Gründer des rechten »Instituts für Staatspolitik« in Schnellroda in Thüringen.

Kubitschek gab nicht nur den Vordenker der extremen rechten Szene, die so tut, als stehe sie mit einem Fuß noch im bürgerlichen Lager. Er war selbst ehemals Oberleutnant der Reserve, war freiwillig bei einem Einsatz in Sarajevo, über den er später ein Buch geschrieben hat, in dem er sich auch mit dem Zweiten Weltkrieg auseinandersetzt und die Ausstellung »Verbrechen der Wehrmacht« kritisiert. [171] Er wurde auch deswegen aus der Reserve geschmissen, nur um sich wieder zurückzuklagen.

Kubitschek verehrte zudem die frühen 1920er-Jahre in Deutschland, die Zeit der Freikorps: »Die sogenannte ›Konservative Revolution‹ von 1918 bis 1932 hat bis heute ihre Strahlkraft auch deshalb nicht verloren, weil sie in ihren Hauptvertretern radikal und kompromisslos war, so ganz und gar bereit für etwas Neues, einen Dritten Weg, einen Umsturz, eine Reconquista, einen revolutionären, deutschen Gang in die Moderne. … Von Harmlosigkeit, zivilisierter Zurückhaltung, Zahnlosigkeit keine Spur.« [172] Einen seiner ersten Vorträge für Gleichgesinnte hatte er über den Rechtsterroristen Ernst von Salomon gehalten, den nationalen Anarchisten.

Wie schnell man sich im rechten Milieu über den Weg läuft, kennenlernt und Allianzen schmiedet, zeigt auch Götz Kubitscheks Familie. Eine seiner Töchter ist mit einem der Söhne des zornigen Arztes aus Essen liiert, dem *Westkreuzler*, gemeinsam haben sie ein Kind. [173] Kubitschek, so berichtete ein weiterer Reservist und enger Freund des AfD-Mitarbeiters Michael S. in einem Chat, hätte zudem Pläne wie *Nordkreuz*, Schuster und all die anderen auch gehabt: »Götz baut übrigens bereits an paramilitärischen Verbänden.« Kubitschek beantwortete meine Frage zu diesem Punkt nicht. Gegenüber der *taz* dementierte er den Vorwurf.

Im Herbst 2016 stand die rechte Szene also vor dem Siedepunkt. Seit dem Sommer zuvor bewaffneten sich die Mitglieder, trainierten und planten ihre nächsten Schritte. Sehr oft ging es dabei um »Freiwilligenarmeen«, »paramilitärische Verbände«, »Kommandoaktionen«. Die für die Rechtsextremisten zuständigen Behörden, das *Bundesamt für Verfassungsschutz* und das BKA etwa, bekamen das durchaus mit, die Radikalisierung war nicht zu überhören, wenn man so viele V-Männer und -Frauen, also Spitzel, in der Szene hatte. Die Frage war nur: Wer machte wirklich ernst? Wer war bloß ein Angeber oder schnitt nur auf? Wer würde wirklich ein Attentat begehen und die Waffen einsetzen?

Dieses Problem ist für die Verantwortlichen der Terrorabwehr nicht neu. In der islamistischen Szene etwa ist es ähnlich. In manchen Gruppen wird über kaum etwas anderes als den Dschihad, den heiligen Krieg, gesprochen – nur wer zieht wirklich in diesen Krieg und wo will er ihn führen? Der Dschihadi, der am lautesten über die Gewalt spricht und andere aufhetzt? Oder vielleicht der schüchterne Junge, der still am Rande einer Gruppe steht und nur zuhört? Diese Frage stellen sich die verantwortlichen Staatsschützer vom BKA und die Verfassungsschützer vom BfV jedes Mal aufs Neue. Das galt auch für die rechte Szene und den ausgerufenen »Endkampf im Rassenkrieg«. Im Hintergrund schwang die Frage mit: Hatte man eine Gruppe, eine Zelle oder ein radikalisiertes Mitglied der Szene übersehen? Die Chance, dass genau das passieren würde, wurde im Laufe des Jahres 2016 immer größer. Zumal immer mehr Spuren ins eigene Lager führten, zur Polizei und Bundeswehr. Aber war man bereit, gegen die eigenen Kollegen zu ermitteln und sie notfalls zu stoppen?

12
»Das Merkel abknallen«

Was genau mit Staatsstreich oder Umsturz gemeint war, wurde in der rechten Szene lebhaft diskutiert. Auf den Punkt brachte es einer der Aktivisten der *Europäischen Aktion*, die mit *Westkreuz* und *Nordkreuz* verbandelt war. Er stellte intern per E-Mail eine Frage und formulierte gleichzeitig das übergeordnete Ziel – einen deutschnationaler Militärputsch: »Wer also baut die bewaffnete Befreiungsarmee im Untergrund auf (denn mit dem Berufsheer Bundeswehr kann ein deutschnationaler Militärputsch natürlich nicht mehr gemacht werden!)[?]« [174] Und: » Aber ich sage Ihnen, daß uns DAS SYSTEM, also die ›5. Kolonne‹ der Volksverratspolitiker, nur drei Möglichkeiten, uns wirksam zu wehren, übriggelassen hat, die Kommandounternehmung, – den Staatsstreich, – den Militärputsch! Solange den Verratspolitikern keine körperliche Gewalt angetan wird, wird sich überhaupt nichts bewegen!« Wenn ein solcher Putsch nicht klappen sollte, so der Akteur der *Aktion* weiter, müsste man sich auf »Kommandoaktionen« verlegen: »Etwas anderes haben uns unsere Todfeinde nicht mehr gelassen!« Und was mit diesen Aktionen gemeint war, erklärte ein Mitglied der *Europäischen Aktion* in einer E-Mail: »Kommandoaktionen (das Merkel abzuknallen und Ähnliches)«. *Das Merkel abknallen*, als sei die Bundeskanzlerin also kein menschliches Wesen, sondern ein Gegenstand, ein Objekt, das man aus dem Weg schaffen muss. Wie gewaltbereit diese Szene war, wussten ihre

Mitglieder also genau – der eine oder andere, der sich etwa auf die Gruppe um *Hannibal* eingelassen hatte, bekam es deshalb im Herbst 2016 mit der Angst zu tun.

Am 15. Oktober 2016, einem Samstag, trafen sich einige dieser Aktivisten der Gruppe um *Hannibal* in Bayern beim sogenannten »Range Day«, ein Waffenbasar, den der bayerische Händler und Kontakt von Franco A. im Schützenverein seines Heimatorts organisierte. Draußen parkten wuchtige Pick-up-Trucks, drinnen wurden große Waffen präsentiert, darunter Präzisionsgewehre mit Zielfernrohren, die angemeldete Besucher im Keller Probeschießen durften und, wenn sie wollten, danach Selbstverteidigungs-Vorführungen beobachten konnten. Der Offizier Franco A. war wieder in den bayerischen Ort gereist, blieb bis in die späten Abendstunden und mischte sich unter die 200 Waffennarren. Die drängelten sich unter anderem um den Stand eines Ausstellers aus Münster, ein ehemaliger Soldat der *Special Forces* aus dem englischsprachigen Raum, der inzwischen Spezialgerät rund um Waffen vertrieb und sich zudem damals zur Gruppe um *Hannibal* zählte. Tillee R. hatte selbst auf der Nürnberger Waffenmesse eine Gruppe gegründet – den *Cheers-Mate-Club* –, in der die Mitglieder unter anderem exzessiv über Waffen diskutierten. Der Club unterstützte Veteranen und verkaufte T-Shirts, zum Beispiel mit dem Slogan »Freedom or Fuck you« unter den Umrissen eines Sturmgewehrs. Die Pläne von *Hannibal* und den anderen gingen dem Ex-Soldaten und Clubgründer Tillee R. jedoch bald zu weit. Er warnte den Waffenhändler, der den »Range Day« mit organisierte, wie der dem *Bundeskriminalamt* erzählte: »Beim Range Day … hat mich Tillee R. drauf aufmerksam gemacht, dass die Gruppen Nord, West, Süd und Ost gefährliche Gruppen seien, von denen man sich fernhalten soll, aus dem Grund, weil sie ›kurzen Prozess‹ machen würden. … Tillee war dort auch in so einer

Gruppe ›Nord‹ und meinte, ich soll aus dieser Gruppe austreten. Er hat gesagt, ich soll da mit niemanden drüber sprechen, weil die mit einem ›kurzen Prozess‹ machen. Dann bin ich sofort ausgetreten.« Wie genau man so schnell »austreten« konnte, erörterte der Mann beim BKA nicht. Er fuhr fort: »Am selben Tag habe ich mit dem Franco noch gesprochen und habe ihm gesagt, dass ich die Gruppe verlasse, weil ich die Information bekommen habe, dass das lauter Irre sind. Er hat nichts dazu gesagt.« *Hannibal* meldete sich jedoch und wollte wissen, warum der Mann ausgetreten sei. Angeblich gab sich *Hannibal* mit einer oberflächlichen Erklärung des Waffenhändlers zufrieden. Dem BKA sagte der Waffenhändler auch: »Im Nachhinein ... mit den Angaben des Tillee denke ich, dass die Gruppe ›Süd‹ kriminell handelt.« Der Mann erzählte noch mehr: »Ich habe kurz bevor ich aus der Gruppe ausgetreten bin durch den Tillee Kontakt zu einem Beamten des Verfassungsschutzes bekommen. Wir waren zu dritt in einem Telegram-Chat, den ich aber nicht mehr gespeichert habe. Der Beamte hat mir geraten mich von dieser Gruppe fernzuhalten, weil sie gefährlich ist.« Wenn der Waffenhändler dem BKA die Wahrheit erzählt hat, dann wusste also ein weiterer Verfassungsschützer über die Gruppe Bescheid – und das im Herbst 2016. Allerdings hielten die Nachrichtendienste *Hannibal* und die anderen nicht auf. Wie lange konnte das noch gut gehen? Und was wusste und machte der Nachrichtendienst, der in erster Linie für die Bundeswehr zuständig war: der MAD?

• • •

André S. alias *Hannibal* war spätestens 2014 das erste Mal unangenehm aufgefallen, als er mit seinem Verein *Uniter* einen KSK-Soldaten an eine Zeitung mit vermittelt hatte, damit der dort sein Leid klagen konnte. Angeblich hatte das aber ebenso wenig Konsequenzen für ihn wie die rechtsextreme Masterarbeit für Franco A., den Offizier der Bundeswehr. Der *Militärische Abschirmdienst* versicherte später den Abgeordneten im Bundestag, dass man diese Personen aufgrund dieser Vorfälle nicht etwa beobachtet hätte, das alles sei erst später gekommen.

Der MAD hatte auch lange nicht mitbekommen, wie sich immer mehr Kommandosoldaten beständig weiter radikalisierten. *Hannibal* und Daniel K. waren keine Ausnahmen, sie waren nur die Spitze des Eisbergs. Als der damalige Präsident des MAD, Christof Gramm, im Sommer 2020 in einer öffentlichen Sitzung des Parlamentarischen Kontrollgremiums des Bundestages aussagen musste, führte er zunächst einen meisterhaften Dreh vor. Er erklärte, dass man von zwanzig Rechtsextremismus-Verdachtsfällen beim KSK spreche, dann schob er jedoch nach: Es seien aber nicht immer dieselben zwanzig. Einige der mutmaßlichen Rechtsextremisten hätten das KSK schon verlassen. Erst nach mehrmaligem Nachfassen rückte Gramm mit der Zahl raus, wie viele Rechtsextremisten man beim KSK ausgemacht habe: Es waren dreißig Verdachtsfälle, erst drei bereits als Extremisten eingeordnet. Darunter ein Rechtsextremist, ein Reichsbürger und ein Islamist. Mühsam muss der MAD bei jedem Verdachtsfall abklären – wer kannte wen, wer hat man mit wem gekämpft und was genau außerhalb des KSK gemacht?

Um beim MAD als Rechtsextremist, also als Verfassungsfeind geführt zu werden, muss einiges zusammenkommen, die Hürde ist sehr hoch. Man muss den Staat ablehnen und am Sturz des Systems arbeiten. Wie das genau aussah, war in einem kleinen Ort zwischen Leipzig und Dresden deutlich geworden, einige Wochen, bevor Gramm im Bundestag aussagen musste. Der MAD war durch Aussagen aus dem Umfeld eines KSK-Soldaten auf den damals 42 Jahren alten Kommandosoldaten Philipp S. aus Sachsen aufmerksam gemacht worden, im Kommando das »Schäfchen« genannt, der sich schon seit Jahren rechtsextremistisch betätigt hatte, ohne dass es der *Abschirmdienst* zunächst bemerkt hatte. Der MAD alarmierte schließlich im Frühjahr 2020 die Strafverfolgungsbehörden in Sachsen, mit dem Hinweis, dass man sehr tief im Garten von Philipp S. graben müsse, um fündig zu werden. Die Polizei stellte daraufhin drei Tage lang das Haus des Kommandosoldaten auf den Kopf und buddelte das Grundstück um – die Mühe lohnte sich: Man fand ein Waffenlager und rechtsextreme Propaganda in rauen Mengen. Die Schriften offenbarten, dass das *Schäfchen* sich in einem sehr klaren ideologischen Rahmen bewegte. Er besaß die Sonderausgabe eines Nazi-Hefts über einen führenden Propagandisten der Waffen-SS: Kurt Eggers. Der hatte sich noch als minderjähriger Freiwilliger in den 1920er-Jahren zu den rechtsradikalen Freikorps gemeldet – da war sie wieder, die Faszination für die Freikorps. 1939 meldete sich Eggers freiwillig zur Waffen-SS, wo er erst in der 5. SS-Panzer-Division Wiking eingesetzt war, die zahlreiche Juden in Ost-Europa ermordet hatte, schließlich wurde Eggers in die Propaganda-Division versetzt. 1943 starb er an der Front. Er war in der NS-Zeit auch als Dichter bekannt und fasste einen der zentralen Gedanken der Bewegung zusammen, die im Wesentlichen davon ausgeht, dass Deutsche zu Friedenszeiten zu vertrauensselig, arglos und gutgläubig werden: »Wer den Deutschen erstarken lassen will, muß ihn in Not und Entbehrungen zwingen. ... Man hat den Deutschen gelehrt, der Haß sei verwerflich. Und der Deutsche hat diese Lehre geglaubt! Erst spät hat er erkennen müssen, daß der echte Haß so edel ist wie die echte Liebe.«[175] *Der echte Hass so edel wie die echte Liebe* – das war der Grundgedanke im Herzen der NS-Ideologie, den so viele Neonazis heutzutage wiederbeleben wollen.

Der KSK-Soldat besaß zudem Ausgaben der Zeitschrift »Nation und Europa«, die ehemals vom Chef des *Thüringer Heimat-*

schutzes, der Keimzelle des NSU, Tino Brandt, mit verlegt wurde. Er hatte zudem eine Ausgabe der »UN Unabhängig Nachrichten« aufbewahrt, in der regelmäßig verurteilte Rechtsterroristen schrieben, darunter Manfred Roeder. Zudem veröffentlichte dort der Ex-MAD-Mann Wolfgang Juchem seine Gedanken. Schließlich fand man ein SS-Liederbuch bei dem Mann, in dem unter anderem das inoffizielle Lied der Waffen-SS steht, das auch für die Zeile »Wenn Brüder schweigen« bekannt ist: »Wenn alle untreu werden, so bleiben wir doch treu ...« Wenn Brüder schweigen – so nannte sich in auch eine rechtsterroristische Gruppe aus den USA, »The Order – Bruder Schweigen« [ohne Umlaut im Amerikanischen], die in der rechten Szene verherrlicht wird, weil sie das Buch *The Turner Diaries* in die Tat umgesetzt hat. Darin wird beschrieben, wie die Gruppe »The Order« die »weiße Rasse« im finalen »Rassenkrieg« anführt.[176] Die Faszination des KSK-Soldaten für die Waffen-SS war ebenfalls groß: Er hatte vierzehn Ausgaben der Zeitschrift »Der Freiwillige« aufbewahrt, die als Blatt für ehemalige Angehörige der Waffen-SS gegründet worden war und das zeitweise von Ex-Generälen der »Schutzstaffel« verantwortet wurde. Als KSK-Soldat las *Schäfchen* jedoch nicht nur. Er sammelte vor allem auch Munition, Waffen und Kriegsausrüstung. Ganz wie Marko G. für *Nordkreuz*.

Darunter war eine Kalaschnikow AK 47, deren Besitz gegen das Kriegswaffenkontrollgesetz verstößt. Zudem hatte er zwei Kilogramm PETN – Plastiksprengstoff – auf seinem Grundstück, dazu PETN-Sprengfolien und zehn dazu passende Zünder der Marke »*Shocktube*«. Islamistische Terroristen benutzen regelmäßig PETN für ihre Anschläge.

Der KSK-Soldat hatte außerdem die Hülse und das Griffstück einer verschossenen Panzerfaust bei sich versteckt, Messer, eine Armbrust mit Pfeilen, einen Teleskopschlagstock, einen Sportbogen, Waffenteile, Übungshands- und Blendgranaten – dazu mehrere »tausend Stück Gewehr- und Pistolenmunition«; genauer bezifferten die ermittelnden Behörden die Zahl nicht. In der Liste wurde auch ein Schalldämpfer aufgeführt – für welche Waffe, teilten die Behörden nicht mit. Der KSK-Soldat hatte auch Speicherkarten, Laptops, Handys, GPS-Geräte und sonstige elektronische Ausrüstung bei sich versteckt. Zudem eine Box mit Testosteron, das körpereigene Sexualhormon, das auch als Doping- und Aufputschmittel funktioniert. Der Mann hätte wie einst Rambo, nur in diesem Fall von Sachsen aus, einen Ein-Mann-Krieg führen können.

Das *Schäfchen* war nicht allein, wie später auch der MAD-Chef zugeben musste. Und es wurde noch peinlicher für den *Abschirmdienst* – ein MAD-Offizier wollte mit seinem Wissen über die Durchsuchung in Sachsen angeben, übergab Fotos der Beweismittel ausgerechnet an einen Soldaten des KSK – der die dann beim *Kommando* weiterverteilte, insgesamt zehn KSK-Mitglieder sahen die Bilder der Durchsuchung, zwei davon wurden selbst als rechtsextremistische Verdachtsfälle eingestuft. Eines von vielen absurden Sicherheitslecks in deutschen Behörden.

Der Kommandosoldat Philipp S. wurde festgenommen und kam in Untersuchungshaft. Die Ermittler des Landeskriminalamts Sachsen versuchten mühsam dem Mann nachzuweisen, was er mit den Waffen und dem Plastiksprengstoff vorhatte, den er, so eine Theorie, von der Bundeswehr gestohlen hatte. Nur: Warum? Die Generalstaatsanwaltschaft Dresden erhob schließlich Anklage, allerdings nur wegen eines Verstoßes gegen das Kriegswaffenkontrollgesetz, nicht wegen terroristischer Bestrebungen – das Verfahren hätte ja die Bundesanwaltschaft einleiten müssen. Wie beim *Nordkreuzler* und Polizisten Marko G. wurde also nur der Waffenbesitz thematisiert, seine politische Einstellung, seine Kontakte spielten zunächst keine Rolle. Doch die sind tatsächlich äußert interessant. Die Auswertung des Telefons und anderer Datenträger zeigten, dass der KSK-Soldat Philipp S. Kontakt in den Norden hatte, darunter zu Frank T., dem Besitzer von *Baltic Shooters*, dessen Telefonnummer der Kommandosoldat gespeichert hatte. T. hatte Ende 2015 die *Standard Operation Procedure* von KSK-Soldaten bekommen. Die Ermittler entdeckten, dass Philipp S. weitere Kontakte zu *Nordkreuz* hatte: Es gebe außerdem »Indizien für ein Kennverhältnis«, wie es in einem Dokument des Verteidigungsministeriums heißt, zu zwei Polizisten, die wiederum in Verbindung zu Marko G., dem *Nordkreuzler*, standen. Ein KSK-Ausbilder mit einem Waffenlager im Garten, das an die Sammlung von Marko G. erinnert, dazu Literatur und Hefte über die NS-Szene, hat außerdem Kontakte zu eben jenen *Nordkreuzlern* – das ist brisant, aber noch kein Beweis für die Existenz eine terroristischen Vereinigung. Durch die Trainingseinheiten an vielen Orten, Veranstaltungen wie dem *Special Forces Workshop* und von gemeinsamen Einsätzen kennt man sich in der kleinen Szene der Spezialeinheiten von Bundeswehr und Polizei, Kontakte können also rein informell entstanden sein.

Die Nachrichtendienste generieren allerdings inzwischen auch viele Informationen gerade über das KSK, die über die öffentlich bekannten Informationen hinausgehen und zusätzlich die Frage aufwerfen, was genau einige KSK-Soldaten vorgehabt haben – und ob all diese »Kennverhältnisse« tatsächlich harmlos sind. So erfuhr der MAD von einem besorgniserregenden Treffen in Baden-Württemberg, an dem Kommandosoldaten teilnahmen, die inzwischen als Rechtsextremisten eingestuft werden. Die Informationen, die der MAD über dieses Treffen erhielt, sind spärlich, da sie aus zweiter Hand stammen. Mehrere Kommandosoldaten, erfuhr der MAD, hatten sich im »Winter 2016« mit Zivilisten getroffen, die eher bürgerliche Berufe hatten, um über den Sturz der Regierung zu sprechen, ähnlich wie es *Hannibal* mit den Freimaurern getan hatte. Über das Treffen in Baden-Württemberg wurde der MAD also erst fast vier Jahre, nachdem es stattgefunden haben soll, informiert – zu einem Umsturz war es bekanntlich nicht gekommen. Wie also sollte man mit der Information umgehen? War alles nur Gerede?

Das genau war lange die Erklärung des MAD-Präsidenten Gramm: Netzwerke – verstanden als fest organisierte Kontakte – gebe es nicht, sagte er etwa dem Bundestag ausdauernd. Doch als die Informationen seines eigenen Dienstes so dramatisch wurden, wurde diese Sichtweise ad absurdum geführt, Gramm gab schließlich im Sommer 2020 zu: »Eine Untergrundarmee haben wir bislang zwar nach wie vor nicht entdeckt, aber Beziehungsgeflechte – oder wenn Sie so wollen Netzwerke bzw. Strukturen – mit unterschiedlicher Qualität finden wir sehr wohl.« Der MAD-Präsident war trotz dieser späten Kehrtwende nicht mehr zu halten – auch weil er zu lange Schlüsselinformationen über Mitglieder des KSK zurückgehalten hatte, offenbar auch, um die Frage nach den Fehlern des MAD nicht zu dominant werden zu lassen.

Und eine zentrale Frage konnte der MAD ebenfalls nicht beantworten, was für die Abgeordneten im Bundestag, aber auch für das Verteidigungsministerium äußert unbefriedigend war: Warum glichen sich die Ziele und Pläne verschiedener KSK-Soldaten und rechtsradikaler Freunde so stark? Es ging immer um einen Umsturz, über die politischen Feinde, mit denen man abrechnen wollte, zudem wurden Waffenlager angelegt – war es also Zufall, dass verschiedene KSK-Soldaten, die zum Teil zusammen gekämpft hatten, oft in der gleichen Kompanie, spätestens ab dem Jahr 2016 die gleichen Pläne zu schmieden schienen – nur mit anderen Komplizen? Haben sie schlicht eine Stimmung aufgenommen, die sich über alle in der rechten Szene zur der Zeit intensiv verbreitete? Oder waren die Schritte koordiniert und abgesprochen?

Hier stehen die Nachrichtendienste erst am Anfang ihrer Arbeit. Noch verstehen sie die Zusammenhänge nicht, zu spät hat etwa der *MAD* erkannt, dass Elitesoldsaten auf Tuchfühlung mit der militanten rechten Szene gingen, man sich vernetzte, obwohl der Dienst genau diese Erkenntnisse schon in den 1990er-Jahren noch selbst hatte. Damals hatte man erkannt, dass viele Rechtsradikale sich gezielt bei Eliteverbänden bewarben. Gut fünfzehn Jahre später hatten viele Rechtsradikale in der Bundeswehr Karriere gemacht, gleichzeitig war es für sie nun sehr viel einfacher geworden, sich mit Rechtsradikalen auszutauschen. Die rechtsextremistischen Soldaten vernetzten sich mit rechtsextremen Zivilisten digital, kommunizierten in Chats sowie per WhatsApp und bestärkten sich bei Facebook, Telegram oder andernorts gegenseitig in ihrer radikalen Meinung. Ausländer raus, Merkel weg, Muslime am besten tot. Und niemand unterbrach diese Rückkoppelung zunächst.

So hatte ein weiterer Soldat, der beim *KSK* ausgebildet worden ist, Kontakt zu einer Gruppe in Chemnitz, die nicht mehr nur geredet hatte, sondern, konkrete Planungen für einen Umsturz getroffen hatte, so konkret, dass die Kernmitglieder der Gruppe bereits verurteilt sind.

Ausgerechnet Chemnitz. Lange so etwas wie das Zentrum der rechten Bewegung, weil dort führende rechtsradikale Anführer lebten, die besonders gut vernetzt waren. Nach Chemnitz flohen auch Uwe Böhnhardt, Uwe Mundlos und Beate Zschäpe, als sie 1998 untertauchten. Hier bauten sie den *NSU* auf, mithilfe der Chemnitzer Szene. Die blieb auch radikal, nachdem Mundlos und die anderen im Jahr 2000 weiter nach Zwickau zogen. Zu einer der vielen militanten »Kameradschaften«, die in Sachsen rund um Chemnitz aktiv war, gehörte die Gruppe *Sturm 34*, die einen sächsischen Landstrich über Jahre terrorisierte, mit roher, unberechenbarer Alltagsgewalt, zeitweise beteiligten sich 150 Mitglieder daran. Man überfiel Jugendclubs, schlug Menschen mit Baseballschlägern zusammen, lauerte Opfern auf. Das Kerngebiet war nur 50 Kilometer südlich des Wohnorts des KSK-Soldaten *Schäfchen* entfernt – ob man sich kannte, konnten die Ermittler bisher nicht feststellen. 2007 verbot das Sächsische Innenministerium den *Sturm* 34, ein Gericht konnte sich später aber nicht dazu durchringen, die Gruppe als kriminelle Vereinigung einzustufen. Das kritisierte der Bundesgerichtshof, verwies den Fall zurück nach Sachsen, wo die Gruppe *Sturm* 34 dann doch als kriminelle Vereinigung eingestuft wurde, die Mitglieder allerdings wurden nur zu Bewährungsstrafen verurteilt. Einige Kernmitglieder mussten wegen anderer Delikte ins Gefängnis, nach dem Ende der Haft waren sie jedoch nicht etwa alle geläutert. Wie viele 100-Prozentige ließen sie nicht von der rechten Szene. So sollte der Anführer des *Sturms* 2018 eine neue Gruppe gründen: *Revolution Chemnitz*. Mindestens ein Mitglied bot sich dabei dem Verfassungsschutz als Informant an. Schon bei *Sturm* 34 war ein Polizist eingesetzt, der als Mittelding zwischen V-Mann und verdecktem Ermittler agierte und sich aktiv in die Schlägergruppe einbrachte. [177] Die Mitglieder der neuen Gruppe *Revolution Chemnitz* gingen wieder dem Alltagsterror nach, griffen erneut Migranten an, trugen T-Shirts mit den Aufschriften »Abgestempelt. Weil wir Deutsch fühlen. Rechtsterrorist NAZI Tätervolk«, »Angriff«, »Volksaufstand Ostdeutschland«, kontrollierten in dieser Kleidung Ausweise und Taschen von Passanten auf der Straße in Chemnitz, spielten sich als Bürgerwehr auf. [178] Aber sie planten auch Terror im ganz anderen Ausmaß, wie interne Chats zeigten. Man wollte »effektive Schläge« gegen »Linksparasiten, Merkelzombies, Mediendiktatur und deren Sklaven« durchführen, man plante die »Revolution«. [179] Der NSU würde dagegen wie eine »Kindergarten-Vorschulgruppe« wirken, so die Mitglieder der Gruppe in einem Chat. Und immer wieder ging es darum, sich

Waffen zu beschaffen – Maschinenpistolen und Pistolen. An einem 3. Oktober, so war der Plan, wollte man die Systemwende herbeiführen. Genau wie Franco A. dachte man über »False-Flag-Attacks« nach, um einen Bürgerkrieg auszulösen: »Wenn es nicht von alleine geschieht muss es nur so aussehen als hätten die Parasiten angefangen. Bedeutet wir dürfen nicht erwischt werden sondern der Fokus liegt darauf, dass die Beamten denken links dreht frei.« Dann, so schrieb die Gruppe, seien auch »die Bullen zu 88,88 % auf unserer Seite«. [180] Zwei Mal die 88 war in dem Fall ein Code für Heil Hitler.

Ein Kommandosoldat, der inzwischen das *Kommando* verlassen haben soll, hat nach Informationen des *MAD* in der fraglichen Zeit Kontakt zur inzwischen als rechtsterroristische Gruppe verurteilten *Revolution Chemnitz* gehalten. Details hält man aus der Öffentlichkeit, meine Frage nach Kontakten von *KSK*-Soldaten zu Terrorgruppen beantwortete das Verteidigungsministerium so: »Die Fragen ... zielen zu großen Teilen auf geheimhaltungsbedürftige Informationen ab, die im Hinblick auf das Staatswohl und unter Berücksichtigung der operativen Sicherheit möglicher nachrichtendienstlicher Operationen des *Militärischen Abschirmdienstes* grundsätzlich einzustufen sind und deshalb nicht veröffentlicht werden dürfen.«

Die Informationen des *MAD*, die Ermittlungen der Strafverfolgungsbehörden und journalistische Recherchen zeigen bereits, dass zwei Welten verschmolzen sind, die nicht hätten verschmelzen dürfen: Kommandosoldaten, die für enorme Summen von der Bundeswehr an vielen Ort der Welt zu vermeintlich perfekten, mythischen menschlichen Waffen ausgebildet worden waren, stehen in Kontakt zu Straßenschlägern, die, seit sie noch fast Kinder waren, auf Andersdenkende, anders Aussehende oder einfach nur auf das nächste unschuldige Opfer losgestürmt waren, um sie zu schlagen, zu treten, zu verletzen und zu dominieren, um später, berauscht von größeren Zielen, vom Umsturz zu träumen. Inwieweit man bei KSK-Kandidaten, wie bei *Hannibal* etwa, Jugendstrafen geduldet oder übersehen hat, und damit gleichzeitig verpasst hat, private Kontakte aus der Jugendzeit zu überprüfen, durch die man möglicherweise auf persönliche Kontakte zu organisierten Rechtsradikalen gestoßen wäre, ist eine der Fragen, die etwa der MAD nun Jahre später mühsam aufarbeitet. Die Sicherheitsüberprüfungen der KSK-Kandidaten waren deutlich zu lasch.

Gleichzeitig suchen Kommandosoldaten Kontakt zu bürgerlichen Zivilisten, die – wie sie selbst – von einem Umsturz zu träumen scheinen. Eine ungewöhnliche und äußerst gefährliche Mischung, die sich an vielen Orten in den Untergrund der Gesellschaft ätzte. Kommandosoldaten und Elitepolizisten taten sich mit gewaltbereiten militanten Neonazis zusammen, die geprügelt, gehetzt und gejagt hatten – und eine koordinierte staatliche Bekämpfung dieser neuen Bedrohung war zunächst nirgends zu erkennen. Man hatte nicht einmal versucht, den Feind rechtzeitig zu erkennen. Erst vier Jahre später holte man etwa beim MAD auf, erkannte 600 verdächtige Rechtsextremisten bei der gesamten Bundeswehr. Rechtsextremisten allerdings, die sich meist wie die weit mehr als zwei Dutzend verdächtigen Kommandosoldaten über Jahre ungestört radikalisieren und vernetzen durften – und sich Ende 2016 zunehmend so fühlten, als käme ihnen der Feind im eigenen Land immer näher.

• • •

Im Winter 2016, kurz vor Weihnachten, kam er, der große Knall, auf den so viele gewartet haben, ein Anschlag, der Deutschland erschütterte. Am 19. Dezember, kurz vor 20 Uhr, raste ein schwarzer Lkw der Marke Scania am Bahnhof Zoo vorbei die Hardenbergstraße in Berlin hinunter, scherte nach rechts aus und fuhr mitten in den Weihnachtsmarkt an der Gedächtniskirche auf dem Breitscheidplatz hinein. Der Sattelschlepper, der mit Baustahl beladen war, rollte über Stände hinweg, über die Menschen, die dort nach Feierabend einen Glühwein tranken oder über den Markt flanierten. Der Lkw kam nach gut 70 Metern zum Stehen, die Notbremsung hatte sich aktiviert, er hatte jedoch zuvor bereits Dutzende Menschen schwer verletzt, zwölf der Opfer starben noch auf dem Weihnachtsmarkt oder später im Krankenhaus. Der Fahrer kletterte aus dem Führerhaus und flüchtete. Wie die Polizei später ermittelte, war der Attentäter Anis Amri, ein 24-jähriger Flüchtling aus Tunesien, seit anderthalb Jahren in Deutschland. Er hatte zuvor den Lkw gekapert, dem polnischen Fahrer in den Kopf geschossen, um dann quer durch die Stadt zum Weihnachtsmarkt zu fahren. Die Polizei fand noch in der Nacht am Tatort eine Geldbörse, darin eine Aufenthaltsgenehmigung von Amri. Die Ermittler hatten also sehr schnell solide Anhaltspunkte, die darauf hindeuteten, dass möglicherweise Islamisten in der Hauptstadt zugeschlagen hatten. Die Information – der Täter stammte aus Nordafrika – wurde schnell an die Presse durchgesteckt, gleichzeitig bat die Polizeiführung darum, zunächst nicht über diesen Hintergrund zu berichten, da die Fahndung nach Amri noch lief. Die Information wurde dennoch schnell öffentlich – Lutz Bachmann, der Organisator der Pegida-Demonstrationen in Dresden, twitterte drei Stunden nach dem Anschlag: »Interne Info der Berliner Polizeiführung: Täter tunesischer Moslem. Natürlich nur meine Glaskugel und keine Informanten. Das [sic] der Generalbundesanwalt übernimmt, spricht für die Echtheit.« Dass Bachmann, der Pegida-Agitator, keine Informanten hatte, stimmte jedoch nicht. Er twitterte später selbst auf Englisch, nachdem ihn etwa die *New York Times* angeschrieben hatte, woher er diese Schlüsselinformation habe: *»quiet [sic] easy ... just need the right connections and a whistleblower that is sick of the lies!«* Bachmann wurde vom Amri-Untersuchungsausschuss gefragt, woher er diese Information genau gehabt habe, worauf der Pegida-Gründer antwortete, er habe 40 Minuten nach dem Anschlag einen anonymen Anruf mit Angaben zum Täter erhalten. Der Anrufer habe sich als Polizist vorgestellt und mit Berliner Dialekt gesprochen. Von dem angeblichen Polizisten kam die Information, dass der Attentäter Tunesier sei. [181] Wann genau der erste Ermittler am Tatort den Ausweis Amris fand und seine Nationalität feststellte, war durch den Ausschuss nicht genau zu ermitteln, zu chaotisch war die Lage nach der Tat. Der Pegida-Gründer Bachmann fügte im Ausschuss dann noch an, dass er nach dem Telefonat eine SMS gleichen Inhaltes erhalten habe, von einem Internet-Dienst, »wo man SMS anonym verschicken kann«. Der Ausschuss konnte letztendlich nicht klären, ob Bachmann die Wahrheit sagt und ob es den Polizeiinformanten wirklich gab – oder ob Bachmann einfach nur geraten hatte.

Amri floh nach der Tat durch Europa, über die Niederlande, Belgien, Frankreich nach Mailand in Italien, wo er einen Tag vor Weihnachten, in den frühen Morgenstunden, in dem Vorort Sesto San Giovanni zwei Polizisten auffiel. Die wollten ihn kontrollieren, Amri zog eine Waffe, feuerte, traf einen der Polizisten in der Schulter, dessen Kollege schoss zurück und tötete Amri. Der Schütze, der 29-jährige Polizist Luca Scatà aus Sizilien, sollte eigentlich das Bundesverdienstkreuz bekommen, doch dann tauchte ein Foto von ihm auf, im November 2015 aufgenommen, auf dem er lächelnd den rechten Arm nach oben streckt. Der Mann, so stellte sich heraus, war ein Rechtsradikaler, genau wie sein Streifenkollege. Am Tag der Befreiung Italiens durch Truppen der Partisanen, die das faschistische Regime mit besiegt hatten, schrieb Scatà auf Facebook über italienische Soldaten, die sich ergaben: »Nicht alle haben Verrat begangen. Viele entschieden sich, der Fahne treu zu bleiben und das Leben für sie zu geben. Ich gehöre zu diesem Italien, zu diesen Italienern, die keinen Verrat begangen haben und die sich nicht ergeben haben.« [182] Probleme mit rechten Polizisten gab es also nicht nur in Deutschland.

In den Jahren nach der Tat wurde deutlich, dass die deutsche Terrorabwehr bei Amri, wie zuvor beim NSU und wie vor dem 11. September 2001, ein weiteres Mal versagt hatte, allerdings nicht weil man den Mann übersehen oder seine Gefährlichkeit nicht erkannt hätte. Im Gegenteil. Amri war schon in Italien, wohin er 2011 von Tunesien aus geflohen war, als Gewalttäter aufgefallen. Als registrierter Flüchtling prahlte er dann 2015 in Deutschland so intensiv mit seinen Kontakten zum Islamischen Staat, dass er von einem anderen Migranten gemeldet wurde. Amri wurde in der Folge überwacht, beschattet, abgehört, er geriet an einen V-Mann, der bald berichten konnte, wie gefährlich Amri war, dass der Tunesier unbedingt ein Attentat begehen wollte. Doch trotz all dieser besorgniserregenden Informationen wollen die deutschen Sicherheitsbehörden im September 2016 Amri – kollektiv – aus dem Blick verloren haben. Ein Untersuchungsausschuss des Bundestags versuchte jahrelang zu klären, wie genau das passieren konnte. [183] Mangelnde Absprache zwischen verschiedenen Behörden, Überlastung – oder ein gefährliches Spiel der Inlandsnachrichtendienste, die über die Verfolgung Amris mehr über die Szene herausbekommen wollten; keine Erklärung – oder eine Mischung all dieser Erklärungen – kann bis heute ausgeschlossen werden.

Ein deutliches Muster war trotzdem schnell zu erkennen. Für die Inlandsnachrichtendienste lief es beim Fall Amri wie so oft in der rechten Szene: Die Informationen flossen reichlich, doch man sah erst mal zu, sammelte weiter Hinweise auf die nächste Gruppe und die nächste Verknüpfung. Die Situation hatte sich dabei noch mal verschärft: Denn Amri selbst war eines dieser Szenarien, von dem etwa die Mitglieder der Gruppe *Hannibal* ständig gesprochen hatten: Ein Kämpfer des IS sickert in Deutschland ein, zu einem Zeitpunkt, als kaum jemand an der Grenze kontrolliert wurde, er nimmt Kontakt zu dem existierenden islamistischen Netzwerk in Deutschland auf, radikalisiert sich weiter und schlägt dann, eng geführt aus dem Ausland, zu. Und die Behörden scheinen zuzuschauen. Wie würden nun die rechtsradikalen Verschwörer reagieren, die ja obsessiv über die islamistische Bedrohung diskutiert hatten und sich schon im Krieg mit den Dschihadis wähnten? War jetzt der Moment gekommen, wo weitere Anschläge die Stimmung in Deutschland endgültig zum Kippen bringen könnten – Richtung Chaos, Aufruhr, Bürgerkrieg, von dem die Verschwörer so träumten?

Nur wenige Tage nach dem Anschlag von Amri handelte der Offizier Franco A. – er reiste nach Österreich. Er hatte offenbar Großes vor. Zuvor wurde er im November persönlich im Nürnberger *Bundesamt für Migration und Flüchtlinge* angehört. Ausgerechnet ein Soldat befragte ihn, ein Unteroffizier, der in Afghanistan eingesetzt war und nun im Bundesamt, seit dem Sommer 2015 überlastet, helfen sollte. Ein Unteroffizier befragte also einen Offizier, der sich als Asylbewerber ausgegeben hatte, der meist auf Französisch antwortete, behauptete, er könne als Christ aus Syrien kaum Arabisch. Sein Fall wurde danach weiter bearbeitet, der Bundeswehr-Unteroffizier meldete den sonderbaren Fall nicht. Franco A. wurde schließlich im Dezember für ein Jahr der sogenannte subsidiäre Schutzstatus zugestanden – den bekommen Menschen, die weder ein Recht auf Asyl haben noch als Kriegsflüchtlinge anerkannt werden können, denen aber in ihrer Heimat etwa Folter oder andere Übergriffe drohen. Wenig später reiste Franco A. nach Wien, wo sein Leben schließlich endgültig aus der Bahn geworfen wurde und der Offizier gleichzeitig die gesamte Bundeswehr in ihre tiefste Krise riss.

13
Viribus Unitis

Die Bundeswehr war auch ein Ort, wo sich Gleichgesinnte trafen – man kannte und erkannte sich, auf dem Kasernenhof, bei den Manövern, in den Lehrgängen. Schon der damalige Chef des MAD Rudolf von Hoegen sagte 1998 im Untersuchungsausschuss, »dass Rechtsextremisten sich offensichtlich, wenn sie in der gleichen Einheit sind, erkennen oder riechen – die merken das –, und dann sind sie zusammen«.[184] Sie konnten sich auch deshalb riechen und erkennen, weil sie bei der Bundeswehr keine Angst haben mussten, große Nachteile zu erleiden, wenn sie ihre Gesinnung zeigten oder gar auslebten.

Franco A. lernte bei einem Lehrgang, wo er zum Oberleutnant ausgebildet wurde, mehrere dieser Gleichgesinnten kennen. Darunter war ein Soldat, dessen Vater ein Geschäft in Halle an der Saale hatte – dem Geburtsort von *Hannibal* – und der außerdem als Reichsbürger bekannt war. Der Vater hatte dem Autor Tobias Ginsburg, der verdeckt in der Reichsbürgerszene recherchiert hatte, offen seine Meinung gesagt: »Und in Hermann Görings geliebter Rominter Heide, versteckt in den grünen Hügeln, da werden wir ›ein Bootcamp machen‹. Schon bald. ›So *Wehrsportgruppe-Hoffmann*-mäßig, verstehste?‹«[185] Dieser Reichsbürger, Thomas T., hatte mehrere Kinder. Sein Sohn Maximilian ging zur Bundeswehr, seine Tochter war später mit Franco A. liiert. Mit ihrem Bruder Maximilian verband Franco A. aber noch mehr: die klare rechte Gesinnung. Die beiden gründeten mit anderen angehenden Offizieren und weiteren gleichgesinnten Freunden eine Chatgruppe – »*die Fickfieseln*«. Wie einige der KSK-Soldaten war also Franco A. in vielen Gruppen unterwegs, kommunizierte mit Soldaten und Zivilisten – aber der Tenor blieb immer gleich. Franco A. verbreitete weiter seine Gedanken über den Zustand Deutschlands: »Die Parteien täuschten Demokratie nur vor, die wahren Entscheidungsträger blieben unentdeckt. Mit Hilfe der Polizei und der Nachrichtendienste werde das Freiheitsstreben der eigenen Bevölkerung unterdrückt und kriminelle staatliche Interessen durchgesetzt«, so fasste der Bundesgerichtshof Franco A.'s Weltsicht zusammen. [186] Der Offizier lud auch Bilder und Videos in der Gruppe hoch. Ein Foto, das er Ende Januar 2017 verschickte, zeigte das Versteck einer Pistole – jene Handfeuerwaffe der Marke Manufacture d'armes des Pyrénées Françaises, Modell 17, Kaliber 7,65 Browning, die bis 1944 hergestellt wurde. Die Pistole war in ein Tuch eingewickelt und hinter einer schmalen Tür aus Metall ohne Türklinke versteckt. Die Tür war in Brusthöhe oberhalb eines Klosetts in einem größeren Toilettenraum in die gekachelte Wand eingebaut, dahinter war ein kleiner Hohlraum. Der Raum selbst ist etwa für Menschen in Rollstühlen geeignet und fand sich am Eingang der Herrentoilette im neu renovierten Abflugterminal 3 des Wiener Flughafens. In diesen Bereich, neben Schnellrestaurants und Duty-free-Läden, kommt man ohne Ticket und Sicherheitskontrolle hinein. Hier also, hinter einer Tür auf der Behindertentoilette, für die man einen speziellen Inbusschlüssel oder einen spitzen Gegenstand braucht, um sie öffnen zu können, legte Franco A. die Pistole mit der passenden Munition am Nachmittag des 22. Januar 2017 ab. Er war zwei Tage zuvor von Straßburg nach Wien gereist. In der österreichischen Hauptstadt stand einer der Höhepunkte der Ballsaison an: Der 84. Ball der Offiziere in der Wiener Hofburg, ausgerichtet vom Bundesheer Österreichs, zu dem 3 400 Besucher erwartet wurden, darunter der österreichische Verteidigungsminister und sein Generalstabschef, zudem viele Offiziere aus allen Teilen der Welt.

Franco A. traf sich beim Ball mit dem Sohn des Reichsbürgers, Oberleutnant Maximilian T. und dessen Schwester. T. trug Uniform, Franco A. einen Smoking, angeblich hatte er seine eigene Uniform im Zug liegen lassen, wie T. beim BKA aussagte.[187] Das Motto des Balls: *Viribus Unitis* – mit vereinten Kräften. Nach der Ballnacht verbrachten die deutschen Offiziere noch einen Tag in Wien, um am Morgen darauf gemeinsam zum Flughafen Schwechat zu fahren. Franco A. versteckte die Waffe, machte ein Foto, filmte einige Läden in der direkten Umgebung im Terminal und schickte dann Film und Foto an die anderen Chatgruppen-Teilnehmer. Mindestens einer der Chat-Teilnehmer, ein deutscher Soldat, lebte zu dem Zeitpunkt in Österreich. Später wollten die Empfänger der Nachricht nicht verstanden haben, was Franco A. mit dem Foto des Verstecks hatte kommunizieren wollen. Nachdem er die Nachricht abgesetzt hatte, ging der Offizier durch die Sicherheitskontrolle zu seinem Gate und flog zurück nach Frankreich. Aber er kehrte bald zurück. Schon eine Woche später buchte Franco A. einen One-Way-Flug nach Wien für den 3. Februar. Am Abend dieses Tages stand ein weiterer Ball an, eine Veranstaltung allerdings, die Wien seit Jahren in Aufruhr versetzte – seit 2013 richtete die FPÖ den Akademikerball, aus, zuvor wurde der Tanz von mehreren schlagenden Studentenverbindungen aus Österreich unter anderem Namen organisiert. Weil dort regelmäßig Rechtsextremisten aus ganz Europa auftauchten, gab es Proteste linker Aktivisten, die in manchem Jahr Straßenschlachten zwischen Protestlern und der Polizei zur Folge hatten. Auch war der Ball, der traditionell am letzten Freitag im Januar stattfand, regelmäßig auf den Holocaust-Gedenktag am 27. Januar gefallen, an dem weltweit der Befreiung von Auschwitz gedacht wird. 2017 verschoben die Veranstalter den Ball nach großem Druck daher auf Anfang Februar – Proteste waren trotzdem angekündigt, die Stadt war zum Teil abgesperrt, die Polizei stand bereit.

Franco A. war am Morgen des Balls noch in Bayern unterwegs, in seinem zweiten Leben als Asylbewerber Daniel Benjamin, flog dann am Abend nach Wien, ging gegen 21 Uhr auf die Behindertentoilette im Terminal 3, öffnete die verschlossene, kleine Tür aus Metall, wollte die geladene Pistole samt Munition aus dem kleinen Fach holen und wurde stattdessen Augenblicke später von der österreichischen Polizei verhaftet. Angeblich hatte zwei Tage nachdem der Offizier dort die Waffe versteckt hatte, eine Putzfrau die Pistole in dem Versteck gefunden. (Dafür muss sie die kleine Metalltür mit einem Spezialschlüssel aufgemacht haben, um in den Hohlraum dahinter zu blicken.) Anschließend habe sie die Polizei informiert, so die Darstellung der Staatsanwaltschaft in Frankfurt, die später mit dem Fall betraut war. Die Polizei hatte in der Folge die Toilette unter anderem elektronisch observiert. Am 3. Februar gegen 21 Uhr konnten die Polizisten dann dabei zusehen, wie der Offizier versuchte, die Pistole aus ihrem Versteck zu holen. Zu diesem Zeitpunkt war der offizielle Protest gegen den Ball, die große Kundgebung mit 4 000 Demonstranten, bereits beendet. Der Ball begann jedoch erst um 21 Uhr. Die Sperrungen waren ab 22 Uhr aufgehoben, Besucher konnten sich der Wiener Hofburg wieder nähern. Wollte Franco A. dort die Waffe einsetzen? Nachts, wenn die Gäste die Hofburg wieder verlassen würden? Wäre er nicht festgenommen worden, hätte er es locker bis 23 Uhr zur Hofburg geschafft. Wollte er oder ein Komplize dann Schüsse auf die vielen Politiker und Soldaten abgeben, die den Ball verließen, es aussehen lassen, als wäre aus einer versprengten Gruppe von linken Protestlern heraus gefeuert worden, die die Wiener Innenstadt noch nicht verlassen hatten? Wollte er die benutzte Pistole mit seinen Fingerabdrücken zurücklassen?

Hoffte er, dass man glauben würde, Daniel Benjamin, der angebliche syrische Flüchtling, hätte die Tat begangen? *False-Flag*-Attacken dieser Machart hatte der Offizier immer wieder thematisiert, so der Bundesgerichtshof: »Auch dachte er darüber nach, die ›Antifa‹ zu ›zerhetzen‹. In diesem Zusammenhang zog er in Erwägung, einen ›Zentralrat der Deutschen‹ zu gründen, der ›Angriffe durch die Antifa inszenieren / Verrätern das Handwerk lege‹, das ›System zu unseren Gunsten ausnutzen.‹« [188]

Das jedoch wussten die österreichischen Polizisten noch nicht, als sie Franco A. in der Nacht befragten. Sie hatten die Pistole, einen USB-Stick und sein Telefon beschlagnahmt; auf dem Handy befanden sich auch Chats mit dem Foto des Waffenverstecks für seine Freunde, dazu Sprachnachrichten, in denen er von einer jüdischen Weltverschwörung sprach. Doch die Daten wurden nicht sofort ausgewertet – genauso wenig wie der USB-Stick. Darauf fanden sich zwei Bücher in digitaler Form, eine Anleitung zur Herstellung von Sprengstoffen mit dem Namen *Mujahideen Explosives Handbook* aus dem Jahr 1996 und das noch ältere Buch *Der totale Widerstand, Kleinkriegsanleitung für Jedermann* des Schweizer Majors Hans von Dach, das regelmäßig bei Rechtsextremisten, aber auch schon bei der RAF gefunden wurde. In dem Buch beschreibt der Schweizer Major, wie man Hochspannungsmasten sabotiert, Straßensperren errichtet, Brandsätze baut, Waffen und Munition versteckt, wohin man nach einem Anschlag am besten abtaucht. Von Dach hatte das Buch 1957 geschrieben, um sein Land auf eine Sowjetinvasion vorzubereiten. »Gehe mit Vorsicht und List, ja Verschlagenheit ans Werk«, rät der Autor. *Der totale Widerstand* endet mit dem Satz: »Es ist besser stehend zu sterben, als kniend zu leben!« [189]

Dass all das Franco A. mit sich herumschleppte, erfuhren die Ermittler in Österreich jedoch erst später, weshalb man Franco A. in den frühen Morgenstunden laufen ließ, sodass Franco zurückkonnte, zu seinen zwei Leben in Frankreich und Deutschland. Die Ermittler in Wien alarmierten jedoch die deutschen Behörden, dass sie einen Mann mit einer Pistole aufgegriffen hatten, dessen Fingerabdrücke mit zwei Identitäten verknüpft waren: der des Asylbewerbers Daniel Benjamin, dessen Antrag inzwischen abgelehnt worden war, und die eines Offiziers der Bundeswehr Franco A., stationiert in Illkirch.

• • •

Franco A. war nicht der erste potenzielle Terrorist, der sich extrem, fast schon krankhaft benahm, dabei unvorsichtig vorging und Spuren hinterließ, als er etwa zu offenherzig nach Waffen fragte oder zu deutlich sein Weltbild in der Masterarbeit offenbart hatte. Diese Offenheit machte ihn jedoch nicht ungefährlicher. Denn oft genug waren Männer wie er nicht rechtzeitig gestoppt worden. Anders Breivik etwa, der Attentäter von Oslo und Utøya, oder die anderen, die nach ihm kamen und sich in einem »Endkampf« wähnten, wo endlich der erste Schuss abgegeben werden musste. Nimmt man etwa den ägyptischen Studenten Mohammed Atta, ein derart verbohrter Islamist, über den seine Freunde in Hamburg manches Mal lachten, als er etwa in seiner WG laut vernehmbar auf der Toilette war und da noch vor seinen Freunden eine jüdische Verschwörung für die dünnen Klo-Türen verantwortlich machte. Er wirkte oft albern in seiner Ernsthaftigkeit und Einseitigkeit.

Hätte man dann den späteren Selbstmordattentäter Atta, kurz bevor er am 11. September 2001 mit anderen Islamisten eine Boeing 767 kapern würde, vor dem Boarding in Boston gestoppt, wäre das Gerichtsverfahren anschließend kompliziert geworden. Was wollte man ihm vorwerfen? Er hatte zwar eine Handlungsanweisung für Selbstmordattentäter im Gepäck, er war in Afghanistan gesehen worden und als Islamist in Hamburg bekannt – aber hätten die Beweise für ein Urteil gereicht? Er hatte nicht mal eine Waffe bei sich und dass Islamisten planten, Flugzeuge als Waffen einzusetzen, war zwar den Nachrichtendiensten bekannt, nicht jedoch der breiteren Öffentlichkeit. Für Franco A. war die Lage komplizierter als bei Mohammed Atta: Er hatte anders als der Selbstmordpilot sogar eine Pistole an einem Flughafen versteckt. So suchte sich Franco A. Hilfe und schrieb den Rechtsberater des Kommandos Streitkräftebasis der Bundeswehr in Bonn an, das für seine Einheit zuständig war und der Milde hatte walten lassen, als seine rassistische und völkische Masterarbeit bekannt geworden war. Er schrieb in seiner E-Mail, dass die österreichischen Behörden eine Erklärung für den Waffenfund von ihm erwarteten und er sich Hilfe erhoffe. Franco A. schilderte den Fall aus seiner Sicht: Er war mit anderen deutschen Soldaten, unter anderem dem Oberleutnant Maximilian T., am Tag nach dem Ball der Offiziere abends im Café »Central« in Wien trinken gewesen, obwohl man noch verkatert war. Dann trank man in einer Bar weiter. Er sei dann in den frühen Morgenstunden sturzbetrunken zum Pinkeln nach draußen gegangen und habe dort im hohen Gras die geladene Pistole gefunden. Er habe sie in seine Manteltasche gesteckt, will sie vergessen haben, erst kurz vor der Sicherheitskontrolle auf dem Flughafen habe er sich an sie erinnert, sei dann panisch geworden, weggelaufen und habe die Waffe spontan in der Toilette versteckt. Er habe sich dann einige Tage später entschlossen, nach Wien zurückzufliegen, um das »zu regeln«. Die Geschichte warf mehr Fragen auf, als dass sie den Vorgang aufklärte. Wie hatte Franco A. die Tür in der Toilette geöffnet? Woher kam das Tuch, in das die Waffe eingeschlagen war? Warum hat er danach Fotos von dem Versteck gemacht und in seiner Chatgruppe verschickt? Und warum machte er einen Film von den Geschäften in der Nähe der Toilette? Warum ist er nicht gleich am Morgen zur Polizei gegangen? Warum wusste er als Bundeswehr-Offizier nicht, was zu tun ist? Vor allem: Warum hatte er am Morgen vor dem Abflug die Pistole in der Manteltasche nicht bemerkt? Die Geschichte des Offiziers war von vorn bis hinten unglaubwürdig. Zumal er laut Zeugenaussagen seit Monaten auf der Suche nach Waffen war, die nicht sofort zu ihm zurückzuverfolgen waren.

Der Rechtsberater, den er um Hilfe gebeten hatte, alarmierte trotz der merkwürdigen E-Mail niemanden. Er nahm das Schreiben erst mal so hin. Erst als Franco A. öffentlich aufgeflogen war, schrieb der Rechtsberater seinem Vorgesetzten: »Die insgesamt sehr blumig und mit Liebe zum Detail dargebotene ›literarische‹ Schilderung erschien mir in zwei wesentlichen Punkten nicht glaubhaft. Zum einen, die angeblich aufgefundene Pistole in nüchternem Zustand in der Kleidung nicht bemerkt zu haben, zum anderen die – nicht mehr von Panik beherrschte – Situation Wochen später, die bei nur geringer Anstrengung zu der Überlegung hätte führen müssen, eine Übergabe der Waffe an Behörden zumindest vorher anzukündigen, wenn man schon deswegen eigens wieder nach Wien fliegt.« [190] Aber das schrieb er erst, lange nachdem sich Franco A. an ihn gewandt hatte. Auch diese Führungskraft der Bundeswehr handelte also – wie so viele andere seiner Kollegen – zu spät.

Im Hintergrund hatten sich jedoch die Mühlen der deutschen Justiz in Bewegung gesetzt. Die Staatsanwaltschaft Frankfurt eröffnete am 15. Februar 2017, knapp zwei Wochen nach seiner vorläufigen Festnahme in Wien, ein Verfahren gegen Franco A. – zunächst nur wegen unerlaubten Waffenbesitzes. Fünf Tage später wurden die Vorwürfe erweitert: Man ermittelte gegen Franco A. wegen der Vorbereitung einer schweren staatsgefährdenden Gewalttat. Offenbar hatte man inzwischen sein Telefon und die anderen Daten ausgewertet, die man bei ihm in Wien gefunden hatte und ihn ab Mitte Februar observiert. Wenige Stunden nach seiner Festnahme waren auch das *Bundesamt für Verfassungsschutz* und der MAD durch die österreichischen Nachrichtendienste über den Vorgang informiert worden. Bei verschiedenen bundesdeutschen Nachrichtendiensten, darunter mindestens das *BfV* und das *Landesamt für Verfassungsschutz Baden-Württemberg*, waren zudem mehrere Warnungen über radikale Soldaten und Polizisten, die offenbar Anschläge planten und gefährlich waren, eingegangen. Zusätzlich hatten die Dienste eigene Zugänge. Da war der Verfassungsschützer aus Stuttgart, Ringo M., der bei dem Verein *Uniter* eine so große Rolle spielte und seinen Dienstherrn vor der Gruppe gewarnt haben will. Da war ein weiterer Verfassungsschützer, der mit dem Waffenhändler und Kontakt von Franco A. direkt kommunizierte. Und da waren die Maßnahmen des *BfV*, das seit Herbst 2016 an *Nordkreuz*, dem *Thule Seminar* und der *Europäischen Aktion* dran war. Aber zusammengeführt, so beteuerten Vertreter der verschiedenen Nachrichtendienste später etwa im Bundestag, hatte all diese Spuren mal wieder niemand. Wie so oft, wie fast immer. Man stellte sich lieber dumm, als zu verraten, was man wirklich seit wann warum wusste.

•••

Die Soldaten und Polizisten der Bewegung brodelten vor sich hin. Der Anschlag von Anis Amri, die Toten von Berlin, all das war Anfang 2017 präsent. Der spätere Zeuge und Offizier der Reserve, Horst S., traf sich damals mit Marko G., dem Polizisten und anderen der Gruppe *Nordkreuz* an einem Imbiss, der an einer Landstraße in der Nähe von Schwerin gelegen haben soll, wo auch Marko G. lebte. Angeblich, so berichtete *die tageszeitung*, sprachen die Männer »über Lagerhallen, in denen sie am ›Tag X‹ ihre politischen Gegner internieren wollen«. [191] Horst S. wurde dann die Frage gestellt, die er später dem BKA bestätigte und die in Zeiten von Corona eine andere Bedeutung bekam. Ob man als »Uniformierter« in Lastwagen Menschen an Straßensperren vorbeibringen könne, um sie andernorts zu erschießen. Dass die Männer bereits unter Beobachtung des *Bundesamts für Verfassungsschutz* standen, ahnten die *Nordkreuzler* offenbar nicht. Der Reserve-Offizier bekam auch kein so schlechtes Gefühl, als dass er von sich aus die Behörden informiert hätte.

Für Franco A., der bei der Gruppe Süd der »Kreuze« mitgemacht hatte, standen solche Pläne nach seiner Festnahme in Wien erst mal nicht mehr im Vordergrund, er versuchte intensiv, seine Spuren zu verwischen. Wie andere Mitglieder der Gruppen Nord, Süd oder West hatte auch er vorgesorgt, Munition im Keller des Hauses seiner Mutter gelagert. Die brachte er kurz vor Ostern 2017 zu einem Freund, den er seit seiner Jugend kannte, ehemals ein Sportruderer wie er, damals Student an der Technischen Universität in Mittelhessen und Mitglied im Chat, wo er sich nicht weniger rechtsradikal als Franco A. äußerte. Ansonsten widmete sich der Student seinem Spezialgebiet, eine effiziente Methode, Plastik zu schmelzen. Er nahm die Munition auf, darunter über einhundert Doppelkerngeschosse, Patronen mit weichem Kern, eine Kiste mit Manövermunition aus dem Lager der Bundeswehr in Wulfen, Rauchgranaten, ein leeres Magazin für ein G36-Sturmgewehr, einen Gurt mit Patronen für ein Maschinengewehr – allesamt bei der Bundeswehr entwendet worden, wie später die Ermittler herausfanden, als sie die Munition überprüften, die sie in der Wohnung des Freundes sichergestellt hatten. Ob Franco A. zuvor bei der Munitionsübergabe observiert wurde – die hessischen Behörden ermittelten bereits seit fast zwei Monaten gegen ihn wegen der Vorbereitung eines Terroranschlags, das BKA war eingeschaltet –, will die damals zuständige Staatsanwaltschaft Frankfurt nicht kommentieren. Eines fand man allerdings weder bei dem Freund noch andernorts: das Sturmgewehr, mit dem

Zeugen Franco A. auf dem Schießstand im Ort des bayerischen Waffenhändlers gesehen hatten. Auffällig ist, dass am 18. April 2017, einen Tag nach Ostern und nach der Waffenübergabe, die Bundesanwaltschaft von den Kollegen in Frankfurt über den Fall informiert wurde. Obwohl sie eigentlich zuständig für Terrorverdachtsfälle dieses Ausmaßes ist, lehnte die Bundesanwaltschaft die Übernahme zunächst ab, als ahnte man dort, was für eine heiße Kartoffel der Fall werden könnte. So schaute die Bundesanwaltschaft erst mal nur weiter zu, auch nachdem man festgestellt hatte, dass ein Bundeswehroffizier unter zwei Identitäten gelebt und ein Munitionslager bei einem Zivilisten angelegt hatte.

Auch ein anderer Kopf der Gruppe, *Hannibal*, hatte Kampfmittel gebunkert, allerdings nur alte Übungsgranaten, deren Zünder jedoch auch auf scharfen Sprengkörpern verwendet werden konnten. Die jedoch sollten die Ermittler erst einige Monate später finden.

Für *Hannibal* und die anderen gab es dennoch schon gut eine Woche nach Ostern ein böses Erwachen: Online, im Radio, im Fernsehen, auf fast allen Kanälen wurde eine sensationelle, schier unfassbare Nachricht verbreitet, die vor allem die Bundeswehr in ihren Grundfesten erschüttern sollte. Die Frankfurter Staatsanwaltschaft hatte sich an die Presse gewandt und erklärt, dass am Vortag ein Offizier der Bundeswehr verhaftet wurde, ursprünglich aus Offenbach stammend, in Frankreich stationiert. »Er soll sich Ende 2015 als syrischer Kriegsflüchtling ausgegeben haben, und zwar unter falschen Personalien. Er soll dann in Bayern bei einer Erstaufnahmeeinrichtung einen entsprechenden Asylantrag gestellt haben«, erklärte die Frankfurter Oberstaatsanwältin Nadja Niesen vor den Kameras. Der Soldat habe also ein Doppelleben geführt. Anhaltspunkte für ein fremdenfeindliches Motiv seien gefunden worden. Daher bestehe der Verdacht, dass er mit der am Wiener Flughafen versteckten Waffe eine schwere staatsgefährdende Straftat geplant habe, erklärte Niesen weiter, ohne zunächst den Namen des verhafteten Soldaten zu nennen. Doch seine Komplizen wussten, wer gemeint war, zudem hatten die Ermittler in seinem direkten Umfeld zugeschlagen. Auch der befreundete Student, bei dem Franco A. seine Munition gebunkert hatte, wurde in seinem Studentenheim verhaftet.

Franco A. war nicht geräuschlos festgesetzt worden, das BKA hatte ihn in Hammelburg verhaftet, dort, wo die Bundeswehr Soldaten zu Einzelkämpfern ausbildet. In zwei Abschnitten werden wenige Soldaten pro Jahr, darunter viele Offiziere, an dem Standort in Franken gedrillt, zunächst zum »Führer einer auf sich gestellten Gruppe«, dann bei dem darauf aufbauenden Leistungslehrgang »Führer eines Jagdkommandos/einer unterstellten Teileinheit«, wie es technisch bei der Bundeswehr heißt. Genau diesen Lehrgang absolvierte Franco A. gerade, als man ihn festnahm. Offenbar wollte man nicht mehr abwarten, bis der Offizier auch noch dieses Wissen in sich aufgesaugt hatte. Parallel wurden über ein Dutzend weitere Objekte durchsucht, in Frankreich die Illkircher Kaserne von Franco A., in Österreich die Wohnung eines möglichen Komplizen.

Die Nachricht schlug an vielen Orten ein, im politischen Berlin, das mitten im Wahlkampf steckte, bei Reportern und bei den anderen Soldaten, die sich mit Franco A. getroffen hatten oder von ihm gehört hatten, was hektische Betriebsamkeit auslöste, wie Horst S. dem BKA berichtete: »Die Information, dass [Franco A.] der Gruppe ›Süd‹ angehörte, müsste von den Administratoren an Marko G. kommuniziert worden sein. Es muss also so gewesen sein, dass die Administratoren auch wussten, dass A. der Gruppe ›Süd‹ angehörte. ... Nachdem die Nachricht über die Festnahme des A. durch die Presse ging, verließen einige Mitglieder die Gruppe. Marko G. hatte darum gebeten, die Gruppe zu verlassen. In der Folge wurde die Gruppe durch einen der Administratoren aufgelöst. Ich war einer der letzten zehn, die die Gruppe verlassen haben.«

Hannibal bestätigt, dass er eine Order gegeben hat, alle Chatverläufe der *Kreuzgruppen* zu löschen, die Handys zu säubern, wie er dem BKA erzählte. Er will allerdings sehr spät überhaupt erfahren haben, dass Franco A. bei *Südkreuz* mitgemacht hat, obwohl er ihn ja sogar laut Aussage eines Zeugen in seine Wohnung eingeladen hatte: »Erst hatte ich über die Geschichte des [Franco] A. gelacht, wie man so blöd sein kann. Aber dann wurde ich von G. [aus Berlin] darüber informiert, dass A. im Süd-Chat ist. Daraufhin habe ich die Anweisung gegeben, alle Chats zu löschen. Also NORD, OST, SÜD und WEST. Eine Verbindung zu A. hätte aufgrund der Berichterstattungen in der Presse kein gutes Licht auf Richter, Beamte und Soldaten geworfen. Auch wenn sie sich nichts haben zuschulden kommen lassen.« Dass Richter, Behördenmitarbeiter und andere Beamte bei den Chats mitgemacht haben, hatte *Hannibal* auch im Gespräch mit mir betont – ohne jedoch Namen zu nennen. Dass er sich beim BKA schwer belastete, weil er zugab, dass er die Anweisung gegeben hatte, einen Sachverhalt zu verdunkeln und Daten zu löschen, nachdem ein Terrorverdächtiger verhaftet worden war, mit dem er in Kontakt gestanden hatte, schien ihm egal zu sein – so als könnte ihm niemand was.

Nach der Verhaftung des Offiziers Franco A. hatten die Mitglieder der *Kreuzgruppen* offenbar begriffen, dass man selbst als Nächstes drankommen könnte, dass die Polizei vielleicht doch aufwachte. Einige der KSK-Soldaten, die an Umsturzplänen gebastelt, Chatgruppen geführt und Waffen versteckt hatten, reagierten auf die Nachricht von der Verhaftung von Franco A., eines Kameraden und Gesinnungsgenossen aus der Bundeswehr, auf ihre ganz eigene Art: Sie gingen am Abend, nachdem die Nachricht von dem merkwürdigen Offizier den Tag beherrscht hatte, auf eine Party, die an die Gelage in Afghanistan erinnern sollte. Ein langgedienter Offizier des KSK feierte seinen Abschied vom Kommando auf einem Schießstand. Viele Kommandosoldaten der 2. Kompanie sollten dort wie einst in dem Lager auf dem Flughafen in Kandahar zeigen, wofür sie wirklich standen.

•••

Der Chef der 2. Kompanie, die so viel Schande über das KSK bringen sollte, hatte neben den Drills, den Einsätzen in Afghanistan und dem normalen Dienst in Calw noch Zeit für ein weiteres Hobby: Unter dem Spitznamen *Leutnant* drehte Major Pascal D. als Mixed-*Martial-Arts*-Kämpfer die Runden. 1 Meter 95 groß, fast 120 Kilo schwer. Bei *Mixed Martial Arts*, MMA, werden Boxen, Kickboxen, Karate, Ringen und andere Kampfsportarten gemischt, man darf treten, schlagen, die Handschuhe sind nur sehr leicht, einen Kopfschutz gibt es gar nicht, man schlägt sich also fast mit bloßen Handknöcheln. Liegt ein Gegner am Boden, darf sich der andere Kämpfer auf ihn setzen und weiter schlagen. Der *Leutnant* kämpfte seit 2005 im Schwergewicht, die Kämpfe enden oft mit schnellen Niederschlägen für einen der Gegner, weil die Tritte und Schläge sie kaum gedämpft am Kopf treffen. Einen seiner letzten Kämpfe verlor der *Leutnant* gegen einen Litauer, der sonst nicht viele Kämpfe in seiner Karriere gewann, einen anderen *Fight* gewann er mit einem Schlag, traf mit der Faust nach wenigen Sekunden die Schläfe des Gegners, der wie vom Blitz getroffen umfiel. Der *Leutnant* hatte zunächst kaum Tätowierungen, ließ sich aber dann über die Jahre immer mehr Bilder und Schriftzüge in die Haut stechen, unter dem rechten Arm prangte ein großer Totenkopf, am Bein ein langer Drachen. Kyrillische Schriftzeichen auf der Brust und dem Rücken, ein serbischer Spruch, »Mit dem Glauben an Gott…«, klingt harmlos, war aber in der Schreibweise das Motto des faschistischen serbischen Freiwilligenkorps, das für die Waffen-SS kämpfte, später sogar ein Teil der Sturmstaffel wurde. Der *Leutnant* trat bei Kämpfen manchmal in engen, kurzen Hosen auf, andere Male in schwarzen Shorts mit einem Camouflage-Streifen an der Seite, was seine soldatische Herkunft betonte. Wie so oft nahm es ein führender KSK-Soldat mit der Geheimhaltung nicht so genau – er trat bei den Kämpfen mit seinem Geburtsnamen auf, obwohl eigentlich Mitglieder des Kommandos angehalten sind, keine Details über sich in der Öffentlichkeit preiszugeben.

Der *Leutnant* stammt aus Nordrhein-Westfalen, aus einem kleinen Ort im Sauerland, eine Autostunde westlich von Dortmund. Der *Leutnant* war schon mit 15 Jahren über 1 Meter 90 groß, hatte Schuhgröße 48. Der Gymnasiast war ein so talentierter Fußballtorwart, dass er als Jugendlicher beim FC Bayern München vorspielte, um aber dann doch beim damaligen deutschen Fußballmeister BVB Borussia Dortmund zu unterschreiben. In der B-Jugend versagten ihm jedoch in wichtigen Spielen die Nerven, was eine große Karriere schwierig machte. Er trug anfangs noch blonde, lange Haare – später, bei der Bundeswehr war sein Schädel kahl rasiert. Nach dem Fußball kam die Armee, kam die Offiziersschule, kam das KSK, kam Afghanistan, mit allem, was dazugehört und schließlich führte Pascal D. die 2. Kompanie als verantwortlicher Offizier. Ende 2016 tauchte er in einem Magazin-Artikel mit seinem abgekürzten Namen auf, was eigentlich nie vorkam. Es ging um den ersten offiziellen Toten der KSK – Daniel Wirth aus Sachsen, ein gelernter Ingenieur, 32 Jahre alt. [192] Der Hauptfeldwebel wurde im Mai 2013 in Afghanistan erschossen. Der Fall erzürnte viele Kommandosoldaten, weil er alles in sich vereinte, was sie an dem endlosen Einsatz in Afghanistan hassten. Strategisch unsinnige Einsätze, Scharmützel, für die sie sich überqualifiziert fühlten, was allerdings nicht hieß, dass Kommandosoldaten nicht auch in ihnen verheizt werden konnten. Das KSK wurde von afghanischen Polizeitruppen zu Hilfe gerufen, die in einem Waldstück in Zaman Khel im Norden von Taliban angegriffen wurden. Über ein Dutzend KSK-Soldaten eilten zu dem Wald, gerieten unter Beschuss, die afghanischen Polizisten ließen sie im Stich, es roch fast noch einer Falle. [193] Die Kommandosoldaten baten um Luftunterstützung, deutsche Helikopter beschossen die Taliban, später bombardierten US-Jets das Areal – doch Taliban-Kämpfer hatten sich in einem Loch unter einer simplen Plastikplane versteckt, sodass die Wärmebild-Kamera der Luftwaffe sie bei der Suche nicht erfasst hatte. So überlebten sie die Bombardierung. Als die KSK-Soldaten das Gebiet noch einmal absuchten, schossen sie auf Wirth und die anderen, Wirth starb noch am Ort. Die Eltern klagten in dem Magazin über vieles: dass, so schilderten sie es, der KSK-Kommandeur so spät kondoliert hätte, die Verteidigungsministerin von der Leyen kein Wort mit ihnen auf der Trauerfeier gewechselt hätte, dass sie vom Militärpfarrer gedrängt worden seien, keine Traueranzeige zu schalten. Pascal D., der *Leutnant*, hätte, so wurde es in dem Stück dargestellt, bei seinem Vorgesetzten und dem von Wirth interveniert, dass der noch nicht wieder einsatzfähig sei. Wirth war gerade erst von seiner einjährigen Elternzeit zurückgekommen – so etwas war beim KSK möglich –, um sich um seine Tochter zu kümmern, seine Frau war Zahnärztin. Sie reiste ein Jahr später nach Afghanistan, um sich den Ort anzuschauen, wo ihr Mann erschossen worden war: »Es war wichtig, mit alldem noch mal hautnah konfrontiert zu werden. Da hat man alles vor Augen und kann nicht mehr weglaufen.« [194]

Der *Leutnant* Pascal D. fühlte sich unantastbar und über jede Kritik erhaben, da er, so erzählte man sich im Kommando, bei dem Gefecht einen anderen KSK-Soldaten gerettet, ihn verletzt aus einer Gefahrenzone geschleppt und dabei mehrere Taliban, angeblich, erschossen hatte. [195] Wer den Befehl im Mai 2013 gab, das bombardierte Gebiet noch einmal abzusuchen – der *Leutnant* war für die Gruppe verantwortlich –, wird bis heute von der Bundeswehr geheim gehalten. Notwendig war es nicht. Die Kommandosoldaten liefen in die nächste Falle, und für Wirth kam jede Hilfe zu spät. Der Tod des KSK-Soldaten änderte nicht die politische Linie der Bundesregierung in puncto Afghanistan. Aber er vertiefte den Frust im Kommando.

Wenige Monate nachdem der Artikel erschienen war und das KSK abermals blamiert dastand, weil wieder einmal Geheimnisse und Probleme an die Presse verraten wurden und nun auch die Familie eines toten Soldaten über das KSK herzog, feierte der *Leutnant* seinen Abschied vom KSK – obwohl er die Altersgrenze von 41 Jahren für Kommandosoldaten noch nicht erreicht hatte. Die Party zu seinen Ehren fand auf der Schießanlage »Im Bernet« in Sindelfingen in der Nähe von Stuttgart statt. Ein Schießplatz, was sonst. Die Anlage an einem Autobahnkreuz im Wald wurde vor allem vom KSK genutzt, Calw lag nur eine halbe Stunde entfernt, Nachbarn beschwerten sich immer wieder über Schießereien in der Nacht. [196]

Auch bei der Party für den *Leutnant* sollte es laut werden: Musik dröhnte dumpf in die Nacht, Musik, die alte Zeiten hinaufbeschwor. Das *Schäfchen* aus Sachsen war da, die anderen Problemfälle aus der 2. Kompanie. Wie so manch anderer Anlass hatte auch diese Veranstaltung von KSKlern zunächst etwas von einem Abenteuerspielplatz für große Jungen. Auf dem Schießstand war ein Parcours aufgebaut, der das Motto »römisch-mittelalterliche Spiele« hatte, wie die Bundeswehr später mitteilte, wobei das alte Rom nichts direkt mit dem Mittelalter zu tun hat. Einige Soldaten trugen »Überhänge«, sie mussten darin mit Bögen auf Ziele schießen, Melonen und Ananas mit einem Schwert zerteilen, einen Holzstamm mit einer Axt spalten, eine Holzwand überwinden und mit Schweineköpfen werfen. Aber natürlich, wie schon in Afghanistan im Feldlager, stand das Saufen im Mittelpunkt, und auch Pascal D., der Kompaniechef, ging dabei voran und betrank sich nach eigenen Aussagen maßlos mit Met, einem Honigwein also. Seine Soldaten hatten eigentlich noch andere Pläne mit ihm. Ein KSKler hatte eine junge Frau angeschrieben und sie eingeladen: »Jetzt haben wir uns überlegt, was können wir für den Chef machen. Er muss einen Parcours ablaufen. Am Ende bist du dann sein Preis. Dann darf er dich mit ins Zelt nehmen und ordentlich an dir austoben. Glaub mir, das wird genau dein Ding.« [197] Die Frau hatte mit diesem Part kein Problem. Tätowierungen, muskulöse Männer mochte sie, erzählte sie später. In einer weiteren Nachricht hieß es über den Chef, den Ex-Jugendtorwart, den Ex-MMA-Kämpfer und Chef einer der damals sechs Kompanien des KSK: »Zwei Meter groß und fickt alles, was ihm in den Weg kommt. Hände wie Klodeckel und tätowiert. Das könnte, was dunkle, sexuelle Ausschweifungen angeht, der Abend deines Lebens werden.« Doch es sollte anders kommen. Zwischen 21 und 22 Uhr kam die junge Frau am Schießstand an. Über 70 Soldaten und andere Gäste feierten dort, Soldaten saßen zum Teil auf Sofas am Lagerfeuer und hörten laut Musik. Die Frau merkt sich eine Zeile »Armes Deutschland, was ist aus dir geworden«. Die Frau sagte später Reportern des YouTube-Reportage-Kanals »Y-Kollektiv«: »Zum Refrain wurde mehrfach der Hitlergruß gezeigt. Das lief ganz euphorisch ab. Der Text war ja bekannt, sie haben mitgegrölt. Der Ältere hat die anderen quasi noch vorbereitet, was jetzt gleich käme, nämlich der Refrain, und dass es jetzt doch so weit wäre, die rechte Hand zu heben. Und genau das haben die vier dann auch gemacht.« Der Alte war das *Schäfchen* aus Sachsen, der »Nazi-Opa«, wie ihn die Zeugin später nannte, der KSK-Soldat mit dem Waffenlager im Garten. Das Lied »Armes Deutschland, was ist aus dir geworden« wird von der Band *Sturmwehr* aus Gelsenkirchen gesungen, die in dem Song für eine Nazirockband defensiv zu einer Balladenmelodie textet: *»Armes Deutschland, was ist aus dir geworden? Armes Deutschland, man versucht dich zu ermorden. Einst ein Land von Größe, Kultur und Arbeitskraft, dich herunterzuwirtschaften in fast 60 Jahren haben sie geschafft.«* [198] Das Lied wurde 2005 aufgenommen, zusammen mit Zeilen über Wehrmachtssoldaten: *»Siehst Du den alten Mann dort, sein Haar leicht ergraut. Seine Knochen zerschossen, dass man es wagt, es sich traut über ihn zu sprechen, ihn anzuklagen. Ihn zu kriminalisieren, mein Gott wie könnt ihr es wagen?! Er stand einst an der Wolga, tief im Feindesland. Er sah dem Tod ins Auge, er stand stets bei der Hand. ...Unter den heiligen Standarten zogen sie hinaus ins Feld, sie waren und bleiben für mich die besten Soldaten der Welt. Ich verneige mich in Demut vor ihrem Tatenruhm / ihre Ehre zu erhalten, in Frieden sollen sie ruhen.«* [199]

Der jungen Frau blieben vor allem die Zeile »armes Deutschland«, die Hitlergrüße und das »Sieg-Heil!«-Rufen in Erinnerung. Sie wendete sich an die Presse, die Staatsanwaltschaft Stuttgart ermittelte – dort bestätigte die Frau die wesentlichen Punkte in einer Aussage.

Die Soldaten, die bei der Party anwesend waren, wurden intern verhört, aber keiner wollte die Hitlergrüße, das Grölen, die Musik oder sonst was bemerkt haben. Als »Mauer des Schweigens« wurde dieses Verhalten später vom Verteidigungsministerium beschrieben. Die interne Führung kam deshalb zunächst lapidar zu dem Ergebnis, dass »die Grenzen des guten Geschmacks« bei der Party gerissen worden seien, mehr nicht. Und die Bundeswehrführung machte also das, was sie schon lange machte: Sie spielte den Fall ebenfalls herunter. Die Zeugin wurde zudem in Hintergrundgesprächen als Prostituierte diffamiert, um sie unglaubwürdig zu machen. Bevor es überhaupt zur Gerichtsverhandlung kam, zahlte der Leutnant Pascal D. schließlich 4 000 Euro Strafe, wegen mehrfach zur Schau gestellten Hitlergrußes.

So verhinderte er, dass all seine Soldaten vor Gericht aussagen mussten. Deren Aussagen bei der Staatsanwaltschaft schienen einerseits abgesprochen zu sein, anderseits konnten sie sich nicht darauf einigen, welche Musik man genau anstelle des Nazirocks gehört haben will – Bob Dylan? Queen? Oder doch Helene Fischer? Auch wurden die KSK-Soldaten durch Chats schwer belastet, aus denen der Verlauf des Abends hervorging – vor Gericht wäre es also unangenehm für sie geworden. Das Problem waren jedoch nicht allein das Grölen, die Hitlergrüße – das Problem war die Kultur, die unter Pascal D., dem Chef der Kompanie, entstehen konnte. Wie schon in den 1990ern waren die Feiern am Lagerfeuer und die rechte Gesinnung kein Ausrutscher unter Alkoholeinfluss, sondern es was das, was zu viele der Kommandosoldaten wirklich dachten – bereit, auf Grundlage dieser anti-demokratischen Ideologie zu handeln. Führungsoffiziere wie Pascal D. waren dafür verantwortlich – ob sie selbst rechtsradikal waren oder nicht. Und ihr Kommando hatte dazu geführt, dass sich die Soldaten in erster Linie sich selbst gegenüber verantwortlich fühlten und den Kameraden im KSK, weniger der Bundeswehr oder dem Land gegenüber. Loyal waren sie vor allem, wenn es um ihre direkten Kameraden ging, als seien sie alle etwas Besseres – am Ende sah das aus, als hätte man es mit einem Clan, einer eingeschworenen Straßengang und ihren Mitgliedern zu tun. Diejenigen Kommandosoldaten, die bei der Party dabei waren und über Vorgänge schwiegen, die sie selbst mitbekommen hatten, schienen einer Art Ehrenkodex zu folgen. Wenn man aber schon aus Prinzip einen Hitlergruß deckte, was war man beim KSK noch bereit zu vertuschen?

14
Im Bunker

Ursula von der Leyen führte im Mai 2017 seit gut drei Jahren das Bundesministerium der Verteidigung. Die Tochter des ehemaligen niedersächsischen Ministerpräsidenten Ernst Albrecht ist ihrem Vater wie aus dem Gesicht geschnitten und hatte zunächst viele Dinge abseits der Politik ausprobiert. Archäologie, Volkswirtschaftslehre, dann wurde sie Ärztin, ehe die Mutter von sieben Kindern schließlich in die Politik ging: kommunale Ebene in Niedersachsen, Familienministerin in Hannover, Bundesfamilienministerin in Berlin, Bundesarbeitsministerin und dann Verteidigungsministerin im Bund – eine dieser Aufgaben, bei der man viel verlieren konnte. Die Ausstattung der Bundeswehr zu alt, das Ansehen im Keller, viele Einsätze im Ausland, aber keine Rückendeckung von der Bevölkerung. Doch das Amt konnte durchaus dabei helfen, wollte man die Nachfolgerin von Angela Merkel werden – als Chefin von 184.000 Soldaten konnte von der Leyen zeigen, wie sie mit großer Macht umging.

Mit der Verhaftung von Franco A. war sie jedoch mit einem Fall konfrontiert, der dramatische, verdrängte Probleme der Bundeswehr radikal offenlegte. Rechtsradikale Soldaten hatte es immer wieder gegeben, aber das Vorgehen von Franco A. sprengte jede Vorstellung. Vier Tage nach der Verhaftung des Offiziers in Hammelburg gab die Ministerin dem ZDF am Sonntagabend ein Interview. Bei von der Leyen hatte sich einiges an Ärger angestaut, nachdem sie zwei Tage zuvor erfahren hatte, wie lax man bei der Armee mit dem Fall Franco A. umgegangen war: »Die Bundeswehr hat ein Haltungsproblem. Und sie hat offensichtlich eine Führungsschwäche auf verschiedenen Ebenen. Und da müssen wir konsequent drangehen ... Es gab zum Beispiel – wie wir heute wissen, seit Freitag Nachmittag ist das im Ministerium – bereits eine Masterarbeit, die der Soldat als Vorläufer geschrieben hatte in Frankreich an der Eliteschule, wo er eine deutsch-französische Ausbildung machte. Und diese Masterarbeit hat ganz klar völkisches, dumpfes Gedankengut, das auf der Disziplinarvorgesetzten-Ebene auch aufgefallen ist. Aber dann hat man das Ganze schöngeredet ... Es ist nicht in seiner Personalakte gelandet, ist nicht beim MAD gelandet. Das heißt, wenn die Vorgesetzten-Ebene die Führung nicht wahrnimmt und die Verantwortung nicht wahrnimmt, wie sie müssen, dann werden Dinge eben aus falsch verstandenem Korpsgeist schöngeredet, es wird weggeschaut. Und das gärt dann, bis es zum Eklat kommt. Und das ist nicht in Ordnung.« Und die Ministerin legte nach: »Unter dem Strich habe ich immer die schlussendliche Gesamtverantwortung, das ist gar keine Frage. Aber meine Aufgabe ist eben auch, tiefer zu graben. Und wenn wir tiefer graben, dann sehen wir eben, dass wir an die Strukturen ran müssen, die da sind. Denn offensichtlich greifen die Mechanismen nicht, die solche Streitkräfte haben müssen, damit auch frühzeitig gemeldet und aufgeklärt wird.« [200]

Diese ätzende Kritik – vor allem, dass die Bundeswehr ein Haltungsproblem habe – wurde von vielen in der Bundeswehr als verletzende Pauschalkritik aufgefasst. Auf die Ministerin wurde Druck ausgeübt, ihre Schelte zu revidieren. Sie traf aber tatsächlich den Kern. Nur eine Minderheit in der Bundeswehr war rechtsradikal, doch die Mehrheit ließ diese Minderheit seit Jahrzehnten unbehelligt agieren, das war das Problem.

Wie das aussah, konnte von der Leyen aus nächster Nähe in Illkirch in Frankreich in der Kaserne von Franco A. sehen, die sie drei Tage nach ihrem ZDF-Interview gemeinsam mit dem Generalinspekteur der Bundeswehr besuchte. Sie besichtigte den Aufenthaltsraum der Unteroffiziere, den »Bunker«, dessen Bar der Schießscharte eines Normandiebunkers der Wehrmacht nachempfunden war. Sie sah dort die Devotionalien aus dem Zweiten Weltkrieg an der Wand, die Sprüche, die Flaggen, die Waffen. Begleitet wurde sie von jenem Standortkommandeur und Chef von Franco A., der nicht nur das *Jägerbataillon 291* führte, sondern auch einer radikalen Facebookgruppe angehörte, die ausgerechnet Ernst von Salomon gedachte und in der rechtsradikale KSKler mitmachten. Er überzeugte offenbar auch die Ministerin nicht, als er zu erklären versuchte, warum er so etwas wie den »Bunker« zugelassen hatte.

Nach dem Besuch des Raums trat die Ministerin sofort vor die Kameras. Sie versuchte zunächst, ihr ZDF-Interview wieder einzuholen – »Wir sollten uns vor Pauschalierungen hüten« –, aber sie stellte klar: »Die Wehrmacht ist in keiner Form traditionsstiftend für die Bundeswehr. (...) Das ist nichts Neues, das ist eine Selbstverständlichkeit in der Bundeswehr, Allgemeinwissen, das von allen getragen werden muss. Umso fragwürdiger ist, dass in diesem Raum diese Wehrmachtsdevotionalien sind, insbesondere, da das Jägerbataillon hier erst 2010 aufgebaut worden ist.« Sie fügte hinzu »Wir sind am Anfang eines langen Prozesses.« Am Tag darauf werde sie sich mit den einhundert wichtigsten Offizieren der Bundeswehr treffen, sagte sie noch. Als sie von einem Reporter gefragt wurde, was nun mit dem Kommandeur des Standorts werde, der ja auch für den »Bunker« und Franco A. verantwortlich war, vermied es von der Leyen, ihm den Rücken zu stärken – man müsse jetzt die Untersuchungen abwarten, erwähnte sie nur.

Schließlich sagte sie kaum hörbar: »Es wird noch einiges hochkommen«. [201] In der Tat.

Der Schützling des Spitzenoffiziers, Franco A., saß derweil unter erschwerten Bedingungen in Untersuchungshaft, während sein Verfahren eine immer intensivere Dynamik annahm und größere Kreise zog. Die Bundesanwaltschaft hatte schließlich – unter großem politischem Druck – das Verfahren gegen den Offizier an sich gezogen. Einen Monat nach der Verhaftung des Offiziers Franco A. rief die Bundesanwaltschaft zu einem Treffen nach Karlsruhe, um das Vorgehen des BKA und verschiedener deutscher Nachrichtendienste zu koordinieren. Auch ein Vertreter des MAD war anwesend, Oberstleutnant Peter W. An dem Treffen nahm zudem ein hochrangiger Mitarbeiter des Bundesverteidigungsministeriums teil, Dr. Michael Saalfeld, der sich seit Jahren damit herumschlug, wie man mit Terroristen am besten umgeht. Bei dem Treffen stellte er klar, dass er ab sofort den Kontakt zur Bundesanwaltschaft hält, nicht mehr der MAD-Mann Peter W. Die Stimmung bei der Zusammenkunft war angespannt, weil die BKA-Ermittler sich von der Durchsuchung bei Franco A. mehr erwartet hatten. Offenbar hatten sie bei ihm ein Sturmgewehr und andere belastende Gegenstände vermutet, Zeugenaussagen und andere Hinweise hatten das nahegelegt. Jetzt mussten sie diesen heiklen Fall mit dünnerer Beweislage als gehofft weiterverfolgen. Das BKA vermutete ein Leck. Als die Durchsuchungen nicht die gewünschten Erfolge brachten, wuchs beim BKA das Misstrauen.

Der MAD stand seinerseits unter Druck. Er hatte vor Franco A. und dessen Gruppe nicht gewarnt. Das Verteidigungsministerium wollte Antworten.

Der MAD-Offizier Peter W. bearbeitete dabei eine scheinbar eher untergeordnete Spur. Bei Franco A. wurde ein *Patch* des Vereins *Uniter* gefunden – der MAD wollte sich in der Sache *Uniter e. V.*, wie W. später vor Gericht sagte, »berichtsfähig« machen. Also schaute Peter W. persönlich im Vereinsregister nach und stieß dort auf die Namen der Männer im Vorstand, Ringo M., der Verfassungsschützer, und André S., der aktive *KSK*-Soldat mit Spitzname *Hannibal*. Er rief *Hannibal* an und fragte, ob man sich mal treffen könne. Zu seiner Überraschung akzeptierte André S. seine Einladung. Man traf sich in einem Café in Sindelfingen, in der Nähe der Wohnung des *KSK*-Soldaten. Peter W., der seit 2001 für den *MAD* als Beschaffer arbeitete, also Informationen und Spitzel organisierte, hatte Kommandosoldaten bislang eher verschlossen erlebt – André S. jedoch war anders. Er redete und redete, zeigte bereitwillig E-Mails, SMS, Chatverläufe auf seinem Handy. Im Wesentlichen, so stellte es *MAD*-Offizier W. später dar, prahlte André S. damit, zu was für einem Netzwerk er *Uniter* angeblich ausgebaut hat. Es gebe Kontakte zum *Bundesamt für Verfassungsschutz*, im Berliner Büro der Bundesanwaltschaft und an vielen anderen Stellen. Er belegte das mit entsprechenden Nachrichten, die er dem Mann vom *MAD* auf seinem Handy zeigte. Peter W. war offenbar auf eine sprudelnde Quelle gestoßen, was den Nachrichtendienstler freute – verschaffte es ihm doch einen Informationsvorteil. Das Problem war nur: Auch das *BKA* kam dem ganzen Gruppengeflecht mit André S. alias *Hannibal* im Zentrum ebenfalls auf die Spur. Man arbeitete nebeneinander her – immer darauf bedacht, mehr als die anderen Dienste und Behörden zu wissen.

Die Ermittler beim *BKA* verknüpften schließlich nach der Verhaftung des Offiziers Franco A. langsam die losen Fäden – und wurden endlich auch auf *Nordkreuz* aufmerksam. Sie stießen auf den Offizier der Reserve Horst S. aus Mecklenburg-Vorpommern, der sodann als Zeuge vernommen wurde. Der hatte einiges zu berichten. Über *Hannibal*, die Chatgruppe, über die radikalen Mitglieder der Gruppe, die Pläne, andere Menschen umzubringen. Das *BKA* nahm das zunächst so hin. Horst S. blieb wie die ganze

Zeit später auch auf freiem Fuß, obwohl er sich gerade dazu bekannt hatte, Unterstützer einer Gruppe zu sein, die dabei war, sich zu einer terroristischen Vereinigung zu entwickeln. Doch eine Konsequenz hatten die Ermittlungen im Frühjahr 2017: Der Reserveeinheit des Majors Horst S. – die RSU Mecklenburg-Vorpommern – wurde ihr bis dahin größter Einsatz verwehrt: Sie durfte nicht die kurze Strecke über die Autobahn nach Hamburg fahren, um dort beim G20-Gipfel eingesetzt zu werden. Und das, obwohl dort nach wenigen Stunden das Chaos ausgebrochen war. Es bot sich in Hamburg ein einmaliger Blick in das Innenleben und die Kultur der Polizei – wie man dort mit Krisen, Problemen und Unvorhersehbarem umging. Davon konnte ich mich selbst überzeugen, ich war nicht nur auf den Straßen von Hamburg unterwegs, sondern außerdem mit einer Filmcrew im Lagezentrum der Bundespolizei. Dort gab sich die mittlere Führungsebene vor dem Gipfel extrem selbstbewusst: Man sei auf alles vorbereitet, trainiere seit einem Jahr, nichts könnte die Behörden überraschen. Dem Chef der Bundespolizei, Dieter Romann, der gemeinsam mit dem BfV-Präsidenten Hans-Georg Maaßen vom Einsatzleiter gebrieft wurde, war dagegen die Nervosität anzumerken. Die Lage sei brenzlig, hörten sie. Tatsächlich eskalierte die erste Demonstration, auch weil die Hamburger Polizei schnell den Konflikt suchte. Innerhalb weniger Stunden, so konnte ich im Lagezentrum beobachten, war das Selbstvertrauen der Bundespolizei dahin. Überall fehlten Beamte auf den Straßen, die Lage war unübersichtlich, am Ende hielten die Bundespolizisten es sogar für möglich, dass ihr Lagezentrum in der City Nord von Autonomen gestürmt wird, weil entsprechende Gerüchte herumschwirrten – also blockierte man bewaffnet die Eingangstür und schickte mein Team und mich nach draußen vor die Tür. Die Autonomen kamen nie, man war einem hysterischen Gerücht aufgesessen. Auch auf der Straße ging zu vielen Polizisten das Augenmaß verloren – sie schlugen nach uns, den Medienvertretern, mit Knüppeln, schossen Tränengas direkt auf uns – hier tat sich besonders die Spezialeinheit USK (Unterstützungskommando) aus München hervor. Fast jeder auf der Straße schien plötzlich der Feind zu sein, die Polizisten waren überfordert, wurden schlecht geführt – und hatten keine klare Strategie[202]. Die Polizeiübergriffe wurden später etwa vom damaligen ersten Hamburger Bürgermeister Olaf Scholz schlicht geleugnet, was Konsequenzen für die Fehlerkultur der Polizei haben sollte.

Rückblickend erinnerte mich das Verhalten von *Hannibal*, Marko G. und anderen – immer alles für möglich halten, mit dem Schlimmsten rechnen, den Gegner überschätzen und daran verzweifeln, wie oft man selbst trotz des vielen Trainings und der vielen Planung an der Realität scheitert – an die Tage von Hamburg. Improvisation und Flexibilität sind jedoch nicht die Stärke vieler Polizisten und Soldaten. Sie wünschen sich voraussehbare Szenarien. Wenn sie mit dem Chaos konfrontiert sind, geht ihnen das Selbstvertrauen verloren.

Der G20-Gipfel hinterließ tiefe Spuren. Immerhin bei den Spezialeinheiten wusste man genau, wie chaotisch die Tage von Hamburg wirklich waren. Obwohl fast alle deutschen SEKs und MEKs in der Stadt zusammengezogen wurden, hatte man in der heißesten Nacht am Freitag die österreichische Spezialeinheit *Cobra* mit einem Hubschrauber zum Schanzenviertel fliegen müssen, um ein Haus zu räumen. Die deutsche Polizei hatte offenbar selbst nicht genügend eigene Kräfte.

Nur gut zwei Wochen später trafen sich Abgesandte der *Cobra* und anderer Spezialeinheiten in Güstrow wieder, auf der Schießanlage von Frank T. zum neunten *Special Forces Workshop*. Alles war fast wie immer. Der Innenminister Lorenz Caffier eröffnete die Veranstaltung, die Munitionshersteller waren da, Schalldämpfer wurden vorgeführt, der ehemalige Scharfschützenausbilder der

KSK »Rosi« gab sein Wissen im strömenden Regen weiter.[203] Über 50 Mannschaften schossen um den Sieg. Wieder einmal gewann die Einheit *Cobra* aus Österreich, die wenige Tage zuvor die Häuser im Schanzenviertel gestürmt hatte. Die KSK kam auf den zweiten Platz. Ein Beamter des USK siegte in der Einzelwertung. Die bayerischen Spezialkräfte hatten nicht nur in Hamburg Tränengas auf Journalisten geschossen und Kamerateams durch die Straßen gejagt, sondern standen als Einheit auch bald unter dem Verdacht, eine große Menge an Munition, die unter das Kriegswaffenkontrollgesetz fällt, in Güstrow »verloren« zu haben. Das SEK und das MEK Mecklenburg-Vorpommern wurden am zweiten Tag des Workshops abgezogen – es ging nicht mehr um irgendein Training, sondern es wurde ernst. Die Spezialeinheiten bereiteten einen Eingriff ganz in der Nähe des Schießplatzes vor. In den Morgenstunden des darauffolgenden Tages griffen sie dann zu. Sie nahmen drei mutmaßliche Islamisten fest, zwei davon aus Bosnien, die als Gefährder galten und eine schwere staatsgefährdende Gewalttat, also einen Terroranschlag, vorbereitet haben sollen, wie es zunächst hieß. Lorenz Caffier sprach nach dem Zugriff dann auch voreilig von einem »Schlag gegen islamistischen Terror«. Tatsächlich waren seinem Landeskriminalamt gravierende handwerkliche Fehler unterlaufen. Obwohl die Verdächtigen früh am Morgen festgenommen wurden, warteten die Polizisten bis zum Abend, bis sie die Beschuldigten einem Richter vorführten. Das allerdings muss unverzüglich geschehen – sofern man keinen Haftbefehl hat. Sieht ein Verdächtiger zu spät einen Haftrichter, kann er gegen seine Festnahme rechtlich vorgehen. Das taten die Verdächtigen mit Erfolg. Die Männer mussten freigelassen werden. Der Polizei, beaufsichtigt und geführt vom Innenministerium Lorenz Caffiers, war also wieder einmal ein schwerer Fehler unterlaufen, ausgerechnet bei der Abwehr von mutmaßlichen islamistischen Terroristen. Kurz darauf kam es noch schlimmer: Nun gerieten Mitglieder der Spezialeinheiten selbst unter Verdacht, einem Rechtsterroristen geholfen zu haben.

• • •

Die Aussagen von Horst S. brachten Dynamik in den Fall Franco A., sie belegten, dass sich auch im Norden eine gefährliche Gruppe gegründet hatte. Marko G. alias *Hombre*, der einst beim SEK war, hatte sich als wichtige Figur herauskristallisiert. Dazu der Polizist Haik J. und der Anwalt Jan Hammer. Horst S. hatte inzwischen über sie ausgesagt, dass sie zu einem inneren Kreis gehörten. Die meisten Mitglieder wussten, dass der Anwalt Jan Hammer Informationen über »Linke« gesammelt hatte: »Jan Hammer bewahrt den Ordner in seiner Garage auf und dort habe ich ihn auch gesehen. (...) Ich weiß (...), dass Marko G. und Jörg S. den Inhalt des Ordners kennen und auch gesehen haben.«

Hammer habe, so Horst S. weiter, geäußert, dass die »Personen gesammelt und zu einem Ort verbracht werden sollen, an dem sie dann getötet werden sollen«. Zur Sicherheit schob der Major und Fan des *Thule Seminars* beim BKA nach: »Es handelte sich dabei aber nur um Gedanken, konkrete Vorstellungen hat Jan Hammer dazu nicht geäußert.« Auch *Hannibal* wurde von dem Zeugen Major Horst S. belastet. Der stellte beim BKA klar, dass der KSK-Soldat der zentrale Administrator der Chatgruppen war, *Nord* inklusive.

Spätestens zu diesem Zeitpunkt wurde das Verhalten des *Militärischen Abschirmdienstes* zu einem Problem. Denn der MAD-Mann Peter W. traf weiter *Hannibal* zu Gesprächen, um mit ihm über *Uniter* und Franco A. zu sprechen. Damit gefährdete er allerdings die strafrechtlichen Ermittlungen, so die Auffassung der Bundesanwaltschaft. Um die Arbeit zu koordinieren, kamen die verschiedenen Behörden beim Bundesamt für Verfassungsschutz im Kölner Stadtteil Chorweiler zusammen. Dort knallte es. Der MAD hatte Befragungstermine mit *Hannibal*, *Petrus* und einem dritten KSK-Soldaten, Gerd K., der bei den Chats mitgemacht hatte, vereinbart. Der Dienst wurde nun von den Bundesanwälten aufgefordert, die Termine abzusagen 3und sich in Sachen *Uniter* und *Nordkreuz* rauszuhalten.

Das *Bundeskriminalamt* war gerade dabei, die Ermittlungen auszuweiten. Die Durchsuchung bei Marko G. stand genauso an wie bei dem Anwalt Hammer und dem Polizisten Haik J. Seit der Verhaftung von Franco A. waren sogar schon vier Monate vergangen.

In den Morgenstunden des 28. August 2017 standen die Ermittler des BKA und mehrere Dutzend Mitglieder der GSG 9 bereit. Man hatte allerdings keine Haftbefehle beantragt, *Hombre* wurde nur als Zeuge geführt. Aber was sollte man noch finden, nachdem die Verhaftung von Franco A. schon so lange zurücklag und jede Menge Zeit zur Beseitigung von Beweismitteln verstrichen war? Wie sich herausstellen sollte: anders als bei Franco A. jede Menge. Als die GSG 9 das Haus um kurz vor sechs Uhr am Morgen gesichert und Marko G. überwältigt hatte, fanden die BKA-Ermittler zu ihrer Überraschung an vielen Stellen im Haus und auf dem Grundstück, wo G. mit seiner zweiten Frau und zwei Töchtern lebte, Waffen und Munition. Im Flur lag eine Glock, im Arbeitszimmer eine Pistole der Marke Ruger, dazu fand man Übungshandgranaten, über 600 Schuss Munition in einer offenen Kiste und eine Weste, in der ebenfalls Munition verstaut war.[204] Im Gewächshaus stand ein offener Karton mit über 900 Patronen, das Auto war ebenfalls vollgeladen mit Waffen und Munition. Schließlich schauten sich die Polizisten eine blaue Papiertonne vor dem Haus genau an. Darin allein fanden sie mehr als zweitausend Schuss Munition, die *Hombre* hatte mitnehmen und noch im Auto verstauen wollen, 1000 Schuss waren ursprünglich für die

Spezialeinheiten in Nordrhein-Westfalen bestimmt gewesen, wie sich später herausstellen sollte.

Die verblüfften *BKA*-Ermittler holten sich Hilfe. Sie baten einen Waffenexperten des lokalen *Landeskriminalamts* hinzu – ausgerechnet ein Kollege von Marko G. Er sollte eine Einschätzung zu den Waffen und der Munition treffen. Schließlich rief man einen Mitarbeiter des Landratsamts an, der für die Waffenscheine in der Gegend zuständig war. Der Mann kam sofort – und duzte G. vor Ort ohne Umschweife. Man kannte sich also. Der Mann vom Amt hat viele der Besitzkarten, die es G. gestatteten, etwa halbautomatische Waffen zu sammeln, eigenhändig ausgestellt. Er kannte auch einige der Waffen, die in dem Haus waren – sie alle besaß der Ex-Soldat G. legal. Die *BKA*-Beamten beschlossen deshalb noch vor Ort, die Sturmgewehre und Pistolen nicht zu beschlagnahmen, sondern sie dem Mann vom Amt zu überlassen. Der lud sie in seinen Kastenwagen, eine Art »Hundefänger«, und schaffte sie weg. Vor Gericht sagte der Mann beim Prozess gegen *Hombre* schließlich aus, dass er die Waffen danach einem Freund von G. übergeben habe – es war ausgerechnet Frank T., der Inhaber von *Baltic Shooters* und Betreiber des Schießplatzes in Güstrow. Der bekam auch nach der Durchsuchung Besuch vom *LKA*, das regelmäßig bei ihm schoss. Die Ermittler erzählten ihm von der Durchsuchung und rieten ihm, in Zukunft auf die Dienste von *Hombre* zu verzichten. Dass die Waffen von G. bei T. waren, ahnten sie offenbar nicht. So blieb alles in der Familie – und Marko G. hatte eine Sorge weniger.

Das galt jedoch nicht für das *Bundeskriminalamt*. Die Ermittler hatten in ein Hornissennest gestochen und endgültig einen Fall am Hals, wie ihn jede Ermittlungsbehörde hasst. Er war unkontrollierbar, diverse Polizeikollegen bei Spezialeinheiten waren betroffen, darunter Männer, die Marko G. direkt gebeten hatte, Munition zu besorgen. Der Fall hatte auch deshalb das Potenzial für einen Staatsskandal. Marko G. durfte unterdessen zu Hause in seinem Haus bleiben. Und er reagierte so, wie er es in seiner Ausbildung zum Fernspäher einst gelernt hatte: Er handelte, wie es bei der Armee heißt, in die Gefahr hinein, plante die nächsten Schritte – und trat die Flucht nach vorn an.

•••

Das Haus von Marko G. alias *Hombre* erzählt viel darüber, wie wichtig dem Ex-Soldaten sein Kampf, seine Sache war. Im Flur steht ein Kinderwagen, der Polizist hat ein kleines Kind im Haus. Trotzdem bewahrte er in dem Haus so viel Munition und Waffen auf, als bereite er sich auf einen Krieg vor. Er riskierte also viel, seine Existenz, die Gesundheit seiner Kinder – weil er, wie er dem Gericht erklärte, an seine Sache, die gute Sache, glaubte. Ein Vorkämpfer, der nur seine Familie und sein Vaterland schützen wollte. Diese Naivität strahlte er auch aus – gleichzeitig setzte er sie gezielt ein, um wie ein harmloser Spinner zu wirken, der nichts zu verbergen hat. Die perfekte Tarnung.

So hatte Marko G. nichts dagegen, wenige Tage nach der Durchsuchung ein Team des NDR-Fernsehens durch sein Haus zu führen. Er gab sich als Opfer, das gar nicht wusste, wie ihm geschehen war. [205] Die dürre Pressemitteilung der Bundesanwaltschaft hatte am Tag der Durchsuchung durchaus klargemacht, um was es bei Marko G. und seinen Kumpels ging, die als Beschuldigte geführt wurden: »Die Beschuldigten hätten den von ihnen befürchteten Krisenfall als Chance gesehen, Vertreter des politisch linken Spektrums festzusetzen und mit ihren Waffen zu töten. Zu dieser Personengruppe sollen die Beschuldigten eine Liste mit Namen und weiteren Personalien angelegt haben.« Ein verheerender Sachverhalt, doch Details wurden gleichzeitig unter Verschluss gehalten, Zusammenhänge im Vagen gelassen. Das nutzte der ehemalige Soldat G. clever aus. Er setzte in dem Interview ein neues Narrativ. Sie seien im Prinzip, erklärte er dem jungen Reporter, *Prepper. Prepper?* G. erläuterte: »Das geht von ›ich stell mir zwei Gläser Marmelade und eine Tüte Salzstangen ins Regal‹ bis hin zu Leuten, die komplett ihr Haus unterkellern und sich einen Bunker bauen.« [206] Die vielen Waffen, die Zehntausende Schuss, darunter Spezialmunition, erwähnte er nicht von allein. Er erweckte den Anschein, als ginge das Ganze wirklich nur ums »Preppen«, ein Hobby von Bürgern wie du und ich, die vielleicht technisch interessierter und engagierter waren als der Durchschnitt, sich auch deswegen mehr für Waffen interessierten. Im Interview beschrieb *Hombre* seine Mitstreiter so: »Vom Banker über Mediziner bis zum Sportler, wir haben Techniker, Ingenieure, wir haben Polizisten dabei, selbstständige Handwerker, aus dem Tiefbau, aus dem Dachbau.« Und was besprach man in der Gruppe? Es sei um »Trinkwasseraufbereitung« gegangen, »welche Filtermöglichkeiten es da gibt, Nahrung haltbar machen«. Immerhin gab er zu, dass sich die Mitstreiter auch zum gemeinsamen Schießtraining trafen, alle Waffen seien aber angemeldet. Die meisten Mitglieder verfügten als Jäger oder Sportschützen ganz legal über Schusswaffen, fügte *Hombre* an. Was in diesem Moment fehlte: die Nachfrage, warum man so oft Schießen trainiert – wen will man wann warum treffen? Die Frage, ob es nicht egal ist, dass Munition und Waffen legal erworben sind, tödlich sind sie trotzdem, wurde an diesem Tag ebenfalls nicht geklärt. Marko G. durfte sich stattdessen über die GSG 9 beschweren. Der Einsatz sei »unverhältnismäßig« gewesen, als Beweis führte er das Fernsehteam zur aufgebrochenen grünen Tür. Und dann durfte er noch erzählen, dass er politische Motive hinter der Durchsuchung vermutet. Er erwähnte den G20-Gipfel in Hamburg, der ja wenige Wochen zuvor stattgefunden hatte: »Dass man jetzt gerade nach den Krawallen in Hamburg, die der linksextremistischen Szene angelastet werden, irgendwie versucht, die Gefahr von rechts mal wieder in Erinnerung zu rufen und vielleicht deswegen so martialisch und so öffentlichkeitswirksam ein Zeichen setzt, um auch gegebenenfalls Menschen, die so denken, einzuschüchtern.«

Die Gefahr von rechts. Menschen, die so denken. Einschüchtern.

Die Gleichgesinnten.

Was er nicht sagte: Wir sind keine Rechten. Wir sind keine Extremisten. Er distanzierte sich nicht einmal halbherzig.

Trotzdem schaffte er es vor allem, mit diesem Interview das Narrativ zu prägen, indem er geschickt Klischees bediente. Plötzlich war fast nur noch von *Preppern* die Rede. Ein bisschen verrückt, ein bisschen kurios, spleenige Männer, die sich in der Provinz ein wenig langweilen und Dinge tun, die man eben in der Provinz so macht. Konserven sammeln, Munition horten, Schießen gehen. Jagen. Als seien sie *Rednecks* in Texas. Artikel, Webpages, sogar eine später in Schwerin gebildete Unterkommission zur Aufklärung der Vorgänge führte immer dieses Wort im Titel. *Prepper*. Klingt besser als Wehrsport. Oder Rechtsextremisten. Oder Vorbereitung einer schweren staatsgefährdenden Straftat.

Was die Gruppe wirklich vorhatte, trat in den Hintergrund. Der Polizist und Ex-Soldat G. hatte mit dem Interview das Feuer erfolgreich von seiner Position abgelenkt. Allerdings nur fürs Erste.

• • •

Am Tag als das TV-Interview mit Marko G. alias *Hombre* ausgestrahlt wurde, waren die Bundesanwaltschaft und das BKA einen Schritt weitergekommen: Sie hatten einen Durchsuchungsbeschluss für André S.' Wohnung bekommen – auch weil man dort die Waffen von Franco A. vermutete, die man noch immer nicht gefunden hatte. So erklärte es ein BKA-Beamter später vor Gericht in Böblingen. Die Schlinge zog sich also zu. Man informierte auch das Bundesministerium der Verteidigung und die Führung des KSK, jedenfalls zum Teil. Man ließ es so aussehen, als würde das BKA *Hannibal*, *Petrus* und den dritten KSKler aus der Chatgruppe nur verhören wollen. Den Termin stimmte man mit dem MAD ab, ohne die Durchsuchung zu erwähnen.

Die Bundeswehr ist ein Arbeitsplatz mit festen Ritualen und Abläufen. Am Freitag gegen Mittag verlassen die meisten Soldaten die Kasernen. Deshalb informierte der Chef der 4. Kommandokompanie André S. und *Petrus*, dass sie am Freitag in der Kaserne bleiben sollten. Warum, sagte er nicht, aber die beiden konnten es sich denken und gerieten in Panik. Sie berieten, was zu tun sei. *Hannibal* versprach *Petrus*, seine Quellen in den Behörden zu fragen, um mehr herauszufinden. Und das tat er auch. Er stand noch immer im Kontakt zum MAD-Mann Peter W. Die beiden waren sogar für Mittwoch bereits zu einem weiteren Treffen verabredet – obwohl sich der MAD ja raushalten sollte. Man wollte nicht, erzählte W., dass es so aussah, als ob eine ganze Bundesbehörde die Hände in den Schoß legt. Also ging man beim MAD, wie man dort fand, einen akzeptablen Mittelweg – Peter W. wollte sich weit weg von Calw mit *Hannibal* treffen, nicht über *Uniter* oder Franco A. sprechen, sondern über die Party des *Leutnants* und Torwarttalents Major Pascal D.; über die Schweineköpfe, den Rechtsrock, die Hitlergrüße hatte inzwischen das Fernsehen berichtet. Verglichen mit den Terrorvorwürfen, die im Raum standen, ein eher unbedeutender Vorgang. Aber eine Möglichkeit für den MAD, wieder ins Spiel zu kommen. Obwohl man erst am Mittwoch verabredet war, meldete sich *Hannibal* per SMS schon am Montag bei Peter W. vom MAD. »Servus, info für dich, am Freitag habe ich ein Gespräch mit Irgendein Behördenvertreter wegen dem Fall. (nicht das 2 Behörden / Behördenvertreter aneinander vorbei arbeiten). Grüße«[207] Der MAD-Mann antwortete: »Nee, passt schon.« Zwar wusste Peter W., dass das BKA ein Verhör plante, er wollte nun aber den ganzen Mitwisserkreis, wie er es später nannte, aufklären, das sei nun mal sein Job. Also schrieb er seinem Kontakt beim BKA: »BfV informiert? In Calw?« Der antworte: »Nein, nicht informiert.«

Auf die Frage, wer denn nun alles davon wisse, schrieb der BKA-Ermittler: »Ihr, der GBA [Generalbundesanwalt] und wir. Sonst niemand. Alles soll so ruhig wie möglich ablaufen.« Obwohl also eine Aktion des BKA gegen *Hannibal* anstand, traf sich der MAD-Mann Peter W. trotzdem am Mittwoch mit dem KSK-Soldaten. In dem Gespräch ging es W. zufolge nicht um die Durchsuchung, sondern nur um die Party des *Leutnants*.

Irgendetwas hatte *Hannibal* an dem Tag aber in ernste Sorge versetzt. Er sprach mit seinem Kameraden *Petrus*. Der flippte aus. Petrus nahm mehrere Sprachnachrichten für Freunde auf, die klarmachten, wie die verdächtigten KSK-Soldaten gerade die Welt sahen: Sein Leben sei dabei zusammenzubrechen; er habe zwar die Chats organisiert, aber nun würde das Ganze sehr hoch gehängt, der MAD und der BND, das sagte *Petrus* wirklich, hätten das Verfahren übernommen. Dahinter stecke der Bundesjustizminister Heiko Maas von der SPD, in zehn Tagen seien Wahlen, die SPD brauche noch eine große Geschichte von einem riesigen rechtsextremen Netzwerk zum Ausschlachten. Artikel darüber seien schon geschrieben, er sei eventuell bald im Knast oder arbeitslos. Die Behörden würden suchen, suchen, suchen, bis sie etwas Belastendes gefunden hätten. Die Politik hätte doch so oft gelogen, über die Flüchtlingskrise, über Anschlagspläne von Islamisten, die längst bekannt waren.

Eines zeigen die Nachrichten von *Petrus* deutlich: Die KSK-Soldaten waren aufgeschreckt. Das zumindest wusste auch der MAD-Mann durch die SMS von *Hannibal*. Aber der MAD-Offizier informierte seinen Kontakt beim BKA nicht darüber, dass *Hannibal* bereits ahnte, dass etwas auf ihn zukam. Warum sollte er dem Kollegen vom BKA einen Fehler, den die Kripo offenbar gemacht hatte, so vor Augen führen?, fragte Peter W. später. Der Einsatz war für einen Tag fest geplant, fertig. Der Grundsatz laute nun einmal: »Wenn eine Entscheidung getroffen ist, ist eine Entscheidung getroffen.«

• • •

Zwei Tage nachdem sich der MAD-Mann Peter W. mit *Hannibal* getroffen hatte, fuhren mehrere Wagen des BKA auf das Gelände der KSK in Calw. Dreißig Ermittler stiegen aus, ein Gebäude wurde abgeriegelt, André S. und *Petrus* hatten sich im »Stab« einzufinden, wo der General des KSK sein Büro hat. Der General – Alexander Sollfrank – erbat sich vom BKA einige Minuten allein mit den verdächtigen KSK-Soldaten, die er bekam. Er soll ihnen den Ernst der Lage klargemacht haben. Dann begannen die Verhöre. Fast fünf Monate nachdem Franco A. festgenommen worden war, befragte man nun André S. alias *Hannibal*. Er bestritt zunächst, dass er Franco A. kenne, über den Fall habe er sich nur in den Medien informiert, vielleicht habe er ihn mal bei einem *Prepper*-Treffen gesehen, persönlich bekannt sei er mit dem Offizier aber nicht. Der Tenor seiner Aussage passte zu dem Narrativ von Marko G. aus dem TV-Interview, das eine Woche zuvor ausgestrahlt worden war: *Wir sind alle nur harmlose Prepper.*

Über sechs Stunden sprachen die Beamten mit dem KSK-Soldaten, über die Chatgruppen – *nur ein Spiel, Wargaming* –, die *Safehouses – gibt es gar nicht* –, wiederholt über seine vielen Kontakte zu Franco A. – *er war für mich einer von vielen Soldaten.* In seinen Antworten beim BKA wich er aus, ließ Details weg, bestätigte den einen oder anderen Fakt und schien der Wahrheit nahezukommen, als es um seine Motivation ging: »Die tägliche Belastung der Behörden nimmt zu und aufgrund des demographischen Wandels ist der Islam in zehn Jahren in Ländern wie Holland Staatsreligion Nummer Eins. Mit der Ausbreitung der ›No-Go-Areas‹ wird es im Laufe der Jahre immer schwieriger. Es wird alles gefährlicher. Die, die es sich leisten können, können sich Sicherheit leisten. Realität und politische Realität sind zwei unterschiedliche Schuhe. Jeder muss auf sich selbst und seine Familie aufpassen. Das ist auch nicht nur meine Meinung, sondern das ist Fakt.«

Im Anschluss an seine Aussage durchsuchten die BKA-Beamten *Hannibals* Stube beim KSK, die er sich mit einem anderen Soldaten teilte. Schließlich erfuhren die BKA-Beamten von dem Kompaniechef und einem Oberstleutnant, dass der *Militärische Abschirmdienst* schon zwei Tage zuvor in Kontakt mit dem KSK stand.

Mehrere KSK-Soldaten sagten später aus, dass *Hannibal* ein Handy und mindestens einen Laptop aus Calw weggeschafft hatte – den Computer gab er einem anderen Soldaten mit, der damit nach München fuhr. *Hannibal* habe regelrecht damit geprahlt, dass die Leute vom BKA nicht alles gefunden hätten, so ein KSK-Soldat später. *Hannibal* selbst soll intern beim KSK über die Ankunft des BKA gesagt haben: »Es ist alles safe, weil wir wissen ja davon.«

Woher wusste er, dass das BKA ihn nicht nur befragen, sondern auch durchsuchen will? Hatte der Oberstleutnant des *Militärischen Abschirmdiensts* die KSKler doch konkret vor einer Durchsuchung gewarnt? Hatte er damit Geheimnisverrat begangen? Diesen Verdacht hatten zumindest BKA und Bundesanwaltschaft. Und zeigten den MAD-Mann Peter W. kurz nach der Durchsuchung an.

15
Derin devlet – Tiefer Staat

Der MAD-Offizier Peter W. ist ein selbstbewusster Mann. Als ihm wegen Geheimnisverrats vor dem Landgericht in Köln zum zweiten Mal der Prozess gemacht wurde, stand er vor dem ersten Prozesstag locker mit einigen Freunden, die ihn unterstützen, vor dem Gerichtssaal und plauderte über seine Familie. Auch mit mir sprach er mehrmals, vor dem Prozess, in den Pausen. Ich fragte ihn nach seinen Einsätzen, seinem Hintergrund, über Gerüchte, die über ihn in der Presse standen. Nein, er war nie beim KSK, ja, er war in Afghanistan im Rahmen der *Operation Enduring Freedom* eingesetzt, wie Ehrenabzeichen an seiner Brust zeigten. Die Uniform verriet seinen Hintergrund: Peter W. war bei der Luftwaffe, wurde auch in Altenstadt ausgebildet, ehe er 2001 zum *Militärischen Abschirmdienst* kam, wo er drei Jahre später Beschaffer in der Extremismus-Abwehr wurde und dort blieb, nur unterbrochen durch seine Einsätze in Afghanistan. Als er sich mit *Hannibal* traf, war er schon seit vielen Jahren zuständig für das südwestliche Deutschland, also auch für das KSK. Auch ihm waren also entweder bedrohliche Entwicklungen durchgerutscht, oder er hatte viel mitbekommen, das Wissen aber nicht in entsprechende Handlung umgesetzt. Der Mann mit kurzen Haaren und stattlichem Bauch gab trotzdem den überlegenen Nachrichtendienstler, der mehr weiß und vielleicht auch mehr kann als sein Gegenüber. Vor Gericht beschrieb er seine Treffen mit *Hannibal*, seine Konkurrenz mit dem *BKA*, seinen Ärger, als er aus dem Spiel genommen wurde. Dabei blieb er kontrolliert und höflich. Auch erklärte er bereitwillig, wie er mit Menschen spricht, um sie als Quelle zu werben, und dass *KSK*-Soldaten genau wie etwa Piloten dazu ausgebildet werden, Verhören standzuhalten. In Kriegsgefangenschaft sollen sie vor allem Zeit schinden, herumschwadronieren, das Gegenüber hinhalten. Jeder, der einmal Verfassungsschützer oder Mitarbeiter aus Ministerien in Untersuchungsausschüssen gehört hat, weiß, dass diese Tricks nicht nur Soldaten beigebracht werden. Ein Zeuge in dem Verfahren, der *KSK*-Soldat Gerd K., der mit *Hannibal* in den Chatgruppen war, antwortete auf die Fragen der Richterin so patzig, dass sie ihn daran erinnerte, dass er kein Kriegsgefangener sei und als Zeuge zu kooperieren habe. Als das nicht zog, fragte die Richterin, ob er denn nicht Soldat bleiben wolle – »bin ich eh nicht mehr lange«, antwortete der überraschend schmächtige Soldat, der in Trainingshosen, Lederjacke und gelben Turnschuhen gekommen war. Peinlich berührt beobachtete der *MAD*-Offizier W., wie ein über Jahre aufwendig ausgebildeter Kommandosoldat eindrucksvoll demonstrierte, was er von dem Rechtsstaat hielt, den er mit seinem Leben verteidigen sollte. Der Soldat wirkte dabei trotz seiner Patzigkeit jedoch nicht überlegen, sondern verloren und überfordert. Er hatte offenbar noch immer nicht verstanden, was er falsch gemacht hatte, als er bei *Hannibals* Chats mitgemacht hatte, bei denen es darum ging, eine Parallelstruktur zum Staat anzulegen.

Bei *Petrus* war das anders. Auch der Mann aus Mecklenburg-Vorpommern war wie *Hannibal* und der Soldat in den gelben Turnschuhen eher klein und drahtig. Auch er wirkte manches Mal wie überwältigt von den Fragen der Richterin, der Wortwahl, der verlangten sprachlichen Präzision. Aber er war kooperativ. Er machte deutlich, dass er sich von *Hannibal* verraten fühlte. Ja, er habe die Chats auf dessen Bitte hin organisiert, weil die Situation im Jahr 2015 so bedrohlich auf ihn gewirkt habe. Wen er da vernetzt hatte, habe er gar nicht verstanden. *Hannibal* habe ihm nur gesagt, es seien Topleute aus Behörden, Bundesgrenzschutz, Verfassungsschutz, SEK. 400 Beteiligte seien da zusammengekommen, wer dahintersteckte, wusste er nicht. *Hannibal* war so überzeugend, habe so viele Leute gekannt, war so aktiv am Wochenende. Er konnte Fotos zeigen, er vor Flaggen, mit Freimaurern, alten Männern, die nach Einfluss aussahen. Da habe man ihm einfach glauben müssen. Spätestens als das BKA auftauchte, alles durchsuchte, sei Petrus endgültig klar geworden, worauf er sich eingelassen hatte. Behaupten kann das jeder, aber *Petrus* ließ Taten folgen: Er verriet *Hannibal*. Der hatte ihm erzählt, dass er seine Telefone ausgetauscht und die Polizei nicht alles bei ihm gefunden habe. *Petrus* machte Meldung. Und brach so mit *Hannibal*. Mit der Information – dass die Polizei nicht alles bei *Hannibal* gefunden hatte – entlastete er auch den MAD-Mann. Wenn *Hannibal* wirklich gewusst hätte, dass seine Wohnung durchsucht wird, hätte er mutmaßlich alles Belastende beiseitegeschafft. Aber darum ging es im Kern auch gar nicht. Es ging in dem Prozess nur rein technisch um einen Geheimnisverrat, tatsächlich ging es um die nackte Macht und wer wie viel davon in diesem Land hat. Peter W. war ein typischer Vertreter eines bundesdeutschen Nachrichtendienstes, der nicht akzeptiert, dass die Strafverfolgung immer vorgehen muss, dass Informationen nichts wert sind, wenn man auf ihnen sitzt, sie unter Verschluss hält und sie vor allem als Machtmittel einsetzt. W. war nach seiner Anklage innerhalb des MAD in die Grundsatzabteilung versetzt worden. Dort arbeitete er Untersuchungsausschüssen zu und war für die Aussagegenehmigungen seiner Kollegen zuständig – die legen fest, was ein MAD-Mitarbeiter vor Gericht oder einem Ausschuss sagen darf. Peter W. ausgerechnet in diese Abteilung zu versetzen, war auch ein forsches Statement der MAD-Führung. Als ich ihm auf dem Flur erzählte, wie viel ich über den MAD gelesen hatte, in Berichten und Akten der NSU-Untersuchungsausschüsse etwa, was für ein Bild da entstehen würde, da schaute er mich an und sagte: »Sie wissen und lesen nur das, was wir wollen und freigeben.« Und genau das war das Problem.

Peter W. wurde später freigesprochen – da der einzige Belastungszeuge *Hannibal* war. Der jedoch hätte sich mit der Aussage gegen W. selbst belastet. Das jedoch muss kein Zeuge tun. Also war die Anklage gescheitert.

•••

Am 3. November 1996 steuerte ein unachtsamer Lastwagenfahrer seinen Truck von einer Tankstelle auf eine Straße im westlichen Anatolien in der Türkei, übersah einen Mercedes, rammte das Auto und tötete so drei Menschen. Zum Unfallort eilende Reporter dachten, sie hätten es mit einem tragischen Verkehrsunfall zu tun, fanden jedoch im Kofferraum der zerstörten Limousine zahlreiche Waffen samt Schalldämpfern. [208] Der Anfang eines Staatsskandals.

Die Behörden stellten später fest, dass unter den Toten ein hochrangiger Polizeibeamter war, zudem ein Mann, der nicht nur ein Unterweltboss, sondern auch der ehemalige Chef der rechtsradikalen Gruppe »Graue Wölfe« war und den man zum Zeitpunkt seines Todes eigentlich im Gefängnis vermutet hatte. [209] In dem Mercedes starb außerdem seine Freundin, eine ehemalige Schönheitskönigin. Der vierte, schwer verletzte Passagier war ein kurdischer Abgeordneter, der sich von der türkischen Regierung im Kampf gegen die kurdische Gruppe PKK hatte einspannen lassen – und eine eigene Miliz anführte. [210] Eine Lawine kam ins Rollen und eine türkische Parlamentskommission versuchte in der Folge herausfinden, was hinter dem Fall steckte: Wie sich herausstellte, hatte der amtierende türkische Innenminister dem Gangsterboss eine Waffenerlaubnis und falsche Ausweisdokumente besorgt. Die Parlamentskommission hörte immer mehr Aussagen über eine wahnwitzige Verschwörung – es existierten offenbar mehrere Netzwerke nebeneinander, zu denen sich Polizei, Militär, Milizen und kriminelle Organisationen zusammengefunden hatten, die unter anderem Jagd auf Kurden gemacht haben sollen – aus politischen Gründen oder um sie als Konkurrenz im Drogenhandel auszuschalten. Die Abgeordneten hörten außerdem von Zeugen, dass Teile des Militärs eine eigene Struktur aufgebaut hatten, die man in der Türkei später auch *Derin devlet* nannte, den tiefen Staat. Die verschiedenen Gruppen besorgten sich Waffen auf dem Schwarzmarkt und nutzten, so einer der schwersten Vorwürfe, inhaftierte Kurden, um andere Kurden umzubringen – man holte sie für wenige Stunden aus dem Gefängnis, damit sie ihren Auftrag erfüllen konnten. Militärangehörige hätten sie zu ihren Taten gezwungen, sagten Zeugen später aus.

Auch weil die Parlamentskommission systematisch ausgebremst worden war, ihr Zeugen und Akten vorenthalten wurden, konnte sie für viele Taten und Abläufe nie die letzten Beweise finden. Der »tiefe Staat«, der *Derin devlet*, wurde zu einem türkischen Mythos, eine Struktur, der alles zuzutrauen war. Fingierte Anschläge, Vertuschungen, Auftragsmorde, das Aufstellen von Gruppen, die außerhalb des Staates agierten, keiner Gerichtsbarkeit unterlagen und mit illegalen Mitteln finanziert wurden. Dass es Mordopfer, Waffendeals und geheime Finanzquellen für außerstaatliche Gruppen gab, wurde über die Jahre durch Beweise zwar untermauert, doch in diversen Gerichtsverfahren gegen mutmaßliche Akteure des »tiefen Staates« – Generäle, Anwälte, Journalisten – konnte nie abschließend geklärt werden, wie groß das Ausmaß der Verschwörung war. Wahrheit, Lüge, Desinformation und Gerüchte existieren noch immer nebeneinander her. *Derin devlet* hieß letztendlich auch, dass der Staat und seine Institutionen es nicht geschafft hatten, die eine Wahrheit ans Licht zu bringen, sodass urbane Legenden manches Mal die Fakten ersetzten. Der Staat, also in dem Fall vor allem das Parlament und andere Institutionen, konnten den Menschen nicht das Gefühl vermitteln, den Komplex aufklären zu können.

Als in Deutschland die Aufklärung der Morde des NSU immer mehr ins Stocken kam, Akten in vielen Behörden vernichtet wurden, Verfassungsschützer logen und mauerten, Schlüsselzeugen beim Prozess in München gar nicht erst geladen wurden, fühlten sich einige Hinterbliebene der NSU-Opfer, die zum Teil in der Türkei geboren waren, an die 1990er-Jahre erinnert, als die Geschichten über *Derin Devlet* die türkische Presse dominierten. Gab es also den tiefen Staat in Deutschland auch? Können solche Strukturen erklären, wie sich manche deutsche Behörde verhielt, als der NSU entstand und als er mordete? Gab es Komplizen, gar Auftraggeber auf staatlicher Seite? Die Frage ist mir persönlich bei Diskussionen und Lesungen, von Lesern, Abgeordneten, selbst von Polizisten gestellt worden. Meine Antwort blieb immer gleich: Für die Existenz eines tiefen deutschen Staates gab und gibt es tatsächlich keine Beweise – ebenso wenig für geheime Budgets, mit denen Gruppen finanziert worden wären oder bewusste Waffenlieferungen an rechte Gruppen. In den letzten Jahren entstand durch die Arbeit parlamentarischer Untersuchungsausschüsse dennoch ein verstörendes Bild von deutschen Nachrichtendiensten – insbesondere vom *MAD* und dem *Bundesamt für Verfassungsschutz* –, die sich durch ihre ausufernde Zusammenarbeit mit Spitzeln aus dem rechten Milieu selbst tief in die rechtsextremistische Szene verstrickt hatten. Um manchen rechten Gewalttäter als Spitzel einsetzen zu können, hatten die Dienste ihn vor dem Gefängnis bewahrt und trotzdem zu wenig – oder, wenn man zu nahegekommen war, zu viel – von den Plänen der rechten Szene mitbekommen. Denn am Ende hatte der Einsatz der vielen Informanten nicht dazu geführt, dass die zehn Morde des NSU verhindert wurden. Zudem zeigte sich, dass die Dienste – nicht nur der *MAD* – genau wie die Bundeswehr strukturelle Probleme mit dem eigenen Personal hatten, die mit dem Auffliegen des NSU nicht abgestellt wurden, im Gegenteil.

Die Existenz des NSU war gerade erst publik geworden, als das *BfV* in Köln einen Mann anstellte, den man nie hätte anstellen dürfen: Er war nicht nur in der rechten Szene verwurzelt, sondern wurde später außerdem Mitglied in einem Motorcyle-Club – MC –, der sich eindeutig mit der kriminellen Szene der Bikergangs eingelassen hatte. Der Club – *Steel Machine MC Germany* – wurde 2013 gegründet und bestand nur aus wenigen Mitgliedern, die eine Baracke in einem Kleingartenverein als Clubhaus nutzten. Das Logo wird dominiert von einem Totenschädel, der einen Helm aus dem Zweiten Weltkrieg trägt. *Steel Machine* hatte einen Präsidenten und einen *Sergeant at Arms*, eine Art Logistiker, der für die Sicherheit im Club zuständig ist und auch für die Beschaffung von Waffen, wenn es darauf ankommt – man orientierte sich damit klar an den großen Clubs wie den Bandidos. Die Mitglieder von *Steel Machine* zeigten sich auf Partys im eigenen Clubhaus und andernorts auch mit Rockern der Bandidos, eine der größten und gefährlichsten Rockergruppen Deutschlands, die sich im Ruhrgebiet mit anderen Gruppen – wie den Hells Angels – oft gewaltsam darum stritt, wer den größten Einfluss hat, was den Kölner Polizeipräsidenten Uwe Jacob dazu veranlasste, 2019 auf einer Pressekonferenz zu sagen: »Mitten auf Kölner Straßen wird mit hochkarätigen Waffen geschossen. Als wären wir hier im Wilden Westen, [so] wird hier rumgeballert.« [211]

In einer solchen Gruppe war also ein *BfV*-Mitarbeiter Mitglied, dafür musste er ein Aufnahmeritual überstehen, Regeln befolgen, im Zweifelsfall andere Rocker auch dann decken, wenn die Polizei gegen den eigenen Motorclub ermitteln würde. Ein Aufnahmeritual gibt es beim BfV auch – eine Sicherheitsüberprüfung, bei der ein Kandidat oder eine Kandidatin gründlich durchgecheckt wird: Familie, Finanzen, Freunde. Die Überprüfung des Rockers war offensichtlich zu lasch.

Der Mann wurde in der Observationsgruppe des BfV eingesetzt, die typische Einstiegsabteilung für neue Mitarbeiter des Bundesamts. Darunter konnten Ex-Polizisten sein, Seiteneinsteiger oder Berufsanfänger. Das BfV bildete seine Mitarbeiter in Kursen in eigenen Schulen über die Jahre aus, auch die Observateure. Die benötigt das Bundesamt in rauen Mengen. Will man nur eine Zielperson 24 Stunden lückenlos überwachen, rechnet man intern damit, dass dazu eine Truppe von bis zu 30 Beamten notwendig ist, um zu Fuß, in verschiedenen Fahrzeugen oder von festen Posten aus die Person zu beobachten. Die Mitarbeiter des BfV, die es nicht mögen, wenn man sie Agenten nennt, machen Fotos der Personen, filmen sie und versuchen sofort zu überprüfen, um wen es sich genau handelt, wenn eine Zielperson sich mit einem anderen Menschen getroffen hat. Die Observateure werden über ihre Zielperson umfassend informiert – Adresse, Freunde, Familie, zugelassene Fahrzeuge, Telefonnummern, alles, was dem BfV bekannt ist – ein Observateur wie der Rocker von *Steel Machine* lernt also mit jedem Auftrag und jeder Observation, was das BfV über wen weiß, was es wissen will, wen das Amt warum beobachtet.

Wenn ein Beamter einer dieser Observationsgruppen für die andere, die falsche Seite arbeitet oder mit ihr sympathisiert, ist das also ein fatales Sicherheitsrisiko. Dass der Mann aus dem Rockerclub später auch noch als rechtsradikal eingeschätzt wurde, war für das Amt peinlich genug, schlimmer wurde der Fall allerdings dadurch, dass der Rocker in einer Observationsgruppe arbeitete, die vor allem auf die rechtsextremistische Szene angesetzt wurde. Was für ein Sicherheitsleck. Zumal die Observationsgruppen nicht nur Rechtsextreme beobachten, die man als Gefährder ausgemacht hat, sondern auch solche, die das *BfV* als Quellen rekrutieren will. Bevor sie zu V-Personen werden, »forscht« das Amt die Kandidaten aus, beobachtet sie, lernt sie kennen, um zu entscheiden, ob man sie werben will – »Forschen und Werben« heißt das beim Verfassungsschutz. Erste Treffen zwischen den *BfV*-Beamten, dem späteren V-Mann-Führer, und einem V-Mann-Kandidaten werden vom Amt meist ebenfalls observiert.

Wenn also einer der Observateure selbst rechtsextrem ist, Kontakte in die kriminelle Rockerszene hat, dann ist das ein Leck, das potenziell verheerende Folgen haben kann. Das *BfV* brauchte fast sieben Jahre, ehe man den Mann enttarnte und 2019 aus dem Dienst entfernte. Den Fall hielt man geheim, ging damit nicht an die Öffentlichkeit und beantwortet auch keine Fragen, etwa: wie war man darauf kommen, dass man einen rechten Rocker in den eigenen Reihen hatte.

Offensiver ging die Amtsführung mit dem Fall eines Mannes um, der 2014 nach Ausschreibung in einer Zeitungsannonce beim *BfV* eingestellt worden war. Zuvor hatte der damals 49-jährige Roque M. in einer Volksbank als Marketingexperte gearbeitet.[212] Der Mann wurde in Spanien geboren, wuchs in Deutschland auf, hatte vier Kinder und wurde angeblich ebenfalls gründlich überprüft, ehe er den Job als verdeckter Ermittler in der Islamismusabteilung bekam. Dann trieb er sich vor allem am Wochenende ausgerechnet in islamistischen Foren herum, angeblich aus Langeweile. Dort verriet er geheime Einsatzorte des Dienstes, schlug vor, sich konspirativ in einem Krefelder Fitnessstudio zu treffen, am besten unter der Dusche, da man dort nicht abgehört werden könne. Schließlich bot er an, selbst an einem Anschlag mitzuwirken und schlug als Ziel die *BfV*-Zentrale in Köln vor. [213] Das alles schrieb er jedoch nicht Islamisten, wie er dachte, sondern einem Kollegen – der ebenfalls verdeckt für das Bundesamt in der Szene ermittelte. Ein islamistischer Maulwurf schien enttarnt. Schon in den Jahren bevor er zum *BfV* kam, hatte Roque M. im Internet Kontakt zu ukrainischen Söldnern und einer Gang namens *Nordic Brotherhood* aufgenommen, eine rechtsradikale Gruppe, die unter anderem in Baden-Württemberg aktiv war und sich ähnlich wie Rockergruppen in sogenannten »Chaptern« organisiert hatte. Auch diese Kontaktaufnahme geschah angeblich aus Langeweile und führte zu nichts. [214] Der Mann kam später vor Gericht, der Richter sah es nicht als erwiesen an, dass Roque M. wirklich ein Attentat begehen oder nach Syrien reisen wollte – verurteilt wurde er deswegen nur zu einem Jahr auf Bewährung wegen Geheimnisverrats. Aber eines wurde trotz dieses milden Urteils klar: Das *BfV* hatte ernste Probleme mit Mitarbeitern, die selbst extremistische Tendenzen aufwiesen, auch wenn der *BfV*-Präsident Thomas Haldenwang in einem Fernsehinterview noch im Herbst 2020 sagte, dass das *BfV* seine Mitarbeiter so gründlich prüfe, dass es nicht die gleichen Probleme wie andere Behörden habe.

Ein weiterer Problemfall zeigte sich selbst an: Der Mann war ebenfalls als Observateur beim *BfV* eingesetzt. Als er einen KSK-Soldaten observieren musste, erkannte er ihn wieder: Es war der Chef eines Vereins, in dem er selbst Mitglied gewesen war: *Uniter*. Der Mann vom *BfV* hatte tatsächlich für den Verfassungsschutz André S. alias *Hannibal* observiert. Weil der Verfassungsschützer ahnte, dass seine Mitgliedschaft in dem Verein Probleme bereiten könnte, sollte sie rauskommen, meldete er seinem Arbeitgeber lieber selbst, dass er aktiv bei *Uniter* gewesen war. Der Mann vom *BfV* arbeitete später für den internen Personenschutz, der unter anderem den *BfV*-Präsidenten bewaffnet begleitete, wenn der das Amt verlässt.

Hannibal gab in einem Gespräch mit mir damit an, dass in seiner Gruppe Mitarbeiter aus vielen Behörden mitmachen würden, auch Verfassungsschützer. Unrecht hatte er also nicht. Aber dem einen oder anderen schien dieses Doppelleben zu anstrengend zu werden, wie dem Bodyguard vom *BfV*, der sich lieber selbst outete.

Wie die Bundeswehr hatte also auch das *Bundesamt für Verfassungsschutz* Probleme mit Verrätern und Schwachstellen – ob die nun eingeschleust wurden oder erst zu Verrätern wurden, während sie für das *BfV* arbeiteten, was man intern unbedingt verhindern wollte. Der Ärger mit Verrätern hatte Tradition, spionierte doch ausgerechnet der Leiter der Spionageabwehr lange für die DDR. Das Problem, mit dem das Bundesamt konfrontiert wurde, war also nicht neu. Und auch Verfassungsschutzämter auf Landesebene schafften es nicht, Mitarbeiter aus ihren Reihen zu halten, die selbst extremistische Propaganda verbreiteten. So die Abteilung Verfassungsschutz im Innenministerium Nordrhein-Westfalens, das Äquivalent zu einem Landesamt für Verfassungsschutz. Dort waren in einer Observationsgruppe gleich drei Beamte aufgefallen, weil sie sich ab Ende November 2018 in einer Chatgruppe »mehrere Videos mit islam- oder fremdenfeindlicher Konnotation geteilt« hatten, wie es das Düsseldorfer Innenministerium umschrieb.[215] Unter den Verdächtigen war auch der Leiter des ganzen Teams. Seine Gruppe hatte Rechtsextremisten und Islamisten gleichermaßen observiert. Kollegen, die die Videos ebenfalls bekommen hatten, ließen sich ein Jahr Zeit, bis sie den Vorfall meldeten – erst dann konnten die Observateure versetzt werden. Dienstgeheimnisse seien nicht verraten worden, behauptete der Innenminister Herbert Reul später. Bei einem vierten Beteiligten war die Situation noch sehr viel heikler. Er arbeitet direkt im Ministerium von Innenminister Reul, und zwar in der Abteilung, die dafür zuständig ist, die Polizei zu überwachen und anzuleiten. Der verdächtige Mitarbeiter war nicht nur in der Chatgruppe, die sich die islamfeindlichen Videos hin und her schickte, sondern hatte sogar auf Facebook Kontakt zu Rechtsextremisten.

Sicherheitslecks, Verräter, Extremisten oder einfach nur gelangweilte und minderbemittelte Staatsbedienstete machen noch keinen tiefen Staat. Aber die Fälle zeigen, dass die Abwehr nicht funktioniert, dass Extremisten zu leicht in den Sicherheitsapparat einsickern können oder bei einer Radikalisierung im Dienst zu spät entdeckt werden. Alle großen Sicherheitsbehörden haben dieses Problem, auch der *Bundesnachrichtendienst*. Dort arbeitete sogar jahrzehntelang ein Mann, der im Mittelpunkt eines der rätselhaftesten Skandale des Dienstes stand, nachdem er von Kollegen angeschwärzt worden war. Er schien die Blaupause für rechte Guerillas entworfen zu haben, wie sie später auch *Hannibal*, *Hombre*, Hammer und wie sie alle hießen, ebenfalls ins Leben riefen. Doch bei näherem Hinsehen war der Fall noch sehr viel bizarrer, als es bereits auf den ersten Blick schien.

16
Dienststelle 61

Verfassungsschützer, Polizisten oder Menschen, die in anderen Sicherheitsbehörden arbeiten, werden intensiv mit einem sehr engen Ausschnitt der Realität konfrontiert – mit Verbrechen, Gewalt, Obsessionen, mit zutiefst menschlichen Eigenschaften, die Verfehlungen, Verbrechen und Extremismus erst möglich machen. Starrt man zu lange in den Abgrund, kann es passieren, dass alles in tiefem Schwarz versinkt, nur noch trübe Konturen sichtbar sind, man selbst helle Stellen nicht mehr wahrnimmt oder sie als optische Täuschung abtut, ganz so, als sei man blind. Ein hochrangiger BND-Mitarbeiter aus Mainz, studierter Jurist, Mitglied in der CDU und Oberst der Reserve, blickte in seinem Leben regelmäßig in Abgründe. Aus juristischen Erwägungen und nach ausführlichen Beratungen habe ich mich entschieden, ihn Jochen Herzog zu nennen – das allerdings ist nicht sein richtiger Name. Jener Jochen Herzog arbeitete seit 1985 für den *Bundesnachrichtendienst* und hatte sich den Ruf eines Haudegens erarbeitet, dem man am Ende fast alles zutraute. Er leitete bis 2012 eine geheime Dienststelle 61 des *BND* in Mainz, von der lange kaum jemand außerhalb des Dienstes wusste, dass sie überhaupt existierte, bis der BND-Mann Herzog erst intern für Aufregung sorgte, ehe sein Fall an die Öffentlichkeit kam. Der *Spiegel* veröffentlichte im Februar 2013 einen kurzen, kryptischen Artikel über den Chef aus Mainz – der Mann habe ein Bild des Brandenburger Tors aus dem Jahr 1943 im Flur zu seinem Dienstzimmer angebracht, an dem Wahrzeichen hing damals ein Banner mit dem Spruch »Führer befiehl – wir folgen!«. BND-Mann Herzog stehe außerdem unter dem Verdacht, so schrieb der *Spiegel*, eine bewaffnete Gruppe gebildet und gegen das Waffengesetz verstoßen zu haben. Dem Anwalt Herzogs zufolge handele es sich um eine »bösartige Intrige« von Kollegen, die das »Soldatische« des Mannes ablehnen würden. [216] Die Staatsanwaltschaft Heidelberg ermittle gegen den BND-Mitarbeiter. Am Tag der Veröffentlichung des Artikels rief ich die Staatsanwaltschaft an. Dort sagte man mir, dass das Verfahren inzwischen eingestellt worden sei. Mehr Informationen gab man nicht heraus. Ein Kollege der *Zeit* berichtete wenig später über den Fall: Im Herbst 2011 hätten sich unter anderem ein Kriminalkommissar, ein Bundeswehroberst a. D. und ein BND-Mann beim Chef aus Mainz getroffen, das Treffen sei Gegenstand interner Ermittlungen: »Dieser Teilnehmerkreis, schrieb der BND, bestätige den Eindruck, dass die von [H.] geplanten Übungen als ›Vorbereitungshandlungen‹ für den erwarteten ›großen Krieg‹ zu interpretieren seien.« [217] Trotz dieses Verdachts geriet der Fall des merkwürdigen Dienststellenchefs vom BND danach in Vergessenheit, auch ich erfuhr nichts Neues. Schließlich beschäftigte sich das Bundesverwaltungsgericht in Leipzig vier Jahre später im August 2017 mit dem Disziplinarverfahren gegen den BND-Mann. In dieser Zeit hatten gerade die Razzien gegen die *Nordkreuzler* Schlagzeilen gemacht, Franco A. war verhaftet worden, die Maßnahmen gegen die KSK-Mitglieder *Hannibal* & Freunde standen noch aus. Ein BND-Mann, dem vorgeworfen wurde, militärische Parallelstrukturen gegen den Willen seines Dienstes gebildet zu haben – das klang wie die Blaupause für vieles, was in dem Jahr ans Licht kam. Im Urteil des Bundesverwaltungsgerichts in der Disziplinarsache war davon allerdings keine Rede. Übrig blieb allein der Vorwurf, dass Herzog zwei Mal das Porträt des damaligen Bundespräsidenten Christian Wulff abgehängt und es beim zweiten Mal in die Abstellkammer gestellt hatte. Das Bundesverwaltungsgericht formulierte: »dies kann den Anschein erwecken, der Beamte werde bei seiner Amtsführung nicht loyal gegenüber seinem Dienstherrn sein und die Vorgaben der Organe seines Dienstherrn befolgen, sondern werde sich eher an seiner privaten Ansicht über die Person und den Charakter des Inhabers eines hohen Staatsamtes orientieren«. Dieses Verhalten »untergräbt das Vertrauen der Bevölkerung in die Verwaltung des demokratischen Rechtsstaats«, schrieb das Gericht weiter. [218] Das Gericht entschied, dass dem Mann zehn Prozent von drei Monatsgehältern gestrichen werden dürfen. Am Ende blieb also nur ein alter, frustrierter Agent, der ein Bild zwei Mal von der Wand hängte.

Aber war das wirklich alles? Was war aus allen anderen Punkten geworden? Ein Disziplinarverfahren ist ein intern geführtes Verfahren, es ist kein verhältnismäßig transparenter Vorgang wie ein Strafprozess. Für das Buch sprach ich daher ausführlich mit Zeugen, dem Anwalt Herzogs, der Staatsanwaltschaft, zudem sichtete ich Akten, nur der BND schlug mir meinen Wunsch aus, Schlüsselfiguren der Affäre zu interviewen. Der Vorgang wirft, das zeigen diese Recherchen, weiter ernste Fragen auf. Allen voran: Wie kam der 2. Senat des Bundesverwaltungsgerichts zu diesem Urteil? Tatsächlich hatte eben jenes Gericht drei Jahre zuvor, im Frühjahr 2014 im Zuge einer »Sonderform der Amtshilfe«, Zeugen im Rahmen des Disziplinarverfahrens gehört und Stellungnahmen entgegengenommen, die einen anderen Ausgang des Vorgangs nahegelegt hätten. Im Mittelpunkt stand dabei die Vorgesetzte Herzogs. Sie hatte nach einem Gespräch mit einem Kollegen Herzogs einen Vermerk verfasst, in dem sie den BND-Mann als möglichen Verfassungsfeind beschrieb. Dieser Kollege leitete die Außenstelle des *Militärischen Abschirmdienstes*, arbeitete wie der BND-Dienststellenleiter auf einem Kasernengelände in Mainz. Er hatte um ein Gespräch mit der Abteilungsleiterin Herzogs gebeten, und, wie er vor dem Bundesverwaltungsgericht sagte, artikulierte darin, dass er sich große Sorge um den Mann vom BND mache: »Deswegen hielt ich es schon für angebracht, ihr [der Vorgesetzten] dieses auch noch mal zu sagen: ›Achtung, da ist Gefahr unterm Dach! Abstellen!‹ Das war meine Meinung nach dem Motto: Wenn noch mal so was vorkommt, kenne ich keine Verwandten mehr und dann schieß ich scharf!‹«

In dem Vermerk der Vorgesetzten – »Fehlverhalten des L 2I72, Hr. [H.]« – hieß es dann, dass sich Herzog unter anderem als Oberst des MAD ausgegeben habe: »Hr. [H.] habe als Oberst des MAD mehrfach (ca. alle 4–6 Wochen) einen Schießplatz in Germersheim (Luftwaffenausbildungsregiment) gebucht und dort Übungen mit einem eingeladenen Kreis von Gleichgesinnten veranstaltet.« Und: »Hr. [H.] male auf jeder Veranstaltung, häufig Einladungen der Bundeswehr, Untergangsszenarien, ohne das als seine persönliche Meinung zu deklarieren. Rechtspopulistische Äußerungen seien dabei an der Tagesordnung.« Der MAD-Mann habe weiter gesagt: »Er kenne Hr. [H.] bereits aus einem Einsatz in Afghanistan, die negative Entwicklung sei seit ca. einem Jahr zu beobachten.« Und: »Wäre Hr. [H.] tatsächlich Angehöriger der Bundeswehr, so sähe sich der MAD in der Pflicht einzuschreiten. … Er könne aber auch nicht weiter zusehen, wie das Ansehen der Bundeswehr und des BND beschädigt würden und erwarte von uns nun konsequente Schritte.«

Doch nach der Aussage kam es zum Zerwürfnis. Der Mann vom MAD hatte gedacht, sein Gespräch mit der Vorgesetzten des Dienststellenleiters würde vertraulich bleiben, erklärte er dem Bundesverwaltungsgericht: »Ich habe der Frau Sch. gesagt, dies ist ein privates Gespräch, es bleibt unter uns. Es gibt quasi den Fachbegriff ›Quellenschutz‹, keinerlei Auswirkungen, und das hat auch damals die Frau Sch. so zur Kenntnis genommen und mir auch nicht widersprochen.« Daran fühlte sich die Frau vom BND allerdings nicht gebunden, was den Zeugen verärgerte, sodass er sich vor dem Bundesverwaltungsgericht stur gab und an zentrale Vorwürfe, die ihm zugeschrieben wurden, nicht mehr erinnern wollte.

Die BND-Anwälte fragten ihn deswegen: »Wir haben drei Zeugenaussagen im behördlichen Disziplinarverfahren, der Zeugen S., U. und O., die das, was die Frau Sch. aus dem Gespräch mit Ihnen wiedergegeben hat, bestätigen. Halten Sie es denn für realistisch, dass drei im behördlichen Disziplinarverfahren vernommene Zeugen allesamt, obwohl sie ausdrücklich über die Wahrheitspflicht belehrt wurden, die Unwahrheit sagen?«

Der Zeuge antwortete: »Halte ich für wahrscheinlich! Ja! Sogar für sehr wahrscheinlich aufgrund meiner Erfahrungswerte, die ich sammeln durfte, auch mit Ihnen, Herr Doktor!« Offenbar ging es nicht mehr nur um den merkwürdigen BND-Mitarbeiter, sondern auch um einen weiteren zornigen Agenten des MAD, der sich verraten fühlte – das machte die Wahrheitsfindung schwierig. Die Geschichte Herzogs zeigt, wie anfällig Mitarbeiter der deutschen Sicherheitsbehörden sein können, wie einige von ihnen an der komplizierten Welt scheitern, überall Bedrohungen wittern und dabei ausgerechnet der eigenen Behörde nicht zutrauen, diese Gefahren abzuwehren.

•••

Jochen Herzog hatte, bis die Affäre um seine Person im Jahr 2011 eskalierte, beim BND einiges erlebt. Er war gerade 60 Jahre alt geworden, war in seiner Karriere in Südamerika eingesetzt und hatte dienstlich mit dem Plutonium-Schmuggel von Moskau nach München zu tun. Seine Dienststelle, BND-Codenummer 61, war auf einem Kasernengelände der Bundeswehr im 6. Stock eines Bürohauses untergebracht, in dem der *MAD* die restlichen Räume nutzte. Der Standort liegt an der Generaloberst-Beck-Straße in Mainz, einer der Wehrmachtsgenerale, der 1944 versucht hatte, Adolf Hitler zu ermorden. Obwohl der *BND* der deutsche Auslandsnachrichtendienst ist, hielt die Dienststelle Herzogs von der Kaserne aus vor allem Kontakt zu Behörden und Firmen in der Nähe, dem *BKA*, den Zollbehörden, dem *Landesamt für Verfassungsschutz* in Hessen im benachbarten Wiesbaden, aber auch zu Konzernen in der Region. Dem Auslandsdienst *BND* war also auch ein innerdeutsches Netzwerk wichtig, was man allerdings lieber geheim hielt. Die Dienststelle 61 war nicht der wichtigste Standort des *BND*, die Zentrale in Pullach und die Standorte in Berlin oder an vielen Orten im Ausland waren sehr viel bedeutender. Aber abseits der Zentrale konnte sich Herzog mehr rausnehmen, sodass in Mainz einiges anders war. Er meldete sich regelmäßig als Reservist für Einsätze bei der Bundeswehr, oft erschien er dagegen nicht zum Dienst beim *BND*, sondern meldete sich krank.

Nach den Anschlägen vom 11. September 2001 wurde er nach Afghanistan beordert, wo ihm sein Status als Oberst der Reserve der Bundeswehr zugutekam. Er war zwar nie Berufssoldat gewesen, hatte aber schon bevor er zum *BND* kam – und danach auch – viel Zeit in seine militärische Weiterbildung investiert. 1980 wurde er von der *US-Army* in Fort Leavenworth zum Generalstabsoffizier ausgebildet, 1994 absolvierte er in Rom das NATO-*Defense College*. Die Bundeswehr hatte sich für ihn eingesetzt. Er diente sich dort in der Reserve nach oben, verbrachte seine Freizeit oftmals bei der Bundeswehr. Herzog wurde in Heidelberg, wo er lebte, regelmäßig im NATO-Hauptquartier der Alliierten Landstreitkräfte eingesetzt, übernahm dort »militärische Führungsaufgaben«, wie sein Anwalt in einer Zusammenfassung des Falls festhielt. [219] Dass *BND*-Mitarbeiter hochrangige Reserveoffiziere werden und eine enge Verbindung zur Armee haben, somit eine Doppelrolle spielen, hatte Tradition – schon der Gründer des BND, der Wehrmachtsoffizier Reinhard Gehlen, war Generalleutnant der Reserve der Bundeswehr, viele seiner engen Mitarbeiter, alles ehemalige Wehrmachtssoldaten, wurden wie Gehlen ebenfalls Offiziere der Bundeswehrreserve. [220]

In Afghanistan hatte Herzog auch als Oberst der Reserve gute Kontakte zu der US-Armee und den US-Geheimdiensten aufgebaut, die seit den Anschlägen von New York und Washington vor allem eine Hauptaufgabe hatten: den islamistischen Terrorismus zu bekämpfen. An rechtsstaatliche Regeln hielten die US-Dienste sich dabei nicht: Ihre Agenten entführten Verdächtige – oder ließ sie entführen –, folterten Verdächtige oder ließen sie foltern, manches Mal in Afghanistan, oft auch auf europäischem Boden, ehe man schließlich die Beschuldigten nach Kuba ausflog, wo sie auf dem US-Stützpunkt in Guantánamo festgehalten wurden. Über Jahre verhörten CIA- und FBI-Beamten die Männer immer wieder, ihre Aussagen wurden zusammengefasst, verschlüsselt und als streng geheime Dokumente auch an Partnerdienste wie den BND weitergeleitet. Dank seiner guten Kontakte zu den US-Stellen, wie sein Anwalt mir später erklärte, konnte Herzog die Dokumente der CIA aus Guantánamo lesen. Schon nach kurzer Zeit brachten die Verhöre nicht mehr viel Neues, zu lange waren die inhaftierten Islamisten abgeschnitten von ihrem alten Umfeld. Die Lektüre der Aussagen muss bei Herzog dennoch einen nachhaltigen Eindruck hinterlassen haben – zudem bekam er laufend Informationen über neue islamistische Terrorgruppen und deren Pläne. [221] Und von beiden gab es weltweit einige. Spätestens ab dem Jahr 2010 war es dann so weit, dass der BND-Mann in seiner Dienststelle ständig über die Gefahr sprach, die von Islamisten ausging. In den Frühstückspausen, beim Mittagessen, bei anderen Gelegenheiten. Seine Kollegen, die er anführen sollte, waren genervt – sie schalteten auf Durchzug oder taten so, als würden all die Sätze über den Islam »links rein und rechts wieder raus gehen«, wie sie später aussagten. [222] Sie ließen die Brandreden Herzogs einfach über sich ergehen. Den störte das offenbar nicht, er benahm sich, als habe er eine Mission. Als der damalige Bundespräsident Christian Wulff am 3. Oktober 2010 den Satz »der Islam gehört zu Deutschland« prominent in seiner Rede zum Einheitstag unterbrachte, muss das Herzog erschüttert haben. Jedenfalls hängte er das Porträt Wulffs, das im Aufenthaltsraum bei der Teeküche hing, zwei Mal ab, beim zweiten Mal stellte er es in eine Abstellkammer. Kollegen zufolge regte er sich außerdem auf, als in Niedersachen mit der CDU-Politikerin Aygül Özkan 2010 erstmals eine Muslima in Deutschland Ministerin wurde. Schließlich führte er den Film »SOS Abendland – Die schleichende Islamisierung Europas«, der auf einem Buch von Udo Ulfkotte basierte, BND-Kollegen vor. [223] Der inzwischen verstorbene und früher bei der FAZ beschäftigte Journalist hatte sich darauf verlegt, vor der angeblich kommenden Übernahme Deutschlands durch ultrareligiöse Muslime zu warnen, wobei er dabei oft nicht zwischen friedlichen Muslimen und der Minderheit unterschied, die sich dem Heiligen Krieg verschrieben hatte, beide Gruppen verschmolzen bei ihm zu einer einzigen gefährlichen Einheit. Ulfkotte schrieb frühzeitig über einen angeblich drohenden Bürgerkrieg, verbreitete Deutschlandkarten, in denen er die Orte einzeichnen ließ, wo die Schlachten in diesem Krieg geschlagen werden würden. Er forderte seine Leser auf: »Treten Sie in einen Schützenverein ein. Lernen Sie den Umgang mit Schusswaffen.« [224] Ulfkotte gab auch ein »Handbuch für traditionelle Krisenvorsorge« heraus und erklärte seinen Lesern, wie sie sich jetzt noch retten könnten. Ab spätestens 2008 schrieb er diese Sätze, und der Mainzer BND-Mann, der eine so hohe Sicherheitsstufe hatte, dass er selbst streng geheime CIA-Dokumente lesen durfte, vertraute ausgerechnet ihm, Udo Ulfkotte, einem Autoren, der bekannt dafür war, Fakten zu überspitzen und zu verdrehen, wann immer es um Muslime ging. Trotzdem – vielleicht auch genau deswegen – nahm Herzog Ulfkottes Ansatz auf. Ein Kollege vom BND sagte später aus: »Diese ständig negative Einstellung, diese ständige Angst vor. ... ja, ›German Angst‹ ... und ... das hat mich traurig gemacht bei ihm, dass dieser Mann so pessimistisch ist, so eine Angst vor einer Bedrohung unterliegt, das hat der Mann eigentlich nicht verdient, der ist ja ein lieber, netter Kerl.« Wenn er allerdings den damaligen US-Präsidenten Barack Obama im Fernsehen sah, war es vorbei mit lieb und nett, sagten jedenfalls Kollegen aus. Herzog soll rassistisch ausfallend geworden sein, was er allerdings bestritt.

Der BND ist am Ende eine Behörde wie jede andere auch, durchzogen von Hierarchien und anfällig für Grabenkämpfe. Im Fall Herzogs spitzte sich ein solcher Grabenkampf zu. Seine direkte Vorgesetzte, Frau Sch., konnte mit seiner Art, die Dienststelle zu führen, nichts anfangen – vor allem seine Fixierung auf Waffen stieß der Vorgesetzten auf. In der Dienststelle lagerten nicht nur Pistolen, Herzog bildete auch seine Kollegen an der Waffe aus. Das sei »ein Dienstauftrag« gewesen, schrieb mir sein Anwalt später. Die Mainzer BND-Agenten hätten oftmals eine große Menge Geld zum Flughafen bringen müssen, weil etwa eine deutsche Geisel im Libanon, Afghanistan, Pakistan oder dem Irak freigekauft werden musste. Dabei konnte es um bis zu zehn Millionen Dollar gehen. Die BND-Agenten sollten also – im Inland – als bewaffnete Geldboten agieren und mussten deshalb an der Waffe ausgebildet werden, was Herzog übernahm, so die Erklärung seines Anwalts.

Seine Vorgesetzte Sch. wollte davon nichts mehr wissen. Sie versuchte, die Waffen aus der Dienststelle zu verbannen, stellte dann bei einer Überprüfung fest, dass Herzog noch eine Pistole in seinem Schrank im Büro hatte. Die Situation wurde danach nicht besser. In einem Vermerk an ihren Vorgesetzten, den Abteilungsleiter General Dieter Urmann, schilderte sie, wie die Situation ihrer Wahrnehmung nach über Monate eskaliert war. Der Chef der Dienststelle des MAD in Mainz habe sie Mitte Oktober 2011 angerufen und um ein dringendes Gespräch gebeten. Erst einen Monat später kam das Treffen zustande. Die Frau vom BND und der Mann des MAD trafen sich am 11. November 2011, an jenem Tag also, als gerade eine sensationelle Nachricht verbreitet worden war: Die Bundesanwaltschaft hatte bekannt gegeben, dass zwei Bankräuber, die wenige Tage zuvor tot in einem ausgebrannten Wohnmobil in Eisenach gefunden worden waren, als Mitglieder der Gruppe NSU zehn Menschen ermordet hatten. Der MADler kannte Herzog seit Jahren, stand selbst kurz vor der Pension und wollte etwas loswerden – und formulierte dann seine Sorge, dass der Dienststellenleiter ernste Probleme habe. Die beiden redeten zwei Stunden in einem feinen Restaurant im Mainzer Landtag. Der MAD-Mann zahlte. 39,10 Euro. Das hieß: Es ging wirklich ums Reden, nicht ums Essen und Trinken, sonst wäre die Rechnung höher gewesen. Das Gespräch war dann der Ausgangspunkt für den Vermerk der Vorgesetzten. Sie hörte sich nach dem Treffen weiter um. Die direkten Kollegen Herzogs, schrieb seine Chefin, waren »einerseits erleichtert, dass nun von außen an mich herangetreten wurde«, andererseits hätten die Kollegen Angst vor dem Dienststellenleiter, fürchteten, »dass er ›Amok laufe‹, wenn er erfahre, dass sie geredet hätten«. Die Vorgesetzte schrieb schließlich: »Ich halte einen Verbleib des Hr. [H.] auf seinem Dienstposten allein wegen der verheerenden Außenwirkung für nicht mehr tragbar. Ich bitte im Interesse der Mitarbeiter darum, dass er unverzüglich von diesem Posten abgezogen [wird] und dann die weitere Klärung stattfindet.«

Die BND-Spitze eröffnete ein Disziplinarverfahren. In der offiziellen Einleitung wurden die Vorwürfe noch erweitert und präzisiert: Er habe in der Kurmainz-Kaserne – seinem Mainzer Dienstsitz – »Tarnzeug« getragen und in dieser Kaserne »von Zeit zu Zeit übernachtet«. Er sei in einem tarnfarbenen ehemaligen Bundeswehr-Jeep umhergefahren. Der BND hat sehr enge Verbindungen zum Militär, viele ehemalige Soldaten und Offiziere wechseln zum Auslandsnachrichtendienst, einige Abteilungsleiter haben den Rang eines Generals. Deshalb tragen sie aber trotzdem als BNDler im Dienst keine Uniform.

Ein interner Ermittler des BND übernahm den Fall, er befragte mehrere Kollegen Herzogs. Außerhalb des Protokolls wurden ihm weitere Informationen zugetragen: Herzog habe Gäste eingeladen, um mit ihnen zu schießen. Er habe sich zudem mit »Gleichgesinnten« getroffen, es sei dabei um Übungen gegangen, um sich optimal auf den »großen Krieg« vorzubereiten. Der BND – in Absprache mit dem Bundeskanzleramt – entschloss sich schließlich zu einem Schritt, den Nachrichtendienste sonst lieber vermeiden, da man das Heft des Handels aus der Hand gibt. Der damalige Präsident des *Bundesnachrichtendienstes* Gerhard Schindler erstattete Strafanzeige bei der Staatsanwaltschaft Heidelberg. Darin hieß es unter anderem, Herzog bereite sich auf einen »Kampf der Kulturen (Deutsche gegen Ausländer und Muslime)« vor; er treffe sich mit »überwiegend Menschen in gehobenen Positionen«, man treffe gemeinsam Vorkehrungen, damit sich das deutsche Volk erwehren könne«; er habe sich ein »Waffenarsenal« für einen »großen Krieg« zugelegt.

Ein BND-Ermittler wurde persönlich bei der Heidelberger Staatsanwaltschaft vorstellig und betonte, die Sache sei sehr sensibel und der Kanzleramtsminister Ronald Pofalla sei über den Vorgang informiert. Die Staatsanwaltschaft sah einen begründeten Verdacht und setzte die Landespolizei auf den BND-Dienststellenleiter an. Das BKA, eigentlich für einen solchen Fall zuständig, blieb außen vor. Herzog wurde observiert und abgehört, seine E-Mails wurden mitgelesen, die Ermittler bauten in sein Auto und das seiner Frau Peilsender ein. Herzog, ein erfahrener Agent, tat dann unter den Augen seiner Observanten jedoch drei Monate lang nichts, was den Verdacht erhärtet hätte, dass er eine Untergrundarmee gründen wollte und Waffenlager anlegte. Bei einer Durchsuchung seines Hauses und seiner Ferienwohnung fand man allerdings ein Scharfschützengewehr der Marke Dragunow – das war jedoch ordnungsgemäß registriert. Das Gewehr habe Herzog, erklärte mir später sein Anwalt, von der Bundeswehr bekommen. Da er Reservist war, sei das angeblich nichts Ungewöhnliches, behauptete der Anwalt. Mitglieder der Bundeswehr bestreiten das vehement. Warum sollte die Bundeswehr einem Reservisten, und sei er auch ein Oberst, ein russisches Scharfschützengewehr zur Verwahrung geben? Für die Polizei war offenbar dagegen nur entscheidend, dass er die Waffe legal besessen hatte, deshalb verfolgte sie den Punkt nicht weiter.

Aus den Berichten des BND, die auch die Kripo und die Staatsanwaltschaft einsehen konnte, ging hervor, dass Herzog zu einem Treffen in einer Jagdhütte gebeten hatte. Für den BND war diese Zusammenkunft im Herbst 2011 ein entscheidender Punkt. Ein Kollege vom BND war anwesend, ein Kriminalkommissar des BKA, der dort für die Schießausbildung der Spezialkräfte zuständig ist, zudem ein ehemaliger Oberst und Militärattaché der Bundeswehr. Zwei BND-Agenten, ein BKA-Schießausbilder und ein ehemaliger Militärattaché treffen sich im Wald – was wurde dort besprochen? Ich redete später mit einem der Teilnehmer, dem Ex-Militärattaché, und fragte ihn. Man habe sich nicht auf irgendeinen Konflikt vorbereitet, es sei ums Geschäft gegangen, erklärte er mir. Die Gruppe habe darüber diskutiert, wie man Aufträge für die Sicherheitsfirma des Ex-Militärattachés an Land ziehen könnte. Die Firma existierte tatsächlich und war seit 2007 unter dem Namen des Ex-Militärattachés im Handelsregister eingetragen. In der Hütte habe man angeblich überlegt, dass man Montagefirmen beraten könnte, die beispielsweise im Nahen Osten Geschäfte machten. Aber warum der klandestine Rahmen? Herzog habe darum gebeten, bekam ich zur Antwort. Selbst seine eigene Tochter, sagte mit der ehemalige Militärattaché, sei anwesend gewesen, was wohl belegen sollte, wie harmlos alles war. Was dort besprochen wurde und wie der BND auf die Idee kam, dass dieses Treffen ein Schlüssel für die Affäre war, wurde von der Polizei – als gleichsam neutrale Stelle – nicht geklärt. Ohne mit den Teilnehmern des Treffens zu sprechen, darunter immerhin ein weiterer BND-Mann und der Topausbilder des BKA, schloss die Polizei ihre Ermittlungen ab. In einem Abschlussbericht schrieben die Ermittler, der Verdacht, dass Herzog Gesetze gebrochen, etwa Waffen illegal besessen habe, habe nach drei Monaten Ermittlungsarbeit nicht erhärtet werden können.

Der damalige Chef des BND Schindler bewertete die Situation völlig anders, die unmittelbar vorgesetzte Stelle, das Bundeskanzleramt, ebenfalls. Das Disziplinarverfahren, das wegen der staatsanwaltschaftlichen Ermittlungen geruht hatte, wurde wieder aufgenommen und die Vorwürfe wurden sogar erheblich ausgeweitet – denn für das Disziplinarverfahren ist nicht entscheidend, ob ein Beamter gegen das Strafrecht verstoßen hat. Ein gemeinsames Schießtraining, sogar eine Übung, kann völlig legal sein. Die Frage für den BND war: Waren die Übungen mit dem BND abgesprochen und wie wirken sie nach außen? Der eigentliche Knackpunkt blieb der Umstand, dass der BND-Dienststellenleiter mit Behördenmitarbeitern bei der Bundeswehr geschossen hat. Warum lud Herzog einen Staatsanwalt und Mitarbeiter des *Landesamts für Verfassungsschutz Hessen* auf einen Schießstand der Bundeswehr ein, um gemeinsam zu schießen? Verfassungsschützer sind im Dienst fast immer unbewaffnet, Staatsanwälte sowieso. Was sollte dann das Schießtraining? Das gehöre, erklärte wiederum Herzog durch seinen Anwalt, zu seinem Job beim BND – so pflege er seine Kontakte zu Behörden in der Region. Er habe ja auch Mitarbeiter eines deutschen Konzerns zu dem Schießen eingeladen. Alles erklärbar, alles harmlos, alles gesellig. Dass es sich dabei um paramilitärisches Training gehandelt habe, sei »Wirtshausgebabbel« von Kollegen, das missverstanden wurde, so erklärte es der Anwalt des Dienststellenleiters. Der BND wollte aber genau diesen Punkt – dass das Schießtraining im Auftrag des Auslandsgeheimdienstes erfolgte – nicht bestätigen, sondern betonte, dass ebendiese Schießtrainings Anlass zum Misstrauen gegeben haben.

Auch deshalb verschärfte man den Konflikt mit Herzog. Die BND-Führung beorderte den Agenten in die BND-Zentrale nach Pullach, er sollte dort einen »Betreuungsabend für Angehörige von BND-Mitarbeitern« vorbereiten. [225] Doch Herzog ließ sich kurzerhand krankschreiben, er habe eine »BND-Phobie«, könne unter dem aktuellen Chef nicht mehr arbeiten. Stattdessen konzentrierte er sich auf sein zweites Standbein – die Bundeswehr.

Der Oberst der Reserve nahm im April an einer Übung in Hamburg teil, im Sommer 2013 ließ er sich vom Truppenarzt untersuchen, da er dem BND auf seine ganz eigene Art zeigen wollte, dass er sich selbst noch für fit genug hielt, den Dienst am Vaterland so zu gestalten, wie er es für richtig hielt: Er hatte sich für drei Monate verpflichtet, in Afghanistan auszuhelfen. Der Oberst der Reserve sollte ausgerechnet den Kontakt zur afghanischen Polizei in Masar-e Scharif halten, wo die Bundeswehr im Camp *Marmal* große Präsenz zeigte, nachdem sie gerade das Lager in Kundus geräumt hatte, was dazu führte, dass die Gegend kurz darauf von Taliban überrannt wurde. Herzog, der sich ausdauernd an Islamisten abgearbeitet hatte, sollte nun so einen heiklen Einsatz im Herzland der Islamisten selbst mit leiten. Obwohl der

MAD selbst vor Herzog gewarnt hatte, verhinderte man bei der Bundeswehr zunächst den Einsatz des BND-Mannes in Afghanistan nicht. Beim *Bundesnachrichtendienst* und im Bundeskanzleramt suchte man nach Wegen, den Mann kaltzustellen, ehe der Skandal noch größer werden würde und nicht mehr unter Verschluss zu halten war. Man ließ Herzog im Sommer noch einmal untersuchen. Die Diagnose: Er sei aufgrund »einer irreversiblen Erkrankung aus medizinischer Sicht dauernd dienstunfähig«. In dem Gutachten hieß es genauer, der Mann sei psychisch krank, was sein Anwalt später bestritt, er habe zwar eine schwere Depression gehabt, die hätte er aber zu dem Zeitpunkt bereits überwunden.

Der Dienststellenleiter wurde immer noch nicht gestoppt; erst als sich wiederum der BND einschaltete, die Bundeswehr direkt warnte, sagte die schließlich das Engagement Herzogs in Afghanistan ab. Das machte den alten Herrn erst recht wütend, er blieb störrisch, klagte vor dem Bundesverwaltungsgericht gegen die Disziplinarmaßnahmen des BND und kandidierte für die CDU auf kommunaler Ebene für eine Ortschaftsratswahl. Er fuhr bei der Wahl 2014 ein bescheidenes Ergebnis ein und wurde nicht in den Ortschaftsrat gewählt.

In Leipzig vor dem Bundesverwaltungsgericht wurde es dann im April 2014 peinlich – für alle Beteiligten. Offen trat zutage, dass Nachrichtendienste denkbar ungeeignet sind, sich selbst oder gegenseitig zu kontrollieren. Der Kammer des Bundesverwaltungsgerichts lagen alle Akten des Disziplinarverfahrens des BND vor, in denen der Nachrichtendienst davon ausging, dass Herzog paramilitärische Übungen geplant hatte, um den Untergang Deutschlands zu verhindern. Der BND hatte also, aus seiner Sicht, konsequent gehandelt. Doch einer der Hauptbelastungszeugen, der ehemalige Leiter der MAD-Stelle in Mainz, bekam vor Gericht kalte Füße. Über mehrere Stunden sagte der MAD-Mann aus, schien dabei innerlich zerrissen, so der Eindruck, wenn man das 49-seitige Protokoll liest. Der MAD-Offizier bestätigte einerseits, dass er sich sehr ernste Sorgen um seinen »Kameraden« gemacht habe. Anderseits vermied er, klar zu sagen, warum genau er sich so große Sorgen gemacht hatte. Im Rahmen des Verfahrens leistete das Gericht nur Amtshilfe, es durfte die Aussage des Zeugen vom MAD lediglich aufnehmen, ihn nicht allzu kritisch hinterfragen. Das aber wäre dringend notwendig gewesen.

Der MAD-Offizier stellte gleich mehrmals klar, wie enorm groß seine Sorgen um seinen »Kameraden«, den Oberst Jochen Herzog, waren: »Ich habe, glaube ich, in dem Punkt gesagt, ich halte Herzog für erkrankt und er braucht Hilfe«, er hoffte, »dass man ihm vielleicht medizinische Hilfe angedeihen lässt, ihn vielleicht zeitweilig mal – bis dieses Phänomen weg ist – ihn aus seiner Aufgabe herausnimmt, ihn vielleicht mit anderen Aufgaben betraut. Das war so die Idee des Gefechtes, die ich da hatte.« Aber was genau dieses *Phänomen* ausgemacht hat, benannte der Mann von MAD nicht konkret. Wie sich dieses Phänomen äußerte, erklärte er allerdings. Er bestätigte, dass sich Herzog unter einem Vorwand Zugang zu Bundeswehrstandorten verschafft hatte: »Jochen Herzog ist sehr eigenwillig und hat auch aus meiner dienstlichen Sicht heraus ja das eine oder andere etwas überengagiert betrieben, was mich als Dienststellenleiter des MAD's in Mainz nicht unbedingt beglückt hat und auch für mich mehrfach Anlass war, mit ihm darüber mal ein Gespräch zu führen, so nach dem Motto: ›Schuster, bleib bei deinem Leisten‹ und wenn bestimmte Maßnahmen Außenwirkungen haben, dann bitte unter dem Briefkopf BND und bitte nie wieder als MAD irgendwelche militärische[n] Liegenschaften beantragen.« Aber warum hatte Herzog das getan? Warum die Tarnung? Das wurde der MAD-Mann nicht gefragt.

Allerdings ging es in seiner Aussage durchaus um die politische Haltung des BND-Mannes – hatte sich der Dienststellenleiter rechtspopulistisch geäußert? Vor Gericht vermied der Zeuge vom MAD dieses Wort.

Aber hat sich Herzog rechtspopulistisch geäußert? Der Zeuge vom MAD vermied diese Wortwahl. Herzog sei »erzkonservativ«, habe tatsächlich auf öffentlichen Veranstaltungen nicht zwischen seiner persönlichen Meinung und den Vorgaben der Behörden, neutral zu wirken, unterschieden, gab sein »Kamerad« vom MAD zu. Herzog habe dabei eine Angst artikuliert, die er vor vielen Dingen hatte. Angst vor einem Kollaps des Euros, Angst vor einer neuen Finanzkrise, Angst vor einem Krieg, ausgelöst durch den Iran. Ängste also, gespeist aus Informationen, die er als BND-Agent täglich verarbeiten musste, aber an deren Verarbeitung er offenbar scheiterte. Das klang wie ein Echo der Geschichten von *Hannibal*, dem KSK-Soldaten, der die Mitglieder seines Vereins *Uniter*, seine Kollegen, Kameraden, Verschwörer mit einer Flut von Nachrichten über den drohenden Weltuntergang in einen ständigen Zustand der Spannung versetzte. *Weltverschwörungstheorien* aus der *Atomkriegshöhle*, wie es der Freimaurer und Bundeswehroffizier genannt hatte. Der MAD-Mann Peter W., der *Hannibal* bearbeitet hatte, erklärte mir, wie man dieses Phänomen im Nachrichtendienst benannte: die Bewegung der *Doomer* – derjenigen Menschen also, die permanent das Ende der Welt herandämmern sehen und eine irrationale Angst vor der Zukunft entwickeln. Wie offenbar auch Dienststellenleiter Herzog vom BND, der noch dazu den starken Drang hatte, seine Angst nach außen zu tragen. Er habe etwa, so sagte der Mann vom MAD aus, bei Treffen mit Sicherheitsbeauftragten von Firmen aus der Umgebung verlauten lassen, dass die »Schadenmeldungen«, die bei der USA »einlaufen«, höher waren als angeblich öffentlich bekannt – mutmaßlich ging es dabei um islamistische Terroranschläge und kriegerische Auseinandersetzungen in muslimischen Ländern. Der Zeuge vom MAD berichtete, dass Herzog auf Veranstaltungen darüber sprach, dass die Verlustzahlen der Amerikaner »grundsätzlich nicht publiziert werden«, wäre das anders, so Herzog, dann käme es zu Verwerfungen innerhalb von Deutschland: »Wenn die deutsche Öffentlichkeit wüsste, was tatsächlich an entsprechenden Schadenmeldungen tagtäglich bei den Amerikaner einläuft, dann hätten wir hier schon einen kleinen Volksaufstand!«, soll er laut des Mannes vom MAD bei Veranstaltungen gesagt haben. Der Zeuge bestätigte also, dass Herzog Geheimnisse des BND verraten hatte – aber deswegen habe er sich nicht so große Sorgen gemacht. Warum denn dann? Was hat der Dienststellenleiter gemacht, dass es ihm so große Sorgen bereitet hatte – wie er auch vor Gericht ausgesagt hatte –, dass er glaubte, Herzog müsse von seinem Posten entfernt werden? Genau das wollte der MAD-Mann vor dem Bundesverwaltungsgericht nicht sagen, bei diesem Punkt wich er aus. Er erklärte stattdessen, dass er sich verraten fühle – vom BND, der seine Aussage nicht vertraulich gehalten hatte, vom MAD, der ihn gedrängt habe, eine Aussage zu machen, obwohl er seinen »Kameraden« nicht verraten wollte: »Das hat mir gezeigt, letztendlich, dass man gar nicht willens ist, bestimmte Themenstellungen sachlich aufzuarbeiten, weder in meinem Hause noch in Ihrem Hause [dem BND], weil da gibt es logischerweise Gemeinsamkeiten, politische sonstige Dinge, die mich veranlasst haben, sämtliche Beziehungen, die ich hatte, zu den Diensten komplett zu canceln.«

Der MAD-Zeuge hinterließ den Eindruck eines Mannes, der Herzog zum Teil inhaltlich verstand, der zu viele seiner Handlungen verteidigte oder gar nicht erst offen über sie reden wollte – und ihn auch deswegen vor Gericht schonte. Das wiederum warf Fragen über Probleme innerhalb des MAD selbst auf. Obwohl die BND-Zeugen, allen voran die Vorgesetzte Herzogs, vor Gericht bei ihren Aussagen blieben, entschied sich der BND schließlich zu einem Rückzieher. Man zog zwar das Disziplinarverfahren durch, ließ aber die Hauptvorwürfe fallen – auf einmal war nicht mehr die Rede vom Schießen mit Gleichgesinnten und paramilitärischen Gruppen. Es ist auffällig, dass der BND den Fall nun plötzlich kleinhielt. Schließlich entschied auch das Bundesverwaltungsgericht in der Sache – und konzentrierte sich vor allem auf die Bilder des Bundespräsidenten, die der Dienststellenleiter abgehängt hatte. Die Kernpunkte – der Aufbau einer paramilitärischen Einheit – hätten sich nicht bestätigt, urteilte das Gericht. Was war mit den Kollegen Herzogs? Hatten sich alle BND-Zeugen geirrt oder sich ihre Aussagen sogar ausgedacht? Warum wurde dann nicht gegen sie wegen Falschaussage vorgegangen? Sein Mandant wolle keinen Ärger mehr, erklärte mir der Anwalt Herzogs. Das passte nun allerdings gar nicht zu seinem sonstigen Verhalten. Ein BND-Mann, der mit dem Fall zu tun hatte und den ich im Auto erreichte, vermittelte mir nicht den Eindruck, als sei man zu Unrecht gegen den Mainzer BND-Mann vorgegangen. Er werde nichts öffentlich sagen, ohne dass es »die Firma« erlaube.

Wesentliche Fragen blieben nach diesem vermurksten Verfahren unbeantwortet, weil sie nicht vom Strafrecht und nicht vom Disziplinarrecht erfasst werden. Waren die Schießtreffen, die der Mann vom BND mit Mitgliedern anderer Behörden organisiert hat, wirklich völlig normal, reines »Networking«? War also nichts Anrüchiges dabei, dass ein Oberst der Reserve und Mitglied eines Auslandsnachrichtendienstes mit Verfassungsschützern schießt? Ist es reiner Zufall, dass diese Treffen und diese Netzwerke so sehr an andere Gruppen erinnern, die seit 2017 Schlagzeilen machen? Ob der BND-Mann Kontakte zu Personen hatte, die inzwischen im Mittelpunkt von anderen Ermittlungskomplexen stehen – per Telefon, E-Mail oder anderweitig –, könnte unter anderem aus den Akten der Staatsanwaltschaft hervorgehen, die sich mit seinem Fall beschäftigt hat. Diese Akten, so erfuhr ich, sind allerdings nicht mehr einsehbar. Sie könnten, wie die Gesetze es vorsehen, bereits vernichtet worden sein, teilte mir der zuständige Staatsanwalt mit: »Nach Nr. 622 Buchst. d der länderübergreifend geltenden Aufbewahrungsbestimmungen sind Ermittlungsakten, die mit der Einstellung des Verfahrens enden, grundsätzlich fünf Jahre aufzubewahren. Danach ist die Akte ›auszusondern‹, d. h. zu vernichten. In dem von Ihnen angesprochenen Fall ist aus dem Umstand, dass er aktuell aus der EDV nicht ersichtlich ist, zu schließen, dass die Akte, sofern es sie einmal gegeben hat (dafür dürfte die Ihnen im Jahr 2013 erteilte Auskunft sprechen), tatsächlich vernichtet wurde.« [226]

BND-Dienststellenleiter Herzog, erklärte mir sein Anwalt, sei froh, dass alles vorbei sei. Er konzentriere sich auf die Jagd – »Waffen spielen bei ihm immer eine Rolle.« Später schrieb er mir: »[H.] steht zu Demokratie und Rechtsstaat so wie wir alle. Wenn sich jemand für unsereinen allzu konservativ gebärdet, so heißt das schließlich bei weitem nicht, daß er ein Verfassungsfeind wäre.«

Doch der Eindruck blieb, dass in deutschen Sicherheitsbehörden ein Sturm aufgezogen war, weil Akteure an mitunter einflussreicher Stelle von einer schier irrationalen Angst ergriffen wurden, die sie blind zu machen schien. Welche Folgen diese Sucht nach dem Untergang haben kann, zeigte sich ebenfalls bei einem ehemaligen Mitarbeiter des BND, der in der Zentrale in Pullach eingesetzt war, ehe er im Jahr 2004 zur Bundeswehr wechselte, weil der Nachrichtendienst ihm keinen Job in der Nähe seines Wohnorts Krumbach in Bayern mehr angeboten hatte. Er arbeitete fortan bei einer Stelle des Beschaffungsamts der Bundeswehr in Ulm, die er auch leitete. Hier wurde er Ende 2019 unter anderem dem *Militärischen Abschirmdienst* als Reichsbürger-Verdachtsfall gemeldet. Die sogenannten Reichsbürger lehnen den deutschen Staat ab, viele von ihnen wollen ein Deutsches Reich zurück, am Besten in den Grenzen von 1933. So ist es kein Zufall, dass führende Rechtsextremisten und Holocaustleugner wie Manfred Roeder, Horst Mahler oder auch Rigolf Hennig von der *Europäischen Aktion* zu den frühen Protagonisten der Szene gehören. Im Fall des Ex-BNDlers aus Krumbach reichten den Strafverfolgungsbehörden die ersten Hinweise noch nicht, um gegen den ehemaligen Agenten tätig zu werden. Die Frage ist immer: Sammelt ein Reichsbürger Waffen, plant er, aktiv gegen den Staat vorzugehen? Stiftet er andere dazu an? Im Dezember 2020 konfrontierte der MAD den Mann und viele seiner Kollegen, von denen mindestens sieben ebenfalls unter dem Verdacht standen, mit den Reichsbürgern zu sympathisieren. Konfrontieren heißt befragen, nicht festnehmen und auch nicht, dass etwa notwendigerweise umfassend durchsucht wird. Bei dem Ex-BND-Mann wurde das zu einem Problem, da er passionierter Sportschütze war und Waffen besaß. Noch am Tag der Maßnahme veröffentlichte das Verteidigungsministerium eine Pressemitteilung über den Vorgang, der Ex-BNDler wurde als einer der Hauptverdächtigen ausgemacht – »auch die Leitung der Regionalstelle [ist] betroffen«, die Verteidigungsministerin Kramp-Karrenbauer ließ sich mit einem offensiven Statement zitieren: »Verfassungsfeinden lassen wir nicht den kleinsten Raum in der Bundeswehr. ... Die deutsche Bevölkerung kann darauf vertrauen, dass in der Bundeswehr jedem Hinweis der Nähe zum sogenannten ›Reichsbürgertum‹ konsequent nachgegangen wird. Auch in diesem Fall arbeiten die Sicherheitsbehörden, wie es sich bewährt hat, eng zusammen mit dem Ziel, Personen mit fehlender Verfassungstreue aus der Bundeswehr zu entfernen oder von ihr fernzuhalten. Es ist ermutigend, dass die wesentlichen Hinweise erneut aus internen Quellen kommen.« Der ehemalige BND-Mann war also von Kollegen belastet worden. Am nächsten Tag beobachteten Observateure des MAD, wie der Ex-BNDler Dokumente in einen Mülleimer warf, dann verfolgten sie ihn zu einem Krankenhaus in seinem Heimatort. Die Observateure wollen dann ihre Zielperson kurz vor dem Eingang zur Notaufnahme aus den Augen verloren haben. Genau in diesem Moment erschoss sich der Mann. Es zeigte sich, dass die aufgestaute Wut gegen ein vorgeblich falsches System sich in viele Richtungen entladen kann – selbst als Gewaltausbruch gegen die eigene Person. Der Ex-Agent pflegte vor seinem gewaltsamen Tod immer noch intensive Kontakte zu aktuellen und ehemaligen Mitarbeitern des BND, was den Fall zusätzlich unangenehm für den Auslandsgeheimdienst macht. Mühsam müssen die verschiedenen Nachrichtendienste und die Strafverfolgungsbehörden nun klären, welcher Natur diese Kontakte waren und ob andere Agenten dieser Sucht nach dem Untergang verfallen sind, zu lange in den Abgrund gestarrt haben. Das *Bundesamt für Verfassungsschutz*, der *Bundesnachrichtendienst*, die großen deutsche Nachrichtendienste hatten alle Probleme mit Mitarbeitern, die fehlgeleitet schienen, Mitglied in einer Rockergang wurden oder zu viel Zeit damit verbrachten, über die »islamistische Gefahr« nachzudenken und mindestens an der Legitimität der Staatsorgane zweifelten. Der dritten großen für die Terrorabwehr zuständigen Behörde, dem BKA, ging das nicht anders – nicht nur hatten Personenschützer des Bundeskriminalamts in Güstrow beim *Nordkreuz*-Mann Frank T. geschossen, ein Ausbilder für die Mobilen Einsatzkommandos des BKAs hatte sich offenbar mit BND-Dienststellenleiter Herzog getroffen – ohne dass Ermittler der Polizei genau überprüft hatten, was die Männer besprochen und untereinander zu tun hatten. Aber es gab noch ein weiteres, allerdings ein potenziell ebenfalls sehr schweres Leck: Dennis E., ein junger Polizist der Bundespolizei, der zum BKA abgestellt wurde, um dort als Personenschützer in der Sicherheitsgruppe zu arbeiten, verkehrte nicht nur im Umfeld des Vereins *Uniter*, sondern traf sich später auch mit im Ausland aktiven Söldnern, die wiederum Kontakt zu aktiven Polizisten, Soldaten und organisierten Rechtsextremisten hielten. Der junge Polizist hatte beim BKA nicht irgendwen geschützt, sondern oft eine Person, die so gefährdet ist wie sonst niemand in Deutschland: Bundeskanzlerin Angela Merkel.

17
Feuerball

Der Polizist Dennis E. von der Bundespolizei wurde ab 2015 zur *Sicherungsgruppe* des BKA abgeordnet, die für den Schutz der Spitzenpolitiker zuständig ist, darunter vor allem auch die Bundeskanzlerin, also eine Person, die ganz besonders von Rechtsradikalen gehasst wird. Die Kanzlerin wird meist in einem Konvoi von mehreren gepanzerten Fahrzeugen zu ihrem Bestimmungsort gebracht, die Autos rasen dabei in hoher Geschwindigkeit über die Autobahn, ändern ständig ihre Position in der Kette, kreisen um das Auto der Kanzlerin herum, um mögliche Verfolger zu verwirren. Exzellente Fahrkünste, ausgezeichnete Schießfertigkeit, absolute Verschwiegenheit sollten also die Voraussetzung für die Bodyguards der Kanzlerin sein. Letzteres traf auf den Bundespolizisten Dennis E. nicht zu. Der Mann hatte ein extremes Mitteilungsbedürfnis, was das von *Hannibal* noch übertraf, und das, so könnte man annehmen, mit seinem Beruf eigentlich unvereinbar war. Er machte ausdauernd Fotos von sich, postete Selfies in sozialen Netzwerken, auch bei der Arbeit. Parallel zu seiner Stelle bei der Polizei arbeitete er in einer Sicherheitsfirma, die wiederum andere Polizisten und Soldaten schulte, darunter Beamte, die selbst nebenher Geld bei Sicherheitsfirmen verdienen wollten. Trotz seiner vielen Interessen gehörte er zwei Jahre lang zu einer der zentralen BKA-Einheiten, erhielt zwangsläufig detaillierte Einblicke in das Schutzkonzept der Kanzlerin und anderer Regierungsmitglieder. 2017 musste er das BKA verlassen, weil er einen Einsatzort bei Instagram gepostet hatte. Er ging zurück zur Bundespolizei, wo er sich ebenfalls mit den Vorgesetzten zerstritt – unter anderem ging es um seine regelmäßigen Auftritte als Laiendarsteller bei privaten TV-Sendern. Schließlich verließ er die Polizei ganz. Er kommentierte diesen Schritt live bei Instagram, nahm später Podcasts auf, in denen er ausführlich über seine Situation und seine Gegner sprach: »Ich sollte erzogen werden, ich sollte komplett nach deren Regeln spielen, das war ganz klar ein Zeichen, von wegen: Alter, nimm den Kopf runter, Du tust jetzt, was wir hier sagen, sonst machen wir Dich komplett nass!«[227] Der Kollege, der ihn rausgemobbt habe, sei ein völliger Amateur und habe einen kleinen Penis, erzählte Dennis E. noch. Das also sagte einer der ehemaligen Personenschützer der Kanzlerin in seinen Podcasts, in denen er immer aufs Neue bewies, dass er offene Worte schätzt: »Ich bin so eine kleine Hure, was Ausrüstung anbelangt.«[228] Auch ihn treibt, wie BND-Dienststellenleiter Herzog, die Angst vor Terroranschlägen und eine unkontrollierbare Situation »auf den Straßen« Deutschlands um: Nach den Anschlägen von Halle an der Saale, als ein rechtsextremistischer Attentäter vor seiner laufenden Kamera zwei Menschen erschoss, regte er sich in seinem Podcast auf, dass einzelne Polizisten nur mit einer vergleichsweise leichten Weste und einer kleinkalibrigen Pistole auf der Straße unterwegs waren, weil es angeblich eine Anweisung gab, die Maschinenpistolen im Auto zu lassen, um nicht zu martialisch zu wirken: »Da platzt mir der Arsch. Seid ihr noch ganz dicht? Wer beschließt so eine Scheiße?« Und: »Ich muss doch durch die Optik was ausstrahlen, ich muss doch was hermachen, ich muss doch mit drei hochgerüsteten Polizistinnen und Polizisten stehen. Ich muss auf die Kacke hauen. Ich muss eine Symbolwirkung nach außen holen [sic]. Ich muss den [Terroristen] zeigen, Alter, hier sind wir die Chefs, das macht ihr nicht noch einmal. Wir sind da!«[229] Als wenn es so funktionieren würde. Aber der Ausbruch erklärt den Auftritt seiner eigenen Sicherheitsfirma, in dem der Ex-Polizist nun selbst die Hauptrolle spielte, oft mit schwarzer Schirmmütze, schwarzen Handschuhen, Sturmgewehr im Anschlag, schwere schusssichere Westen übergeworfen, Pistole im Holster. Er ließ sich auch, als *Hannibals* Verein *Uniter* bereits verstärkt im Blickpunkt der Öffentlichkeit stand, mit Kollegen bei einem Training seiner Firma von der *Bild am Sonntag* fotografieren, für die sie mit ihren Sturmgewehren posierten – dabei gut zu sehen: die *Uniter*-Patches auf den Westen.[230] Auch als regulärer Bundespolizist, eingesetzt bei der »Ende Gelände«-Demonstration gegen die Ausdehnung des Kohlebergbaus, machte er ein Selfie von sich in Uniform samt *Uniter*-Abzeichen.

Wie der *Uniter*-Gründer *Hannibal* knüpfte Dennis E. möglichst viele Kontakte zu anderen Polizisten, Soldaten und Ex-Soldaten. Er baute so sein Netzwerk aus und hier geriet er an eine Firma, für die sich später viele Sicherheitsbehörden interessieren sollten, weil dort Gruppen zusammentrafen, die besser nicht zusammengetroffen wären.

Im Juli 2020 wurde er von Observateuren, die ein Konkurrent beauftragt hatte, bei einem Treffen in dieser ganz besonderen Firma gefilmt: *Asgaard Security* in Hamm – ein Unternehmen, das versucht, deutsche Söldner in Krisengebiete zu vermitteln. *Asgard*, allerdings mit bloß einem a geschrieben, ist ein fiktiver Ort in der nordischen Mythologie, wo Götter leben und gefallene Krieger ihre letzte Ruhe finden. Die Firma war – unter sich leicht ändernden Namen – in den Jahren zuvor immer wieder in die Schlagzeilen geraten. 2010 war publik geworden, dass *Asgaard*, gegründet von einem ehemaligen deutschen Fallschirmjäger, angeblich Söldner für einen somalischen Warlord organisieren wollte.[231] Ein solcher Einsatz hätte gegen das deutsche und EU-Recht verstoßen: Militärische Dienstleistungen dürfen nicht ohne Genehmigung ins Ausland verkauft werden. Die Staatsanwaltschaft ermittelte, der Vorgang zog sich über Jahre hin, ehe der Prozess 2019 mit einer Einstellung des Verfahrens gegen Geldzahlung beendet wurde: Die Vorbereitungen für einen tatsächlich Einsatz in Somalia waren noch nicht weit genug gediehen, so das Gericht. Es gab lediglich die Versprechung, dass irgendwann Millionen flössen, aber die *Asgaard*-Gründer Dirk G., der ehemalige Fallschirmjäger, und sein Geschäftspartner, ein ehemaliger Lackierer, der die Firma aus seinem Reihenhaus leitete, fielen anfangs vor allem für ihre ambitionierten Pläne auf, die sie eher selten realisieren konnten. Mal platzierten sie Geschichten in der Presse, wonach *Asgaard* eine Dependance in Nigeria hätte und dort mit einem einflussreichen Prinzen kooperiere, ein Prinz allerdings, der tatsächlich, wenn man dem Mann nachspürte, meist in Düsseldorf und nicht in Nigeria lebte. [232] Dann wiederum behaupteten sie in einem Facebook-Post, Arnold Schwarzenegger würde sich dafür starkmachen, dass die Firma Aufträge von US-Ministerien bekommt, wovon jedoch weder die Ministerien nach Schwarzenegger etwas wussten. [233] Dirk G. und sein Geschäftspartner gehörten also zu der großen Gruppe jener Ex-Soldaten, die gern Storys erzählen und dabei die eigene Vergangenheit und Zukunft fantasievoll ausgestalten. Dirk G. hatte einmal einem Reporter unter falschem Namen erzählt, dass er eigentlich nach der Bundeswehr zum Verfassungsschutz wechseln wollte: »Ich sollte in die linke Szene einsickern.« Aus seiner Geheimdienstkarriere sei jedoch nichts geworden, hieß es in dem Artikel weiter, weil Dirk G. nicht, wie gefordert worden sei, für fünf Jahre den Kontakt zu seiner Familie habe abbrechen wollen. [234] Da schimmerte eine Obsession von G. bereits durch – der politische Feind auf der anderen Seite.

Für den geschäftlichen Erfolg war unter anderem der Somalia-Prozess nicht hilfreich. Dirk G. verließ in der Folge Nordrhein-

Westfalen und zog nach Leipzig in die Virchowstraße im Norden der Stadt, er verteilte Visitenkarten, die *Asgaard* an dieser Adresse verorteten. Die konkrete Anschrift ist Ermittlern, die in der rechtsradikalen Szene operieren, seit Langem bekannt. Denn dort waren mehrere Firmen eines Mannes gemeldet, der als eine graue Eminenz der rechtsradikalen Szene galt, dabei nicht nur in Sachsen, sondern auch in Kroatien, Namibia und Südafrika aktiv war. Der Mann kannte sich in einer ganz bestimmten Szene aus, zu der jene Söldner gehörten, denen es nicht nur ums Geld, sondern auch um ihre Ideologie ging. Der Mann hatte zudem eine außergewöhnliche Karriere als Unternehmer und Waffenhändler hinter sich. Und er zeigte sich 2015 nach einer langen Pause wieder offen politisch – als Organisator des Legida-Marsches in Leipzig. Fünf Jahre später baute derselbe Mann mit Geschäftspartnern über *Asgaard* Kontakte zu aktiven Soldaten und Polizisten auf. [235]

• • •

Der Mann aus Leipzig, Reinhard Rade, wurde 1964 in Innsbruck geboren, besteht aber darauf, dass er sein ganzes Leben lang einen deutschen Pass besessen hat. Er hat viele Klagen gegen die Presse geführt, einige gewonnen, andere verloren. [236] Über seine bewegte Jugend in Bayern etwa haben Journalisten einiges herausgefunden, sie dürfen aber nicht mehr darüber berichten. [237] Über das, was danach kam, schon: Mitglied der »Republikaner« und Kommunalpolitiker in Bad Tölz, blutjunger Ostbeauftragter der Partei nach der Wende, Streit, Austritt, Radikalisierung.

Darüber sprach ich mit Rade auch direkt und ausführlich. Ja, er war ein »herausragender Kopf« bei den Republikanern, allein, weil der Parteichef Franz Schönhuber sein Mentor gewesen sei. Schönhuber hatte sich einst freiwillig bei der Waffen-SS gemeldet. Und, ja, auch nach Kroatien sei er gereist, sagte mir Rade, nachdem dort 1991 der Bürgerkrieg ausgebrochen war. Um Grundstücke sei es ihm gegangen, sagte Rade später. Wie österreichische Behörden verlauten ließen, hatte er sich auch im Söldner-Umfeld bewegt.[238] Ein Geheimvermerk des *Militärischen Abschirmdiensts* bestätigt das. Darin wird Rades Reise nach Kroatien beschrieben. Mit einem Gefolgsmann und Berufssoldaten sei Rade über Slowenien im Auto nach Zagreb gefahren. Dem Gefolgsmann habe er zuvor versprochen, dass man gute Geschäfte in Kroatien machen könne. In Zagreb habe Rade der Polizei seine Dienste angeboten und es sei sogar zu einem Treffen mit dem kroatischen Verteidigungsminister gekommen, der davon ausgegangen sei, dass Rade und der zweite Mann ohne Vorbedingungen ihre Hilfe angeboten hätten. Auf Kroatien habe ich Rade direkt angesprochen. »Natürlich war ich da«, sagte er. An die Fahrt mit dem deutschen Berufssoldaten konnte er sich auch noch erinnern. Beim Treffen mit dem Minister sei er jedoch nicht dabei gewesen. Freunde seien in Kroatien gewesen, um die Kroaten zu unterstützen, auch Mitglieder seiner Familie hätten immer wieder dort gekämpft, ein Vorfahre aus Sachsen schon 1680, gegen die Türken. Er selbst habe jedoch nie gekämpft.

In dem Bürgerkrieg der Neuzeit kämpften Neonazis aus Deutschland und Österreich auf Seiten faschistischer kroatischer Milizen mit, was Erinnerungen an den Zweiten Weltkrieg weckt, als die Waffen-SS Kroaten rekrutierte. Die deutschen Nazis lernten in Kroatien zu morden, enthemmten und »brutalisierten« sich, wie auch die Bundesregierung später feststellte.[239] Tatsächlich wurden später mehrere Deutsche im Ausland und im Inland angeklagt, die in Kroatien gekämpft hatten. Zwei dieser Söldner, darunter ein Ex-Soldat der NVA, hatten in Mostar brutal einen anderen Neonazi umgebracht. Die Gruppe der rund einhundert Neonazis, die in Kroatien kämpfte, war vorher und blieb danach der Kern der militanten Neonazi-Szene in Deutschland.[240] Schon damals, berichteten Rückkehrer, habe man über Attentate auf Politiker und Personen wie Ignatz Bubis gesprochen. [241] Die Söldner legten nach ihrer Rückkehr in Deutschland Waffenlager an – und gerieten ins Visier der deutschen Nachrichtendienste und Sicherheitsbehörden. Sie wurden unterwandert, verraten, aber nie ganz gestoppt.

Einige der Ex-Kroatien-Söldner sind noch immer politisch aktiv. Rade stand und steht weiter zu ehemaligen Weggefährten aus diesem Umfeld, obwohl er großen Wert darauf legt, vor allem als seriöser Geschäftsmann wahrgenommen zu werden. So fanden in seinen Bau- und Immobilienfirmen nicht nur ein französischer rechtsradikaler Ex-Söldner Unterschlupf, sondern auch Neonazis aus Österreich, darunter ein ehemaliger Soldat des Bundesheers. [242] Auch in Österreich hatte man also wie in Deutschland Probleme mit rechtsradikalen Armeeangehörigen. Die Gäste aus Österreich waren keine Leichtgewichte: Einer der Ex-Soldaten, Hans Jörg Schimanek junior, gehörte schon in den 1980er-Jahren zu den prägenden Figuren der Neonazi-Szene. Er wurde 1995 zu 15 Jahren Haft wegen »nationalsozialistischer Wiederbetätigung« verurteilt, wie es in Österreich heißt, da er unter anderem vor laufender Videokamera Wehrsportübungen mit milchgesichtigen Neonazis abgehalten hat und ihnen Tricks beibrachte, wie man Menschen effektiv tötet. Die Strafe für Schimanek wurde später reduziert, er musste nur knapp fünf Jahre absitzen. Nach seiner Freilassung 1999 bekam er einen Job bei Rade in Leipzig. Bis heute taucht Schimanek, dessen Vater und Bruder Schlüsselrollen in der FPÖ spielten, in Rades Umfeld auf, gemeinsam waren sie etwa als Geschäftsführer einer Firma gemeldet. Rade selbst hielt sich nach dem Krieg in Kroatien zunehmend bedeckt mit politischen Aussagen, machte vermehrt als Unternehmer auf sich aufmerksam, ähnlich wie der Kroatien-Söldner Thorsten Heise. Heise war auch geschäftlich erfolgreich, mit dem Verkauf vom Nazirock-CDs etwa, Rade jedoch spielte in einer eigenen Liga. Ihm gehörten und gehören Immobilien in München und Leipzig, dazu mehrere Baufirmen vor allem in Sachsen. Nachdem er aus seinem Gymnasium in Bayern geworfen wurde, erzählte mir Rade, habe er eine Lehre gemacht und dann mit dem Handel von Porsche-Ersatzteilen viel Geld verdient. Noch mehr Geld verdiente er nach der Wende in Leipzig. Er kaufte, bevor die Eigentümerschaft geklärt war, Anrechte auf Immobilien auf und veräußerte sie mit riesigem Gewinn weiter, bevor überhaupt geklärt war, wem genau die Immobilien gehörten. Selbst als »Trottel« habe man reich werden können, sagte er mir. Wie viel Mittel er zur Verfügung hatte, bewies er 2001, als er der Bundeswehr neun alte Hubschrauber des Typs »Bo 105M« für über eine Million Euro abkaufte, um sie ins Ausland weiterzuverkaufen. [243] Allerdings wurde er die kleinen, wendigen Hubschrauber, die bewaffnet werden konnten, nicht alle los. Zu diesem Zeitpunkt hatte er sich, so behauptete er schon damals, bereits aus der rechten Szene zurückgezogen, sich auf den Handel mit Grundstücken und Immobilien unter anderem in Südafrika konzentriert. Rade verwendete dann auch viel Zeit darauf, deutsche Behörden zu verklagen, erzählte er mir. Das BKA, das BfV, das *Landesamt für Verfassungsschutz Bayern*, mit allen lag er im Clinch. Er wollte erreichen, dass Geheimdienstinformationen über ihn, die seiner Meinung nicht der Wahrheit entsprachen, aus den Akten gelöscht werden mussten. In manchen Fällen habe er Erfolg gehabt. Einmal, als wieder ein Gerücht über ihn die Runde machte, sei er mit seinem Wagen nach Pullach zum BND gefahren, habe sich quer vor der Einfahrt gestellt und habe erfolglos gefordert, seinen Sachbearbeiter zu sprechen. Überhaupt habe er in seinem Leben immer wieder Mitarbeiter vom MAD und BND getroffen.

Schon 2003 wollten die Journalisten Andrea Röpke und Berny Vogl von ihm wissen, ob er, außer sich um seine Baufirmen zu kümmern, noch andere Pläne habe: »Auf die Frage, ob Reinhard Rade und seine Freunde nicht eher den Aufbau einer modernen Söldneragentur planen, bricht der 39jährige in schallendes Gelächter aus.« Doch die Geschichte der Firma *Asgaard* zeigt, dass Rade das Interesse am Söldnergewerbe nicht verloren hat. Er ließ Dirk G. und seine Firma bei sich unterschlüpfen und er nutzte seine Kontakte, um das Geschäft von Dirk G. und *Asgaard* anzukurbeln, eine Firma, die noch immer kaum mehr war als ein Versprechen. Mir selbst erzählte Dirk G. in einem langen Gespräch, dass er sogar ein Praktikum bei Rade gemacht habe, man kannte sich seit den Olympischen Spielen in Athen 2004, wo man im Sicherheitsbereich zu tun hatte. Als Praktikant schrieb G. ein Konzept über die Sicherung der libyschen Grenze, nach dem Sturz Gaddafis, die Hubschrauber von Rade sollten da zum Einsatz kommen, so die Idee. *Blackwater* habe dieses Konzept später gestohlen, sagte mir der Ex-Soldat Dirk G. Rade selbst habe er nie politisch erlebt. Ja, Rade habe mal Demonstrationen angemeldet, aber ansonsten habe er immer gesagt, die Geschichten von früher über ihn als Rechtsradikalen stimmten allesamt nicht. Nach dem Praktikum versuchte Dirk G. mühsam, mit *Asgaard* am Markt Fuß zu fassen. Und auch Rade half ihm weiter. Rade dachte erst, so sagte er mir, *Asgaard* sei ein »Sauhaufen« gewesen. Warum half er dann *Asgaard* überhaupt? »Weil Dirk mein Freund ist. Das ist der einzige Grund.« Über einen Kontakt von Rade, einem Deutschen, der unter anderem in Namibia aktiv war, bekam Dirk G. einen Kontakt im Nordirak vermittelt, wo seit dem Krieg viel Arbeit auf Ex-Soldaten wartete.

Dirk G. und sein Geschäftsführer Petja S. reisten Ende 2014 in den Nordirak, um dort Aufträge zu akquirieren. Petja S. war für die AfD in Aachen auf kommunaler Ebene angetreten und hatte früher einige Jahre bei der Bundeswehr verbracht. In Erbil besuchte die kleine Delegation den Inhaber einer deutschen Sicherheitsfirma. Dabei wurden sie von einem Fotografen begleitet, der eine Geschichte über die umtriebigen deutschen Söldner für den *Stern* bebildern sollte. Die Firma *Asgaard* und ihre beiden Abgesandten, so bemerkte der Fotograf, hatten nicht wirklich etwas zu tun. Man trank ab und an Bier in einem Luxushotel, hing ansonsten viel im Lager des deutschen Gastgebers rum, in dem unter anderem uralte SUVs parkten. Einmal, als der Fotograf dabei war, fuhr man an die Front. Der Fotograf kannte sich in der Gegend aus, er wusste, dass man quasi mit dem Taxi an die Frontlinie gelangen konnte. Der Gastgeber von *Asgaard* jedoch machte eine große Sache daraus, zeigte am Vorabend eine Power-Point-Präsentation über den Trip an die Front, ab und an tippte er mit einen Samurai-Schwert auf ausgewählte Details. Am nächsten Tag raste man mit Jeeps im Konvoi an die Front, es wurde viel gefunkt. Dort angekommen machten Dirk G. und Petja S. ausführlich Fotos. Von sich. Ihren Waffen. Den Autos. Den Kollegen. Der Fotograf empfand Dirk G. und den Geschäftsführer Petja S. als umgänglich, aber er erlebte auch, dass G. »sehr stolz auf seine deutschen Wurzeln« war. Dem ARD-Magazin *Kontraste* erzählte er: »Das Thema deutsches Blut, deutsche Vergangenheit, das kam immer wieder in verschiedenen Formen auf.«[244] Ich fragte den Fotografen, was er genau damit meinte. Zum einen hatte der deutsche Gastgeber in seinem Büro einen Arier-Nachweis an der Wand hängen, zum anderen erinnerte er sich an eine Situation mit Dirk G. in einem Supermarkt. Sie wurden dort auf Deutsch von einem Vater mit seinem Sohn angesprochen, beide mit kurdischen Wurzeln. Der Sohn sei auch Deutscher, erzählte der Vater den Besuchern aus Deutschland. Als sie gingen, habe Dirk G. geknurrt: »als ob der wirklich ein richtiger Deutscher« sei. Gegenüber Rade bestätigte G. diesen Vorfall. Er habe sich an dem »undeutschen« Verhalten des Kurden gestoßen.

Ein langfristiges Engagement im Irak resultierte jedoch aus

dem Besuch in Erbil nicht. Auch die Hoffnung, dort im Auftrag der Bundesregierung eingesetzt zu werden, zerschlug sich. Dirk G. versuchte stattdessen, mit Kupferschrott und Gas zu handeln, außerdem wollte man Panzer weiterverkaufen und Öl aus Nigeria importieren, um es weiterzuveräußern. Der Fantasie waren keine Grenzen gesetzt. *Asgaard* brauchte Glück, um richtig ins Kerngeschäft – Vermittlung von Soldaten – einsteigen zu können. Und das hatten Dirk G. und seine Freunde im Hintergrund schließlich. Die Firma war weitgehend eine virtuelle Einheit, die Mitarbeiter arbeiteten von zu Hause, man konferierte per Skype – der Vertriebsleiter nutzte sein eigenes privates Handy.

Das klingelte eines Tages. Es meldete sich Bilaal Zaher, ein Unternehmer aus Berlin, der gute Kontakte zur dortigen saudischen Botschaft hatte, weil er Diplomaten Wohnungen in der Hauptstadt vermietet hatte. Dabei hatte er mitbekommen, dass die Saudis eine Schutztruppe für ihre Botschaft in Bagdad im Irak brauchten. Zaher, dessen Eltern aus palästinensischen Flüchtlingslagern im Libanon nach Deutschland gekommen waren, hatte sich an die Arbeit gemacht, eine passende Firma gesucht und war im Internet auf *Asgaard* gestoßen, die auch immer wieder Artikel in der Presse lancierten. Der Berliner Unternehmer sprach lange mit einem damaligen Mitarbeiter von Dirk G., der ihm versicherte, man habe einen Stützpunkt sowie ein Netzwerk im Irak, Männer vor Ort – und vor allem die notwendige Lizenz der irakischen Regierung. Nichts davon stimmte, *Asgaard* bluffte. Allerdings mit Erfolg.

Der baldige saudische Botschafter lud die *Asgaard*-Vertreter zu einem Treffen in ein Restaurant nach Paris. Der Botschafter war früher ein hochrangiges Mitglied des saudischen Militärs. Nicht nur der Ex-Soldat Dirk G. war dabei, sondern auch Petja S., der Geschäftsführer von *Asgaard*, nahm an dem Treffen in Paris teil, außerdem noch ein Mann, der sich bei der Firma um den Vertrieb kümmern sollte. Vor der Abreise nach Paris schickte Petja S. intern ein Bild per E-Mail an die Teilnehmer des Treffens mit dem saudischen Botschafter: Deutsche Soldaten im Ersten Weltkrieg, in der Eisenbahn auf dem Weg nach Frankreich, an die Waggons der Satz gepinselt »Jeder Stoß ein Franzos«. Ohne alle Kollegen zu informieren, hatte Petja S. zudem Vorkehrung für die Abwicklung des Geschäfts getroffen. Er hatte eine Firmenstruktur – Adresse, Bankkonto, Name – von einer Agentur in England erworben, die sich auf den Verkauf von Unternehmenshüllen spezialisiert hatte. S. übernahm auch die Bankkonten der Firma, die er in *Gladius Limited* umbenannte. Firma und Konto waren zuvor auf einen deutschen Privatdetektiv registriert gewesen – ohne zu fragen nutzte S. dessen Namen und das Konto für seine aktuellen Geschäfte. Das sollte später Ärger geben.

Asgaard bekam den Auftrag, abgewickelt wurde der über die in England registrierte Firma *Gladius Limited*, Bilaal Zaher wurde als Manager beauftragt, den Auftrag in Bagdad umzusetzen. Man stellte zudem einen irakischstämmigen Geschäftsführer ein, der lange in den USA gelebt hatte und der zurück in Bagdad vor Ort mit Hilfe einer lokalen Sicherheitsfirma einen Stützpunkt in der Grünen Zone aufbaute. In Deutschland rekrutierte *Asgaard* Ex-Soldaten der Bundeswehr, für die man zunächst keine Visa bekam, weil die Firma kaum Kontakte vor Ort im Irak hatte. Auch Reinhard Rade dachte zunächst an einen Witz, als er von dem Geschäft hörte. Doch bald stellte sich heraus, dass ausgerechnet das Unternehmen von Dirk G., der »Sauhaufen«, den »größten Auftrag seit dem Zweiten Weltkrieg« für eine deutsche Sicherheitsfirma im Ausland, wie Rade es nannte, an Land gezogen hatte. Erst kurz bevor der Auftrag verloren zu gehen drohte, hatte die Firma alle Papiere zusammen, erzählte mir Zaher, der das Geschäft vermittelt hatte. Anfangs war auch Dirk G. selbst vor Ort in Bagdad. Er versuchte, die Firma wie die Einheit einer Armee zu führen, mit entsprechenden Uniformen und Hierarchien, nicht wie ein Sicherheitsunternehmen, bei dem es eher darum geht, sich den Wünschen des Kunden anzupassen, damit der ordentlich zahlt. Doch Dirk G.'s Traum war es, erzählte er Kollegen, als erste deutsche *Private Military Company* weltweit registriert zu werden – also als Söldnertruppe, die auch in Gefechten eingesetzt werden darf. Doch die Ex-Soldaten mussten vor allem den Rund-um-die-Uhr-Gebäudeschutz der Botschaft organisieren sowie die Diplomaten vom Flughafen zur Botschaft oder zu anderen Objekten in der Grünen Zone in Bagdad bringen – die klassische Aufgabe von Personenschützern. Wenn auf die zu schützende Person geschossen wird, dann geht es nur darum, den Kunden zu retten, nicht etwa darum, in die Offensive zu gehen: *»Dead clients don't pay«* lautet daher ein Leitsatz der Branche. Doch die Truppe von Dirk G. präsentierte sich von Anfang an im Irak, als gehöre sie zu irgendeiner Armee, von denen die Stadt so viele gesehen hatte. Obwohl die irakische Regierung von Personenschützern eigentlich zivile Kleidung verlangt, traten die *Asgaard*-Mitarbeiter nicht nur in eigens für diesen Zweck angefertigten Uniformen auf – sie pappten sich auch noch Deutschland-Fahnen an die Ärmel und ein Abzeichen mit ihrer Blutgruppe. Auch die zur Schau gestellte Ausrüstung glich denen von Spezialeinheiten der Polizei oder der Bundeswehr, ganz so, als zöge man in den Krieg. In diesem Aufzug ließ man sich wiederum von einer deutschen Boulevardzeitung in Bagdad fotografieren, was für Verstimmung in der irakischen Hauptstadt sorgte, auch bei der deutschen Botschaft. [245]

In *Asgaards* Hauptquartier in der Grünen Zone ging es noch viel fragwürdiger zu: Verdeckte Aufnahmen, die im Jahr 2017 im irakischen Büro der Firma in Bagdad gemacht wurden und die das ARD-Magazin »Kontraste« drei Jahre später ausstrahlte, zeigten unter anderem eine Reichskriegsflagge an der Wand und Wehrmachtssprüche in Runenschrift: »Klage nicht, kämpfe«. [246] Der

Berliner Unternehmer Zaher erfuhr später, dass die Männer sogar mit Rangabzeichen an der Uniform durch Bagdad fuhren, die an die Hierarchie der Wehrmachts-Fallschirmjäger angelegt war. Auch darauf sprach ich Dirk G. an – er bestätigte mir, dass man diese Abzeichen benutzt hat, er sah darin auch kein Problem. Er wurde noch in der Luftlandeschule in Altenstadt ausgebildet, später zum Kommandosoldaten gedrillt, bevor es das KSK gab. Bezugsbilder und Vorbilder waren für ihn immer der Zweite Weltkrieg. So sagte er mir über seine Großväter: »Das, was mein Opa [als Fallschirmjäger] auf Kreta gemacht hat oder mein anderer Opa, der bei der Marine drei Mal abgesoffen ist, ich sage, ja, die haben ihren Auftrag erfüllt für ihr Land, so wie es befohlen war«. Als ich einwandte, dass es kein ehrenhaftes Handeln in einem unehrenhaften Krieg geben könne, sagte Dirk G.: »Uaaahh, ach du Scheiße, das ist vielleicht Ihr Denken, meins nicht, meins ist ein soldatisches Denken, Soldaten machen keine Politik, wir führen aus«, und fügte dann an: »Wer hat denn den großen Krieg angefangen? Doch nicht Deutschland! Ja, der Angriff auf Polen, das war aber auch eine Reaktion, und zwar auf Schlesien... Wer hat denn wem den Krieg erklärt?« An diesem Punkt kamen wir auf keinen gemeinsamen Nenner.

Der Berliner Unternehmer Zaher registrierte unterdessen, dass es Dirk G. und seinen Hintermännern nicht darum zu gehen schien, die rekrutierten Soldaten auf den konkreten Auftrag vorzubereiten, nämlich die Botschaft und die Botschaftsangehörigen defensiv zu schützen. G. bestand trotzdem darauf, dass die Soldaten sogenannte *Kill-House*-Trainings absolvieren, bei denen es im Kern darum geht, Häuser und Apartments zu stürmen, um Geiseln zu befreien oder sich ein *Shoot-Out* in engen Wohnungen zu liefern. Das sollten die Männer von *Asgaard* für die Saudis aber gar nicht leisten. Es passte auch nicht, dass Dirk G. vor Ort eine *Special Intervention Unit* aufbauen wollte, was eher Anti-Terror-Spezialeinheiten vorbehalten ist. Auch drängte Dirk G. darauf, nicht in Polen, sondern in einem Bunker in der Schweiz das Schießtraining für seine Rekruten abzuhalten. Der Betreiber des Bunkers ist ein führendes Mitglied der rechtspopulistischen Partei SVP und hatte die Anlage, die einst als Bollwerk gegen die Nazis und später als Atombunker gedient hatte, von der Schweizer Regierung gekauft. Der Betreiber ging offensiv mit einem Konzept in die Offensive – der riesige Bunker, so groß wie ein unterirdisches Dorf, in dem über 500 Menschen Monate ausharren können, solle vor allem *Prepper* anziehen. Einer lokalen Zeitung sagte er: »In den USA gibt es die Bewegung der sogenannten ›*Doomsday Preppers*‹, also Menschen, die sich auf eine grosse Krise vorbereiten. Das ist dort ein ausgezeichnetes Geschäft.« Er selbst habe viele Kontakte zu *Preppern* in den USA und eine hohe Affinität zum Schweizer Militär. Schießen konnte die *Prepper* in dem Bunker auch. Die Festung ist so groß, dass im Inneren, tief unter den Bergen, Autos und Lastwagen fahren können. Es gibt dort mehrere »Kantinen, Grossraumküche, drei Wasserreservoirs von 1,8 Millionen Litern, Notstromaggregate, Munitionslager und ein Spital«, wie der *Rheintaler Bote* schrieb, und: »Auch der Bestand an Bewaffnung wurde von keinem anderen Werk in der Ostschweiz erreicht. Die Hauptbewaffnung bestand aus vier der grössten je in der Schweiz hergestellten Bunkerkanonen sowie vier Panzerturmkanonen. Alle Geschütze sind noch immer vorhanden.« Und ausgerechnet dort wollte Dirk G. seine Trainings abhalten, ein Foto zeigt ihn und eine weitere Person dort beim Schießen mit einem Sturmgewehr. Als ich den Schweizer Besitzer der Festung auf *Asgaard* ansprach, sagt der mir, dass er noch nie von der Firma gehört habe. Er würde sich jetzt auf Server konzentrieren, die in seiner Festung aufgebaut werden würden. Das mit den *Preppern* sei vorbei. Obwohl er noch immer auf seiner Webpage mit Artikeln über seine Festung als eine Art »*Prepper-Heaven*« wirbt.

Im Jahr 2017 hatte *Asgaard* von der saudischen Regierung lediglich einen Vertrag über ein Jahr bekommen. Eine Riesenchance für die Firma – aber es gab Ärger, weil sich das Konstrukt, die Bezahlung über die Firma in London laufen zu lassen, als anfällig erwies. Die *Barclay's Bank* sperrte das Bankkonto wegen des Verdachts auf Geldwäsche.

Ich fragte den ehemaligen Mitarbeiter, auf den die Firma eingetragen war, Petja S., schriftlich: »Wurde ... die Rechnung durch den saudischen Kunden durch eine Überweisung an die *Gladius Ltd.* beglichen?« Seine Antwort: »Ja.« Und gefragt nach dem Geldwäscheverdacht bestätigte er mir, dass die Untersuchung mit dem Geld der Saudis zusammenhing : »...diese Prüfungen kamen regelmäßig vor, wenn höhere Beträge vom Irak in die EU oder umgekehrt überwiesen wurden«, aber in einem Fall ergriff die Bank harte Maßnahmen: »Ungewöhnlich war nur, dass die [Bank] das Konto komplett leer geräumt hat und keine (!) Unterlagen oder Erläuterungen verlangt hat. Ca. 3 Wochen später wurde das Geld kommentarlos und ohne Erklärung zurücküberwiesen. Auch die Überweisung in den Irak wurde dann ausgeführt.«

Wie und wohin genau S. und die anderen das viele Geld der Saudis verteilt haben, interessiert Ermittlungsbehörden noch immer.

Der Berliner Zaher arbeitete unterdessen vor Ort in der Grünen Zone daran, den Auftrag zu verlängern. Als er schließlich die mündliche Zusage der Saudis für einen 5-Jahres-Vertrag bekam, wurde ihm zum ersten Mal klar, dass *Asgaard* keine funktionierende Firma war. Denn die von den Saudis geforderte Bürgschaft in Millionen- Höhe konnten Dirk G. & Co. nicht beisteuern, obwohl man im Jahr zuvor mit dem Bagdad-Job allein mehrere Millionen Dollar verdient hatte. Flüssig hatte es *Asgaard* jedenfalls offenbar nicht, als es darum ging, die Bürgerschaft für den neuen saudischen Vertrag zu stemmen. Dirk G. behauptete mir gegenüber, die Saudis hätten seiner Firma Geld vorgestreckt, damit der Auftrag ins Laufen kam.

Dirk G. hatte Zaher zunächst eine Liste mit weiteren potenziellen Geldgebern vorgelegt, darauf stand auch Reinhard Rade, erzählte mir später Zaher. Da habe er den Namen zum ersten Mal gesehen, aber sich nichts weiter dabei gedacht. Wie ich später nachvollziehen konnte, war der Name Rade intern bei *Asgaard* schon zuvor häufiger aufgetaucht: In einer Mail erwähnte der *Asgaard*-Geschäftsführer Petja S. etwa den Namen. Er tauschte sich dabei mit einem Geschäftspartner aus, einem Oberstleutnant der Reserve und CDU-Politiker, der einst im Verteidigungsministerium gearbeitet hatte. Gemeinsam mit Dirk G. wollte man eine Firma gründen – *Security Risk Management Germany*: »Ziel ist es, dass wir uns in dieser Woche über die Idee verständigen und dann einen Termin bei RR [Reinhard Rade] machen.« Die »Vision«: »...innerhalb von 3 – 5 Jahren eine führende Rolle in Deutschland als Sicherheitsberater zu übernehmen«. »[Die Firma] fungiert als *Business Enabler* für *Asgaard*, hat jedoch das Image des ›*Good Boy*‹«. Die Firma sollte also als sauberes Gegenstück zu *Asgaard* aufgebaut werden. Als ich Rade fragte, sagte er mir, er habe von dem Vorschlag noch nie gehört. Rade war allerdings durchaus als Mann bekannt, der bei Geschäften durchaus half. Als ich Rade fragte, wie vielen Menschen er wohl auch finanziell geholfen hatte, antwortete er mir: »Legionen«.

Dirk G. hatte sich auch damit gebrüstet, ein sehr gutes Netzwerk in Südafrika zu haben, dank Rade. Der sei dort eine Legende, als »Rommel in Afrika« bekannt. Rade habe Ratte gerade dort besucht. Ratte, das war kein Nagetier, sondern Wilhelm Ratte, ein südafrikanischer Ex-Soldat, Kind eines deutschstämmigen Vaters, seine Mutter hatte ebenfalls deutsche Wurzeln, der sich mit Waffengewalt gegen das Ende der Apartheid gewehrt hatte. Nachdem seine Spezialeinheit aufgelöst wurde, besetzte er unter anderem eine Festung, die in Südafrika große Bedeutung hat, er sammelte Waffen, Sprengstoff, betrieb einen Radiosender des »Widerstands«. Er wurde zu einer hohen Gefängnisstrafe verurteilt und zu einem wichtigen Bezugspunkt der rechtsradikalen Szene in Deutschland, da der Ex-Soldat Claus Nordbruch, ein überzeugter Neonazi, ein Buch über Ratte schrieb. Ratte kenne er gut, sagte mir Rade, Nordbruch dagegen nicht. Auch wenn das immer wieder angedeutet werde.

Rade stieg am Ende doch nicht mit seinem Geld bei *Asgaard* ein. Die Saudis boten schließlich einen 5-Jahres-Vertrag an, dotiert mit 40 Millionen Dollar. Zaher wollte nun nicht mehr nur als Manager geführt werden. Also gründete er eine gemeinsame Firma mit Dirk G., über die der Auftrag abgewickelt werden sollte. Das Unternehmen mietete ein neues Hauptquartier in Bagdad an, ganz ohne Runen an der Wand, versuchte, den Laden sauber zu halten. Was nicht gelang. Die Einsatzleiter vor Ort beschwerten sich, dass die Akten in Bagdad eingesetzter Ex-Soldaten unvollständig seien, sie machten sich Sorgen, dass unter den Männern Kandidaten mit rechtem Hintergrund sein konnten.

»Alles Quatsch«, sagte Dirk G. Als wir weiter über diesen Punkt sprachen wurde klar, dass wir uns schon allein auf eine Definition, was rechts ist, nicht einigen konnten. Die Glorifizierung der Wehrmacht war für ihn jedenfalls weiter kein Problem, die Soldaten hätten einfach Befehle ausgeführt. Fertig. »Ich kritisiere nur eins, dass Adolf Hitler die Juden vergast und die Judenverfolgung gemacht hat.«

Den Berliner Unternehmer Zaher auf der anderen Seite, so sagte er mir, beschlichen erstmals ernsthafte Zweifel, mit wem er da Geschäfte machte. Es waren in dieser Phase negative Berichte über *Asgaard* veröffentlicht worden, darunter vor allem ein sehr kritischer Film des YouTube-Magazins »Walulis-Story« vom Sender SWR. Darin beschäftigte man sich ausführlich mit *Asgaard* und dem Chef Dirk G., den man für den »völkischen Anstrich« der Firma verantwortlich machte. Seine Facebook-Aktivitäten wurden ausführlich analysiert. Er interessierte sich demnach für diverse AfD-Politiker, aber auch für die Seite *Mosque-Busters Germany*, die zur *German Defence League* gehört, die zum »maximalen Widerstand« aufruft. Außerdem zeigte die Sendung einen Post, mit dem sich *Asgaard* bei der Firma von Waffenhändler Volker L., dem Unterstützer von *Hannibal*, der so viele Übungen und *Uniter*-Patches organisiert hatte, für die Lieferung von Waffenteilen bedankte. Tatsächlich, wie ich dann herausfand, war Dirk G. als Kunde bei der Firma eingetragen.

Wegen der negativen Presse bat Zaher schließlich um ein Treffen mit Dirk G., der ihn nicht nach Hamm in das eigentliche Hauptquartier der Firma, sondern nach Leipzig einlud. Im März 2020 traf man sich dort, die Corona-Pandemie nahm gerade erst ihren Anfang, spätabends in der Lobby eines Hotels. Dirk G. war nicht allein – er hatte Menschen mitgebracht, die Zaher bis dahin nie zuvor gesehen hatte. Wie sich herausstellen sollte, waren das Reinhard Rade und seine Geschäftspartner, die sich nur mit Vornamen vorstellten.

Man sprach bis sechs Uhr morgens, Rade und seine Gefolgschaft übernahmen größtenteils das Reden, Dirk G. schaute meist zu – Rade erweckte dabei den Anschein, dass er als Unternehmensberater von Dirk G. hinzugezogen wurde. Das bestätigte mir Rade ebenfalls. Auch Dirk G. bestritt das Treffen nicht. Die Runde sprach allerdings laut Zaher nicht über die rechten Tendenzen von Ex-Soldaten, über die Sprüche, die Uniformen, das Imageproblem der Firma, sondern darüber, wie man das ganze Geschäft anders strukturieren, mehr Aufträge bekommen könnte. Das hielt der Berliner Zaher für illusorisch – es sah eher danach aus, dass die Saudis die Firma so schnell wie möglich wieder loswerden wollten, zumal sich Gerüchte und Geschichten über die uniformierten deutschen Soldaten sowie ihre Gesinnung und ihr Gebaren zu sehr gehäuft hatten. Man vertagte sich und wollte sich erneut im Mai 2020 treffen, dann in Reinhard Rades Firma und unter völlig neuen Vorzeichen.

•••

Dirk G. übernahm es vom Backoffice aus, das er inzwischen in Hamm eröffnet hatte, der *Asgaard*-Crew in Bagdad zu helfen, wenn sie – wie 2019, als die Sicherheitslage sich im Irak verschlechterte – Hilfe brauchte, etwa Informationen oder Nachschub. Daneben befasste sich Dirk G., so sagten es später Zeugen, jedoch häufig damit, neue Waffen und aktuelle Ausrüstung zu sichten und zu beschaffen. Es gelang ihm unter anderem, an das moderne Sturmgewehr G36 der Bundeswehr zu gelangen, was G. mir gegenüber bestätigte. Zudem hörte er oft AfD-Reden im Büro, sagte später ein Kollege aus – er hatte ja mit Petja S. tatsächlich einen AfD-Politiker als Geschäftsführer in die Firma geholt, der dort seinerseits versuchte, Mitstreiter für die AfD zu rekrutieren. Die aktuelle Situation in Deutschland beschäftigte die Männer von *Asgaard* sehr, wie mir verschiedene ehemalige Mitarbeiter und Geschäftspartner berichteten. Einmal, bei einer der Skype-Konferenzen, sagte Dirk G., so erinnerte sich ein Teilnehmer, ereiferte sich der Ex-Soldat über die Flüchtlingsheime. Wenn die Situation außer Kontrolle gerate, dann müsse man da rein, mit Kommandos, zehn bis fünfzehn Mann, mit Waffen und Schalldämpfern, und das alles in einer Nacht lösen. Außerdem sprach er mit Geschäftspartnern darüber, dass es den Holocaust, so wie allgemein dargestellt, nicht gegeben habe, dass ein *Tag X* anstehe und dass sich dann in Deutschland vieles ändern würde. »Schwachsinn«, entfuhr es Dirk G., als ich ihn darauf ansprach.

Mitarbeiter in Hamm wunderten sich auch, dass Dirk G. Leichensäcke gekauft hatte – bislang waren die Männer in Bagdad nicht einmal unter Feuer geraten und hatten auch nie auf Angreifer schießen müssen. Der Bedarf an Leichensäcken war also eher gering, zumal man im Irak selbst genug Erfahrung mit dem Tod hatte, vermutlich waren in der Stadt Leichensäcke vorrätig. Leichensäcke hat übrigens auch *Nordkreuz* in Mecklenburg-Vorpommern bestellt. Dirk G. bestritt mir gegenüber, dass man Leichensäcke gekauft habe.

Besucher der Firma verwunderte ebenfalls, dass G. über zwei Dutzend sogenannte Flucht-Rucksäcke hatte anschaffen lassen, die fertig gepackt mit Überlebensrationen und Wasser so präpariert waren, dass man bis zu einem Monat autark überleben könnte. Mit dem saudischen Auftrag hatte all das nichts zu tun. Es schien ihm – wie Marko G. und all den anderen – eher darum zu gehen, sich auf eine Krise in Deutschland vorzubereiten. Dass Dirk G. diese Krise ausnutzen wollte, habe er vor Zeugen klargemacht, berichtete mir ein ehemaliger Mitarbeiter der Firma. Dirk G. stritt mir gegenüber ab, dass er jemals darüber geredet habe, irgendeine Krise auszunutzen, aber natürlich bereite er sich vor. Er habe Wasservorräte und Konserven im Keller – und Waffen? »Momentan habe ich keine zu Hause, aber ich werde mir wieder welche holen, ja.«

Mitarbeiter und Ex-Geschäftspartner berichteten mir allerdings, dass Dirk G. das Thema Krise durchaus umgetrieben habe. Bei einer der regelmäßig stattfindenden Skype-Konferenzen soll der Ex-Fallschirmjäger Dirk G. etwa damit geprahlt haben, dass in Deutschland 5 000 Männer unter Waffen bereitstünden, die man im Krisenfall mobilisieren könne, um Fakten zu schaffen – was Dirk G. bestritt. Allerdings konnte ich eine alte Powerpoint-Präsentation der Firma einsehen, auf der die Firmenführung auf einer Folie tatsächlich damit angab, jederzeit 5 000 Elite-Soldaten und andere Spezialisten für *Aufträge* mobilisieren zu können. Dabei trug man offenbar vor allem dick auf. Trotzdem war das Netzwerk der Firma nicht zu unterschätzen. Auffällig sind dabei Kontakte zu Firmen und Waffenhändlern, die intensiv mit *Hannibal* zu tun hatten. Diese Männer waren mir in meinen Recherchen immer wieder untergekommen. In den E-Mails der Firma, die ich sichten konnte, fand sich etwa ein Beleg, dass der Geschäftsführer und AfD-Kommunalpolitiker Petja S. Kontakt zu einem Gehilfen der *Nordkreuzler* hatte, die sich ja gerade damit gebrüstet hatten, zumindest 2 000 Gleichgesinnte versammelt zu haben. Der Kontakt von S. war ausgerechnet Frank T., der Mann aus Güstrow von *Baltic Shooters*. Petja S. hatte ihn gebeten, Elitesoldaten für ihn zu kontaktieren, als man unter anderem auf der Suche nach Kandidaten für Auslandseinsätze war. Als ich Frank T. fragte, ob er Petja S. von *Asgaard* kennen würde, antwortete er: »Zu keinen der hier genannten Firmen oder Personen pflege ich Kontakte, egal welcher Art, diese sind mir völlig unbekannt.« Die internen E-Mails von Petja S. belegen allerdings, dass der *Asgaard*-Geschäftsführer tatsächlich den Mann in Güstrow um Hilfe gebeten hatte – und sie bekam.

Selbst Dirk G. bestätigte mir, dass er Frank T. kannte – er hatte mit seiner Firma beim *Special Force Workshop* teilnehmen wollen, man hatte aber keinen Platz bekommen. Dort in Güstrow könne man vor allem das eigene Netzwerk erweitern, erklärte mir der *Asgaard*-Gründer: »Das war genau der Grund, warum ich dahin wollte: Kontakte zur Polizei, zur KSK und zu anderen Kräften kriegen.« Das informelle Netzwerk von *Asgaard* war auch so bereits beachtlich: Man hatte schließlich Kontakt zu den Firmen von Frank T. und Volker L., zwei wesentliche Sympathisanten von *Hannibal*.

Das alles ahnte der Berliner Partner Bilaal Zaher nicht. Er registrierte nur, wie die Corona-Pandemie Dirk G. und andere zu euphorisieren schien.

Um die Zukunft der Firma zu klären, trafen sich die ungleichen Geschäftspartner und ihre Berater erneut – allerdings wieder nicht in Hamm, sondern zum Höhepunkt des ersten Corona-Lockdowns im Leipziger Büro von Reinhard Rade. Anwesend war Rades Freundin, die Anwältin Ines G., und der Geschäftspartner Reiner E. Nicht nur Dirk G., sondern auch Reinhard Rade begeisterte sich für die Möglichkeiten, die sich nun bieten würden, so erzählt Zaher. Man könnte die Struktur der Firma ausnutzen: Männer trainieren, nicht nur in der Schweiz, auch in einer von Rade aufzubauenden militärischen Akademie in Kroatien, ganz in der Nähe von Rades Hotel dort. Sowohl Rade als auch Dirk G. bestätigen mir, dass es diese Pläne für eine Akademie in Kroatien wirklich gab. Dirk G. wollte einfach in Ruhe trainieren, »360-Grad«-Schießen, ohne Paparazzi. Rade bestätigte mir diese Idee, G. habe diskret trainieren wollen, es sei ihm immer ums Ausbilden, um das Militärische gegangen. Er selbst sei gegen den Plan gewesen, sagte er mir, man könne doch an vielen Orten in Europa trainieren – und das viel billiger. Auch Dirk G. hatte mir erklärt, dass die Waffengesetze in Deutschland zu streng seien und man deswegen nach Polen, Tschechien und in die Ukraine ausweichen müsse. Trotzdem wollte er eine eigene Akademie in Kroatien. Mit dem *Tag X* habe das nichts zu tun gehabt, erklärten mir sowohl Rade als auch Dirk G., ihm sei es immer nur ums Schießen gegangen, er wolle das Handwerk nicht verlernen, immerhin könne er noch einer Fliege auf 1000 Metern »den Arsch wegschießen«. Das sollte auch in Zukunft so bleiben.

Zaher erlebte die Situation anders, es sei im Zusammenhang mit der Akademie durchaus auch darüber gesprochen worden, dass man sich vorbereiten wollte auf den Zusammenbruch in Deutschland, die »bürgerkriegsähnlichen Zustände«.

Dirk G. hatte in Leipzig auch davon gesprochen, dass ein *Tag X* komme, was Zaher an eine Situation in Bagdad erinnerte. Als ein deutscher TV-Reporter in Bagdad bei *Asgaard* auftauchte und Fragen stellte, flippte Dirk G. im Anschluss aus, so Zaher. Der Reporter stecke mit der Antifa und linken Politikern unter einer Decke. Man müsse bestimmte Politiker erschießen, damit sie nicht mehr auf das Volk wirken könnten, habe er gesagt. Dann habe Dirk G. die Linken-Abgeordnete Martina Renner erwähnt, die sich seit Jahren unter anderem mit dem NSU beschäftigte und 2017 *Asgaard* scharf kritisiert hatte, wie Zaher in einem Interview der ARD erzählt hatte und mir später bestätigte: »Herr G. hat sich in einem Gespräch, an das ich mich erinnern kann, dazu geäußert, dass Frau Renner eliminiert werden müsste. Wenn es zu einem Umsturz der Regierung kommt, dann wäre sie, sozusagen erste Wahl.« [247] Über diese sehr schweren Vorwürfe habe ich ausführlich mit Dirk G. gesprochen. Er wies sie weit von sich. Er will sich zu einem *Tag X*, einem möglichen Bürgerkrieg oder Erschießungen nicht geäußert haben. Vor allem verstand er nicht, so erklärte er mit, warum er sich über die Bundestagsabgeordnete Renner Gedanken gemacht haben soll, sagte er, die sei doch »absolut uninteressant«, »erst mal, ist die für mich ... ja ... politisch , ich sag mal ne Zecke am Arsch. Wenn ich jetzt der große Verschwörer wäre, ist die für mich uninteressant«. Sein Berater und Geschäftspartner Rade erzählte mir allerdings, dass Dirk G. ihn mehrfach angerufen habe, nachdem sich die Abgeordnete Martina Renner über ihn in der Zeitung geäußert hatte. Renner schien G. also doch zu beschäftigen. Er solle ihr doch einen Brief schreiben, will Rade ihm vorgeschlagen haben. Die Abgeordnete Martina Renner war wenige Tage vor dem Treffen der Gruppe in Leipzig gerade in meinem Film für das ZDF aufgetaucht, wo sie ausführlich über Netzwerke rechtsradikaler Soldaten gesprochen hatte und die Bedeutung der aktuelle Pandemie: »Das ist ’n Traum. Ein Traum aus der Sicht dieser rechten Umstürzler. Ich kann mir manchmal gar nicht vorstellen, dass die noch ruhig sitzen können.« Renner sagte später außerdem in dem Film, gefragt, ob es wirklich 2 000 Gleichgesinnte unter Waffen gäbe, dass sie das bezweifle, aber: »Stellen wir uns vor, ich habe 200 entlassene gut ausgebildete bewaffnete Männer, die bereit sind, hier mit rechter Gewalt und Terror irgendwelche politischen Ziele umzusetzen. So etwas gab es noch nicht.«[248]

Genau deswegen schaute ich mir die Firma *Asgaard* so genau an. Ich fragte auch Reinhard Rade, was er von den Vorwürfen halte, dass G. über den *Tag X* gesprochen haben soll: »Das halte ich für kompletten Quatsch«, antwortete Rade. Dirk G. sei ein typischer »BRD-Soldat«, verglichen mit Wehrmachtssoldaten, die er etwa noch selbst in München getroffen habe, sei G. eher »soft«. Im Gesprächsverlauf nannte Rade seinen Freund Dirk G. allerdings auch einen »Dobermann«, der auch mal den Falschen beißen könne. Dass G. mit seinen »Bundeswehrkumpels« anders spreche als mit ihm, schloss er ebenfalls nicht aus.

Reinhard Rade stritt mir gegenüber nie ab, dass er sich intensiv mit der Firma *Asgaard* beschäftigt hatte. Er habe als Berater fungiert, in einer Phase, in der sich Dirk G. und Bilaal Zaher zerstritten hätten. Warum der Streit genau los ging, was wer falsch gemacht hatte, darüber sind sich die beiden Parteien, wie es nun einmal in der Natur der Sache liegt, uneinig. Allerdings konnten sich auch Rade und sein Freund Dirk G. nicht auf eine Lesart einigen. Zaher sagte mir, er habe keine Zukunft mehr gesehen, weil die Schlagzeilen über die Firma es unwahrscheinlich erscheinen ließen, dass *Asgaard* noch eine große Zukunft vor allem bei deutschen Kunden hatte. Er wollte nur noch den Bagdad-Job zu Ende machen. Immerhin standen noch mehre Jahre aus, in denen sehr viel Geld zu verdienen war. Doch dann plötzlich tauchte Rade bei den Treffen auf, von denen er noch nie gehört hatte. Rade habe nach dem zweiten Treffen den Vorschlag gemacht, die gemeinsame Firma von Dirk G. und Zaher in eine Aktiengesellschaft zu überführen, skizziert in einer knappen E-Mail. Das Interessante: An dieser Aktiengesellschaft sollten Rade und ein Geschäftspartner 20 Prozent halten. Obwohl sie vorher ja nie Geld investiert hatten. Dirk G. erklärte mir, das stimme nicht, die Idee mit der Aktiengesellschaft sei von Zaher gekommen, der habe darauf gedrängt. Rade auf der anderen Seite, und das war einer der vielen Widersprüche, bestätigte mir, dass die konkrete Idee, das Geschäft in eine Vorrats-Aktiengesellschaft zu überführen, tatsächlich von ihm kam. So ging das oft. Wen man auch fragte, Dirk G., Petja S., Reinhard Rade, so ganz konnte man sich nie auf eine Version einigen. Hatte Rade die Idee für eine AG oder doch nicht? War man Petja S. noch wohlgesinnt oder nicht?

Rade sagte mir schließlich, dass er die E-Mail, in dem er eine neue Struktur der Firma angerissen hatte, selbst geschrieben hatte: »Wir haben dann die AG, das ist ja ne Vorrats-AG, ne leere, die meine Frau als Anwältin [führt].... nur schon mal skizziert, wie man diese AG benutzt, wie man das [Geld] dann verteilen könnte«, sagte er. Zaher erzählte mir, er hätte sich erst nach dieser E-Mail, aus der hervorging, dass er plötzlich neue Geschäftspartner akzeptieren sollte, mit der Person Rade beschäftigt. Er stieß im Internet auf die vielen Artikel über den Hintergrund des Leipziger Unternehmers, dessen militante rechte Freunde – und er entdeckte Berichte, in denen beschrieben wurde, wie sich Rade in die Belange einer anderen Firma als Berater eingemischt hatte.

Denn Rade und seine Partner hatten schon einmal für einigen Wirbel in der deutschen Geschäftswelt gesorgt, als sie sich intensiv um die Geschicke einer Leipziger Firma gekümmert hatten: Unister. Die Firma war einst von dem Studenten Thomas Wagner in Leipzig gegründet worden, der aus einem Start-up-Zwerg ein Unternehmen mit 1800 Mitarbeitern gemacht hatte, das unter anderem mit der Seite ab-in-den-urlaub.de an Reisen im Wert von zwei Milliarden Euro pro Jahr mit verdiente und von

Michael Ballack, dem Fußballstar, beworben wurde. Der Gründer Wagner und Mitglieder seines Managements gerieten nach einer Phase des scheinbar unaufhaltsamen Wachstums in den Verdacht, Kunden betrogen und Steuern hinterzogen zu haben. Die Firma wurde Ende 2012 durchsucht, der Gründer Wagner und ein Geschäftsführer kamen in Untersuchungshaft. Der Geschäftsführer konnte die Kaution nicht stellen, also wandte sich seine Ehefrau an eine Bekannte, die sie weiter an Reinhard Rade vermittelte. Der half mit, einen Teil der Kaution über 200 000 Euro für den in U-Haft sitzenden Geschäftsführer zu stellen. Freunde aus Rades Umfeld mischten sich in der Folge in den Konzern ein, Hans Jörg Schimanek, einst als Neonazi in Österreich aktiv, kaufte mit einem Unternehmen in der Schweiz Ende 2015 Aktien einer Firma auf, die zu Unister gehörte – Travel24.com. Dem Mutterkonzern ging es derweil immer schlechter. Damals stand auch dem Gründer Thomas Wagner das Wasser bis zum Hals, er brauchte dringend Bargeld – ein windiger Vermittler brachte ihn mit einem Mann zusammen, der vorgab, Diamantenhändler aus Israel zu sein und der Wagner angeblich gegen eine Sicherheit von 1,5 Millionen Euro 15 Millionen leihen würde. Die Übergabe fand in Venedig statt. Zu spät realisierte Wagner, dass er über den Tisch gezogen wurde und man ihm größtenteils wertloses Falschgeld angedreht hatte, keine 15 Millionen Euro in bar. Einen Tag später stürzte er in einem Privatjet mit zwei Geschäftspartnern auf dem Rückweg nach Deutschland in Slowenien ab – ein Gewitter war schuld, gab die slowenische Flugaufsichtsbehörde über vier Jahre später im Herbst 2020 bekannt. Rade sagte mir dazu, dass er bei der Aufklärung des Betrugs bei Unister mitgewirkt habe: »Das Desaster habe ich von meiner Zeit bei Unister verinnerlicht. Dass meine Aufklärungsarbeit… nichts genutzt hat. Am Ende lagen zwei Leute tot im Wald« – es waren mit dem Piloten tatsächlich vier – »die Firma war kaputt, die Arbeitsplätze waren verloren, es war eigentlich das Mega-Desaster, es war so eine Art [19]45 in klein«.

Nach dem Tod Wagners rutschte Unister schnell in die Insolvenz, der Insolvenzverwalter verklagte unter anderem den Rade-Freund Hans Jörg Schimanek auf Rückgabe der Travel24.com-Aktien – und gewann zunächst. Aber Geschäftspartner im Umfeld von Rade gaben nicht auf. Während ich in der Sache recherchierte, fortgesetzt mit Rade, Dirk G. und anderen sprach, stellte ich fest, dass ein Geschäftsmann, Reiner E., der eng mit Rade kooperierte, gerade mit einer Firma aus Leipzig an einer feindlichen Übernahme von Travel24.com arbeitete und bis Weihnachten 2020 alle zur Verfügung stehenden Aktien aufkaufen wollte. Jener Reiner E., der früher als Autohändler in Süddeutschland gearbeitet hatte und eine Tauchschule besaß, gab regelmäßig damit an, wie mir unter anderem Dirk G. erzählte, dass er mit der österreichischen Spezialeinheit *Cobra* trainieren und schießen würde. Die *Cobra* hatte ja unter anderem regelmäßig in Güstrow bei Frank T. geschossen. Und auch sonst hatte der Unternehmer großes Interesse am militärischen Bereich. Er war derjenige aus dem Umfeld von Reinhard Rade, der beim Treffen in Hamm bei der Firma *Asgaard* mit dabei war, als sich dort Polizisten, Soldaten, Ex-Soldaten und Personenschützer versammelten. Was weder Dirk G. noch Rade mir gegenüber dementierten. Fotos zeigen dort Reiner E. und breitgebaute Soldaten, die angeblich für einen Söldnerjob in Bagdad vorsprachen. Wenn er nicht gerade in Hamm war, plante Reiner E. Deals wie die Übernahme von travel24.com, er kannte sich also aus mit Aktiengesellschaftskonstrukten. Er war auch dabei, wie Zaher erzählte, als es um die Neuaufstellung des *Asgaard*-Geschäfts ging. Rade bestätigte mir das.

Nachdem Bilaal Zaher in dem »Kontraste«-Beitrag Dirk G. schwer belastet hatte, haben Reinhard Rade, Petja S. und Dirk G. mit einigen Journalisten gesprochen. Sie versuchten dabei, ihre

Lesart der Geschichte durchzusetzen und den Spieß umzudrehen. Bilaal Zaher sei ein »Wirtschaftskrimineller«, schreib mir Petja S., Rade nannte ihn gar einen »kriminellen Araber«, wie er viele getroffen und zur Strecke gebracht habe. Rade und Dirk G. erzählten mir – und anderen Journalisten – unter anderem, dass Zaher eine große Menge Geld veruntreut habe. Als ich Petja S. jedoch um konkrete schriftliche Beweise per E-Mail bat, kam nichts mehr. Zaher sagte mir, als er gerade wieder in Bagdad war, dass an den Vorwürfen nichts dran sei. Er verwies darauf, dass Dirk G. seinen Geschäftsführer Petja S. selbst wegen »Misswirtschaft« Ende 2018 mit sofortiger Wirkung entlassen und ihm alle Firmenanteile entzogen hatte. Nach der Entlassung von Petja S. hatte er nie wieder Kontakt zu dem AfD-Kommunalpolitiker gehabt.

Rade entwarf in dem Gespräch mit mir trotzdem die Geschichte, dass es sich um einen großen Kriminalfall handele, der mit einer Haftstrafe für Beteiligte enden werde. Es sei sein Hobby, wie ein Forensiker Betrüger aufzuspüren. Deswegen habe er sich damals auch um Unister gekümmert – tatsächlich war er erst eingestiegen, als die Staatsanwaltschaft längst ermittelte und die Firma schon angeschlagen war. Zudem hatte etwa Dirk G. schon einigen anderen ehemaligen Mitarbeitern vorgeworfen, sie hätten Geld veruntreut. Es war das gleiche Schema. Gab es Ärger, folgte dieser Vorwurf. Deswegen gibt es viele ehemalige, sehr verärgerte Mitarbeiter von *Asgaard*. Und wenn man einmal den Ex-Fallschirmjäger gegen sich hat, dann wird es ungemütlich. Ein ehemaliger Mitarbeiter, der sich mit Dirk G. überworfen hatte, zeigte mir eine Nachricht von seinem Ex-Chef: »Wenn du und X. dich weiter als *Asgaard* Mitarbeiter ausgibst. Hat die Jagd erst angefangen. Du legst dich mit den falschen an.«

Unruhe schüren, den Gegner verunsichern – das hatte man Dirk G. einst bei der Bundeswehr beigebracht. An einer Stelle unseres Gesprächs hatte er mir gesagt: »Wir haben das auch gelernt, wie man ein Land destabilisieren kann, das lernt man im Kommando«. Also Sabotage? »Ja, natürlich, das ist Kommandokampf hinter feindlichen Linien, das war mein Auftrag im Kommando.«

• • •

Im Sommer 2020 spitzte sich der Konflikt um die Vormachtstellung bei *Asgaard* zu. Der Chef Dirk G. rief zu einem Treffen nach Hamm, wo die Ankunft der Gäste gefilmt wurde – die Aufnahmen wurden unter anderem vom Magazin »Kontraste« gezeigt und liegen mir ebenfalls vor. Eine Reihe von sechzehn zum Teil tätowierten Männern fand sich in der Zentrale der Söldnerfirma ein. Über das Treffen wurde später auch der Bundestag in Berlin informiert. Unter den Männern in Hamm war der Ex-Bodyguard Merkels, Lautsprecher Dennis E., dazu viele Männer, die seinem Umfeld zugerechnet wurden. Auch ein Polizist aus Frankfurt war angereist, der nebenberuflich für *Asgaard* arbeiten wollte und gegen den die Frankfurter Staatsanwaltschaft später ein Ermittlungsverfahren führte. Ebenfalls anwesend war ein Soldat, der von der Statur und dem Auftreten an den *Leutnant* Pascal D. von der KSK erinnerte, der Ex-Torwart und *Mixed-Martial-Art*-Kämpfer. Das war kein Zufall: Der Soldat, der am *Asgaard*-Treffen teilnahm, kämpfte genau in diesem Segment ebenfalls als freischaffender Kämpfer, Spitzname *Odin*. Er ist mit einem Meter und 77 Zentimeter ein gutes Stück kleiner als der Riese Pascal D. vom KSK, aber sportlich erfolgreicher. Er war in einem Verband Weltmeister im Kickboxen, aber auch an ihm nagte der Zahn der Zeit und er musste in anderen Kampfdisziplinen empfindliche Niederlagen einstecken. Der kleine untersetzte Berufssoldat erzählte vor einer Kampfnacht einer Lokalzeitung, dass er oft in Afghanistan gewesen sei und Spezialeinheiten ausbilde. Stationiert war er bei den Panzergrenadieren in Neubrandenburg. Obwohl er sich jahrelang im Kampfsport-Milieu in Mecklenburg-Vorpommern herumtrieb, das auch Rechtsradikale anzieht, interessiert sich der MAD angeblich erst seit 2018 für ihn. Man eröffnete eine Untersuchung, die *Odin*, dem kleinen Kämpfer, an die Nerven zu gehen schien. Als Mitarbeiter des MAD ihn direkt konfrontierten, drohte er ihnen mit dem Tod, so der Vorwurf der Rostocker Staatsanwaltschaft. Im Sommer 2020, nach dem Treffen in Hamm, durchsuchte die Polizei daraufhin *Odins* Grundstück in Neubrandenburg – unter der Adresse war ebenfalls eine Sicherheitsfirma gemeldet.

Eine illustre Runde war also in Hamm zusammengekommen, einige waren für ihre große Klappe bekannt, was sie nicht weniger gefährlich machte. Dennis E., der Lautsprecher, äußerte sich, wie es so seine Art ist, auf Instagram zu dem Treffen, als ein Fernsehreporter ihm Fragen per Mail schickte, in denen es auch um *Uniter* und Hamm ging.

Die Fragen seien »sehr frech und sehr direkt und richtig dumm« gewesen, sagte Dennis E. in die Kamera seines Smartphones. Ja, er kenne einige Mitglieder von *Uniter*, man habe zusammen in Lebach bei den Fallschirmjägern gedient, vor allem sein Ex-Geschäftspartner sei sehr eng mit *Uniter* verbunden gewesen, dass er sich persönlich mit einem *Uniter*-Patch hat fotografieren lassen, war »dumm«, ansonsten distanzierte er sich von dem Verein: »Dieser Verein ist scheiße, dieser Verein ist hohl, dieser Verein hat sich komplett von innen heraus selbst zerstört, steht zurecht unter Beobachtung, ja.« Um dann nachzuschieben: »Ich habe nie aktiv irgendwelche rechtsradikalen Aktionen miterlebt, ... es wurde nie irgendwelcher Extremismusscheiß in meiner Nähe kundgetan. Gab es nicht. « Er selbst sei nicht rechtsradikal, »das ist Bullshit, das ist haltlos, da ist nichts«. Nach neun Minuten kam er zum eigentlichen Punkt: »Da gab es am 17. Juli ein Treffen, jo, gab es, es gab ein Businesstreffen, es gibt Leute einfach, die für *Asgaard* arbeiten wollen, ich hab *Asgaard* Personal vermittelt und Punkt. Das ist halt einfach ... Geschäftmann.« Dann kichert er in sich hinein. Zuvor hatte er noch die Bundestagsabgeordnete Martina Renner von den Linken, die über ihn und auch über Dirk G. getwittert hatte, beim Namen genannt und gesagt: »Ganz liebe Grüße, ganz herzliche Grüße.«[249]

Ich sprach auch ausführlich mit Dennis E. über das Treffen in Hamm, was er ebenfalls bei Instagram thematisierte. Sehr aufgeräumt hatte er mit bestätigt, dass der verhaftete *Odin* einer seiner besten Freunde sei, der in der Tat Probleme mit dem *MAD* habe. Bei der Zusammenkunft in Hamm sei er auch gewesen, es habe allerdings zwei Treffen an einem Tag gegeben – Rades Abgesandten habe er nie getroffen. Dirk G. allerdings erzählte mir von bloß einem Treffen, und an dem habe Dennis E. teilgenommen, inklusive des Geschäftspartners von Rade – zudem habe der Ex-Bundespolizist allein vier Kameraden mitgebracht.

Dennis E. flirtet gern mit dem Abgrund. So hat er einem Podcaster, der auch für rechte Publikationen schreibt, ein Interview gegeben. Als das Gespräch zu sehr in Richtung Reichsbürgertum ging, will er, so sagte mir Dennis E., das Gespräch in eine andere Richtung gelenkt haben. In seiner Person offenbart sich dennoch das Problem. Ein Ex-Bodyguard von Angela Merkel vernetzt sich mit *Uniter* und besorgt einer Firma, deren Geschäftsführer laut Aussage diverser ehemaliger Angestellter für den *Tag X* plant, Söldner. Der Geschäftsführer kooperiert seit Jahren mit einflussreichen Veteranen der rechten Szene.

Eine Entwicklung, die auch dem *Bundesamt für Verfassungsschutz* Sorgen bereitete – denn vor allem der Mann im Hintergrund, Reinhard Rade, war Beobachtern schon lange bekannt. Er hatte sich über die Jahre nicht mit irgendwelchen Neonazis abgegeben, sondern zählte ehemals militante Neonazis weiter zu seinen Freunden, die hohe Haftstrafen abgesessen und in einigen Fällen

Kontakte zu Mitgliedern rechter Terrorgruppen unterhalten hatten.

Dass ihn das für Behörden immer »höchst verdächtig« gemacht habe, habe er registriert, wie Rade mir sagte. Mir gegenüber leugnete er auch nicht, dass er Kontakt zu diesen Menschen hält. Irgendwelche »Jugendsünden« würden daran nichts ändern. Was für einen Eindruck das nach außen mache, kümmere ihn nicht weiter, sagte Rade mir. Nur als rechtsextrem will er nicht bezeichnet werden. Er sei »anarchistisch« und »libertär«, er wolle einen Nachtwächterstaat, der nur das Nötigste regele. Jener Staat also, der sich so ausdauernd an Reinhard Rade abgearbeitet hatte, wie er mir selbst erzählte. *MAD, BND, BfV* – mit allen hatte er zu tun. Dass er bei den »Legida«-Märschen mitgemacht habe, sich wieder offen politisch zeigte, erklärt er damit, dass es ihn geärgert habe, dass die Menschen nicht gehört wurden, von oben über sie bestimmt wurde, dass an der deutschen Grenze 2015 alles so intransparent lief. Als die Polizei den »Legida-Zug« einmal stoppte, erzählte mir Rade, habe er der Polizei lediglich gesagt, sie solle die »illegalen KZ-Gitter« wegräumen. Auch eine große Corona-Demo in Berlin habe er sich persönlich aus der Nähe angeguckt. Die gute Organisation habe ihn beeindruckt, erzählt er mir.

Die militante rechte Szene ist im Kern in puncto Personal sehr konstant: über Jahrzehnte an bestimmten Stellen die gleichen Namen, Gesichter, Verbindungen. So war mit Karl-Heinz Hoffmann unter Rades Kontakten ein alter Herr, der einige Vorlieben und Geschäftsfelder mit ihm teilte: Beide investierten Geld in Schlösser und waren umtriebige Unternehmer. Hoffmann hatte 1973 die *Wehrsportgruppe Hoffmann* gegründet. Ihre Existenz war nie ein großes Geheimnis und fand große Beachtung in den Medien, da Hoffmann offensiv Interviews gab. Der DDR-Flüchtling, aufgewachsen in Kahla bei Jena, hatte in Ermreuth bei Nürnberg ein

Schloss gekauft, in dem früher eine NS-Gauführerschule untergebracht war. Richtig ernst wurde die Wehrsportgruppe offiziell lange Zeit nicht genommen, zu exzentrisch gab sich der Anführer Hoffmann, der mit lang gezwirbeltem Schnurrbart einen Puma auf seinem Grundstück ausführte und sich dabei fotografieren ließ. Seine Forderungen, das Parlament abzuschaffen und durch die Diktatur einer anonymen Führungsgruppe zu ersetzen, waren allerdings eindeutig verfassungsfeindlich. Erst im Januar 1980 wurde die Wehrsportgruppe verboten, nachdem über 400 Neonazis dort hatten trainieren können. Da hatte die Gruppe schon als Inkubator für Rechtsterroristen gewirkt. Ein früherer Mitstreiter gründete eine rechte Terrorgruppe, die als *Hepp-Kexel-Gruppe* unter anderem Anschläge auf US-Soldaten beging. Ein weiteres Mitglied und enger Freund von Hoffmann, Uwe Behrendt, erschoss im Dezember 1980 den jüdischen Verleger Shlomo Levin und dessen Lebensgefährtin in Erlangen und floh danach auf Hoffmanns Anwesen. Die Brille von Hoffmanns Lebensgefährtin wurde zudem am Tatort gefunden. Am Heiligen Abend 1980 tötete ein weiteres Mitglied der Wehrsportgruppe zwei Schweizer Grenzbeamte und dann sich selbst. [250] Zudem hatte Gundolf Köhler, der zuvor eine Bombe auf dem Oktoberfest gezündet und die Republik erschüttert hatte, Kontakt zu der Wehrsportgruppe gehalten. Er hatte mehrmals bei einer anderen rechtsextremen Wehrsportgruppe mittrainiert und sich Briefe mit dem Gründer Karl-Heinz Hoffmann geschrieben. Der hatte sich wegen der vielen Toten in den Libanon abgesetzt. Als er zurückkam, wurde er verhaftet, wegen Nötigung, Körperverletzung, Verstößen gegen das Waffen- und Sprengstoffgesetz angeklagt, 1984 dann zu neuneinhalb Jahren Haft verurteilt. Nach sechs Jahren kam er vorzeitig frei und zog nach Thüringen, wo er wie Reinhard Rade in Leipzig eine Baufirma betrieb.

Die Journalistin Andrea Röpke hatte sich 2003 auf die Spur von

Rade und Hoffmann gemacht und herausgefunden, dass beide verbandelt waren, Hoffmann wurde in einem Porsche gesehen, der auf eine Firma von Rade zugelassen war. [251]

Rade lachte, als ich ihn danach fragte. Er habe sich in den 1990er-Jahren Immobilien in Thüringen angeschaut, die Hoffmann gehörten. Offensichtlich kam es dann auch zum Gegenbesuch, Hoffmann habe ein Auto gebraucht und einen Porsche vor der Tür bei Rade stehen sehen: »... Er brauchte ein Auto und hat es rumstehen sehen, vor unserer Firma oder so. Dieses Auto wollte er kaufen. Er hat es dann langjährig genutzt, ohne es zu kaufen.«

Die Ermittler in vielen Teilen Deutschlands hatten auch wegen der vielen militanten Figuren um Umfeld von Rade nie das Interesse an dem Unternehmer aus Leipzig verloren. Er selbst hatte das immer registriert, so wie aktuell, als er merkte, dass sein Telefon abgehört werde, diverse TKÜs wie es technisch heißt, also Telekommunikationsüberwachungen, geschaltet seien.

Rade interessierte etwa auch die Thüringer Polizei, als sie 2010 intensiv in der lokalen Neonazi-Szene ermittelte, weil sie befürchtete, dass es zu rechtsextremistischen Attentaten auf linke Aktivisten in Jena kommen könnte. Die rechte Szene hielt nicht nur Kontakt zu Karl-Heinz Hoffmann, sondern wurde damals zudem von engen Freunden von Uwe Böhnhardt, Uwe Mundlos und Beate Zschäpe angeführt – André Kapke und Ralf Wohlleben. Wohlleben wurde später in München zu einer Haftstrafe als NSU-Unterstützer verurteilt; unter anderem, weil er eine der Waffen organisiert hatte, mit denen der NSU seine Morde begangen hatte. André Kapke war früher der Chef der *Kameradschaft Jena*, gleichsam die Urzelle des NSU. 2010 gerieten Kapke und Wohlleben also nicht zum ersten Mal in ihrem Leben ins Visier der Kriminalpolizei. Die Kripo stellte die Besondere Aufbauorganisation (BAO) »Feuerball« auf, um zu klären, was die gewaltbereite

Nazi-Szene in Thüringen vorhatte. Kapke, Wohlleben und andere wurden observiert und abgehört. Während die Operation lief, besuchten sie im September 2010 einen Vortrag von Karl-Heinz Hoffmann in Sachsen, der in Neonazi-Foren unter dem Titel »Der Chef spricht!« angekündigt wurde. Angeblich kamen einhundert Zuhörer zu der Veranstaltung in einen Gasthof. Eine Antifa-Initiative aus Leipzig schrieb über den Abend: »Laut dem Bericht beim ›Freien Netz Borna-Geithain‹ erklärte WSG-Chef Hoffmann in seinem Vortrag unter anderem, dass es einer ›disziplinierten militärischen Organisationsform‹ bedarf, um eine als Vorbild dienende ›Gegenwelt‹ aufzubauen.« Hoffmann soll appelliert haben: »Überraschen Sie Ihre politischen Gegner mit unerwarteten neuen Strategien.« [252] Für die Polizei hörte es sich allerdings noch am selben Abend so an, als würden Kapke und ein anderer Neonazi, Nico M., auf alte Methoden setzen. Auf der Rückfahrt nach Thüringen wurden Kapke und andere Neonazis im Auto von einem Bekannten angerufen, Steffen R.:

Steffen R.: »Ja. Na ich habe doch gerade gesagt, ich habe mit [Kapke] schon telefoniert.«

Nico M.: »Ach so. Gut. Ja.«

Steffen R.: »Der hat mir gesagt, das Hoffmann euch C 4 mitgegeben hat.«

Nico M.: »Ja. Hat er.«

Steffen R.: »Und ne Anleitung ...«

Nico M.: »... auch ...«

Steffen R.: »... wie es einzusetzen ist, effizient?«

Nico M.: »Ja, natürlich.«

C 4 ist ein effektiver Plastiksprengstoff, der etwa vom Militär eingesetzt wird. Zuvor hatten Informanten berichtet, dass eine Gruppe um Kapke »Weimarer Zustände« ausgemacht habe und gegen die »linke Szene« Anschläge planen würde. Der Freikorps-Gedanke also. Die Polizei, die das Telefonat mithörte, ließ das Auto stoppen, ein Hund schlug auf Sprengstoffspuren im Fußraum auf einer Fußmatte an, C 4 oder andere Explosionsmittel wurden jedoch nicht gefunden. Als man wenig später erfuhr, dass das C 4 in Plastikrohren versteckt gewesen sein soll, durchsuchte die Polizei erneut Wohnungen und andere Objekte mit Bezug zu der Gruppe, fand kein C 4, beschlagnahmte allerdings Festplatten, Handys und Computer. Die Leitung der BAO »Feuerball« hatte eine Liste mit Suchbegriffen aufgestellt – die zeigt, woran und wem man interessiert war, auf der Liste kamen folgende Begriffe vor: »Bundeswehr Panzer«, »Bundeswehr Hubschrauber«, »Fernzündung«, »Reinhard Rade«, »Schimanek« und: »Condor-Projektentwicklungsgesellschaft«, »Technische Hausverwaltungsgesellschaft (THG)«, »Baubetreuung Mitteldeutschland« – alles Firmen von Reinhard Rade. Man war also auch an Verbindungen der Gruppe um Kapke zu Reinhard Rade in Leipzig interessiert.

Zu den scheinbaren Ermittlungserfolgen – die Sprengstoffspur im Wagen, das abgehörte Gespräch über C 4 – kam noch ein weiterer Fund der Polizei: Bei einer Durchsuchung fanden die Ermittler der BAO »Feuerball« einen Laptop, den sie später Ralf Wohlleben zuordneten – er war als einziger Computer samt Festplatte unverschlüsselt. Während man die meisten anderen Fundstücke nicht geknackt bekam, da die Neonazis sie so professionell verschlüsselt hatten, konnte ein Thüringer Forensiker auf Wohllebens Computer die Suchbegriffe abfragen. 17 000 Mal tauchten die Schlüsselbegriffe auf dem Laptop auf. Man wertete sie aber nicht weiter aus. Der Altnazi Karl-Heinz Hoffmann hatte zuvor behauptet, dass man auf seine Kosten einen Scherz gemacht hatte – er habe keinesfalls mit C 4 zu tun gehabt. Polizei und Staatsanwaltschaft glaubten ihm und stellten das Verfahren ein.

Sieben Monate später fanden Polizisten Böhnhardt und Mundlos in einem ausgebrannten Wohnmobil in Eisenach, daneben ein Rucksack, in dem DVDs steckten, auf denen sich der NSU in einem Film zu zehn Morden bekannte. Die Spuren führten umgehend zurück zu Wohlleben und Kapke. Der Thüringer Forensiker erinnerte sich an die »Feuerball«-Beweismittel, vor allem an die Computer und einen Handy-Chat, in dem ein Verdächtiger sich über eine Videoproduktion geäußert hatte. Doch weder dieses Detail noch der Laptop stießen beim BKA auf großes Interesse. Der Forensiker sagte später einem NSU-Ausschuss in Erfurt: Das BKA habe die Daten unbearbeitet nach zwei Tagen mit der Begründung zurückgeschickt, dass sie sie dort nicht haben wollten.[253]

So wurden die Laptop-Daten nie vollständig von Ermittlern ausgewertet, die sich mit Rechtsextremisten und dem NSU auskannten. Warum Reinhard Rade im Zusammenhang mit Thüringer Neonazis für die Polizei von so großem Interesse war, ist bislang nicht geklärt. Rade selbst war über die Ermittlungen erstaunlich gut im Bilde, er kannte auch den Akteninhalt genau. Warum er da hineingeraten war, und mit Hoffmann gemeinsam in eine Ermittlung geriet, wusste er nicht, behauptet er. Trocken sagte er mir: »Das geht ja relativ schnell. Ich fahre nach Kahla [in Thüringen], schaue mir da ein paar Immobilien an, die er verkaufen will, und dann heißt es, wir wollen zusammen die Bundesrepublik Deutschland in ihren Grundfesten erschüttern.« Das jedoch habe er auch heute nicht vor, versicherte mir Rade.

Der Fall *Asgaard* hat viele Sicherheitsbehörden aufgeschreckt. Aktive und ehemalige Polizisten und Soldaten haben sich mit potenziellen Geldgebern zusammengefunden, die sehr tiefe Taschen haben – eine gefährliche Mischung, die eine neue Bedrohung darstellt. Inzwischen werden dabei bestens vernetzte Akteure aktiv, die sich lange aus der Bewegung herausgehalten haben. Und immer geht es dabei um Waffen, Training und den Kampf der nächsten Generation.

18
NSU 2.0

Taten statt Worte. Das war einer der Kernsätze des NSU. Am 17. Oktober 2015, einen Tag vor der Oberbürgermeisterschaftswahl in Köln, befolgte auch der arbeitslose Maler Frank S. diesen Satz. Er trat an einen Wahlkampfstand, wo die parteilose Henriette Reker Blumen verteilte, fragte nach einer Rose, dann stach er der Kandidatin ohne Vorwarnung mit einem großen Messer in den Hals und durchtrennte ihre Luftröhre. Nur knapp überlebte Reker das Attentat. Wäre es anders gekommen, hätte Deutschland das Ergebnis der konsequenten Eskalation verbaler Gewalt erfahren – in den Monaten zuvor wurde auf Demonstrationen an verschiedenen Orten auch gegen Politiker und Politikerinnen gehetzt. Da die spätere Oberbürgermeisterin jedoch überlebte, wurde auch diese Warnung vielerorts wieder vergessen. Erst als am 15. Juni 2019 der Kasseler Regierungspräsident Walter Lübcke (CDU) vor seinem Haus erschossen wurde, war sie wieder präsent, die Angst, dass Rechtsradikale doch nicht nur reden und grundlos Waffen horten, sondern dass sie handeln, mit ihren Waffen töten, verletzen, jagen: Migranten, »Linke«, Politiker, Obdachlose, Punker, Polizisten, Besucher eines Volksfests – die bundesdeutsche Geschichte zeigt, wie wahllos Rechtsradikale töten.

Ein Blick über die Grenzen hinaus, nach Schweden etwa, zeigt, wie konsequent Neonazis ihre politischen Feinde, die »Volksverräter«, bekämpfen. Dort wurde 1999 ein Gewerkschafter, der Neonazis in seiner Firma gemeldet hatte, vor seiner Haustür erschossen; ein Journalist, der sich auf Recherchen in der rechten Szene spezialisiert hatte, wurde im selben Jahr gemeinsam mit seinem 8-jährigen Sohn schwer verletzt, als eine Bombe in seinem Auto explodierte. Auch die Lebensgefährtin des Manns, ebenfalls Journalistin, wurde von der Druckwelle getroffen. [254] Taten statt Worte.

Zwölf Tage nachdem meine zweite Dokumentation über die »Staatsfeinde in Uniform« im April 2020 im ZDF ausgestrahlt worden war, erhielten die meisten der Politiker und Experten, die in dem Film vorgekommen waren, eine E-Mail. Darin hieß es: »Liebe linksgrünversiffte Volksverräter, wir haben genug Munition, um jeden von euch mit Genickschüssen zu beseitigen. Sieg Heil und Heil Hitler! Mit freundlichen Grüßen …« Auch ich erhielt ein solches Schreiben. Es war nicht das erste Mal, dass ich von dem Verfasser angeschrieben wurde, der – oder die, seine oder ihre Mails – mit dem Absender »die Musiker des Staatsstreichorchesters« unterschrieb. Es waren zuvor eher global Anfeindungen gewesen, geschickt an einen großen Verteiler, diesmal jedoch machte der E-Mail-Betreff klar, dass es um meine Arbeit ging: »Angriff von Innen«, hieß es da, so lautete auch der Titel meines Films. Die E-Mail war für den Verfasser ungewöhnlich knapp und bezog sich offenbar auf eines der Hauptthemen des Films: die Behördenmunition, die bei Marko G. aufgetaucht war – deswegen der Satz: »genug Munition, um jeden von euch mit Genickschüssen zu beseitigen«. Schon in den Monaten zuvor hatten Politikerinnen, Politiker, Journalistinnen, Reporter und Anwältinnen regelmäßig Drohungen per Mail bekommen, offenbar abgeschickt von mehreren Gruppen und Tätern. Einem der mutmaßlichen Verfasser wurde ab Frühjahr 2020 in Berlin der Prozess gemacht, der Mann, André M. aus dem Kreis Pinneberg, 32 Jahre alt, hatte sich unter anderem als die »Nationalsozialistische Offensive« ausgegeben, dabei mehrfach Bombenanschläge angedroht. Der Prozess gegen ihn machte klar, dass die Bedrohung durchaus konkret werden könnte – denn der Beschuldigte war schon einmal verdächtigt worden, ein Attentat in der realen Welt geplant zu haben. Der Richter glaubte damals jedoch nicht, dass der Mann es ernst gemeint hatte. Der Beschuldigte unterhielt später eine digitale Beziehung zu einer Frau. In den ausgetauschten Nachrichten erweckte er den Eindruck, dass es ihm doch ernst sein könnte: »Ich schließe auch nicht aus, allein loszuziehen, um zu töten«, schrieb er ihr.[255] Er soll auch, so ermittelte die Staatsanwaltschaft, digitalen Kontakt mit dem »Staatsstreichorchester« gehabt haben, das den Protagonisten aus meinem Film gedroht hat. Im Dezember 2020 wurde er zu vier Jahren Gefängnis verurteilt, zunächst untergebracht in einer psychiatrischen Einrichtung. Die Richter waren überzeugt, dass André M. schocken wollte und seine Tötungsfantasien in die Tat umsetzen würde, bliebe er – ohne psychiatrische Hilfe – in Freiheit.

In einer der ersten Droh-E-Mails, die ich erhalten hatte, ging es auch um den fraglichen Prozess von André M., das Staatsstreichorchester verlangte einen »einwandfreien« Freispruch für den »Kameraden«, eine hohe Geldsumme in Bitcoin und kündigte gleichzeitig pauschal an: »So viel können wir Ihnen verraten, es werden dieses Jahr mehrere linksgrünversiffte Politiker und ›Journalisten‹ der Lügenpresse hingerichtet werden.« Parallel ging bei den Behörden eine Warnung ein, dass eine Bombe in dem Gerichtsgebäude versteckt sei. Kurz darauf meldete sich schriftlich das *LKA Berlin* bei mir und machte mich darauf aufmerksam, dass ich verpflichtet sei, potenzielle Straftaten wie diese Drohungen zu melden. Nach der spezifischen Drohmail, die den Protagonisten meines Films und mir geschickt worden war, rief ich wiederum selbst das *LKA Berlin* an, die die BAO *»Triangel«* gegründet hatte. Auf meine Nachfrage hieß es, dass die Ermittlungen nicht abgeschlossen seien. Die Staatsanwaltschaft Berlin führt das Verfahren unter dem Aktenzeichen 276 Js 2423/19 – dort hieß es, dass man sich zu einem laufenden Verfahren nicht äußern könne.

Drohungen gegen Politiker und Journalisten sind nichts Neues, aber die Dimension war, so mein Eindruck, inzwischen eine andere. Ich erfuhr von Kollegen, die zeitweise zu ihrem Schutz von Polizisten begleitet wurden, da auch sie Morddrohungen erhalten hatten. Die Absender gaben sich verschiedene Namen – *Wolfszeit*, *Wehrmacht* –, die Stoßrichtung blieb gleich: Es ging vor allem gegen Menschen, die kritisch über Rechtsradikale berichteten oder sich für die Rechte von Flüchtlingen und Migranten einsetzten. In den Medien nahm man erstmals von der jüngsten Welle von Anfeindungen Notiz, als die besonders perfiden Drohungen gegen die Frankfurter Anwältin Seda Başay-Yıldız publik wurden. Der oder die Verfasser hatten der Anwältin im August 2018 ein Fax geschickt – »Miese Türkensau! Du machst Deutschland nicht fertig. Verpiss dich lieber, solange du hier noch lebend rauskommst, du Schwein!« – und deutlich gemacht, dass sie oder er wussten, wie Başay-Yıldız' Tochter heißt, wie alt sie ist und wo die Familie wohnte. Diese Informationen sind jedoch nicht öffentlich abrufbar gewesen, im Gegenteil: Die private Adresse der Anwältin war im Melderegister gesperrt. Nicht allerdings für Polizisten, die konnten diese Sperre umgehen.

Başay-Yıldız hat die Familie Şimşek in München vor dem Oberlandesgericht im NSU-Prozess vertreten – Enver Şimşek war das erste Mordopfer des NSU. Auf den Vater und Ehemann wurde am 9. September 2000 am Rande von Nürnberg aus zwei Pistolen gefeuert, dabei wurde er so schwer verletzt, dass er zwei Tage später seinen Verletzungen erlag. Ich hatte mit der Frankfurter Anwältin Başay-Yıldız gemeinsam bei einer Podiumsdiskussion zum Thema NSU in München mitgemacht, zudem hatte ich sie mehrfach vor Gericht beim Prozess gegen Beate Zschäpe und andere erlebt. Wir stimmten damals überein, dass es noch viele offene Fragen gab, etwa was die Herkunft der vielen Waffen des NSU anbelangte. Wie viele andere Anwältinnen und Anwälte, die Betroffene des NSU-Terrors repräsentierten, versuchte auch Başay-Yıldız, mehr über die Hintergründe der Terrorgruppe zu erfahren und fragte sich, was der deutsche Staat dabei für eine Rolle gespielt hatte, ohne jemals befriedigende Antworten zu bekommen. Das allein hatte sie aber nicht in den Fokus der Drohbriefschreiber gebracht. Als Strafverteidigerin vertrat sie regelmäßig Beschuldigte in Islamisten-Prozessen, unter anderem forderte sie 10 000 Euro Zwangsgeld für die Stadt Bochum, die einen Mandanten der Anwältin abgeschoben und dann nicht zurückgeholt hatte, obwohl ein Gericht das angeordnet hatte. Darauf bezog sich das erste Drohschreiben – »Dieses kostenlose Fax wurde Ihnen von Uwe Böhnhardt geschickt«, weiter unten hieß es: »Als Vergeltung für 10 000 Euro Zwangsgeld schlachten wir deine Tochter«.[256] Unterschrieben war das Fax mit dem Kürzel NSU 2.0.

Als die Frankfurter Polizei in der Sache ermittelte, stellte sie fest, dass die gesperrte Adresse der Anwältin von einer Polizistin der Schutzpolizei abgerufen worden war, die auf dem 1. Revier in der Frankfurter Innenstadt arbeitete. Die Polizistin wurde daraufhin von Frankfurter Kripo-Beamten beschattet und abgehört, ihre WhatsApp-Nachrichten und andere Chats wurden mitgelesen. Die Verdächtige, so stellte sich heraus, gehörte zu einer Chatgruppe von sechs Polizisten, die in einer WhatsApp-Gruppe – »Itiotentreff« [sic] – Bilder und Nachrichten austauschten, die teilweise auch im Internet kursierten. Ein Bild zeigt Adolf Hitler auf einem Regenbogen und mit dem Text »Gute Nacht, ihr Juden«, auf einem anderen ist Hitler vor einem rauchenden Schornstein zu sehen, darunter die Worte: »Umso größer der Jude, desto wärmer die Bude.« Die Polizisten schickten sich in der Gruppe auch Bilder hin und her, die Alan Kurdi zeigten. Der dreijährige Junge aus Syrien wurde leblos an einem Strand in der Türkei angeschwemmt. Unter einem Foto des kleinen Jungen, das die Polizisten verschickten, stand der Satz: »Wers findet, darfs behalten.«[257] Ähnlich wie bei der Observationsgruppe des *LfV* Nordrhein-Westfalen hatte sich eine Gruppe von Beamten also zumindest in einer Chatgruppe wie verhaltensauffällige Volksverhetzer benommen – und nur wegen der Drohungen gegen Seda Başay-Yıldız kam das heraus.

Die Frankfurter Chatgruppe war lediglich der Anfang. Danach wurde an verschiedenen Orten in Deutschland ein Fall nach dem anderen bekannt, der ähnlich gelagert war. In Meiningen verschickte ein Polizeianwärter nationalsozialistische Nachrichten, in Berlin hörten 26 Studienanfängerinnen und -anfänger der Polizeiakademie Lieder einer einschlägigen Gruppe an und tauschten Nachrichten und Bilder aus, die als rechtsradikal gedeutet wurden. In Nordrhein-Westfalen schickten sich Dutzende Polizisten, die in verschiedenen Städten eingesetzt waren, über Jahre rechtsradikale Nachrichten hin und her. Viele lasen die Nachrichten nur, stellten nichts in den Chat, meldeten die Vorfälle aber auch nicht. Zunächst war in Nordrhein-Westfalen von knapp 30, später von über 190 Teilnehmern die Rede. Der zuständige Innenminister Herbert Reul berichtete etwa von Nachrichten, in denen das Bild eines Menschen der »arabisch« aussieht, zu sehen sei, erfasst von einem Fadenkreuz, dazu der Zusatz: »Bei uns steht der Mensch im Mittelpunkt.« Zum Christchurch-Anschlag, bei dem ein Rechtsterrorist in Neuseeland 51 Menschen muslimischen Glaubens tötete, darunter ein dreijähriges Kind, hieß es in der Chat-Gruppe: »Zu viele Fehlschüsse.« Die Chatgruppe hatten Polizisten 2015 gebildet und nach der Romanfigur des schwarzen Sklaven »Kunta Kinte« benannt. Reul berichtete, dass dort die Polizisten unter einem Maschinengewehr in altdeutscher Schrift geschrieben hätten: »Wir senden auch auf Türkisch und Arabisch. Radio Germania 90,3. Geht ins Ohr, bleibt im Kopf.« 600 Polizisten waren allein in Reuls Bundeslands im Einsatz, um die Wohnung ihrer Kollegen zu durchsuchen, die bei den Chats mitgeschrieben oder -gelesen hatten. Aber nicht nur Schutzpolizisten, auch Kriminalbeamte waren andernorts betroffen. Drei Nachwuchskommissare des BKA diskutierten in einer WhatsApp-Gruppe, ob sie an Halloween nicht als Attentäter von Halle an der Saale gehen sollten – die drei sind längst wieder im Dienst. Es sind allerdings nicht immer nur die Jungen, die an solchen Gruppen teilnehmen. Ein 56-jähriger Polizist aus der Nähe von Heilbronn lud in seinem WhatsApp-Status einen Film hoch, der einen Schwarzen in Deutschland zeigen soll, der ein Auto angreift, Unterzeile, »Merkels Fachkräfte bei der Arbeit«, dann folgt ein Schnitt und gezeigt wird die Werbetasse eines Waffenherstellers: »Es gibt Probleme, die kann nur Heckler & Koch lösen«. In Bielefeld postete ein Dienstgruppenleiter zwei rechtsextreme Symbole in einem Chat, an dem 50 Polizisten teilnahmen. Nur eine Polizistin meldete den Vorfall, die anderen 48 schwiegen. Über ein Dutzend Fälle wurden seit 2017 allein bekannt, mit Hunderten Beteiligten. Bei vielen Polizisten, die in Chats wie diesen unterwegs waren, kamen Kollegen zu Besuch und durchsuchten die Wohnung und beschlagnahmten die Handys und Computer. Was war bei der Polizei los?

Für meinen ersten Film über rechtsradikale Polizisten interviewte ich ein führendes Mitglied des Vereins »PolizeiGrün«, in dem sich Mitglieder der Grünen oder Sympathisanten der Partei organisieren, auch um zu verstehen, wie es zu dem Phänomen der radikalen Chatgruppen kommen konnte. Der zweite Vorsitzende des Vereins ist der Polizist Armin Bohnert. Er leitet das Polizeipräsidium Freiburg, gehört also zum höheren Dienst. Er erklärte mir, dass er als Polizist an der Spitze einer Behörde nicht immer mitbekommen würde, was auf den Ebenen weit unter ihm passiert: »Für Führungen ist das ein zentrales Problem, dass wir ab einer gewissen Ebene nicht mehr Teil der Gruppe sind. Die Polizei hat eine ganz starke operative Basis und nach oben wird die Hierarchie natürlich schmaler und diese operative Basis grenzt sich teilweise auch von der Führung ab. Und irgendwann ist man nicht mehr Teil der Basis und nicht mehr Teil des Gesprächs und der Gruppe, die sind teilweise alle mit WhatsApp-Gruppen vernetzt, das ist völlig o.k., harmlos, privat, aber da finden auch Dinge statt, die wir nicht wissen.« Bohnert sagte ebenso unmissverständlich, dass sich auch die Führung der Polizei anpassen muss: »Wir müssen mit dem Problem umgehen als Führung, wir müssen uns mit dem Problem auseinandersetzen, dass wir Gefahr laufen, gewisse Dinge komplett zu übersehen.« Von dem Begriff »Einzelfall« wollte er nichts hören: »Wir wissen letztendlich nicht, wie viele Kolleginnen und Kollegen in diesem Kontext mitschwimmen, sich mit gewissen Äußerungen im privaten Bereich vielleicht als zumindest rechtskonservativ bis rechtsextrem outen. Also da fehlt uns eigentlich ganz stark eine valide Datenbasis. Aber jedes Mal von einem bedauerlichen Einzelfall zu reden, ist natürlich nicht richtig und wird der Sache auch nicht gerecht, weil man schon den Eindruck hat, das sind lauter Spitzen von Eisbergen, die auftauchen.« Und, fügte der erfahrene Polizist angesichts der zunehmenden Zahl von Berichten über problematische Chatgruppen an: »In dieser Häufigkeit habe ich es jetzt bisher auch noch nicht erlebt.« Obwohl das Problem bekannt war, gab es lange keinerlei Bestrebungen, dem Phänomen wissenschaftlich auf den Grund zu gehen: »Ich weiß nicht, ob die Politik das wirklich wissen will, aber derzeit nehme ich keine Bemühungen wahr, um dieses Dunkelfeld in irgendeiner Form aufzuklären, also es gibt keine Kampagne, keine Aktivität, wo man sagt: Wir gehen in der Organisation an dieses Problem ran ...« Tatsächlich sollte etwa der Bundesinnenminister Horst Seehofer (CSU) genau eine solche Untersuchung in den Jahren nach unserem Interview blockieren, als es etwa darum ging, herauszufinden, ob es strukturellen Rassismus innerhalb der Polizei gibt, ehe er sich zu einem eher wachsweichen Kompromiss durchrang.

In den meisten Fällen fanden sich bei den Polizisten aus den Chatgruppen zunächst keine weiteren Hinweise, dass es sich um politisch anderweitig aktive Nazis handelte. Das war allerdings nicht immer so wie im Frankfurter Fall, der alles ausgelöst hatte. Die Ermittlungen gegen die Polizisten führte die Frankfurter Polizei zunächst selbst, später übernahm das LKA Hessen. Zum Teil wurden die Wohnungen der verdächtigen Polizisten mehrfach durchsucht, bei einem der Chatteilnehmer fand man ein »museal eingerichtetes Zimmer« mit Wehrmachts- und SS-Uniformen, Fahnen, Plakaten, Orden und Abzeichen, wie die Reporter Pitt von Bebenburg und Hanning Voigts von der *Frankfurter Rundschau* berichteten.[258]

Die Ermittler schafften es jedoch nicht, dem Sammler oder der verdächtigen Polizistin, Ausgangspunkt der ganzen Affäre, zu beweisen, dass sie persönlich im August 2018 die Adresse der Anwältin abgerufen oder die Einsicht der Adresse veranlasst hatten. Es kam auf vielen Wachen vor, dass sich ein Polizist am Terminal mit dem eigenen Passwort ein-, aber nicht mehr ausloggte. In der Folge nutzten den ganzen Tag über viele verschiedene Kollegen den Computer – unter dem Usernamen einer Kollegin oder eines Kollegen –, um Daten abzurufen. Das machte die Beweisführung sehr schwierig. Die Ermittler kamen auch bei einem weiteren zentralen Punkt nicht weiter: Sie konnten nicht endgültig beweisen, dass es Kontakte zwischen den Polizisten und den Drohbriefschreibern gegeben hatte, oder, dass sogar die Polizisten die Drohungen selbst verschickt hatten. Es gab zwar einen Hauptverdächtigen, einen Polizeibeamten, der in der Chatgruppe »Itiotentreff« besonders aktiv war und in einem kleinen Dorf bei Frankfurt wohnte. Doch obwohl der Mann für kurze Zeit festgenommen wurde, kam es auch zwei Jahre nach dem Auffliegen der Gruppe zu keiner Anklage. Die Drohungen rissen in der Zwischenzeit nicht ab. Andere Empfänger in anderen Städten erhielten ebenfalls Drohschreiben einer Gruppe, die sich als NSU 2.0. ausgab – unter den bedrohten Menschen waren die Kabarettistin Idil Baydar und die hessische Spitzenkandidatin der Linken, Janine Wissler. Deren private und gesperrte Daten wurden kurz vor dem Versand der jeweiligen Drohungen auf Polizeirevieren in Wiesbaden, Berlin und Hamburg abgerufen. [259] Das erweckt den Eindruck, hinter den Drohungen habe ein koordiniertes Netzwerk von rechtsradikalen Polizisten gestanden – zumindest jedoch zeigt es: Offenbar halfen Polizisten den Drohbriefschreibern, ohne dass der Verdacht ausgeräumt war, dass es Polizisten waren, die die Drohungen selbst geschrieben und verschickt hatten. Doch die Drohmails waren meist über russische Server geschickt worden und waren nicht zurückzuverfolgen. Die Anwältin Başay-Yıldız sagte auf einer Veranstaltung, zwei Jahre nachdem sie die erste Drohung bekommen hatte, daher auch, sie rechne nicht damit, dass der Fall gelöst werde: »Es ist nun mal in einem Rechtsstaat so: Wenn Beweise nicht ausreichen oder der Täter so versiert im Internet ist, dass seine Tat nicht nachweisbar ist, wird das Verfahren eingestellt oder kann nicht aufgeklärt werden.« [260] Ganz gab die Anwältin sich jedoch nicht geschlagen und lobte zwei Jahre, nachdem sie die erste Drohung erhalten hatte, privat eine Belohnung von 5 000 Euro für die Ergreifung der Täter aus.

Vor allem der Name NSU 2.0. hatte dafür gesorgt, dass der Fall überhaupt so große mediale Aufmerksamkeit auf sich gezogen hatte. Dafür, dass die Täter tatsächlich einen NSU 2.0. aufbauten, also eine rechte Terrorgruppe, fanden sich allerdings keine Beweise. Den Drohungen folgten keine Taten. Die Absender der

Drohungen terrorisierten ihre Opfer vor allem durch die Machtdemonstration, indem sie zeigten, dass sie auch an gesperrte Adressen herankommen, so in die geschützte Privatsphäre eindringen konnten. Psychoterror, der noch ohne Waffen und Sprengstoff auskam und seine Sprengkraft daraus entwickelte, dass Polizisten mit den Drohungen zu tun hatten, weil sie zuvor private Adressen abgerufen hatten.

Allerdings gab es den NSU 2.0. an anderer Stelle von der Idee her tatsächlich. Er war in Offenbach, Chemnitz, Schwerin, Calw und an anderen Orten in Deutschland entstanden. Schutz- und Streifenpolizisten, die überfordert von der Welt in anonymen Nachrichten untereinander ihren Hass auslebten, gehörten nicht dazu. Er hatte sich vielmehr unter Elitesoldaten, Ex-Mitgliedern der Bundeswehr und Mitgliedern der Sondereinheiten der Polizei gebildet. Die Gruppe hatte nicht jede Dienststelle oder gar jede Einheit durchdrungen, aber es machten genug mit, um zu einer ernsten Gefahr zu werden. Dass es so weit kommen konnte, hatte viel mit dem NSU zu tun, der rechten Terrorgruppe von Uwe Böhnhardt, Uwe Mundlos und Beate Zschäpe. Im Zuge der Aufklärung dieses Komplexes sind viele unangenehme Wahrheiten über die Sicherheitsbehörden freigelegt worden – doch Konsequenzen blieben aus. Die zuständigen Innenministerien verdrängten das Problem lieber, als dass man wirklich lernte. Wertvolle Zeit verstrich. Die Rechnung zahlten andere.

• • •

Spätestens die gescheiterte Aufklärung des NSU-Komplexes hatte viele unangenehme Erkenntnisse nicht nur über die Gefährlichkeit von Rechtsterroristen, sondern auch über Probleme der Sicherheitsbehörden mit Rassisten und Extremisten in den eigenen Reihen ans Licht gebracht – und besonders deutlich hatte das vor allem, ausgerechnet, der Mord an einer Polizistin gemacht. Am 25. April 2007 wurde die junge Polizistin Michèle Kiesewetter aus Thüringen in Heilbronn in ihrem Streifenwagen erschossen, der Kollege neben ihr wurde durch einen Kopfschuss schwer verletzt. Kiesewetter wurde aus dem Auto gezerrt, dann nahmen die Mörder der leblosen Polizistin, genau wie ihrem Kollegen, die Dienstwaffe ab. Die Polizei verfolgte danach viele Spuren, sie ermittelte gegen einen Roma-Clan, deren Mitglieder in der Nähe des Tatorts in mehreren Wohnwagen lebten, außerdem fand sich eine DNA-Spur am Polizeiwagen, die einer Frau zugeordnet wurde, der Verbrechen an verschiedenen Orten in Europa zugeschrieben wurden. Erst nach zwei Jahren stellte sich heraus, dass die DNA-Spur von der Mitarbeiterin einer Fabrik stammte, die Wattestäbchen herstellte, es war ihre DNA, die an den Tatorten gefunden wurde. Die Ermittler mussten neu anfangen und verhörten nun erstmals intensiver die Kollegen von Kiesewetters Einheit, die einer Befehl- und Festnahmeeinheit in Böblingen zugeordnet war, jener Einheit 523, die von Ringo M., dem späteren Verfassungsschützer und Funktionär von *Uniter*, mit geführt wurde. Diese Truppe hatte, so zeigte sich, ein massives Problem mit Rassismus und Rechtsradikalismus. Eine türkischstämmige Kollegin erzählte mir viele Jahre später, dass Michèle Kiesewetter sie oft »kleene Türkin« genannt und Vorurteile gegenüber Migranten gepflegt hatte. Dafür hatte sie sich allerdings später bei der Kollegin entschuldigt. Ihr Onkel sei daran mit schuld, ein Kriminalbeamter aus Thüringen, der, so erzählte es Kiesewetter, schlechte Erfahrungen mit Ausländern gemacht habe. In der Einheit, in der viele Ostdeutsche eingesetzt waren, hörten einige Polizisten Nazi-Rock. Ein Zeuge, Polizist und enger Freund von Kiesewetter, antwortete Mordermittlern auf die Frage, ob ihm im Kollegenumfeld Bands bekannt geworden seien, die der rechtsextremen Szene zugehören, zum Beispiel *Landser* und *Noie Werte*: »Es gibt schon Kollegen bei uns, die solche Musik hören. Ich selber höre diese Musik nicht. Das sind überwiegend Kollegen, die aus den neuen Bundesländern stammen.«[261] *Landser* und *Noie Werte* sind mit die härtesten Rechtsrock-Bands, die man überhaupt hören kann. Der NSU hatte eine erste Version eines Bekennervideos mit einem Lied der Band *Noie Werte* unterlegt: »Alle, die sich unsere Feinde nennen, die werden wir ewig hassen, und kämpfen werden wir gegen sie, bis sie unser Land verlassen.« Dass Polizisten diese Musik hören, ist nicht zu entschuldigen.

In der Einheit von Kiesewetter gab es allerdings sogar organisierte Rassisten – ein Kollege aus der BFE 523, noch dazu ein Polizist, der nach den Schüssen auf Kiesewetter als einer der ersten am Tatort eingetroffen ist, war Mitglied im rassistischen Ku-Klux-Klan. Der junge Polizist hatte sich einige Jahr vor dem Mord beim Chef des deutschen Klan-Ablegers, Achim Schmid, um eine Aufnahme in den Klan beworben. Der gut vernetzte Neonazi Schmid berichtete auch als V-Mann dem Verfassungsschutz. Er erzählte mir später in einem Interview für den Dokumentarfilm »Der NSU-Komplex«: »Wir haben in der Woche 30, 40, 70 Bewerbungen bekommen. Wo man aussortiert hat. Wir waren wirklich davon überzeugt, wir sind die Guten. Es geht ja nur um die Liebe zur eigenen Rasse. Wir wollen ja einfach nur die Rassentrennung.«[262]

In diesen Klan also wollte Kiesewetters späterer Kollege aufgenommen werden. Dafür nahm er auch ein obskures Aufnahmeritual in Kauf. Schmid verband dafür dem jungen Polizisten die Augen und fuhr ihn zu einem Gewölbe. Dort fragte er ihn, ob er sich den Regeln des Klans unterwerfen würde. Ja, lautete die Antwort des Polizisten. Um ihn herum standen andere Mitglieder in Klan-Kutten, einer in Schwarz, der für die Sicherheit zuständig war. Dann wurde der Polizist mit einem Schwert »zum Ritter geschlagen«. Er musste noch schwören, dass kein jüdisches Blut in ihm fließe, ehe er seine Mitgliedschaft besiegelte, indem er sein eigenes Blut auf den Aufnahmeantrag tropfen ließ.

Als seine Mitgliedschaft später intern bekannt wurde, stellte sich heraus, dass ein älterer Kollege aus der Einheit ebenfalls Mitglied in dem Klan war. Die Dienststelle in Böblingen wurde darüber informiert, E-Mails, Briefe und Aktenvermerke wurden geschrieben und zwischen dem zuständigen Innenministerium in Baden-Württemberg, dem Verfassungsschutz und der Polizei hin- und hergeschickt. Die Beamten wurden befragt, Disziplinarverfahren wurden angestrengt, die Jahre gingen ins Land – und am Ende passierte fast nichts. Der Ältere der beiden Klan-Mitglieder wurde auf ein Revier nach Stuttgart versetzt, ein Abstellgleis für so manchen Problemfall, wo er weiter als Rassist auffiel. Er hatte umfangreich ausgesagt, verraten, wie und durch wen er zum Klan gekommen war. Der jüngere Beamte hatte dagegen »kühl« reagiert, als man ihn das erste Mal im Sommer 2004 mit dem Vorwurf konfrontierte – über ein Jahr, nachdem intern zum ersten Mal der Klan-Verdacht aufgekommen war. Er äußerte sich ausschließlich durch einen Anwalt und gab nur das zu, was man ihm beweisen konnte. Der Anwalt schrieb in einem Brief, dass sein Mandant einsam gewesen sei, weil er wegen der vielen Einsätze nach dem 11. September 2001 so wenig nach Hause ins beschauliche südliche Baden-Württemberg konnte. Ihn hätten die Bibelauslegungen des Klans fasziniert, es sei ihm zudem primär um Freundschaft und Kameradschaft gegangen. Dass der Ku-Klux-Klan verfassungsfeindlich ist, habe der Polizist gar nicht gewusst, behauptete sein Anwalt. Er habe ausländische Freunde und sei vom Klan abgeschreckt worden, als plötzlich ein Skinhead bei einem Treffen aufgetaucht sei. Dass der Polizist genau dann aus dem Klan austrat, als V-Männer zum ersten Mal dem Verfassungsschutz über Polizisten im Klan berichteten, wirft allerdings die Frage auf, ob Kiesewetters junger Kollege zuvor gewarnt worden ist. Verschiedene NSU-Untersuchungsausschüsse konnten jedoch diesen Punkt nicht klären. Auch das Disziplinarverfahren gegen den Polizisten war im April 2015 eingestellt worden, ohne dass diese Frage beantwortet worden war. Er bekam eine »Zurechtweisung«, eine milde Form der Disziplinierung, man glaubte ihm die vorübergehende »Fehlorientierung«. Dass er erpressbar war und ein Sicherheitsrisiko darstellte, nicht zuletzt aufgrund von Fotos, die ihn vor KKK-Utensilien zeigen, war kein Thema. Er galt sogar in der Einheit von Kiesewetter als Talent und konnte dort Karriere machen. Ob der Polizist sich mit seiner eigenen Radikalität und seinem Hass auf andere »Rassen« nach seinem Ausstieg auseinandersetzte, ist fraglich. Der Polizist hatte, so viel steht fest, mit extremen Rassisten und Nationalsozialisten zu tun, die seit Jahren zu einer gewaltbereiten Szene gehörten.

Wozu Mitglieder dieser Szene fähig sind, erlebte der junge Polizist dann zwei Jahre, nachdem sein Disziplinarverfahren eingestellt worden war, hautnah – als seine Kollegen in ihrem eigenen Blut vor ihm lagen, Michèle Kiesewetter schon ohne Puls. Die Dienstwaffen der beiden Polizisten wurden Ende 2011 in dem ausgebrannten Wohnmobil neben den NSU-Mitgliedern Uwe Böhnhardt und Uwe Mundlos gefunden. Die beiden Rechtsterroristen hatten vor allem an die Kraft des internationalen Rassismus und den »Weißen Arischen Widerstand« geglaubt, eine Idee, die auch aus dem Ku-Klux-Klan hervorgegangen war. Der Fall des jungen Klan-Polizisten zeigt nicht nur, dass es kein neues Phänomen ist, sehr nachsichtig mit Rassisten in Kreisen der Polizei umzugehen. Er erklärt auch, wie die Ideologie des Hasses innerhalb der Polizei weiter schwelen und sich verbreiten konnte, weil niemand in der Polizeiführung oder auf der Kontrollebene im Innenministerium – weder 2003, als die Klan-Mitgliedschaft des jungen Polizisten bekannt wurde, noch 2012, als sie im Zuge der NSU-Ermittlungen noch einmal in den Mittelpunkt rückte – daran interessiert war, dem Problem Rassismus auf den Grund zu gehen und mögliche Strukturen zu zerschlagen.

Die Beschäftigung mit dem NSU-Komplex zeigte ein ums andere Mal, dass es zu oft nicht um die Aufklärung oder die Lösung eines Problems ging, sondern darum, den eigenen Apparat nicht zu beschädigen. Einer der drastischen Fälle ist Andreas Temme, Mitarbeiter des Landesamtes für Verfassungsschutz Hessen, der Literatur aus der NS-Zeit sammelte und beim neunten Mord des NSU – in einem Internetcafé in Kassel – im April 2006 am Tatort anwesend war. Angeblich ohne etwas mitzubekommen – obwohl er über Jahre vor allem eines getan hatte: andere Menschen beobachten.

•••

Andreas Temme hatte jahrelang als Observant gearbeitet, zum Zeitpunkt des Mordes war er V-Mann-Führer des Verfassungsschutzes in Kassel, verantwortlich für mehrere lokale Quellen im rechten und islamistischen Bereich.

Temme hatte sich nach dem Mord, bei dem zum neunten Mal die Tatwaffe, eine Ceská Modell 83 mit Schalldämpfer, eingesetzt wurde, nicht gemeldet, die Ermittler waren nur durch einen Zeugen und die Auswertung der Computer vor Ort auf ihn gestoßen. Was den Mordermittler Wolfgang Geier, der jahrelang als Chef der BAO »Bosporus« versucht hatte, die sogenannten Ceská -Morde aufzuklären, irritierte, wie er Stefan Aust und mir in einem Interview für den Film »Der NSU-Komplex« erklärte: »Es war natürlich für uns sehr, sehr auffällig, dass ausgerechnet derjenige, der anwesend war und nicht ermittelt werden konnte beziehungsweise sich nicht als Zeuge zur Verfügung gestellt hatte, ein Angehöriger des hessischen Verfassungsschutzes war.« Als die Polizei schließlich die Wohnung des Verfassungsschützers und das

Haus seiner Eltern durchsuchte, war er zunächst einsichtig. Als die Polizei bei ihm vor der Tür stand, sagte Temme laut Vermerk der Mordermittler: »Er hätte, nachdem er von der Tat erfahren hatte, am Montag, dem 10.04.2006, auf seiner Dienststelle nachgeschaut, wann er am Do., 06.04.2006 ausgestempelt hatte. Da er um 16.43 Uhr ausgestempelt hatte, war ihm ab diesem Zeitpunkt bewusst, dass er zur Tatzeit dort gewesen sein muss.« Der Mord ereignete sich gegen 17 Uhr. Außerdem telefonierte Temme mit seiner Frau, während die Polizei mithörte. Der Verfassungsschützer bat sie um Verzeihung dafür, dass er in dem Café gewesen war. Die Frau antwortete, sie wisse doch, dass er dort gewesen sei. Sie sagte später den Mordermittlern, dass sie angenommen habe, ihr Ehemann sei beruflich in dem Internetcafé gewesen. [263]

Danach aber – und Temme wurde sehr oft befragt, von diversen parlamentarischen Ausschüssen, im NSU-Prozess in München – stellte der Verfassungsschützer den Vorgang anders dar. Er habe zwar von dem Mord gelesen, dachte aber, er sei an einem anderen Tag in dem Internetcafé gewesen. Als schließlich klar war, dass er doch zur Tatzeit am Tatort war, sagte er, dass er rein gar nichts mitbekommen habe. Auch die Leiche von Halit Yozgat will er nicht gesehen haben, obwohl er – so die Berechnung der Mordermittler – Geld auf den Tresen des Cafés gelegt hatte, als Yozgat schon tot dahinter lag, Tropfen seines Blutes auf dem Tresen verteilt. Ein weiterer Ermittler, der Profiler Alexander Horn, sagte in einem Interview für den »NSU-Komplex«: »Auffallend war in Kassel, dass wieder in der Nähe ein Schild mit einer Polizeidienststelle war. Und dann eben natürlich das Erleben vor Ort selbst. Ich war selbst auch an diesem Tatort und stand auch an ähnlicher Stelle [wie Temme]. Ich glaube, ich hätte diese Person« – also die Leiche – »wahrgenommen, dort wo ich stand.« Wolfgang Geier, Leiter der BAO, sah das ähnlich: »Natürlich war es schon befremdlich, dass jemand, der dort an den Tresen tritt, Geld rauf legt, obwohl auf dem Tresen Blutstropfen waren und den am Boden liegenden Erschossenen nicht gesehen haben will.«

Ich war ebenfalls in dem ehemaligen Internetcafé, bevor es umgebaut wurde. Der alte Tresen war noch da. Ich war überrascht, wie klein der gesamte Raum war. Später stand ich zufällig neben Temme, als der in Berlin an einem Eingang zum Bundestag darauf wartete, erstmals in Berlin vor einem NSU-Ausschuss auszusagen. Er wirkte trotz seiner Körpergröße von über 1 Meter 90 an diesem Tag fragil. Dass dieser große Mann nicht hinter den Tresen hat gucken können, erschien mir unmöglich. Eine Tatortrekonstruktion mit ihm, durchgeführt und gefilmt von der Kasseler Polizei, verstärkte diesen Eindruck. Mit steifem Hals versuchte Temme seinen Blick nicht nach unten schweifen zu lassen, wo im April 2006 die Leiche gelegen hatte.

Die Polizei wollte gegen den Verfassungsschützer hart vorgehen, so Geier: »Es war die Frage, die diskutiert worden ist: wäre ein Haftbefehl nicht angebracht gewesen in der Situation, aber infolge dessen stellte man leider fest, dass die hessischen Verfassungsschutzbehörden inklusive des Innenministeriums eigentlich den Zugriff auf weitere Ermittlungen, ich will mal sagen, vorsichtig blockierten.« Zu diesem Zeitpunkt stand Temme immerhin unter neunfachem Mordverdacht, trotzdem unterstützte das Innenministerium die Polizei nicht. Geier war noch Jahre später fassungslos: »Der Makel, in Kassel nicht auf den Grund der Wahrheit zu kommen, der war da, der hat uns die ganze Zeit über beschäftigt und ist bei jeder größeren Besprechung immer wieder thematisiert worden. Aber uns waren aufgrund der justiziellen Entscheidung, aber vor allem der Entscheidung aus dem hessischen Innenministerium, im Endeffekt die Hände gebunden. Es war frustrierend, dass die Unterstützung nicht so stattgefunden hat, wie man sich das eigentlich denkt von Behörden, die für die Sicherheit in unserem Land zuständig sind.« Für das Gericht in München war später erwiesen, dass Uwe Böhnhardt und Uwe Mundlos die Täter waren. Nur das wusste man 2006, als der Mord passierte, noch nicht. Der Verfassungsschützer war Tatverdächtiger. Trotzdem schützte das hessische Innenministerium den Mitarbeiter, der unter Mordverdacht stand und nicht für alle Taten ein Alibi hatte, beharrlich.

Es konnte nie geklärt werden, warum sich Temme und seine Vorgesetzten so verhielten. Es fiel aber auf, dass die Chefs beim Verfassungsschutz ihn nie fallen ließen und zu ihm hielten. Das war damals besonders verwunderlich, da er sich nicht nur am Tattag fragwürdig verhalten hatte. Seine Kontakte und Hobbys deckten sich mit denen anderer behördlicher Problemfälle, die sehr viel später enttarnt wurden. So hatte Temme enge Kontakte mit der Rockerszene, darunter Motorcycle Clubs, MCs, die als kriminell eingestuft wurden, wie die Hells Angels. Er selbst war Mitglied in einem Club und gut mit einem aktiven Rocker befreundet. Er gab auch zu, bei Partys der Rocker gewesen zu sein. Im Jahr 2000 begann er, intensiv in Schießvereinen zu trainieren, hier insbesondere das sogenannte Combat-Training, wie es etwa in Güstrow bei *Baltic Shooters* zelebriert wurde. Er kaufte sich private Waffen und bewahrte eine Pistole und eine Putzmaschine für Waffen in seinem Büro auf, was er nicht durfte. Außerdem fand man in einer Wohnung von Temme – neben weiteren Pistolen und Munition – diverse Bücher, Schriften und Hefte aus und über die NS-Zeit. Das geht aus einem Polizeivermerk hervor. Unter den Fundstücken: »Wirtschaftliches Sofortprogramm der NSDAP 1932«, ein Ordner mit Wahlergebnissen aus dem Jahr 1932, ein »kleines Heft mit verbotenem Deutschlandlied«, wie die Polizei notierte, – gemeint ist wohl die erste Strophe der Nationalhymne. Außerdem fand die Polizei ein Dokument mit dem Titel »Beiträge zur Rechtssicherheit der Richter 1942«, die NS-Zeitschrift *Wille und Weg des Nationalsozialismus*, ein Schriftstück über die Schlacht um Kreta, das Steckenpferd vieler deutscher Fallschirmjäger, Titel: »Die Völkerrechtsverletzungen beim Kampf um Kreta«. Bei Temme fand sich ebenfalls der »Lehrplan für weltanschauliche Erziehung in der SS und der Polizei«. In der Gliederung dieses Lehrplans heißt es unter anderem: »Der SS-Mann als Propagandist. Die Waffen-SS als Vorkämpferin Europas. […] Der Führer, sein Leben und seine Bedeutung für Europa. (…) Arbeiterfrage und Judenfrage: Der Nationalsozialismus als einzige Rettung«. Und in dem Lehrplan selbst steht: »Neben dem SD [Sicherheitsdienst des Reichsführers SS] steht heute in ganz Europa eine gewaltige Polizeiorganisation, die beide zusammen die Sicherheit, Ruhe und Ordnung der europäischen Gemeinschaft aufrechterhalten und garantieren (…). Der Geschichte wird es vorbehalten bleiben, festzustellen, welchen Anteil der SD und die Polizei des Reiches an der Erringung des Endsieges hatten.« Es war viel und es war hartes NS-Material, das man bei Temme fand, und das übrigens gar nicht so leicht zu beschaffen war. Später erweckte ein weiterer Polizei-Vermerk den Eindruck, dass die gefundene Literatur komplett auf einer Schreibmaschine abgetippt worden war. Ein Ermittler schrieb verblüfft: »Aus hiesiger Sicht ist eine derartige Auseinandersetzung mit dem 2. Weltkrieg und dem 3. Reich außergewöhnlich, da fast alle Schriftstücke mit einer manuellen Schreibmaschine erzeugt wurden. Verwunderlich ist hierbei die Anzahl bzw. das Ausmaß der Schriftstücke.« Temme behauptete, dass er als Jugendlicher die Bücher abgetippt habe, was auf eine fast schon obsessive Auseinandersetzung mit dem Thema schließen ließe. Warum er die Dokumente dann allerdings noch als Erwachsener aufbewahrt hatte, wurde nicht geklärt. Die Dokumente wurden sehr schnell nachdem sie gefunden wurden von der Polizei vernichtet. Temme steuerte noch einen Gedanken für sein Interesse an der NS-Zeit bei: »Ich denke, wenn ich damals die falschen Leute kennengelernt hätte, wäre es möglich gewesen, dass ich mit dem rechten Spektrum sympathisiert hätte.« Die Frage ist, ob er diese falschen Menschen später nicht doch tatsächlich getroffen hat.

Mit der rechten Szene hatte er jedenfalls beruflich zu tun, da er eine rechtsradikale Quelle führte. Sie trug den Decknamen »Gemüse« – und ausgerechnet mit diesem Mann hatte Temme am Tattag über zehn Minuten telefoniert, unmittelbar vor der Tat. Ein Telefonat, das Temme den Mordermittlern nicht gebeichtet hatte, es kam erst durch eine neue Auswertung der technischen Daten 2012 heraus. Vor allem der Stiefbruder der Quelle war sehr gut in einem Bereich der rechtsextremistischen Szene vernetzt, in dem es um die Durchsetzung eines internationalen Rassismus ging. Der Verfassungsschützer Temme war also nah dran, nicht nur am Mord, sondern auch an der Szene, und er hatte sich früh mit dem rechten Gedankengut der NS-Zeit auseinandergesetzt. Doch er trug nie etwas zur Aufklärung bei, sondern mauerte unermüdlich, mit Rückendeckung seiner Vorgesetzten. Am Ende kam Temme mit allem durch. Der Verfassungsschutz – gestützt von der jeweiligen hessischen Regierung – nahm einen wahnwitzigen Vertrauensverlust in Kauf, um Temme zu schützen – und das obwohl im Laufe der Ermittlungen deutlich wurde, dass der Verfassungsschützer mehrmals auffällig wurde. Die Sachbearbeiterin, die das Disziplinarverfahren gegen Temme anfangs betreut hatte, sagte später vor einem NSU-Ausschuss in Wiesbaden: »Ich finde es unsäglich, wenn man einen Mitarbeiter oder ehemaligen Mitarbeiter so ungeschoren davonkommen lässt. (...) Insbesondere diese dienstlichen Verfehlungen sind ja durchaus geeignet gewesen und nicht nur geeignet gewesen, es ist ja tatsächlich so eingetreten, dass man das Vertrauen in das Amt des Verfassungsschutzes mehr als erschüttert hatte.«[264]

Erst in der Rückschau wird deutlich, dass Temme ein Phänotyp ist, ein Beispiel für Beamte im Sicherheitsapparat, die etwa viel zu engen Kontakt zur Rockerszene pflegen, wie der Observant vom *Bundesamt für Verfassungsschutz* oder weitere Kollegen in Nordrhein-Westfalen. Man hatte es auch versäumt, an Temme ein Exempel zu statuieren und ihn aus dem Dienst zu entfernen. Stattdessen wurde er nur versetzt, obwohl er den Bundestag mit seiner Behauptung angelogen hatte, dienstlich vor dem Mord in Kassel niemals mit der Česká-Mordserie zu tun gehabt zu haben. Eine Strafanzeige führte zu keiner Strafe; die Staatsanwaltschaft in Berlin konnte zwar die Lüge feststellen, aber keinen Vorsatz erkennen. Tatsächlich hatte Temmes Vorgesetzte ihn wie alle seine Kollegen auch unmittelbar vor dem Mord in Kassel gebeten, sich bei seinen Quellen über die acht bereits begangenen Morde umzuhören – was er trotzdem abstritt. Auch war er, wie er unmittelbar nach der Tat zeigte, sehr gut über die Einzelheiten der Serie im Bild, bevor sein Amt diese Informationen überhaupt hatte. Aber all das reichte der hessischen Landesregierung nicht, um gegen ihn vorzugehen. Andere Dinge waren wichtiger, so die Botschaft, die das Ministerium damit an den Sicherheitsapparat aussandte: Wir halten zu unseren Leuten, egal, was kommt.

• • •

Den Polizisten, die versuchten, die NSU-Mordserie aufzuklären, wurde immer wieder vorgeworfen, sie hätten den Fall auch deswegen nicht geklärt, weil institutioneller Rassismus sie daran gehindert habe. Tatsächlich sind die Ermittlungsakten voll von Beispielen, die belegen, dass viele beteiligte Polizisten falsche Schlüsse zogen, weil sie ihren Vorurteilen aufsaßen. Besonders vielsagend war die Analyse eines Profilers aus Baden-Württemberg, der schrieb: »Vor dem Hintergrund, dass die Tötung von Menschen in unserem Kulturraum mit einem hohen Tabu belegt ist, ist abzuleiten, dass der Täter hinsichtlich seines Verhaltenssystems weit außerhalb des hiesigen Normen- und Wertesystems verortet ist.« [265] Damit war gemeint, dass nur Ausländer die Täter sein konnten. Der Mann hatte offenbar vergessen, wie Deutsche im »Dritten Reich« jede denkbare moralische und zivilisatorische Grenze gerissen hatten. Doch das Hauptproblem für den Staat mit seinen vielen Sicherheitsbehörden im NSU-Komplex war, dass man durch viele Informanten sehr nah an den Mördern dran war – ohne deren Taten zu verhindern. Der MAD und Verfassungsschutzämter hatten Quellen bezahlt, die aus der rechten Szene berichteten und zum Teil im direkten Umfeld des NSU operierten oder sogar dem NSU beim Aufbau geholfen hatten, ohne von den späteren Morden etwas mitbekommen haben zu wollen. Es stellt sich mindestens an einer Stelle die Frage, ob Quellen in der rechten Szene nicht auch von rechtsradikalen Polizisten oder Sympathisanten geführt worden sind.

Eine dieser Quellen war über Jahre ein enger Freund der NSU-Kernmitglieder Uwe Böhnhardt, Uwe Mundlos und Beate Zschäpe. Der Mann, Thomas Starke, war einer der Köpfe der sächsischen Sektion von *Blood & Honour*, eine Gruppe, die sich dem Konzept des »arischen weißen Widerstands« verschrieben hatte. Starke hatte Uwe Mundlos schon Sprengstoff besorgt, als der noch in Jena lebte, und ihm sowie Böhnhardt und Zschäpe geholfen, nach ihrer Flucht aus Thüringen in Sachsen unterzutauchen. Ende 2000, wenige Monate nachdem der NSU in Nürnberg sein erstes Bombenattentat begangen und Enver Şimşek ebenfalls in Nürnberg erschossen hatte, wurde Starke vom LKA Berlin als Informant geworben. Man war in einem Verfahren gegen die Nazirockgruppe *Landser* auf ihn aufmerksam geworden. Starke berichtete fortan als Vertrauensperson VP 562 dem Staatsschutz des LKA Berlin.

Man hatte also eine Topquelle rekrutiert, die lange ganz nah an den Kernmitgliedern des NSU dran gewesen war. Was diese

Vertrauensperson zu berichten hatte, war also von enormem Interesse für die Aufklärer, darunter die Abgeordneten der 1. NSU-Untersuchungsausschüsse des Bundestags. Nach diversen Treffen mit dem Informanten hatte einer der V-Personen-Führer des LKA Berlins am 13. Februar 2002 Folgendes notiert: »Jan W. soll zurzeit Kontakt zu drei Personen aus Thüringen haben, die per Haftbefehl wegen Sprengstoff- und Waffenbesitzes gesucht werden. Die VP kann diese namentlich nicht benennen.« Jan W. war Jan Werner, ein weiterer Anführer der Gruppe *Blood & Honour* in Sachsen, der nicht nur Mundlos & Co. bei ihrer Flucht geholfen, sondern auch versucht hatte, Waffen für das Trio zu organisieren. Das Timing der Aussage des Spitzels war enorm brisant: Zu diesem Zeitpunkt hatte der NSU bereits drei Menschen umgebracht und zwei Bombenattentate begangen. Der Großteil der NSU-Morde stand zudem noch aus – die richtige Behandlung der Quelle hätte also unter Umständen Morde verhindern können. Einige der geladenen Zeugen vom LKA Berlin machten jedoch trotzdem keinen Hehl daraus, dass sie das Parlament nicht ernst nahmen. Exemplarisch war ein Dialog aus dem ersten NSU-Ausschuss des Bundestags. Dort sagte der VP-Führer zu dieser brisanten Meldung der Quelle: »Ich habe auf dem Rückweg meine handschriftlichen Notizen gelesen. Der Satz war halt dadurch auffällig, den ich damals aufgeschrieben habe, dass [es] nur drei gesuchte Personen [gäbe] ... Damit kann man wenig anfangen.« Also will der VP-Führer seine Quelle Starke noch einmal angerufen haben. Hier setzte die Befragung des Vorsitzenden des ersten NSU-Ausschusses des Bundestags, Sebastian Edathy, an.

Vorsitzender Sebastian Edathy (SPD): Das haben Sie veranlasst? Sie haben ihn angerufen?

Zeuge P. S.: Ich habe selber angerufen.

Vorsitzender Edathy: Am selben Tag?

Zeuge P. S.: Am selben Tag. … [da] wurde [von der VP] nachgelegt, dass die halt wegen Sprengstoffdelikten und Waffendelikten gesucht werden, die VP 562 aber die Informationen von Dritten habe. Dies habe ich aufgeschrieben in dem Treffbericht.

Vorsitzender Edathy: Dann finden wir in den Akten einen längeren Vermerk über das Gespräch mit Thomas S[tarke]. Dann finden wir einen weiteren Vermerk; da sind alle Informationen aus dem Gespräch enthalten bis auf den Hinweis auf diese drei Personen aus Thüringen.

Zeuge P. S.: Jede Antwort von mir wäre jetzt spekulativ. Ich sagte bereits: Es war bei dieser VP so, auch in dem Monat von mir dokumentiert, dass wir alles lückenlos weitergegeben haben. [266]

Also: Es gab zwei Vermerke – in einem standen alle brisanten Informationen, in dem anderen fehlten die Aussagen über die NSU-Mitglieder. Edathy versuchte zu klären, warum es diese zwei Vermerke gab.

Vorsitzender Edathy: Es gibt einen Treffbericht. Das hat rein internen Charakter.

Zeuge P. S.: Richtig.

Vorsitzender Edathy: Das heißt, das, was Sie rausgeben, war das Zweite.

Zeuge P. S.: Das ist richtig, ja.

Er hatte also einen zweiten Bericht angefertigt, der an die Leitung weitergegeben worden ist, in dem ausgerechnet die brisanteste Information nicht enthalten war. Warum? Auf wessen Anweisung? Edathy versuchte es nochmals.

Vorsitzender Edathy: In der zweiten Fassung ist alles drin bis auf den Hinweis auf die drei Personen.

Zeuge P. S. Da gibt es mehrere Möglichkeiten, aber spekulativ: Sie werden keinen mehr finden, der sich daran erinnern kann.

Vorsitzender Edathy: Aber Sie haben [ihn] doch selber geschrieben.

Zeuge P.S.: Ja. Ich kann mich schon daran erinnern. Ich bin auch der Überzeugung – da können wir lange darüber reden –, dass ich es weitergegeben habe. Bloß, ich kann es nicht belegen.

Eine bizarre, aber typische Befragung – der Zeuge, der selbst die Wahrheit verschleiert, bezichtigt den Fragenden, ihn dazu zu bringen, zu spekulieren. Darum ging es jedoch gar nicht. Der Zeuge war schlicht nicht willens oder in der Lage zu sagen: Ich bin mir hundertprozentig sicher, dass ich die Informationen, dass unsere VP, der Informant Starke, weiß, wo sich mutmaßliche Rechtsterroristen aufgehalten haben, an meine Vorgesetzten weitergegeben habe. Sie war ja auch so wichtig, dass ich extra den Informanten noch mal angerufen habe. Warum konnte der Zeuge das nicht sagen? Das hätte offenbar zu viele unangenehme Fragen nach sich gezogen: Warum haben die Vorgesetzten des Zeugen diese Information nicht genutzt? Hätten sie sogar die Mörder stoppen können? Die zweite Möglichkeit: Der Zeuge war nicht willens oder in der Lage zu sagen, meine Vorgesetzten haben mich angewiesen, eine abgeschwächte Variante zu verfassen, damit die Akten »sauber« wirkten und niemand erkennen konnte, dass das LKA Informationen über Rechtsterroristen zurückhielt. Dann wäre natürlich die Frage aufgekommen: Warum hatten sie das getan? Der Zeuge – und seine Behörde, das LKA Berlin – steckten also in der Zwickmühle und entschieden sich, wie sehr viele andere staatliche Zeugen in anderen Ausschüssen auch, den Sachverhalt bewusst im Diffusen zu lassen. Und der Ausschuss ließ sich das am Ende – von einem Beamten – auch gefallen. Der simple Sachverhalt – wer hat was warum geschrieben, was geschah mit einer zentralen Information wirklich? – wurde in diesem Fall nie geklärt. Im Ergebnis blieb bei Beobachtern das Gefühl zurück, dass damals genau wie heute etwas verschleiert werden soll. Nur was? Dass die Behörden mehr wussten? Oder dass man schlampig mit den Informationen umgegangen war? Vielleicht, dass man den VP Starke schützen wollte, indem nicht aktenkundig wurde, dass er mit Rechtsterroristen verkehrte? Aus welchem Grund blockierten und logen Beamte und verzerrten die Wahrheit? Diese entscheidende Frage blieb in diesem Fall – und in vielen anderen in vielen Ausschüssen – unbeantwortet. Die Beamten des, in diesem Fall LKA Berlin, taten nichts, um bei der Aufklärung zu helfen. Und wie so oft, kam es noch schlimmer.

Einer der Beamten, der die Quelle Thomas Starke gemeinsam mit dem Polizisten P.S. führte, war der Kommissar Michael »Micha« W. – er wechselte später beim LKA Berlin zum Staatsschutz, wo er unter anderem für den islamistischen Bereich zuständig war. Die Arbeit seiner Abteilung stand erneut Ende 2016 im Brennpunkt, da sie wesentlich dafür zuständig war, den Hintergrund des islamistischen Gefährders Anis Amri aufzuklären, den späteren Attentäter vom Breitscheidplatz also.

Die Einheit von Michael W. hatte mehrfach gegen Amri ermittelt und musste sich daher der Frage stellen, warum man den

Dschihadisten nicht gestoppt hatte. In diesem Zusammenhang tauchte der Vorwurf auf, dass die zuständigen Staatsschützer des LKA Berlin Akten gefälscht hatten, um das eigene Versagen zu vertuschen. Das richtete sich zwar nicht gegen Micha W., brachte aber interessante Erkenntnisse über ihn zutage. Die Berliner Staatsanwaltschaft eröffnete ein Verfahren – Aktenzeichen 276 Js 1217/17. Unter anderem ließ man die Handys mehrerer Beamten beschlagnahmen, darunter auch das Telefon des Chefs von Michael W., Kriminalhauptkommissar Lars O. Die Ermittler stießen auf mehrere SMS, die Fragen aufwarfen. So schrieb Micha W. wenige Tage nach dem Attentat von Amri an Silvester 2016 um 14 Uhr 30 an seinen Chef und seine Kollegen per WhatsApp: »So Leute daß wars mal wieder,. Kommt gut rin, haltet euch von Merkel&Co und ihren scheiß Gut-Menschen fern, ich erwarte euch im nächsten Jahr. Bis denne Micha« [Rechtschreibung im Original]

20 Tage später schreibt Micha W. seinem Vorgesetzten Lars O. gegen 16 Uhr 41: »Haltet die Ohren steif und nennt mir einen Termin fürs Treffen.« Um 21 Uhr 09 antwortet O.: »Ja, machen wir! Bleib stark!« Daraufhin antwortet Micha W. seinem Chef eine Minute später: »88.« Der Zifferncode »88« steht für Heil Hitler. Der Chef O. meldete das jedoch nicht. Die später alarmierte LKA-Führung schätzte aber dieses Kürzel genauso ein und schrieb: »Bei der Ziffernfolge ›88‹ handelt es sich um den rechtsextremistischen-szenetypischen Code für ›Heil Hitler‹. Es wird vorausgesetzt, dass dieser Umstand jeder Dienstkraft das LKA 5, die Abteilung ›Polizeilicher Staatsschutz‹ des LKA Berlin hinlänglich bekannt ist.«

Der Mann, der einen der wichtigsten Informanten aus dem NSU-Komplex für das LKA Berlin geführt hat, ein Informant, mit dessen Informationen mehrere Morde rechter Terroristen hätten verhindert werden können – die aber, angeblich, verschlampt worden sind – , dieser V-Mann-Führer unterschreibt eine SMS an einen Abteilungsleiter des Berliner Staatsschutz mit Heil Hitler. War das ein Versehen? Ein Ausrutscher? Ich fragte dazu Martina Renner, Bundestagsabgeordnete der Linken, ob es stimmte, dass die Vorgesetzten von Michael W. bestätigt hätten, dass er als rassistisch und rechtsradikal bekannt war. Renner antwortete: »Ja, das ist eindeutig im Amri-Untersuchungsausschuss so gesagt worden.« Jetzt könnte man annehmen, dass das Land Berlin alles daransetzt, den Fall zu klären, vielleicht, wenn möglich, Micha W. zu entlasten. Micha W. und sein Vorgesetzter O. wurden zwar versetzt, sind aber noch Beamte, erst ab einer Freiheitsstrafe von einem Jahr ohne Bewährung verlieren die so Verurteilten automatisch ihren Beamtenstatus. Aber die entscheidende Frage kann bis heute nicht beantwortet werden: Kann ausgeschlossen werden, dass Micha W.'s Gesinnung und gegebenenfalls die anderer Kollegen Einfluss auf deren Ermittlungen hatten? Das Land Berlin war keine Hilfe bei dem Versuch, eine Antwort zu finden: Man hielt den Untersuchungsausschuss hin, saß das Problem erfolgreich aus. Als der Bundestag detaillierte Akten nachfragte, schaffte das Land Berlin es, die Lieferung über Monate hinauszuzögern, bis es für eine gründliche Sichtung zu spät war. Das sagt viel aus über den Zustand des Landes, der Polizei und der übergeordneten Behörden, in dem Fall der Berliner Innenverwaltung. Der V-Personen-Führer einer der drei wichtigsten Spitzel im NSU-Komplex ist Fan von Adolf Hitler. Und anstatt für die Aufklärung Himmel und Hölle in Bewegung zu setzen, tritt man im Untersuchungsausschuss auf die Bremse. Obwohl der NSU auch eine von ihnen, die Polizistin Kiesewetter, erschossen hatte. Aber selbst das änderte nichts.

19
Staatswohl

Im September 2017 bekam ich die faszinierende Chance, in einem Hörsaal voller Polizisten zu erklären, warum auch Beamte die Pflicht haben, öffentlich auf Missstände hinzuweisen, selbst wenn sie dafür interne Geheimnisse preisgeben müssen. Ich hatte schon diverse Vorträge vor Polizeischülern oder jungen Kriminalbeamten in Ostdeutschland gehalten und versucht, mit ihnen in den Dialog zu treten. Diesmal hatte mich der Kriminalforscher Martin Thüne nach Erfurt eingeladen, wo der gelernte Polizist junge Kollegen an der Fachhochschule für öffentliche Verwaltung ausbildet. Thüne hatte eine Fachtagung für die Landespolizeidirektion organisiert, »Devianz« – also Abweichung – »in Organisationen«. Ich sollte dabei als Gastreferent eine brisante Frage beantworten: »Existiert eine Art von Abweichung, die positive Effekte für die entsprechende Organisation haben kann, so wie es unter anderem im Kontext sogenannten ›Whistleblowings‹ diskutiert wird?« Fast alle Polizisten, auch die Ermittler, die vor mir in dem Saal saßen, haben einen simplen Grundsatz früh in ihrer Karriere gelernt: Man quatscht und verrät seine Kollegen nicht. Und wenn es Probleme gibt, löst man die intern, innerhalb der Hierarchie. Ganz sicher nicht mithilfe der Presse. Vor mir hatte der Hamburger Polizeiforscher Rafael Behr einen Vortrag gehalten und über den Begriff »Cop Culture« gesprochen. In einem späteren Interview erklärte mir der Wissenschaftler, der einst selbst Polizist war und nun junge Polizisten ausbildet, was diese Kultur ausmacht: »Kameradenverrat ist nach wie vor die Todsünde«. Whistleblowing werde daher in der Polizei nicht »kultiviert« und sei riskant – »das ist einfach so«. Polizisten müssen – ebenso wie Soldaten – ihr Leben im Einsatz ihrem Kollegen anvertrauen. Deswegen, so Behr, sei die »unbedingte Solidarität« für Polizisten und Soldaten so wichtig, man muss sich auf den anderen verlassen können. Er und andere Polizei-Ausbilder versuchten diese Kultur zu ändern, so Behr. Man appelliere an die Polizisten: »Knüpft doch eure Solidarität an die Bedingung, dass rechtsstaatlich vorgegangen wird, dass man nicht übergriffig wird – aber das ist sehr schwer zu vermitteln.« [267]

Im Auditorium saßen also skeptische Zuhörer. Denen erklärte ich, dass mir durchaus bewusst war, dass der Staat das Recht hat, vor seinen Bürgern Geheimnisse zu haben – wenn etwa die Identität von Polizisten, die »undercover« ermitteln, geschützt werden muss. Aber was, wenn dieses Recht vom Staat ausgenutzt wird? Was, wenn Akteure der Regierung eben nicht im Interesse des Staates, sondern aus anderen Motiven gehandelt haben? Was, wenn also schlicht Fehler vertuscht werden sollen?

Genau mit diesem Punkt hatte sich das Bundesverfassungsgericht in einem bahnbrechenden Urteil 1966 befasst, sagte ich. Damals ging es um die Titelgeschichte des *Spiegels* »Bedingt abwehrbereit«, wegen der unter anderen der Herausgeber Rudolf Augstein vier Jahre zuvor verhaftet worden war, weil in dem Text angeblich militärische Geheimnisse verraten wurden. Das Gericht stellte ein zentrales Grundprinzip klar: Handeln Beamte im Staat illegal oder fahrlässig, dürfen sie das nicht dadurch vertuschen, indem sie einen Vorgang zum Staatsgeheimnis erklären. Denn die Bürger haben ein Recht darauf, über das Handeln des Staates umfassend informiert zu werden: » ... unter dem Bestand der Bundesrepublik Deutschland, den es zu schützen und zu erhalten gilt, ist nicht nur ihr organisatorisches Gefüge, sondern auch ihre freiheitliche demokratische Grundordnung zu verstehen. Dieser ist es eigen, dass die Staatsgeschäfte, einschließlich der militärischen, zwar von den hierfür zuständigen staatlichen Organen geführt werden, aber der ständigen Kritik oder Billigung des Volkes unterstehen.« Diese *ständige Kritik* ist aber nur unter der Voraussetzung sinnvoll, dass sie informiert erfolgt. Das Volk kann einen Vorgang nur *billigen* oder *missbilligen*, wenn es ihn kennt. Die freie Presse ist also kein Selbstzweck, sondern eine Institution, die Missstände enthüllt, damit die Bürger informiert sind. Damit ist sie zentral für den Bestand der Bundesrepublik, eine »Staatsnotwendigkeit«.

Das Verfassungsgericht erklärte, dass der Staat – in dem Fall die Bundeswehr – das Recht hatte, Geheimnisse zu haben, aber: »Aus dieser Sicht sind die Notwendigkeit der militärischen Geheimhaltung im Interesse der Staatssicherheit und die Pressefreiheit keine sich ausschließenden Gegensätze. Beide sind vielmehr durch das höhere Ziel, den Bestand der Bundesrepublik Deutschland – im recht verstandenen Sinn – zu sichern, einander zugeordnet. Im Blick auf dieses Ziel sind daher Konflikte zwischen beiden Staatsnotwendigkeiten zu lösen.« [268] Ich erklärte meinen Zuhörern, dass dieser Konflikt jeden Tag neu ausgetragen wird – und dass er spätestens seit den Terrorattacken vom 11. September 2001 immer verbissener geführt wird, da seit diesen Anschlägen vor allem die Geheimdienste viele Grenzen überschritten und Operationen ausgeführt haben, deren Details sie lieber nicht in der Öffentlichkeit wissen wollten.

Es passte, dass die Tagung in Thüringen stattfand, Heimat der Kernmitglieder des NSU und einer der Schauplätze, auf dem man beobachten konnte, wie vehement der Konflikt um die Staatsgeheimnisse geführt wurde. Nach dem Auffliegen der Terrorgruppe war die damalige thüringische Regierung so geschockt, dass sie sich zunächst besonders transparent gab – die Bürger also informierte. Akten wurden offengelegt und vor allem wurde es Mitgliedern des NSU-Untersuchungsausschusses in Thüringen erlaubt, im *Landesamt für Verfassungsschutz* in Erfurt vor Ort geheime Dokumente zu sichten. Akten sind ein wichtiger Anhaltspunkt, aber nicht jeder Vorgang wird verschriftlicht, und das mit gutem Grund. Also sind Zeitzeugen – aus dem Inneren des Apparats – genauso wichtig. Einige dieser Zeitzeugen saßen bei dem Vortrag vor mir, sie hatten schon in den 1990ern gegen Mitglieder des späteren NSU ermittelt und ihre Scharmützel mit dem Verfassungsschutz ausgetragen. Mehrere Thüringer Polizisten hatten bewiesen, dass sie verstanden hatten, dass fatale Fehler öffentlich gemacht werden müssen und hatten daher auch über heikle Themen mit verschiedenen NSU-Ausschüssen und der Presse gesprochen. Ein Polizist hatte einem TV-Sender anonym ein Interview gegeben und berichtet, dass er 2003 daran gehindert worden war, eine brisante Spur zu verfolgen. Das NSU-Mitglied Uwe Böhnhardt war Ende 2002 in seiner Heimatstadt Jena gesehen worden, zu einem Zeitpunkt, als er schon seit vier Jahren im Untergrund lebte, mehrere Morde begangen hatte und noch weitere begehen sollte. Der Zeuge wollte ermitteln, er wurde aber, so sein Eindruck, von Kollegen gebremst, die kein Interesse an der Verfolgung von Böhnhardt gehabt zu haben schienen. Der Selbstreinigungsprozess schien zu funktionieren – bis die Politik sich einschaltete.

In den Tagen nach der Ausstrahlung des TV-Interviews besuchte der damalige Innenminister Thüringens sein LKA, ließ die Beamten dort zusammenkommen und stellte klar, dass er für Verräter nichts übrighabe. [269] Es ging ihm dabei mutmaßlich nicht unbedingt nur darum, einen spezifischen Sachverhalt, etwa über den NSU, geheimzuhalten, sondern um das Prinzip: Als Beamter hat man zu schweigen. Andernfalls könnten zu viele Geheimnisse aus anderen Komplexen bekannt werden, so die Logik. Dass Bürger das Vertrauen verlieren, wenn Beamte nicht dabei helfen, den Hintergrund einer Mordserie aufzuklären, nahmen die Verantwortlichen hin. Der Zeuge hatte später den Mut, seine Aussage öffentlich im Untersuchungsausschuss zu wiederholen, verließ aber danach die Polizei und wurde Bürgermeister in einer kleinen Stadt. Andere Akteure im Apparat waren allerdings nicht mehr willens, bei der Aufklärung mitzumachen – obwohl es darum ging, warum deutsche Behörden eine Serie von zehn Morden nicht stoppen konnten.

Wie ernst es einer Regierung mit der Aufklärung ist, erkennt man daher auch daran, wer Karriere macht, bemerkte ich an dieser Stelle in Erfurt. Viele Polizisten im Publikum nickten. Denn selbst in einem Bundesland wie Thüringen, das seit 2014 von einer Rot-Rot-Grünen Koalition regiert wurde, hatten ausgerechnet diejenigen Polizisten große Karrieresprünge gemacht, die geschwiegen oder sogar aktiv die NSU-Aufklärung verhindert hatten, darunter auch ein Kriminalbeamter, der etwa die Böhnhardt-Spur aus dem Jahr 2003 nicht verfolgen wollte. Das wirkte, als wurden sie für ihre Verschwiegenheit und ihren Korpsgeist belohnt. Die Mahner und Kritiker wurden dagegen innerhalb der Polizei bekämpft, man verbaute ihnen die weitere Karriere, nannte sie intern Verräter oder brachte sie gar öffentlich in Misskredit. Weitere Whistleblower wurden so abgeschreckt. Auch deswegen blieben die Aufklärungsarbeiten stecken. Fehler wurden maximal formelhaft zugegeben (»Wir haben Fehler gemacht«, »Die Behörden haben versagt«), aber sie wurden nicht konkretisiert. Bis heute weiß man also nicht, was genau die Kardinalsfehler der thüringischen und anderen Behörden in Sachen NSU waren. War man zu nah dran? Wusste man wirklich zu wenig oder doch zu viel?

In den letzten Jahren wurde die Definition, was eigentlich ein

Staatsgeheimnis ist und geheim bleiben muss, von Spitzenbeamten zunehmend ausgeweitet. Im ersten NSU-Untersuchungsausschuss des Bundestages sagte der damalige Geheimdienstkoordinator im Bundeskanzleramt, Klaus-Dieter Fritsche: »Es dürfen keine Staatsgeheimnisse bekannt werden, die ein Regierungshandeln unterminieren.«[270] Eine Regierung *handelt* meist durch ihre Behörden, die Polizei, den Verfassungsschutz oder durch Institutionen wie die Bundeswehr. Im Geheimen handeln diese Stellen dann, wenn etwa der Verfassungsschutz einen V-Mann anwirbt oder das Bundeskriminalamt einen verdeckten Ermittler einsetzt. Diese Geheimnisse dürften nicht publik werden, so argumentierte Fritsche, wenn dadurch verhindert wird, dass der Staat diese Mittel wieder einsetzen kann. Folgt man dieser Logik, müssten gerade Skandale geheim bleiben, weil die ja die schwerwiegendsten Fragen über das staatliche Handeln – den Einsatz von V-Personen und Ähnliches – aufwerfen. Die Aussage von Fritsche, der später als Lobbyist für Wirecard arbeitete und das von der FPÖ geführte Innenministerium in Österreich beriet, zielte darauf ab, im Prinzip jede informierte Kritik an geheimem Handeln des Staats unmöglich zu machen. Als handele eine Regierung automatisch immer nur so, wie es gut für das Staatswohl ist. Genau das muss ja ständig durch die Bürger und demokratische Institutionen überprüft werden.

Ihr Schweigen und ihre Blockade begründeten die jeweiligen staatlichen Stellen etwa vor einem parlamentarischen Untersuchungsausschuss immer gleich: Die Regierung könne diese oder jene kritische Frage nicht beantworten, weil andernfalls das Staatswohl gefährdet sei. Ich versuchte den Polizisten bei der Veranstaltung in Erfurt deutlich zu machen, dass sich dabei ein Problem aufdrängt: Die jeweilige Regierung entscheidet selbst, wann dieses Staatswohl gefährdet ist und das, obwohl die Regierung immer selbst betroffen ist. Denn schließlich führt die jeweilige

Regierung die Aufsicht über die Behörde, die wiederum im Auftrag der Regierung gehandelt hat.

Viele Politiker lebten also im NSU-Komplex eine mangelnde Fehlerkultur vor, indem sie immer mehr Staatsgeheimnisse forderten, Akten unter Verschluss hielten und Whistleblower nicht unterstützten. Das wirkt bis in die letzte Hierarchie-Ebene, gerade bei der Polizei.

Ich versuchte das Auditorium trotzdem davon zu überzeugen, dass wir als Gesellschaft eine Fehlerkultur brauchen, um uns weiterentwickeln zu können. Auch ein Beamter darf nicht mit allem durchkommen, weil das sonst schwere Konsequenzen für die Binnenkultur eines Apparates hat. Ich führte diverse Beispiele von Whistleblowern an, die einen positiven Effekt für eine Institution gehabt hatten, darunter Coleen Rowley vom FBI, die ich selbst getroffen hatte. Sie hatte aufgearbeitet und öffentlich vor dem Senat erklärt, wie ihre Behörde vor dem 11. September 2001 wichtige Spuren verschlampt hatte. Ihre Kritik löste unter anderem eine Umstrukturierung des FBI aus, damit es besser auf Terrorgefahren reagieren konnte. Ihre Kritik kam aber zu spät, die verheerenden Terroranschläge waren ja schon passiert. Es ist daher wichtig, dass ein Whistleblower sich rechtzeitig an die Öffentlichkeit wendet, erklärte ich den Polizisten. Sonst bekommen die Institutionen zu viel Zeit, ihre Fehler zu vertuschen. Ich schloss den Vortrag, indem ich noch einmal betonte, dass Staatswohl nicht heißen dürfe, dass es am Ende hauptsächlich um das Wohl und die Karrieren der Funktionsträger gehe.

Ich bat um Fragen. Die Kriminalbeamten, von denen einige während des Vortrags wiederholt genickt hatten, rührten sich nicht. Nur ein großer Mann in Uniform mit goldenen Sternen auf den Schulterklappen, der in der ersten Reihe gesessen hat, stand auf, der Chef der Thüringer Polizei, Karl Uwe Brunnengräber, ein Import aus Hessen. Er bedankte sich bei mir für den interessanten Vortrag, aber hier in Thüringen, sagte er, spielten Fehlerkultur und Whistleblower keine Rolle, denn, so schloss er und guckte mich an: »Wir führen hier einen sauberen Laden.« Danach gab es keine ernsthaften Fragen aus dem Auditorium mehr, der Chef hatte die Richtung vorgegeben: *Wir sind sauber. Hier redet niemand.* Und weil es fast immer so läuft, ist nicht nur die Polizei, sondern auch die Bundeswehr an vielen Standorten so in die Bredouille geraten. Kritiker schweigen zu lange, und wenn sie etwas sagen, wird zu oft von der Führungsebene versucht, sie mundtot zu machen. Ein Dialog mit externen Beobachtern und Kritikern kommt ebenfalls zu selten zustande. So können die Konflikte vor sich hin schwelen – obwohl die Institutionen wie die Polizei und Bundeswehr immer häufiger beweisen, dass sie sich nicht selbst effektiv kontrollieren können und wollen. Und so eskaliert dann eine Lage. Wie beim KSK.

• • •

Das *Kommando Spezialkräfte* hatte lange einen Ruf, der auch Soldaten in anderen Teilen der Bundeswehr faszinierte. Wollte man wirklich zur Elite gehören, musste man dorthin, so sah es auch ein junger Offizier aus Bayern, der seine Vielseitigkeit und Zähheit schon unter Beweis gestellt hatte, bevor er sich beim KSK bewarb und bevor er überhaupt zur Bundeswehr kam. Er war in der FDP politisch aktiv, erfolgreich als Leistungssportler und Mountainbiker, er gehörte also zu den eher aufgeklärten, jungen Soldaten. In Calw traf der junge Offizier auf eine, wie er später in einem Brandbrief an die Verteidigungsministerin Annegret Kramp-Karrenbauer schrieb, »verkrustete« Ausbildungsstruktur. [271] Er beschreibt in dem bemerkenswerten Dokument einen ausgeprägten Macht- und Kulturkampf innerhalb des KSK, bei dem, wie andernorts in der Bundeswehr auch, eine Minderheit die ganze Einheit dominieren konnte, weil die Mehrheit und die Führung einen offenen Konflikt scheuten.

Ein KSK-Offizier, der die Kommando-Ausbildung wesentlich mit leitete, habe dabei eine »Angstkultur« etabliert, schrieb der Offizier aus Bayern: »Problemmeldungen von MAD und Presse sind in der Realität vor Ort tiefgreifender und struktureller, als derzeit im Ministerium bekannt sein dürfte.« Die Führung des Kommandos sei überfordert damit, »den Sumpf« auszutrocknen: »Indizien rechtsextremer Umtriebe werden intern zwar wahrgenommen, aber aus unterschiedlichen Motivlagen kollektiv ignoriert oder gar toleriert.« Der Bereich Ausbildung, den der Offizier aus Bayern so scharf kritisiert, weise rechtsextreme Tendenzen auf und sei geprägt durch »vermutlich Rechtsextreme«. In dem zwölfseitigen Brief analysiert der Offizier die Schwächen des KSK gnadenlos. Echos von Varel, jenem Standort, der Ende der 1990er so in die Kritik geraten war, waren deutlich zu vernehmen. Bei Übungen meldete sich die Kommandozentrale des KSK mit dem Funknamen Y-88. 88 wieder mal als Kürzel für HH, Heil Hitler. In Varel war eine Parole Alpha Hotel – AH – für Adolf Hitler.

Viele Soldaten im KSK-Ausbildungsbereich waren keine Offiziere, aber als erfahrene Kommandosoldaten mit vielen Auslandseinsätzen dennoch sehr einflussreich. Andere waren inzwischen zum Offizier aufgestiegen, wie Daniel K., jener KSK-Soldat, der in der Facebook-Gruppe Ernst von Salomon aktiv war und der schon 2007 dem Offizier Jürgen Rose gedroht hatte. Ausgerechnet dieser Mann leitete die Kommando-Ausbildung, worüber sich der Mann aus Bayern beim Ministerium beschwerte: »Bereits zu diesem Zeitpunkt war die bedenkliche, mindestens aggressiv nationalkonservative Gesinnung und der vor Jahren von ihm verfasste, disziplinär geahndete Drohbrief an Jürgen Rose sogar im Kreis der neuzuversetzten Auszubildenden bekannt.« Aber selbst gestandene Offiziere, die sich beim KSK beworben hatten, waren nach den Strapazen des Aufnahmeverfahrens, den »Höllenwochen«, verunsichert – sie wollten ihren Platz im KSK nicht riskieren, indem sie gegen den merkwürdigen Vorgesetzten rebellierten. Also hielten sie still. Weswegen der Offizier aus Bayern auch schrieb: »Angehende Kommandosoldaten halten fast alles aus, weil sie im härtesten Auswahlverfahren, das die Demokratie zulässt, im Wesentlichen auf eine Fähigkeit selektiert wurden: Niemals aufzugeben und sich stets der jeweiligen Situation anzupassen. Sie ertragen folglich auch schlechte Führung, passen sich an und halten schweigend aus.«

Dass Rechtsextreme oder aggressive Nationalkonservative vor allem die Ausbildung des KSK dominierten, führte zu einem »Kadavergehorsam« sowie zur »Unterdrückung und Verschleppung von Beschwerden«, schrieb der bayerische Offizier. Der Bereich Kommandoausbildung sei »aktuell zur Wiege einer Kultur verkommen«, »bei der Innere Führung und das Leitbild des Staatsbürgers in Uniform mit Füßen getreten wird«. Der Mehrzahl der »reformwilligen Kameraden« seien die Hände gebunden: »Eine offene Kommunikation von Missständen ist aufgrund der etablierten Führungskultur innerhalb der Ausbildung nicht möglich.« Und: »Eine demokratisch schlicht als toxisch zu bezeichnende Kultur des Hinnehmens hat ihren Ursprung in der Basisausbildung. Es besteht die Gefahr eines Gehorsamsanspruchs, der ... von Kommandosoldaten in Ausbildung bereits mit der Waffen-SS verglichen wurde.«

Interessant ist in diesem Zusammenhang, was die neuen KSK-Soldaten von dem Ausbildungsleiter Daniel K. als eine Art Hausaufgabe mit nach Hause bekamen: »Darüber hinaus ließ [er] ... außerhalb der Dienstzeit über den Weihnachtsurlaub regelmäßig etwa 15-seitige Aufsätze zur konzeptionellen Weiterentwicklung deutscher Spezialkräfte verfassen, in denen möglicherweise auch Optionen zum Einsatz des KSK im Inneren diskutiert wurden. Diese Aufsätze wurden auch zur Beurteilung der angehenden Kommando-Offiziere herangezogen.« *Möglicherweise Optionen zum Einsatz des KSK im Inneren*, ein Satz, der hellhörig macht – denn in diesem Geiste operierten auch *Hannibal*, das *Schäfchen* und andere. Die verfuhren nach dem Motto: Wenn es keinen offiziellen Weg gibt, der uns endlich erlaubt, im Inneren tätig zu werden, dann wählen wir eben den inoffiziellen Weg, ziehen Netzwerke hoch, bilden Zivilisten aus oder legen Waffenlager für den Fall der Fälle an.

Bis mindestens in das Jahr 2017 ließ der fragliche Ausbilder diese Aufsätze schreiben. Der Offizier aus Bayern hatte den – berechtigten – Verdacht, dass so auch unliebsame, progressivere neue KSK-Mitglieder herausgefiltert werden sollten. Ein Abschreckungssystem für Kandidaten, die anders ticken – wann immer jemand nicht passte, konnten Daniel K. und seine Kommandokameraden einfach behaupten, jemand sei »charakterlich nicht geeignet«, und schon war man Andersdenkende los. Es werde so »eine Kultur des Hinnehmens rechtswidrigen Verhaltens akzeptiert oder gar die Bildung eines rechtlich fragwürdigen Milieus forciert«, schreibt der Offizier. Wie der junge Offizier außerdem schrieb, sympathisierte neben Daniel K. noch ein weiterer KSKler mit den Reichsbürgern, ein Referent im sogenannten »Personalwerbetrupp«: Auch der »hatte … jahrelang wesentlichen Anteil an der Werbung von Personal und damit unmittelbaren Einfluss im Bereich Ausbildung«.

Auch alteingesessenen Soldaten sei aufgefallen, dass etwas mit der Ausbildung nicht stimme: »So äußerten sogar ausgebildete Kommandooffiziere der Einsatzkräfte gegenüber dem Ausbildungszug Y-1 in Vorstellungsrunden der einzelnen Kommandokompanien den Verdacht, dass es subversive Bestrebungen innerhalb des Bereichs Ausbildung geben könnte, Truppenoffiziere aus dem Verband zu entfernen.« Möglicherweise hatten die rechten Kräfte, die teilweise seit 1996 im KSK waren – die sogenannten »96er« –, »Angst«, schrieb der Offizier, dass ihre Einflussmöglichkeiten sinken könnten, »sollte der Verband von zu vielen modernen und kritischen Köpfen ›überschwemmt‹ werden, wenn diese alle die Ausbildung abschließen«. So fiel auf, dass viele Offiziere in seinem Jahrgang durchgefallen seien, bemerkte der Whistleblower. Auch galt für die neueren Offiziere nicht das legere Duzen bei der KSK – sie mussten, obwohl ranghöher, die Ausbilder siezen und jedes Mal Meldung machen, wenn sie deren Dienstzimmer betraten. Eine Machtdemonstration. Die 96er wollten zeigen, wer die Chefs in Calw sind. Macht, Machtmissbrauch und ein Ohnmachtserlebnis liegen immer nahe beieinander, auch und gerade im KSK. Hier hatte schon Reinhard Günzel eine Struktur gefördert, die KSKler ermächtigte, außerhalb von Bundeswehr-Hierarchien zu operieren. Mit dieser Freiheit konnten einige Kommandosoldaten allerdings nicht umgehen.

Ein ätzendes Gift konnte tief in die KSK einsickern, weil die Führung des Kommandos jahrelang nichts unternommen hat, dieser Eindruck drängt sich beim Lesen des Briefes auf. Und er belegt so vieles, was schon die Recherchen für die ersten Jahre des KSK freigelegt haben, als das Kommando in Afghanistan auffällig wurde und der Ruf am Ende so sehr gelitten hatte, dass selbst der MAD einige KSKler für prinzipiell fähig hielt, an einer Mordserie beteiligt gewesen zu sein – wie der Vermerk aus dem Jahr 2008 zeigt.

Auch der Offizier aus Bayern beschrieb, wie nachhaltig die alten Soldaten die neuen Kandidaten prägten: »Neue Kommandosoldaten werden stets durch vorherige Generationen sozialisiert und bedingt durch die sehr langen Verwendungszeiten innerhalb der relativ verschlossenen Welt des KSK, findet nach Wahrnehmung der Auszubildenden kaum ein offener und kritischer Austausch über das eigene Loyalitätsverständnis statt.« Es passiere immer nur dann etwas, wenn extern – über die Medien etwa – bekannt werde, dass bestimmte Kommandsoldaten rechtsextrem sind. Die Behauptung der KSK-Führung, dass zuvor im Kommando lange geheim bleiben konnte, dass ein Mitglied ein rechtsextremes Weltbild hatte, hält der Offizier für vorgeschoben: »Entsprechend naiv ist es zu glauben, dass gerade beim im KSK vorhandenen intimen Geflecht von Freundschaften, Abhängigkeiten und intensivem Austausch die Gesinnung beider Personen [die als rechts belastet gelten] hinter vorgehaltener Hand überrascht hätte oder es sich gar um Einzelfälle handelt.« Der Offizier endet mit einem Appell an seine Kollegen, an die er den Brief jedoch ausdrücklich nicht adressiert hat: »Nach meinem Verständnis sollten sich die Soldaten des *Kommandos Spezialkräfte* im Bereich Ausbildung eben nicht nur auf ihre Fähigkeiten als herausragende Soldaten besinnen, sondern sich vor allem eines bewusst machen: Sie sind Menschen. Und Bürger eines demokratischen Staates.«

• • •

Der Brief des Offiziers aus Bayern erreichte das Bundesministerium für Verteidigung Mitte Juni 2020. Er zeigte wie kaum ein zweites Dokument, wie groß die Probleme innerhalb der Bundeswehr und vor allem beim KSK waren. Sie bestätigen die vielen Dinge, die der Offizier kaum alle geahnt haben dürfte, die aber etwa dem MAD bekannt waren: Es gab mindestens drei Zellen, die aus dem KSK heraus verfassungsfeindliche Bestrebungen entwickelt hatten. *Hannibal* mit seinem Netzwerk, das sich bis in den Norden zog. Das *Schäfchen* mit seinem Waffenlager. Und mindestens ein weiterer Soldat, der Kontakt zu Rechtsextremisten unterhielt und mit ihnen laut Zeugenaussagen Maßnahmen für einen Umsturz diskutiert hatte. Die Lage war also im Sommer 2020 verheerend. Dass die Öffentlichkeit das Schlimmste nicht wusste, dass KSK-Soldaten sich also zu einem Umsturz verabredet haben sollen, machte den Handlungsdruck intern nicht kleiner. Der KSK-Kommandant Markus Kreitmayr ließ seine Soldaten auch deshalb Anfang Juli antreten und sagte ihnen: »Über Jahre hinweg haben sich – vermutlich schleichend – aber irgendwann für Teile des Verbandes durchaus erkennbar und sichtbar rechtsradikale und teilweise rechtsextremistische Entwicklungen bei einzelnen Menschen vollzogen, ohne dass eingeschritten wurde. Die Party im April 2017 hat hierbei nur einen unrühmlichen Höhepunkt dargestellt. Aber die Vorgänge sind weitergegangen.« [272] Weitergegangen sind sie, in der Tat. »Alles, was sich um diesen Phänomenbereich Rechtsextremismus dreht, hat das Potential, unverändert den gesamten Verband mit all seinen Fähigkeiten und seiner Leistungsfähigkeit und all seiner Geschichte und Tradition zu zerstören«, fuhr Kreitmayr fort und appellierte an seine Kommandosoldaten: »unsere wesentliche Leistung wird es jetzt in den nächsten Wochen und Monaten sein, unsere sogenannten ›Selbstreinigungskräfte‹ zu aktivieren, zu steigern und so zu mobilisieren, dass wir restlos und lückenlos alle Versäumnisse, Defizite und Verfehlungen aufklären.«

Und dann sagte der Kommandeur etwas Verblüffendes. Er gestand ein, dass es einen »Aufstand« innerhalb des Kommandos brauche, so sehr schienen die aufrechten Soldaten dort in der Defensive zu sein: »Nur über diesen Weg, über den von mir genannten ›Aufstand der Anständigen‹, aufzustehen, nach vorne zu treten und zu bekennen, wird es uns gelingen, das Vertrauen, was jetzt noch in uns gesteckt wird, zu erhalten und wenn möglich wieder zu erweitern und zu mehren.« Aber: »Wenn es uns nicht im Ansatz gelingt, bis bereits Ende Oktober, zu diesem Zeitpunkt ist ein Zwischenbericht ministeriell vorzulegen, dann wird dieser Verband aufgelöst werden.«

Zu diesem Zeitpunkt wusste der Kommandeur bereits, dass man sich im Verteidigungsministerium zur Flucht nach vorn entschlossen und entschieden hatte, die 2. Kompanie der KSK aufzulösen. In der 2. Kompanie hatte das *Schäfchen* jahrelang gedient, dazu der Drohbriefschreiber Daniel K. und angeführt wurde die Kompanie von Pascal D. – auch bekannt unter seinem Mixed-Martial-Arts-Kampfnamen *Leutnant*, dessen Abschiedsparty so eskaliert war und bei der fast die komplette Kompanie anwesend war. Kaum einer der Soldaten half bei der Wahrheitssuche, stattdessen schienen die Aussagen abgesprochen zu sein. Was später als »Mauer des Schweigens« beschrieben wurde.

Das Timing der Entscheidung erweckte den Anschein, als hätte sich das Verteidigungsministerium vor allem wegen der Party zu diesem durchgreifenden Schritt entschieden. Ein ARD-Magazin schrieb: »Nach Panorama-Bericht: 2. KSK-Kompanie wird aufgelöst.« Die Schweinekopfparty des *Leutnants* war allerdings ganz sicher nicht der Grund für die Auflösung – es ging vor allem darum, zu demonstrieren, dass man handelte, um das KSK insgesamt noch retten zu können. In der Berichterstattung wurde dann nicht klar genug herausgestellt, dass nicht nur die 2. Kompanie Probleme bereitet hatte. *Hannibal* und *Petrus* waren etwa in der 4. Kompanie. Es stimmte ebenfalls nicht, dass – wie seitens des Kommandos behauptet wurde – die KSK-Kompanien nichts miteinander zu tun hatten. *Hannibal* war es gelungen, einen Soldaten aus der 2. Kompanie für sein Netzwerk zu gewinnen. Und der Brandbrief des Offiziers aus Bayern hatte ja gezeigt, dass gerade die Ausbildung der neuen KSK-Soldaten das Problem war – die ja erst noch in die Kompanien verteilt werden. Die Auflösung der 2. Kompanie war also vor allem ein politisches Manöver, um sich Zeit zu erkaufen. Bei dem offiziellen Auflösungsappell für die 2. Kompanie, wenige Wochen nach seinem ersten, eindringlichen Appell, sagte der KSK-Kommandeur: »Gerade heute gilt für uns alle gemeinsam: ›Die Haltung und der Wille entscheiden‹. Und so rufe ich der 2. Kommandokompanie gemäß ihrem Motto zu: ›Die Tat ist alles, nichts der Ruhm.‹«[273] *Die Tat ist alles, nichts der Ruhm* ist ein Zitat aus Goethes *Faust*, gleichzeitig der Wappenspruch der 2. Kompanie. Was für eine perfekte Wahl – gibt es doch kaum ein Werk, das die deutsche Zerrissenheit, den Machthunger und den Hang zum Größenwahn besser beschreibt als Goethes *Faust*. Die Kompanie wurde zwar aufgelöst, die meisten Soldaten aber in andere Teile des Kommandos integriert.

Das Verteidigungsministerium machte aber auch deutlich, dass das Kommando weiter unter Beobachtung stand und auf Bewährung agierte. Man kündigte weitere Untersuchungen des KSK an, die im Oktober 2020 abgeschlossen sein sollten – die Deadline wurde aber dann kurz vor ihrem Ablauf verlängert. Auch weil inzwischen klar geworden war, dass etwa der KSK-Soldat aus Chemnitz mit rechtsextremen Verschwörern Kontakt hatte – die Aufarbeitung der rechtsextremen Umtriebe wurde also immer komplexer und betraf immer mehr Soldaten. Dass KSKler ernsthaft an einen Umsturz gedacht haben, hatte der MAD lange geheim gehalten – auch vor dem Verteidigungsministerium. Indem etwa die Verteidigungsministerin Annegret Kramp-Karrenbauer so tat, als könne man das Problem mit Rechtsextremisten im KSK auf eine Kompanie eingrenzen, wollte man, so scheint es, die Explosionskraft auch dieser künftigen Skandale minimieren, die irgendwann öffentlich werden mussten.

Den KSK-Ausbildungsbereich hat man unterdessen bereits aus dem Kommando ausgegliedert. Nicht nur der Brief des Offiziers aus Bayern hatte gezeigt, wo die Probleme des KSK lagen. Die Bundeswehr hatte die Kommandosoldaten zu einseitig trainiert. Ausdauernd, ja. Zäh, ja. Treffsicher, ja. Motiviert, ja. Aber eines hatten zu viele von ihnen nicht verstanden: für was und für wen sie in einer Demokratie kämpfen und was einen Demokraten ausmacht. Und dass diese damit verknüpften Werte unverhandelbar sind und sie für deren Verteidigung schlimmstenfalls sterben müssten. Der Offizier aus Bayern hatte das am Ende in seinem Brief auf den Punkt gebracht: Die KSK-Soldaten müssten sich vor allem eines bewusst machen: *Sie sind Menschen. Und Bürger eines demokratischen Staates.* Dass man sich also bewusst machen muss, ein Mensch zu sein, zeigt ja gerade, dass viele KSKler an dem Anspruch gescheitert sind, die Elite, also besser als andere Soldaten – und Menschen – zu sein. Sie wollten Über-Menschen sein, Kampfmaschinen, die alles ertragen – aber nicht alle strebten an, zweifellose Demokraten zu sein, die für ihre Werte das eigene Leben geben würden.

Im Zuge der Recherchen für dieses Buch habe ich einige aktive und ehemalige KSKler erlebt, sie getroffen und mich mit ihnen beschäftigt. Auffällig war, wie leicht einige dieser Männer zu manipulieren waren. Und wenn uns die deutsche Geschichte eines gelehrt hat, dann doch das: Zu gefährlichen Waffen ausgebildete Menschen sollten, nein: dürfen nicht leicht manipulierbar sein. Waren sie aber. Ich erlebte die KSK-Zeugen in Köln beim Prozess gegen den MAD-Offizier Peter W. Der eine überfordert, störrisch, kurz vor seinem Rausschmiss – der andere, *Petrus*, einsichtig. Ja, er sei *Hannibal* zu blind gefolgt, der sei nun mal so überzeugend, habe so viele Leute gekannt, viele von ihnen kämen aus kleinen Dörfern, die meisten aus dem Osten, er selbst habe kulturell vieles gar nicht verstanden. Erst mit seinem Umzug nach Berlin, weg vom KSK, sehe und erlebe er vieles anders, womit er die Vielfalt in einer Großstadt meinte. Dass der Mann lernfähig ist, spricht für ihn, dass sich ein derart ausgebildeter Kommandosoldat von einem »Kameraden« wie *Hannibal* so leicht manipulieren ließ und eine Chatstruktur aufbaute, damit ihm unbekannte Menschen verdeckt kommunizieren konnten, um sich auf einen *Tag X* vorzubereiten, das wirft vor allem ein vernichtendes Licht auf seine Vorgesetzten beim *KSK*, die ihn so einseitig ausgebildet hatten. Denn auch *Petrus'* Angst vor Flüchtlingen im Jahre 2015 wurde immer größer und veranlasste ihn, *Hannibal* zu helfen. Niemand aus der Führung erkannte diese Angst rechtzeitig oder trat ihr entgegen. Genau dieser Punkt wird zu selten öffentlich in den Mittelpunkt gerückt: Verantwortlich für die unhaltbaren Zustände beim *KSK*, die Radikalisierung vieler Kommandosoldaten – der *MAD* sprach im Spätsommer 2020 von mindestens dreißig verdächtigen Rechtsextremen innerhalb des *KSK*, gegen die man ermittle – und für den Umstand, dass ein Soldat wie Daniel K. eine Schlüsselrolle in der Ausbildung spielen darf, war die jeweilige Führung des *KSK*. Die Offiziere haben versagt. Die Führung darüber bis in die Spitze der Bundeswehr hat versagt. Das Verteidigungsministerium hat versagt. Dass mit Markus Kreitmayr ein Mann Kommandeur des *KSK* wurde, der schon zuvor ab 2007 den Stab des Kommandos geführt hat, ohne mit einem Fall wie Daniel K. klarzukommen, macht die Sache nicht besser. Zumal gerade die Einsätze des *KSK* – zusammen mit US-Truppen – in Afghanistan und ihre psychische und enthemmende Wirkung nicht aufgearbeitet sind. Nicht zuletzt zeigt das auch der *Leutnant* und MMA-Kämpfer Pascal D., dessen Abschied mit zu viel Alkohol, Nazirock und Hitlergrüßen gefeiert worden war. Er übernahm nicht die Verantwortung für all das, was in seiner Kompanie schiefgelaufen war, er übernahm nicht die Verantwortung für die vielen fehlgeleiteten Soldaten unter seinen gut 60 Männern, die eine *KSK*-Kompanie ausmachen und die er zu führen hatte. [274] Er übernahm auch nicht die Verantwortung für den toten *KSK*-Soldaten, Daniel W., der in Afghanistan erschossen wurde, während er den Einsatz mit geleitet hatte. Pascal D. tat all das nicht. Er schrieb, wie der Offizier aus Bayern, einen Brief, in dem er sich bitterlich bei der neuen Wehrbeauftragten Eva Högl von der SPD beschwerte. [275] Ihn selbst, so die Kurzform, traf keine Schuld. Nicht dafür, dass bei seiner Party Nazirock gehört wurde und er den Hitlergruß gezeigt hatte – daran habe er keine Erinnerung mehr, er sei zu betrunken gewesen. Er habe die Geldstrafe nur akzeptiert, um eine öffentliche Vernehmung zahlreicher Kommandosoldaten zu verhindern. Damit habe er aber keine Schuld eingestanden. Aber warum nur hatten er und seine Soldaten sich so betrunken an dieser Party, ja betrinken müssen? Afghanistan war schuld: »An diesem Abend wusste jeder, dass sich die gemeinsame intensive Zeit mit den zahllosen, schrecklichen Kriegserlebnissen im Laufe der Einsatzjahre in Afghanistan dem Ende nähert«, schrieb Pascal D. – und erwähnte damit den Tod von Daniel W. in Afghanistan, wo auch er, Pascal D. Fehler gemacht hatte, was er jedoch in dem Brief verschwieg. Im Gegenteil, er ließ es so aussehen, als seien ausschließlich die afghanischen Partner das Problem gewesen, die immer wieder unkontrolliert und auch gezielt in ihre Richtung geschossen hätten – so war Daniel W. aber nicht gestorben, erschossen hatten ihn die Taliban. Pascal D. will das Kreuzfeuer-Problem an seine Vorgesetzten gemeldet haben, ohne dass es Konsequenzen gab. Überhaupt die afghanischen Partner, mit denen er und seine Männer in Afghanistan kämpfen mussten. Ein Offizier einer afghanischen Anti-Terror-Einheit im Raum Kundus wurde angeblich verdächtigt – von wem, wird in dem Brief nicht klar –, kleine Jungen zu missbrauchen und sich diese mit Polizeieskorten bringen zu lassen. Verdächtige seien von afghanischen Alliierten ohne Wasser und Nahrung in sengender Hitze für 48 Stunden in Dixi-Toiletten eingesperrt worden, manchen Gefangenen hätten die afghanischen Soldaten gleich die Fingernägel brutal herausgezogen. Menschen in Container oder Ähnliches zu sperren, kam in Afghanistan durchaus vor, ob Pascal D. allerdings Beweise für seine Behauptungen hat, blieb offen. Pascal D. schrieb weiter, er habe es nicht für möglich gehalten, dass »all diese Geschehnisse völlig folgenlos bleiben können« – »Diese Dinge erschüttern und belasten mich bis heute zutiefst.« Wegen dieser Erlebnisse sei er nun erkrankt – drei Jahre nach seinem Ende bei der KSK und punktgenau zur Veröffentlichung der Vorwürfe gegen ihn und seine Kompanie. Er selbst sei sauber, schrieb der *Leutnant* noch: »Ich distanziere mich auf das Schärfste von jedweder Form des Rechtsextremismus oder nationalsozialistischen (NS) Gedankenguts und weise derartige Unterstellungen entschieden zurück!«, und fügte jedoch einen Schlenker an: »Generell distanziere ich mich von jeder Form des Extremismus, unabhängig davon aus welcher Ecke er kommt.« Keine Verantwortung, keine Entschuldigung, keine Führung. Nur Wegducken, Ablenkung, Flucht und immer an die Eigensicherung denkend. Ich fragte das Verteidigungsministerium, was an den Vorwürfen von Pascal D. dran war. Das war die Antwort: »Die Überprüfung hat keine signifikanten Ergebnisse gebracht, welche die Vorhaltungen untermauern«

Bei den NSU-Recherchen hatte mich frustriert, *wen* die Polizei und die Behörden nicht vom Morden abhalten konnten. Mundlos, Zschäpe, Böhnhardt und ihre Freunde waren zwar eiskalte Mörder, aber keine perfekten Verbrecher – die Täter und ihre Helfer im Umfeld waren verhaltensauffällige Neonazis, die gar nicht in der Lage waren, ihre rechtsextremistischen Ansichten zu verschleiern und nicht lange ohne ihre extremistische Szene auskamen. Trotzdem konnten sie zehn Menschen ermorden, den Staat besiegen und demütigen, weil sich dessen Behörden gegenseitig blockierten – im Laufe des NSU-Wirkens ebenso wie bei der anschließenden Aufklärung und Aufarbeitung. Ein ähnliches Gefühl stellte sich auch bei der Recherche für dieses Buch ein. Anfangs verwendete ich in Veröffentlichungen selbst oft das Wort Elite, Elitesoldat, Elitepolizist, um klarzumachen, dass sich hier nicht irgendwer verschwor, sondern, eben, die Elite in den Sicherheitsorganen. Aber als ich die Männer getroffen hatte, konnte ich nicht feststellen, dass ich es mit besonders ausgebufften oder eindrucksvollen Köpfen zu tun hatte. Meisterschützen, vielleicht. Ausdauernd, sicher. Aber besonders gerissen? Eher nein. Das stellte ich besonders bei persönlichen Treffen fest.

Mit *Hannibal* sprach ich in einer Hotelbar in Düsseldorf, auf lange Hand angebahnt. Der drahtige und kleine Soldat hatte zwei Freunde aus seinem Verein *Uniter* mitgebracht, Ex-Soldaten, die im Sicherheitsgewerbe Fuß gefasst hatten. *Hannibal* erläuterte mir – und damit seinen Freunden –, dass man den Medien kein Wort glauben dürfe. Er habe nichts Unrechtes gemacht, es waren doch alles nur Planspiele, erklärte er gelassen. Dass irgendwelche Feinde aus dem Weg geräumt werden sollten, nein, das habe er nie mitbekommen. Hätte er auch nie mitgemacht. Dann sprach er ausführlich über die vielen »Messerverbrechen« in Deutschland, wie wehrlos man hier sei, und ja, dass die »Schwarze Axt«, eine Gruppe von Afrikanern, Italien terrorisiere. Seine beiden Freunde nickten, aber als ich nach Interna fragte, nach konkreten Namen anderer Verschwörer, fragten die Ex-Soldaten nach, um wen es denn genau ginge. Ich konnte gut erkennen, dass die beiden nicht in alles eingeweiht waren, dass *Hannibal* auch bei ihnen leichtes Spiel hatte, sie zu manipulieren. Erst später begriff ich, dass *Hannibal* es geschickt verstand, sich als *Master of the Doomers* zu geben, als Untergangsprophet – er verband hier seine politischen und geschäftlichen Interessen, indem er etwa versuchte, Kaffee der Marke *Black Ops* mit einem Ex-KSKler unter das Volk zu bringen. Einerseits schien er wirklich daran zu glauben, dass Deutschland in Gefahr war, anderseits nutzte er diese Angst bei anderen aus. Seine angeblichen Insiderinformationen aus deutschen Behörden schienen essentiell, um auf die Bedrohung vorbereitet sein zu können. Das festigte seinen Einfluss bei *Uniter* und andernorts. Als sich seine tief sitzende Angst vor Fremden, die angeblich kommen und das Land überrennen, offenbarte, wurde mir klar, wie verunsichert und, ja, schwach Männer wie *Hannibal* waren. Er hatte es genauso auch dem BKA gesagt: »*Die tägliche Belastung der Behörden nimmt zu und aufgrund des demographischen Wandels ist der Islam in zehn Jahren in Ländern wie Holland Staatsreligion Nummer Eins. Mit der Ausbreitung der ›No-Go-Areas‹ wird es im Laufe der Jahre immer schwieriger. Es wird alles gefährlicher. Jeder muss auf sich selbst und seine Familie aufpassen.*«

Nur eines stand auch fest, das haben mir die letzten 20 Jahre gezeigt, in denen ich mich immer wieder mit Terroristen beschäftigt habe. Diese Angst und diese Schwäche sind genau das Problem. Denn einen Umsturz werden diese Männer eher nicht hinbekommen – aber was machen sie, wenn sie aus der Armee draußen sind? Immer noch konfrontiert mit den gleichen Ängsten, ohne Führung, Aufgabe, Mission, Ziel oder Kontrolle. Das ist die Frage, die jedem ernste Sorge bereitet, der sich mit dieser Gefahr eingehend beschäftigt. Noch dazu hat keiner dieser Männer – *Hannibal, Hombre, Franco A.* – bislang ein Signal vom Staat bekommen, das unmissverständlich besagt hätte: Eure Schwäche und Eure Angst entschuldigen nicht Eure Handlungen und Eure Pläne.

• • •

Hannibal, *Hombre* und einigen ihrer Gefolgsleute kann man eines nicht absprechen: Sie sind von ihrer Sache überzeugt. Auch das macht die Situation gefährlich. Niemand hat das eindrucksvoller demonstriert als Marko G., alias *Hombre* aus Banzkow bei Schwerin. Nachdem man sein Haus im Sommer 2017 durchsucht und dort Tausende Schuss Behördenmunition gefunden hatte, die er nicht besitzen durfte, führte nicht die Bundesanwaltschaft das Verfahren – immer dann zuständig, wenn es um Terrorismusverdacht geht –, sondern übergab die Ermittlungen an die Staatsanwaltschaft Schwerin, die lediglich feststellen sollte, ob der Polizist gegen das Kriegswaffenkontrollgesetz verstoßen hatte. Die Staatsanwälte setzten das LKA Schwerin in Bewegung, wo der Beschuldigte selbst gearbeitet hatte, weswegen eine geheime, abgeschottete Ermittlungsgruppe innerhalb des *Landeskriminalamts* gebildet wurde. Die sammelte immer mehr Beweise an, wertet erstmals die digitalen Daten, Chats, Nachrichten von *Hombre* aus, die etwa die Bundesanwaltschaft bei ihren Ermittlungen nicht weiter beachtet hatte. Die Abgründe von *Hombres* Gesinnung wurden sichtbar, seine Motivation und Überzeugung. Gleichzeitig demonstriert er selbst, wie überzeugt er tatsächlich war. Obwohl das BKA und die GSG 9 all die Waffen und Munition in seinem Haus gefunden hatten, er also damit rechnen musste, dass man anschließend gegen ihn ermitteln würde, hortete er weiter viele Waffen und Tausende Schuss Munition. Er sammelte auch weiter Behördenmunition, die er nicht haben durfte, so, als wäre nichts passiert. Er bewahrte sogar eine UZI-Maschinenpistole in seinem Haus auf, was gegen das Kriegswaffenkontrollgesetz verstieß. Als er dann schließlich zwei Jahre nach der ersten Durchsuchung festgenommen wurde und sein Haus erneut auf den Kopf gestellt wurde, fand man jene Tausende Schuss von illegal zu ihm gelangter Munition und Waffen, die er besitzen – und die UZI, die er nicht besitzen durfte. Die Staatsanwaltschaft betonte dann auch im Prozess von Schwerin, dass nicht zuletzt gegen den Mann sprechen würde, dass er unbeirrt daran festgehalten hatte, ein großes Munitionslager anzulegen, um sich auf den *Tag X* vorzubereiten. Er hatte trotz der ersten Durchsuchung einfach weitergemacht. Der vorsitzende Richter sah das ganz anders. Er rechnete vor, dass Marko G. ja weniger Munition gesammelt hätte, er also auf dem Weg der Besserung gewesen sei – der Staatsanwalt kniff verblüfft die Augen zusammen, als der Richter das sagte. Der verglich den Polizisten sogar mit einem Musiker, der nun einmal ohne sein Instrument nicht leben könne. Als sei der Mann ein Süchtiger, der nun mal nicht ohne Waffen kann, rechnete es der Richter dem Angeklagten hoch an, dass er auch nicht ganz so viele illegale Patronen angesammelt hatte wie beim ersten Mal – woraufhin der Staatsanwalt wieder verblüfft geguckt hatte. Tatsächlich schienen sich die Richter verrechnet zu haben, wie später aus ihrem eigenen schriftlichen Urteil hervorging. Hatte man bei G. bei der ersten Durchsuchung 18 Patronen eingesammelt, die unter das Kriegswaffenkontrollgesetz fielen, waren es bei der zweiten Durchsuchung zwei Jahre später knapp 1500 Schuss. Die Richter argumentierten in ihrem Urteil allerdings, dass der Großteil der Munition vor dem Jahr der ersten Durchsuchung hergestellt worden war, also habe G. sie wohl schon damals besessen, nur woanders versteckt und nicht nach der ersten Durchsuchung neu angeschafft. Das verstanden die Richter unter Besserung. Im Ergebnis wurde Marko G. alias *Hombre* nur zu einer Bewährungsstrafe verurteilt, 21 Monate, was automatisch die Entlassung aus dem Staatsdienst nach sich zog, dazu reicht eine Bewährungsstrafe von einem Jahr. Was wiederum bei jedem Beamten, der vor Gericht steht, strafmildernd wirkt, da die beruflichen Folgen eines Urteils so drastisch und final sind. Wenn also ein Beamter zu über einem Jahr auf Bewährung verurteilt wird, preist der Richter den Verlust des Berufs in seinem Urteil automatisch ein. Deshalb fallen Urteile gegen Beamte oft – scheinbar – milde aus.

Nachdem der Richter das Urteil gesprochen hatte, wurden Marko G. die Ketten abgenommen, er konnte sich von anderen *Nordkreuzlern* feiern lassen und mir vor dem Gericht sagen, während ich ihn filmte: »Jetzt ist aber mal genug, Herr Laabs«, woraufhin ich sagte: »Nee, nee, Sie haben es doch gehört, Sie stehen unter Beobachtung.« Das nämlich hatte der Richter ihm noch mit auf den Weg gegeben. Der Polizist sprach nicht mehr mit mir, obwohl ich es mehrfach versuchte, wohl aber mit der *New York*

Times, der er sagte, angesprochen auf *Nordkreuz* und andere Sympathisanten: »Das Netzwerk gibt es noch.« [276] Und auch deutsche Nachrichtendienste beobachteten, dass Marko G. selbst nach dem Urteil nicht davon abließ, sich mit seinen alten Kontakten zu treffen.

Es wäre zu einfach, in diesem und anderen Fällen der Justiz an sich die Schuld zu geben, dass sich der Staat mit der Abwehr von Rechtsradikalen in ihren Reihen schwertut. Es gibt hier keine klare Linie. Ein legendärer Fall aus Berlin zeigt das exemplarisch. Ein Mitarbeiter des *LKA* Berlin war als rechtsextrem aufgefallen, hatte einschlägige Tattoos, sang in einer entsprechenden Band. Das Land Berlin wollte ihn loswerden, der Polizist klagte und gewann vor allen Berliner Gerichten. Seine Haltung – die Tätowierungen – wirkten nicht nach Außen und seien seine Privatsache. Das ging so über Jahre, bis Ende 2017 das Bundesverwaltungsgericht unmissverständlich feststellte: »Da der Beklagte nicht nur Tätowierungen von Runenzeichen und Emblemen rechtsextremistischer, rassistischer Musikgruppen trägt, sondern wiederholt den Hitlergruß gezeigt, mit einer Hakenkreuzflagge posiert und nationalsozialistische Devotionalien in seiner Wohnung verwahrt hat, ist sein durch die Tätowierungen dokumentiertes Bekenntnis als grundsätzliche und dauerhafte Abkehr von den Prinzipien der Verfassungsordnung zu werten, die zur Entfernung aus dem Beamtenverhältnis führt.« [277] Dieses Grundsatzurteil haben viele Gerichte der nachgeordneten Instanzen offenbar noch nicht verinnerlicht, denn der entscheidende Leitsatz ist: »Ein Verstoß gegen die Verfassungstreuepflicht setzt weder ein öffentlich sichtbares noch ein strafbares Verhalten des Beamten voraus.«

Auch die Staatsanwaltschaft Schwerin tat in Sachen Marko G. ihr Möglichstes, wurde aber von der Bundesanwaltschaft alleingelassen, die trotz diverser Indizien und Hinweise nicht einmal den Anfangsverdacht sah, dass Marko G. mit Jan Hammer, dem

Anwalt, und Haik J., dem Polizisten aus Ludwigslust, eine terroristische Vereinigung gegründet haben könnte – den Verdacht, dass Hammer und der Polizist Haik J. eine schwere staatsgefährdende Straftat planten, hatte die Bundesanwaltschaft ja bereits klar artikuliert, als sie beantragte, die Häuser und Wohnungen der Beschuldigten zu durchsuchen. Eine schwere staatsgefährdende Straftat ist nichts anderes als ein Terroranschlag, die Straftat wird nur in dem relativ neuen Gesetz aus dem Jahr 2009, das auf den Umstand reagierte, dass es zunehmend Kleingruppen in der islamistischen und rechten Szene gab, nicht so genannt. Warum die Bundesanwaltschaft Marko G. nicht in den Kreis der beiden Beschuldigten aufnahm, obwohl die Schweriner Staatsanwaltschaft so viel Neues über ihn herausgefunden hatte, blieb unklar. Hätte sie es getan, wären es mit Marko G. insgesamt drei Beschuldigte gewesen. Somit hätte die Bundesanwaltschaft gegen die *Nordkreuz*-Mitglieder wegen des Verdachts der Gründung einer terroristischen Vereinigung ermitteln müssen, wozu es mindestens drei Personen braucht. Das hätte aber auch bedeutet, dass wenn ein Polizist auch nur einen Schuss Behördenmunition vorsätzlich an Marko G. oder dessen Helfer übergeben hat, er sich unter Umständen der Unterstützung einer terroristischen Vereinigung schuldig gemacht hätte. Das wäre ohne Übertreibung in einen Staatsskandal gemündet, mit Verwicklung möglicherweise Dutzender Beamter aus Spezialeinheiten. Die Bundesanwaltschaft führt juristische Gründe für ihr Verhalten an.[278] Die Schweriner Staatsanwaltschaft konnte auch deshalb Marko G. bloß wegen des Verstoßes gegen das Kriegswaffenkontrollgesetz anklagen.

Die Richter in Schwerin, die über Marko G. urteilten, legten dann selbst Belastendes zugunsten des Angeklagten aus. Dass er Waffen und Munition in unmittelbarer Nähe zu seinen Kindern aufbewahrt hatte – kein Problem, wenn jemand auf diese gefährlichen Güter aufpassen kann, dann doch wohl der Experte und Scharfschütze Marko G., sagte der vorsitzende Richter. Marko G. hatte Geld eingesammelt, um Waffen zu kaufen – ja, aber darüber hatte er ja Buch geführt, das zeige doch, dass der Mann kein Krimineller sei, der etwas verschleiern wolle. Der vorsitzende Richter verkannte dabei, dass potenzielle und auch ihre Taten vollstreckende Terroristen nicht wie gewöhnliche Kriminelle handeln. Wie der NSU und andere rechtsextremistische sowie islamistische Terrorgruppen zeigen, bewahren die Mitglieder gerne Gegenstände auf, die sie mit ihren Taten in Verbindung bringen – als eine Art Trophäe, wie der Kriminologe Mark S. Hamm schrieb: »Die Terroristen benutzen Gegenstände, die sie in der Schlacht benutzt haben, um sich gegenüber einem aktuellen und zukünftigen Publikum als wahre Helden erkennen geben zu können.« Und: »Es ist vielleicht wie bei den Sioux, als sie die Truppen von [General] Custer am ›Little Big Horn‹ abgeschlachtet haben. Die haben toten Soldaten die Finger abgeschnitten und sie als Halsschmuck getragen. Für sie war es ein Totem.« [279]

Der Bundesgerichtshof muss sich nun in der nächsten Instanz mit dem Fall Marko G. beschäftigen, da die Staatsanwaltschaft Revision gegen das Urteil eingelegt hat. Dieses Gericht fährt einen anderen Ansatz als einige andere Instanzen bei Beschuldigten, denen vorgeworfen wird, sich mit einer rechten Terrorszene verbunden zu haben. So bei Franco A., dem Offizier, der sein Bundeswehrleben lang fast immer in Frankreich stationiert gewesen ist. Nachdem er im April 2017 verhaftet worden war und die Öffentlichkeit verblüfft erfuhr, dass der Offizier sich als Flüchtling ausgegeben haben soll, geschah zweierlei: Zum einen wurde über die Armee und ihr Problem mit dem Rechtsextremismus diskutiert. Zum anderen geriet das *Bundesamt für Migration und Flüchtlinge (BAMF)* stark in die Kritik, weil ein regionaler Ableger es nicht verhindert hatte, dass sich Franco A. als Asylbewerber registrieren ließ, obwohl er nur eine sehr fadenscheinige Geschichte vorzuweisen hatte. In der Debatte ging allerdings unter, dass er nie als Asylbewerber anerkannt wurde. Je mehr darüber diskutiert wurde, welchen Fehler das BAMF nun gemacht hatte und wie groß der angebliche Skandal war, den es zu verantworten hatte, desto mehr gerieten die handfesten Vorwürfe an Franco A. in den Hintergrund. Dessen Anwälte hatten zudem parallel eine geschickte Kampagne begonnen, die erfolgreich Zweifel an seiner Schuld säte, indem sie etwa Einsicht in einen Teil der Akten gewährten. Eine Zeitung beschäftigte sich ausgiebig mit der psychischen Verfassung des Beschuldigten – »wegen seiner persönlichen Unsicherheit war Franco A. sehr anfällig für rechtsradikale Ideen« – und zitierte aus Hunderten Selbstreflexionen, die der Offizier beim Autofahren aufgezeichnet hatte und in denen er etwa über sein gestörtes Verhältnis zu Frauen sprach. Auch hatte er Videos von sich aufgenommen, die ihn in seiner Rolle als Flüchtling zeigten, aus denen die Reporter schlossen: »Franco A. wirkt da zeitweise wie ein verunsicherter Junge, der sich zu weit von seinem Zuhause entfernt hat.« [280] So wurden Zweifel gesät, Franco A.'s Lesart übernahm die Oberhand. Zu bizarr schien der Fall des Offiziers. Die Lehre, die man etwa aus der Biografie und der Tat des norwegischen Attentäters Anders Breivik ziehen konnte – nur weil der Hass im Kern verrückt schien, macht dies den Hassenden nicht weniger gefährlich –, schien vergessen worden zu sein oder, auch das ist möglich, viele Beobachter wollten diese Lehre auf einen Offizier der Bundeswehr nicht anwenden.

Dann, Ende 2017, wurde der Haftbefehl gegen Franco A. vom Bundesgerichtshof aufgehoben, weil man keinen *dringenden* Tatverdacht sah. Das zuständige Oberlandesgericht in Frankfurt am Main ließ sogar wenige Monate später verlauten, den Fall nicht vor einem Strafschutzsenat zu verhandeln – »es fehle ein hinreichender Tatverdacht für die Vorbereitung einer schweren staatsgefährdenden Gewalttat«.[281] Kein hinreichender Tatverdacht, so weit war der BGH nun gerade nicht gegangen. Doch das Frankfurter Gericht stellte fest, dass es zwar »überwiegend wahrscheinlich« sei, dass der Angeschuldigte sich die beiden Pistolen und die beiden Gewehre sowie 51 Sprengkörper beschaffte und diese aufbewahrte. Es sei jedoch »nicht überwiegend wahrscheinlich«, dass er dabei bereits den festen Entschluss hatte, eine schwere staatsgefährdende Gewalttat zu begehen. Die Bundesanwaltschaft wandte sich an den Bundesgerichtshof. Bevor der erneut entschied, wie es weiterging, nutzte Franco A. die Chance, um über seine Anwälte Reporter mit einem Teil der Akten zu versorgen, diesmal Autoren der *Neuen Zürcher Zeitung*. Ausführlich wurde dort über Franco A.'s Motive spekuliert und seine Erklärung übernommen, dass er sich als Flüchtling ausgegeben hatte, um investigativ tätig zu sein: »Die Videos, die Franco A. als Pseudo-Asylbewerber gedreht hat, legen allerdings nahe, dass es ihm dabei tatsächlich um eine Art investigatives Projekt gegangen sein könnte. In den Aufnahmen thematisiert er seine Doppelexistenz, und er macht sich selbst Sorgen, wie das Ganze wohl noch ausgehen mag. Ein Freund sagte in einer Vernehmung auch, Franco A. habe geglaubt, er werde mit seinem Projekt einen Orden verdienen.« Aber die Autoren der NZZ gingen noch weiter: »Franco A. scheint eine gleichermassen unsichere als auch robuste Persönlichkeit zu sein. Er ist neugierig und gibt sich dabei auch abstrusen Theorien hin und scheint sich in ihnen zu verlieren. Seine Ziele verfolgt er dann aber mit einer soldatischen Disziplin. Die erniedrigende Erfahrung der B-Zelle«, dort war er lange isoliert inhaftiert, »hat ihn nicht gebrochen, wie die Haft generell nicht. Im Gegenteil scheint er sich sehr schnell auch in dieser Lage zurechtgefunden zu haben: Er fasste seine Erkenntnisse als Asylsuchender im Stil einer militärischen Lageanalyse zusammen, er schrieb einen Brief an die Verteidigungsministerin.« [282] Dass Franco A. diesen Brief nach menschlichem Ermessen geschrieben hat, um im Nachhinein eine Erklärung für sein Doppelleben zu liefern, wurde in dem Artikel nicht erwähnt.

Einige Wochen später meldete sich der Bundesgerichtshof zu Wort, überstimmte das Oberlandesgericht in Frankfurt und schickte den Fall zurück nach Hessen – das Gericht fühlte sich offenbar missverstanden: »Hinreichender Tatverdacht setzt eine gewisse Wahrscheinlichkeit der Verurteilung voraus; der erst am Ende der Hauptverhandlung stehende Nachweis der Tat bzw. die für eine Verurteilung notwendige volle richterliche Überzeugung ist für die Eröffnung des Hauptverfahrens nicht erforderlich.« [283]

Der Bundesgerichtshof leuchtete zudem Franco A.'s Ideologie weiter aus: »Der Angeklagte verfügte im maßgeblichen Tatzeitraum über eine nationalistische/völkische, antisemitische und letztlich rechtsextremistische Einstellung. Dafür sprechen – neben weiteren sich aus den Ermittlungen ergebenden und in der Anklageschrift aufgeführten – beispielhaft Äußerungen und sichergestellte Aufzeichnungen wie ›Mein Glaube ist mein Deutschtum‹, ›Israel regiert die USA‹ und ›Hitler steht über allem‹ sowie der Besitz etwa der Bücher ›Mein Kampf‹, ›Die Wehrmacht – Der Freiheitskampf des Großdeutschen Volkes‹ aus dem Jahr 1940 und von CDs mit nationalsozialistischen Liedern. Das demokratische System der Bundesrepublik Deutschland lehnte der Angeklagte ab.« [284]

Franco A. blieb unterdessen auf freiem Fuß. Er tauchte inkognito beim Tag der »Ein- und Ausblicke« im Bundestag auf, am Rande von Parteiveranstaltungen, was die Teilnehmer als bedrohlich empfanden. [285] Im Dezember 2020, weit über ein Jahr nach dem Beschluss des Bundesgerichtshofs und zum Redaktionsschluss dieses Buches, war noch immer kein Termin für den Prozessstart gegen den Bundeswehroffizier festgelegt. Corona hielt das Land längst im Griff, rechte Anschläge hatten in den Jahren seit der Verhaftung des Offiziers das Land erschüttert, in Hanau, in Halle an der Saale, begangen von Tätern, die sich im Vorfeld nicht viel anders als Franco A. geäußert hatten. Terror war zum Alltag geworden. Ein Islamist hatte im Herbst 2020 in Wien um sich geschossen und vier Menschen ermordet und 22 zum Teil lebensgefährlich verletzt, in der Stadt also, wo Franco A. Anfang 2017 die Pistole aus dem Versorgungsschacht am Flughafen geholt hatte. Eine Waffe, deren Herkunft die Ermittler nicht klären konnten. Genauso wenig wie sie herausfanden, wo das Sturmgewehr abgeblieben war, das Franco A. nach Aussagen von Zeugen gehabt haben soll. Es blieb verschwunden, was die Ermittler umtreibt, weil sie das Gefühl nicht loswerden, dass jemand aus dem Apparat Franco A. gewarnt haben könnte, und man deshalb nichts bei ihm finden konnte.

So ist der Fall seit Jahren in der Schwebe, ein beunruhigendes Vakuum hat sich aufgetan. Ob einigen der Beschuldigten jemals der Prozess gemacht wird, ist offen. Einige, wie *Hannibal*, wurden wegen geringer Vergehen verurteilt – wie bei Marko G. ein Verstoß gegen das Kriegswaffenkontrollgesetz. Über ein Dutzend Männer, die sich wie Verschwörer benommen haben, sind nicht mehr aktiv bei der Polizei oder der Armee. Sie sitzen zu Hause, einige mit vollem Sold, weil sie nur beurlaubt sind und das Disziplinarverfahren nicht abgeschlossen wird, solange die strafrechtliche Aufarbeitung stockt.

Der jetzige Ex-Polizist Marko G. alias *Hombre* gibt derweil zu Hause am Gartenzaun in Banzkow Interviews, andere, wie Franco A., in der Küche oder wie *Hannibal* in Hotelbars. Ihr Umfeld verteidigt die Männer. Ein Freund von Marko G., der einen Armeeladen in Rostock führt, wollte mit mir zunächst nicht sprechen, meine Filme zu dem Thema seien allesamt großer Quatsch. Als ich vorschlug, über das Thema Patriotismus zu sprechen, stieg er darauf ein. »Haben Sie den Eindruck«, fragte er mich, »dass wir ein Problem damit haben, was Marko G. gemacht hat?« Nein, hatte ich nicht. Der Freund erklärte mir, dass er und seine Freunde das demokratische System ablehnen, sie wünschen sich einen »Führer«, so sagte er, der alles entscheidet, charismatisch wie Gerd Schröder oder Helmut Schmidt. Dass er sich damit – Schröder und Schmidt hin oder her – als Verfassungsfeind geoutet hatte, schien ihn nicht zu stören. Dass er weiter seinem Leben nachgehen konnte, war dagegen der Beweis, dass er in einer sehr, sehr verständnisvollen Demokratie lebte, da niemand der *Nordkreuzler*, *Westkreuzler* und der anderen Verschwörer sich bislang irgendwo für das Wesentliche – die Verschwörung zu einem Umsturz – verantworten musste.

Und alle, alle warten sie. Jede Gelegenheit zur Mobilisierung wird genutzt. Im Sommer 2018 marschierten besorgte Bürger, Rechtsradikale, Rechtsextreme, Hooligans, Rechtsterroristen und AfDler geschlossen durch Chemnitz, um angeblich einem erstochenen Mann zu gedenken. Seit 2020 hofft die rechte Szene darauf, dass sich das Land durch die Corona-Pandemie weiter destabilisiert, dass mehr Menschen nach Erlösern rufen, die das Recht in die eigene Hand nehmen, weil sich der Staat angeblich delegitimiert hat, zum »Unrechtsstaat«, zur »Diktatur« geworden ist. So marschieren Impfgegner und Menschen, denen die Corona-Maßnahmen zu weit gehen oder die sie komplett ablehnen, neben rechten Schlägern und Hooligans her, die wiederum Jagd auf Journalisten machen, ein *Nordkreuzler* tauchte auf einer großen Corona-Demo in Berlin auf. Und in all dem Chaos, das hier und da aufbricht, aufflackert wie eine Stichflamme, stellen sich die letzten Fragen: Wie organisiert sind die Verschwörer noch? Und was haben sie vor?

Epilog
Terrorabwehr

Am Anfang dieses Buches und der Recherche stand die Frage, wie groß die Bedrohung durch rechte Netzwerke in deutschen Sicherheitsbehörden wirklich ist. Die SMS des Polizisten Marko G. alias *Hombre* war ein Hinweis: »Wir haben in den letzten Monaten knapp 2000 gleichgesinnte vereint (in D)... Auch wenn der unterschied der einzelnen Gruppen nicht krasser sein könnte ist es doch eine Hausnummer auf die jeder stolz sein kann.« *2000 Gleichgesinnte*. Ist das also möglich?

Die Recherchen zeigen, dass damit nicht nur Polizisten oder Soldaten gemeint sind. Mir sind im Laufe der Jahre und Monate ungefähr 200 mögliche Mitglieder dieser verfassungsfeindlichen Bewegung untergekommen, aber es gibt deutliche Hinweise darauf, dass diese Gruppe – bestehend aus Polizisten, Soldaten, Zivilisten – nur die Spitze des Eisberges ist und es ein großes Unterstützerumfeld im Behördenapparat gibt, also in Verfassungsschutzbehörden, in Landeskriminalämtern und gewöhnlichen Polizeistationen. Sind diese *Gleichgesinnten* aber organisiert wie eine Armee, sind sie also wirklich eine *Schattenarmee*, wie mancherorts geschrieben wurde? Unwahrscheinlich. Man hat es auch nicht mit einer *Schattenguerilla* zu tun, wie ich selbst lange annahm, sondern mit einer entstehenden Terrorbewegung, deren Schlagkraft noch nicht abzusehen ist. Obwohl viele Soldaten und Polizisten an verschiedenen Stellen mitgemacht haben, bedeutet das nicht, dass die Bewegung militärisch aufgebaut wäre, also mit Hierarchien, festen Zuständigkeiten, einer klaren Organisation. Diese Bewegung hat nichts mit professionellen Terrorgruppen wie einst die irische IRA oder die baskische ETA zu tun, wo lange eine klare Struktur und Führung zu erkennen war. Sie erinnert auch nicht an die *Rote Armee Fraktion* mit ihrer rigiden Organisation, sondern eher an die linksextremistischen *Revolutionären Zellen* (RZ), die von den 1970ern bis in die 90er aktiv waren und schon lange eine Inspiration für die rechte Szene sind. Die *Zellen* setzten darauf, dass ihre Mitglieder so lange wie möglich einen legalen Beruf ausübten und nicht wie die Mitglieder der RAF in den Untergrund abtauchten. Außerdem ließen sich die *Revolutionären Zellen* vom kommunistischen Widerstand in der NS-Zeit und algerischen Aktivisten inspirieren, die französische Truppen bekämpften, und setzte darauf, die Weitergabe internen Wissens »auf ein Minimum zu reduzieren«, wie der Terrorismusforscher Wolfgang Kraushaar schreibt: »Die Grundidee bestand darin, ein Geflecht lose miteinander verbundener Zellen aufzubauen, die jeweils nur über ein einzelnes Mitglied untereinander in Verbindung stehen.«[286]

In der rechten Szene wurde immer wieder genau dieser führungslose Widerstand propagiert, so vom 2020 verstorbenen US-Amerikaner Tom Metzger, Gründer der Gruppe *White Aryan Resistance* (Weißer arischer Widerstand) – *WAR*. Schon in den 1990er-Jahren hieß es in dem deutschen Neonazi-Blatt *NS-Denkzettel*: »Wie aus dem in der FASCHISMUS-Schulungsbroschüre angeführten ›Mein Kampf‹-Zitat hervorgeht, haben wir alle die Pflicht zum Widerstand – und zwar zum Widerstand mit a l l e n Waffen! Es laufen Vorbereitungen, dem Staatsterror gewappnet entgegentreten zu können. Widerstand regt sich, Deutscher Widerstand. Selbst in der ›multikulturell‹ durchrassten USA! Der Name einer Widerstandsgruppe dort, der WHITE ARYAN RESISTANCE von

Kamerad Tom Metzger hat nicht nur uns sehr gefallen. Der WEISSE ARISCHE WIDERSTAND DEUTSCHLAND ist keine Organisation mit Vorsitzendem, Kassierer usw. oder mit regelmäßigen Sitzungen. Man kann ihm nicht ›beitreten‹, bekommt auch keinen ›Mitgliedsausweis‹. Der WEISSE ARISCHE WIDERSTAND DEUTSCHLAND ist einfach nur vorhanden. Jede Kameradschaft, jede Gruppe, jede Organisation, jeder Freundeskreis, jede Partei, jeder Einzelkämpfer, der aktiv etwas für unsere Sache tut, befindet sich im WEISSEN ARISCHEN WIDERSTAND DEUTSCHLAND!«[287]

Und so ist es auch diesmal, allerdings mit dem Unterschied, dass sich besonders viele Soldaten, darunter Kommandosoldaten, sowie Polizisten von Spezialeinheiten einer solchen Bewegung verschrieben haben und punktuell gemeinsame Sache mit Straßenschlägern und organisierten Nazi-Banden machen, unterstützt – von Fall zu Fall – von Reservisten der Bundeswehr, Waffenhändlern, Schießausbildern sowie Ex-Soldaten. Dass sich viele Aktivisten und Sympathisanten dieser Szene kennen, heißt jedoch nicht automatisch, dass sie abgestimmt handeln. Hier stehen die Recherchen und Ermittlungen erst am Anfang. Zu einer militanten Bewegung gehören viele Komponenten, das zeigen die Erfahrungen mit linksextremistischen und islamistischen Terrorgruppen: Das Sympathisanten-Umfeld, das Geld und Waffen einbringt sowie Propaganda liefert und die Aktivisten im Kern in ihren Ansichten und Absichten bestärkt, ihnen womöglich bei der Vorbereitung von Anschlägen hilft, ohne selbst bei einer etwaigen Tat mitzumachen. Schon jetzt ist klar, dass informelle Netzwerke, Vereine und Firmen, die von Ex-Soldaten geführt werden, für die militante rechte Bewegung eine immer größere Rolle spielen. Wie überhaupt Ex-Soldaten – die etwa vom MAD nicht mehr beobachtet werden dürfen – ein besonders großes Problem sind, weil sie ihre Ausbildung ja nicht vergessen haben, sich aber leichter unter dem Radar bewegen können und für ihre ideologische Ausrichtung nicht mehr so viel öffentliche Aufmerksamkeit bekommen.

Ein solcher problematischer Ex-Soldat ist Maximilian T., ein Freund von Franco A., der ebenfalls in Illkirch stationiert war. T. wird weiter vom *Bundesamt für Verfassungsschutz* beobachtet, da es ihn für gefährlich hält. Der leitende *BfV*-Beamte Christoph Schäfer sagte in einem Bundestagsausschuss: »Auch bei diesen beiden weiteren Personen liegen nach Bewertung des *BfV* tatsächliche Anhaltspunkte für Bestrebungen gegen die freiheitlich-demokratische Grundordnung vor. ... bei allen drei Protagonisten in diesem Szenario liegen ... nach unserem Gesetz, die Voraussetzungen vor, um ... grundsätzlich als Verfassungsschutz tätig zu werden.« [288]

Trotzdem hatte der AfD-Bundestagsabgeordnete Jan Nolte, selbst Soldat, kein Problem damit, Maximilian T. als Mitarbeiter zu beschäftigen und dadurch mit einem Bundestagsausweis zu versorgen, die Einschätzung des *BfV* kannte er, erklärte er mir: »Ich habe das Protokoll gelesen ... das möchte ich dann gerne mal sehen, woran man das festmacht, dass er rechtsextrem sein soll, das ist eine Bewertung, der ich mich überhaupt nicht anschließe. Ich bin absolut überzeugt, dass er absolut auf dem Boden der freiheitlich-demokratischen Grundordnung steht.« [289]

Dass ein AfD-Abgeordneter einen Ex-Soldaten unterstützt, den das *BfV* beobachtet, ist kein Zufall. Marko G. war etwa Mitglied in der AfD und marschierte bei mindestens einem Aufmarsch seiner Partei mit, wie ein Foto zeigt. Sein Mitstreiter bei *Nordkreuz*, der Beschuldigte und Kriminalbeamte Haik J., bekam sogar eine ganz besondere Rolle bei der AfD in Mecklenburg-Vorpommern. Nachdem schon bekannt war, dass er Beschuldigter in einem Terrorverfahren ist, wurde er in ein Gremium gewählt, das die Landtagsfraktion in Sachen innerer Sicherheit beraten sollte. Der Chef der Fraktion, Nikolaus Kramer, Ex-Polizist und einst wie einige *Nordkreuzler* bei der Luftwaffe stationiert, ließ sich mit Haik J. und anderen Beratern für seine Facebook-Seite fotografieren. Nachdem dieser Vorgang publik geworden war, hielt sich Haik J. nicht etwa zurück. Er wurde im November 2019 bei einem Treffen des »Flügels«, eine Zusammenkunft der besonders radikalen AfD-Mitglieder in Binz auf Rügen fotografiert. Anwesend war unter anderem der AfD-Politiker und Bundestagsabgeordnete Enrico Komning, der einst gesagt hatte: »parlamentarischer Staat oder wie auch immer diese Demokratie heißt, (...) die wollen wir ja aber gar nicht. Die wollen wir doch abschaffen.« [290] Bei dem Flügel-Treffen war auch der Fraktionschef Kramer dabei sowie der Ex-AfDler Holger Arppe, der einst so begeistert über den Waffenschrank eines *Nordkreuzlers* geschrieben hatte und außerdem in einem Chat verlauten ließ: »Wir müssen ganz friedlich und überlegt vorgehen, uns ggf. anpassen und dem Gegner Honig ums Maul schmieren aber wenn wir endlich soweit sind, dann stellen wir sie alle an die Wand. (...) Grube ausheben, alle rein und Löschkalk oben rauf.« [291]

Haik J. zeigte sich also mit diesen radikalen AfD-Mitgliedern bei einem Treffen. Ein anderer AfD-Lokalpolitiker, Maik F. aus Rostock, der auf internen *Nordkreuz*-Listen vermerkt ist, unterstützte den Angeklagten Marko G. alias *Hombre* enthusiastisch vor Gericht, herzte ihn als einer der Ersten nach dessen milder Strafe, was die enge Verbindung zwischen den beiden unterstrich.

Ein Teil der rechten militanten Bewegung, die im Entstehen ist, wird also von Mitgliedern der AfD unterstützt, ohne dass die Parteiführung diese Unterstützung unterbindet – dass sich eine Partei in Deutschland mit militanten Rechten einlässt, ist nicht neu, die NPD hatte ebenfalls Rechtsterroristen in ihrer Reihen, wie etwa Peter Naumann, Manfred Roeder oder Friedhelm Busse. [292] Die AfD ist allerdings bei den Wahlen sehr viel erfolgreicher und damit politisch einflussreicher, gibt sich zudem noch immer einen bürgerlichen Anstrich.

Neben diesem politischen Flankenschutz bekommt die Bewegung noch Hilfe von Szenegrößen wie Reinhard Rade, und sei es indirekt durch dessen Unterstützung beim Aufbau einer Söldner-Firma. Das alles geschieht in einer historischen Situation, die sich immer mehr zuspitzt – das Schicksal der Flüchtlinge in Europa seit 2015, die Corona-Pandemie, die im Nachgang drohende hohe Arbeitslosigkeit. Diese Lage macht es der rechten Bewegung leichter, Anhänger zu rekrutieren, zu mobilisieren und zu radikalisieren. Noch dazu wird es für die Bewegung immer einfacher, sich digital zu vernetzen. Dass Mitglieder oder Anhänger der Bewegung internationale Kontakte haben, nach Südafrika, in den USA und Großbritannien, ist nicht neu, aber es wird interessant zu beobachten sein, ob es den deutschen Extremisten gelingt, mit Gleichgesinnten etwa in den USA zu kooperieren – denn auch dort gibt es ein sehr großes Problem mit Rechtsradikalen, *White Supremacists* und Rassisten, die zum Teil gezielt Polizei und Armee unterwandert haben. So warnt der Ex-FBI-Agent Michael German: »Niemand sammelt Daten über die Fälle und niemand sucht aktiv nach diesen Beamten.« [293]

Macht irgendetwas Hoffnung? Der Druck auf die Szene in Deutschland ist durch die verschiedenen involvierten Behörden inzwischen sehr groß. Wie sich gezeigt hat, hielten viele Soldaten, die bei der Bewegung mitgemacht hatten, diesen Druck nicht aus und kooperieren mit der Polizei oder den Nachrichtendiensten, verraten also ihre »Kameraden«. Zudem ist diese amorphe Bewegung, wie schon die islamistische Szene der Dschihadis, extrem anfällig für Verräter, Spitzel, verdeckte Ermittler, weil sie so lose organisiert ist. Allerdings zieht sie auch undisziplinierte Fanatiker an, die niemand innerhalb der Bewegung davon vom Mitmachen abhält, was bereits für jede Menge Probleme gesorgt hat

– man denke an manche *Nordkreuzler* und ihre Gewaltfantasien. Der Plan, unentdeckt zu bleiben, ist gescheitert. Auch deswegen scheint es so, als könnten wir Chronisten aktuell nahezu live eine bizarre und heikle Situation beobachten: Die rechte Bewegung wächst mithilfe von Soldaten, Polizisten, während sie gleichzeitig von anderen Ermittlern und Verfassungsschützern bekämpft wird. Doch Druck durch die Behörden erhöht immer auch die Gefahr einer spontanen Tat, eines Anschlags ohne strategische Tiefe, als reine Demonstration der Gewalt.

Sollte aus den Reihen dieser rechten Bewegung heraus in Zukunft kein einziger Terroranschlag begangen werden, käme das einem Wunder gleich. Ob zudem die vielen Morddrohungen gegen Politiker und Journalisten auch weiter leere Drohungen bleiben, ist fraglich. Andere Terror-Bewegungen – die linksextremistische und die islamistische etwa – haben gezeigt, dass sich in aufgeheizten Phasen enorm viel Energie aufbaut, die sich irgendwann entladen muss. Die Frage ist, wie man dann mit der Entladung – der Gewalt, dem Anschlag, dem Blut und den Toten – umgeht.

Als ich selbst in den 1990er-Jahren in Jerusalem in einen Terroranschlag geraten war, konnte ich studieren, wie die Israelis auf den Terror reagierten. Zwei junge Palästinenser waren in eine Kneipengasse gelaufen, wo ich gerade mit einem Freund ein Bier trank, hatten mit Sturmgewehren auf Menschen gefeuert, viele Passanten schossen zurück (viele Israelis sind bewaffnet), Grenzschützer, die zufällig in der Nähe in einem Sportstudio trainiert hatten, jagten die Angreifer durch das Viertel. Der eine Täter stolperte über einen der großen bombensicheren Mülleimer und lag am Boden, als ein Grenzschützer ihm in den Kopf schoss. Als ich aus der Kellerbar kam, wo ich die vielen Schüsse gehört hatte und zwischenzeitlich von Soldaten umstellt war, die in der Bar nach Terroristen suchten, stand das Blut wie tiefschwarzer Sirup in der Gasse. Orthodoxe Juden wischten es mit Tüchern auf und schrieen »Tod den Arabern«. Zwei Attentatsopfer und die beiden toten Täter wurden weggebracht.

Am nächsten Tag waren die Splitter, die Patronen, weggefegt, das Blut weggespült, die zerschossenen Scheiben ausgetauscht. Die Menschen gingen sofort zur Tagesordnung über und ignorierten den Terror. Im Prinzip eine naheliegende Lösung, da es bei Terroranschlägen immer auch um eine Demonstration der Macht und ein Erleben von Ohnmacht geht. Das Problem war nur, dass die Israelis diese Härte auf Dauer nicht durchziehen konnten und ihre Angst immer größer wurde – sie wählten später den Rechtspopulisten Benjamin Netanyahu, der ihnen Sicherheit versprach, indem er voll auf Konflikt setzte. Mehr Tote und weniger Bürgerrechte waren die Folge. Man entfernte sich immer mehr von dem Ideal, das man eigentlich sein wollte. Ganz genauso lief es in den USA nach dem 11. September 2001. Die Behörden flüchteten sich in eine Überreaktion. Sie entführten, folterten, mordeten. Ich konnte in Guantánamo mehrere Tage einem Militärtribunal beiwohnen, wo man verzweifelt – und erfolglos – versuchte, den Hintermännern der Anschläge von 9/11 einen rechtsstaatlichen Prozess zu machen, denn die Verteidiger thematisierten permanent, dass die Angeklagten gefoltert worden waren.

Wenn man sich als Staat von Rechtsstaatlichkeit abwendet, ist der Weg zurück sehr schwer. Das muss bedacht werden, nun, da der deutsche Staat wieder einmal gegen eine sehr gefährliche rechtsradikale Bewegung vorgehen muss. Es ist natürlich frustrierend zu sehen, wie schwierig es ist, einen Polizisten aus dem Dienst zu entfernen, der etwa in einer Nazi-Chatgruppe aktiv war. Aber das muss der Rechtsstaat aushalten, genau wie seine Bürger. Denn die wichtigste Brandmauer gegen Faschisten, und mit denen haben wir es hier zu tun, ist der Rechtsstaat. Wir brauchen einen Rechtsstaat, der nicht überreagiert oder leichtfertig die Gesetze anpasst, um einer spezifischen Gefahr zu begegnen. Einen Rechtsstaat, der, wenn es um die eigenen Beamten geht, niemals mit zweierlei Maß misst. Einen Rechtsstaat, der sich nicht den Nachrichtendiensten und ihren Bedürfnissen unterwirft. Denn eines der höchsten Güter, das wir haben, ist das Vertrauen in unsere Behörden – und das schwindet Tag für Tag und immer schneller. Es schwindet, weil die Zustände vor allem in der Polizei von Innenpolitikern wir Horst Seehofer bagatellisiert und geleugnet werden, die das interne Rassismusproblem einfach bis zur Unkenntlichkeit kleinreden. Und das ist gefährlich. Diese Tendenzen müssen bekämpft und nicht geleugnet werden, die Polizei muss demokratischer und nicht autoritärer werden.

Wenn man, wie viele meiner Kollegen und ich, in Ländern verhaftet worden ist, die von fairen Prozessen und einer neutralen Polizei nur träumen können, dann lernt man, wie wichtig der Rechtsstaat als Gut ist. Wer jemals in einer dunklen Gasse mitten in der Nacht abgeführt worden ist, von namenlosen Polizisten, verhört von deren namenlosen Vorgesetzten, ausgeliefert und ohne Rechte, der vergisst nicht, wie sich die Abwesenheit von Recht anfühlt. Aber wir alle müssen uns auf einen langen, zähen Kampf einstellen, der vielleicht nie ein Ende finden wird. Denn seit dem 8. Mai 1945, als die nationalsozialistische Bewegung nach zwei blutigen Jahrzehnten besiegt zu sein schien, ist nicht ein Tag vergangen, an dem nicht irgendwo, in einer deutschen Stadt, in einem deutschen Dorf, auf einer Versammlung von Deutschen, irgendein Rechtsradikaler davon geträumt oder sogar daran gearbeitet hat, die Demokratie in Deutschland wieder abzuschaffen.

Anmerkungen

1. *Die Zeit:* »Aus Dienst wird Ernst« vom 8. April 1999.
2. Deutscher Bundestag, Drucksache 13/11 005.
3. Ebd., Seite 180.
4. Vgl. Sabine Pamperrien: *Helmut Schmidt und der Scheißkrieg: Die Biografie 1918 bis 1945*, München 2014.
5. So zitiert bei https://www.facebook.com/fschjgbw/posts/524788237576299/, der Facebook-Seite eines ehemaligen Fallschirmjägers der Bundeswehr.
   Andere Quellen nennen als erstes Gebot: »Du bist der Auserwählte der Deutschen Armee!» und als zehntes: «Halte Deine Augen offen! Sei behende wie ein Windhund, so zäh wie Leder, so hart wie Kruppstahl, nur so wirst Du die Verkörperung des deutschen Kriegers.«
6. *Stern*: »Rechtsradikale bei der Bundeswehr – Die braune Kumpanei« vom 10.12.1997.
7. *Neues Deutschland*: »Ja wir greifen an« vom 6.8.1994.
8. *dpa*: »Rühe kündigt hartes Vorgehen an« vom 7.7.1997.
9. Deutscher Bundestag, Drucksache 13/11 005, Seite 83.
10. *Stern*: »Die braune Kumpanei«, Ausgabe Nr. 51/1997.
11. *Der Spiegel*: »Heute geht's zum Feind« vom 30.1.1995.
12. *Focus*: »Tanz auf dem Vulkan«, Ausgabe 30/1995.
13. Sönke Neitzel: Deutsche Krieger. Vom Kaiserreich zur Berliner Republik – eine Militärgeschichte. Berlin 2020, Seite 466.
14. Deutscher Bundestag, Drucksache 13/11 005, Seite 178.
15. Ebd.
16. Ebd.
17. Deutscher Bundestag, Drucksache 31/11005, Seite 109.
18. Stefan Aust/Dirk Laabs: *Heimatschutz. Der Staat und die Mordserie des NSU*, München 2014, Seite 182.
19. MAD-Vermerk vom 29.6.1995.
20. Vgl. Aust/Laabs: *Heimatschutz*, Seite 126ff.

21. Ebd.
22. Ebd.
23. Ebd., Seite 114.
24. Helmut R. Hammerich: *»Stets am Feind!«. Der Militärische Abschirmdienst* (MAD) *1956–1990*, Göttingen 2019.
25. Vgl. Aust/Laabs: *Heimatschutz*, Seite 81.
26. *Der Tagesspiegel* »V-Mann im Netz« vom 19.8.2000.
27. Vgl. Aust/Laabs: *Heimatschutz*, Seite 183.
28. Zeugenvernahme von Ivo S. durch das LKA Thüringen, 9.6.1996.
29. Vgl. Aust/Laabs: *Heimatschutz*, Seite 486.
30. MAD-Vermerk vom 29.6.1995.
31. Ebd.
32. Ausführliche Schilderung der Aktenvernichtung u. a. in Aust/Laabs: *Heimatschutz*.
33. Vgl. Aust/Laabs: *Heimatschutz*, Seite 200.
34. Vgl. https://www.verfassungsschutz.bremen.de/detail.php?gsid=bremen77.c.2076.de&template=20_glossar_d&lang=de&begriff=O
35. Deutscher Bundestag, Drucksache 17/14 600, Seite 242.
36. *New York Times* vom 1. August 2020: »Body Bags and Enemy Lists: How Far-Right Police Officers and Ex-Soldiers Planned for ›Day X‹«.
37. Deutscher Bundestag, Drucksache 13/11 005.
38. Ebd., Seite 101.
39. Ebd., Seite 109.
40. Reinhard Günzel u. a.: *Geheime Krieger. Drei deutsche Kommandoverbände im Bild: KSK, Brandenburger, GSG 9*, Selent 2006.
41. *die tageszeitung*: »Ein General wechselt die Front« vom 24.5.2004.
42. Günzel: *Geheime Krieger*.
43. Günzel: *Geheime Krieger*, Seite 9.
44. Ebd., Seite 12.
45. Ebd., Seite 12f.
46. Wilhelm Walther: »Ein wilder Räuberhaufen« in: Günzel: *Geheime Krieger*«, Seite 54.
47. Alexander Korb: *Im Schatten des Weltkriegs: Massengewalt der Ustaša gegen Serben, Juden und Roma in Kroatien 1941–1945*, Hamburg 2013.
48. Günzel: *Geheime Krieger*, Seite 14.
49. Ebd., Seite 13.
50. *Stern*: »KSK-Wagen mit Wehrmachtssymbol« vom1.11.2006.
51. Brandon Webb: *The Red Circle. My Life in the Navy SEAL Sniper Corps and How I Trained America's Deadliest Marksmen*, New York City 2012.
52. Ebd.
53. Willy Peter Reese: *Mir selber seltsam fremd: Die Unmenschlichkeit des Krieges – Rußland 1941–44*, München 2003.
54. Manfred Roeder war ein verurteilter Rechtsterrorist, Mitbegründer der »Deutschen

Aktionsgruppen«. Im Januar 1995 hielt er einen Vortrag an der Hamburger Führungsakademie der Bundeswehr für Offiziere, sein Thema: die »Übersiedlung von Russlanddeutschen in den Raum Königsberg«. Der Komplex wurde ebenfalls vom Untersuchungsausschuss des Bundestages 1998 untersucht.

55. In einem ersten Interview über den Vorfall hatte Kurnaz nicht das Kürzel *KSK* genannt, sich dann aber später erinnert. In seinem Buch beschrieb er das Zitat so: »›Weißt du, wer wir sind?‹, schrie er mich an. Soldaten aus Deutschland, dachte ich. ›Wir sind die deutsche Kraft, das KSK!‹, brüllte er.«. Vgl. Murat Kurnaz: *Fünf Jahre meines Lebens. Ein Bericht aus Guantanamo*, Berlin 2007.
56. Vgl. Deutscher Bundestag, Drucksache 16/10 650, Seite 145.
57. Ebd., Seite 71.
58. Ebd., Seite 172.
59. *Stern*: »Diesmal wird es Tote geben« vom 11.7.2005.
60. Ebd.
61. Webb: *The Red Circle*.
62. Günzel; *Geheime Krieger*, Seite 14.
63. *Washington Post*: »The Afghanistan Papers« vom 9.12.2019.
64. Günzel: *Geheime Krieger*, S. 14.
65. *Stern*: »Diesmal wird es Tote geben« vom 11.7.2005.
66. Neitzel: *Deutsche Krieger*, Seite 547.
67. Deutscher Bundestag, Drucksache 17/7 400, Seite 258.
68. Ebd., Seite 68.
69. Ebd., Seite 64 f.
70. Günzel: *Geheime Krieger*, Seite 14.
71. Ebd.
72. *Telepolis*: »Es lebe das heilige Deutschland!« vom 27.3.2008.
73. Brief Fundstelle: https://www.heise.de/tp/features/Es-lebe-das-heilige-Deutschland-3 417 937.html
74. Deutscher Bundestag, Drucksache 16/5 380 vom 18.5.2007.
75. Die Martin-Hohmann-Rede ist unter anderem online abrufbar unter: https://www.heise.de/tp/features/Der-Wortlaut-der-Rede-von-MdB-Martin-Hohmann-zum-Nationalfeiertag-3 431 873.html
76. Zitiert in der *Frankfurter Allgemeine Zeitung*: »Einen unserer besten Leute auf dem Gewissen« vom 5.11.2003.
77. Günzel: *Geheime Krieger*, Seite 14.
78. *Neue Zürcher Zeitung*: »Mein Sohn war der Staatsfeind Nummer 1« vom 16.4.2019.
79. Lucius Teidelbaum: »Ein besonders sensibler Bereich«, für die »Bundeszentrale für Politische Bildung« vom 1.4.2018.
80. Dirk Laabs in *Antifaschistisches Infoblatt*, Ausgabe vom 3.12.2019: »Deutsch-amerikanische (Terror) Freundschaft«.
81. Teidelbaum: »Ein besonders sensibler Bereich«.

82. Die Masterarbeit und das Gutachten liegen dem Autor vor.
83. Ebd.
84. https://www.bundeswehr.de/de/organisation/heer/organisation/10-panzerdivision/deutsch-franzoesische-brigade/jaegerbataillon-291
85. Diesen Gedanken folgte unter anderem die *New York Times*: »In the fall of 2015, as hundreds of thousands of asylum seekers from wars in Syria, Iraq and Afghanistan arrived in Germany, the men were appalled. In their eyes, Germany faced a potential invasion from terrorists, a possible breakdown of its welfare system, maybe even unrest. And their own government was welcoming the migrants.« – *New York Times* vom 1.8.2020: »Body Bags and Enemy Lists: How Far-Right Police Officers and Ex-Soldiers Planned for ›Day X‹«.
86. https://www.spiegel.de/politik/deutschland/bundeswehr-der-rechte-kosmos-des-franco-a-a-1 147 221.html
87. *CTC Sentinel*: »The Paris Attacks and the Evolving Islamic State Threat to France«, Volume 8, Issue 11, November/ Dezember 2015.
88. BGH-Beschluss vom 22.8.2019, Seite 13, Randnummer 23.
89. Bundesgerichtshof, Beschluss vom 22.8.2019, Seite 11, Randnummer 19.
90. *Der Spiegel*: »Schweiz entfernt TNT aus Brücke zu Deutschland« vom 16.11. 2014.
91. Schreibweise im Original.
92. *Stern*: »Uniter-Anführer ›Hannibal‹ rühmte sich für sein Talent zur ›Infiltration‹« vom 17.3.2020.
93. *Berliner Zeitung*: »Uniter: Teil einer Schattenarmee in Deutschland?« vom 19.12.2019.
94. http://freimaurer.org/freimaurerei/was-ist-freimaurerei/
95. So war einer der Vorstandsmitglieder von *Uniter* in einen öffentlich ausgetragenen Streit mit einem anderen Freimaurer verwickelt.
96. Interview mit ehemaligem *Uniter*-Mitglied.
97. *Frankfurter Allgemeine Zeitung*: »Ehemaliger KSK-Soldat: In geheimer Mission verschlissen« vom 27.4.2014.
98. *Stern*: »Uniter-Anführer ‚Hannibal' rühmte sich für sein Talent zur ‚Infiltration'" vom 17.3.2020
99. Ein Treffen, das *Hannibal* mir gegenüber nicht bestätigen wollte. Er konnte aber nicht erklären, wie er Ringo M. sonst getroffen haben will.
100. Vgl. dazu ausführlich Aust/Laabs: *Heimatschutz*.
101. *die tageszeitung* »Hannibals Verein« vom 21.12.2018.
102. *Badische Zeitung*: »Herz und den Motor des Widerstands" vom 10.11.2020
103. *die tageszeitung*: »Gut gefüllter Waffenschrank« vom 31.7.2017.
104. *die tageszeitung*: »Auf der Feindesliste« vom 6.7.2019.
105. *Der Spiegel*: »Hunderte Opfer, fast keine Täter« vom 11.3.2019.
106. *Der Tagesspiegel*: »Rechtsextreme nutzen Köln für rassistische Hetze« vom 5.1.2016.

107. Pressemitteilung der Kölner Polizei vom 1.1.2016: »Ausgelassene Stimmung – Feiern weitgehend friedlich«.
108. *Der Tagesspiegel:* »Rechtsextreme nutzen Köln für rassistische Hetze« vom 5.1.2016.
109. *Rolling Stone:* »All-American Killer: How the AR-15 Became Mass Shooters' Weapon of Choice« vom 22.8.2018.
110. *Der Tagesspiegel:* »Die Ideologie hinter dem Anschlag von Christchurch« vom 5.3.2019.
111. Xxx – FN Text folgt
112. *German Rifle Association*, Blogeintrag vom 5.1.2016: »Si vis pacem para bellum – Zu den Silvester-Vorfällen in Köln«.
113. Das Video des litauischen Verteidigungsministeriums unter: https://www.youtube.com/watch?v=akl6k_E-gFE&feature=emb_title
114. Bundesgerichtshof, Beschluss vom 22.8.2019.
115. Ebd.
116. Martin Sabrow: *Die verdrängte Verschwörung. Der Rathenau-Mord und die deutsche Gegenrevolution*, Frankfurt 1999.
117. *SWR:* »Kommando Spezialkräfte im Mittelpunkt der Verdachtsfälle« vom 21.3.2019.
118. *ZDFinfo:* »Rechte Verschwörer – Angriff von innen?«, Produktionsjahr 2020.
119. Vortrag von Wolfram Wette vom 11.5.2019: »Rechtsextremismus in der Bundeswehr. Militärhistorische Anmerkungen«.
120. Biografie von Amadeu Antonio der Amadeu-Antonio-Stiftung, abrufbar unter: https://www.amadeu-antonio-stiftung.de/ueber-uns/amadeu-antonio/
121. *Der Tagesspiegel:* »Rechtsextreme Hasswelle gegen Amadeu-Antonio-Stiftung« vom 25.4.2016.
122. Bundesgerichtshof, Beschluss vom 22.8.2019.
123. *Der Spiegel:* »Rassistischer Terrorplan« vom 22.7.2017.
124. LG München I, Urteil vom 19.1.2018 – 12 KLs 111 Js 239 798/16.
125. Ebd.
126. Bundesgerichtshof, Beschluss vom 22.8.2019, Seite 20, Randnummer 35.
127. Webpage des Privilegierte Schützengesellschaft zu Güstrow e. V.: www.schiessplatz.de
128. Drucksache 7/4 940 des Landtages von Mecklenburg-Vorpommern.
129. Ebd.
130. *Deutsches Waffen Journal:* »Wie Himmel und Hölle« von Wolfgang Bessel, Ausgabe 10/2017.
131. *Caliber:* »Von der Realität eingeholt«, Ausgabe 10/2016.
132. Ebd.
133. *Münchner Ärztlicher Anzeiger:* »Lehren aus dem Amoklauf« vom 13.5.2017.
134. *VISIER:* »Auf offene Türen«, Ausgabe 10/2011.
135. https://www.presseportal.de/blaulicht/pm/108531/4764887

136. *SEK-Einsatz* (Webmagazin) »Der-8-special-forces-workshop« vom 8.8.2016.
137. Christan Neitzel/Karsten Ladehof (Hrsg.): *Taktische Medizin – Notfallmedizin und Einsatzmedizin*, Berlin 2012.
138. Aus »Konzeption der Bundeswehr« des Bundesministeriums der Verteidigung, erlassen am 20.7.2018.
139. *Deutschlandfunk*: »Caffier hält Bundeswehreinsätze im Inneren für richtig« vom 25.7.2017.
140. Thüringer Landtag, Untersuchungsausschuss 5/1, Protokoll der 15. Sitzung am 10. September 2012, Seite 128.
141. Vgl. Aust/Laabs: *Heimatschutz*, S. 536 f.
142. Vgl. https://www.reservistenverband.de/mecklenburg-vorpommern/aktuelles/familienfussballtag-begeisterte-am-johannistag/
143. *Die Reserve*: »Reservisten erhalten in Laage eigenes Büro« vom 19.3.2015.
144. Interview mit Lars Winkelsdorf für das *ZDF* am 19.3.2020.
145. Vgl. Aust/Laabs: *Heimatschutz*, S. 125ff.
146. Martin Dietzsch/Anton Maegerle: *»Anti-Antifa« – einigendes Band von Neonazis bis zur Intellektuellen Rechten*, Duisburger Institut für Sprach- und Sozialforschung, Duisburg 2000.
147. Rigolf Hennig für die *Europäische Aktion*: »Zur Weltpolitischen Lage«.
148. *Antifaschistisches Infoblatt*: »Das Ende der ›Europäischen Aktion‹?« vom 3.3.2018.
149. *Europäische Aktion*: »Gedanken zum 8. Mai«; http://europaeische-aktion.org/2016/12/08/gedanken-zum-8-mai/?v=3a52f3c22ed6
150. *Europäische Aktion*: »Kommt es zum Volksaufstand?«; http://europaeische-aktion.org/2016/12/08/kommt-es-zum-volksaufstand/?v=3a52f3c22ed6
151. *Der Spiegel*: »Polizist unter Verdacht« vom 12.11.2012.
152. http://europaeische-aktion.org/2016/12/08/zur-weltpolitischen-lage/?v=3a52f3c22ed6
153. *Antifaschistisches Infoblatt*: »Europäische Aktion‹ vom 2.12.2015 «.
154. Ebd.
155. Brandenburgische Landeszentrale für politische Bildung: »Europäische Aktion« – https://www.politische-bildung-brandenburg.de/lexikon/europäische-aktion
156. Deutscher Bundestag, Drucksache 19/1130.
157. Der Vermerk liegt dem Autor vor.
158. Vgl. Aust/Laabs: *Heimatschutz*, Seite 233.
159. Kurzbiografie Hans Friedrich Karl Günther, Landeskunde entdecken online – https://www.leo-bw.de/detail/-/Detail/details/PERSON/kgl_biographien/118 698 923/Günther+Hans+Friedrich+Karl
160. Ebd.
161. Ebd.
162. *Der Dritte Weg*: »Thule-Seminar trifft zur »Tafelrunde der freien Geister« zusam-

men«; https://der-dritte-weg.info/2016/11/thule-seminar-trifft-zur-tafelrunde-der-freien-geister-zusammen/

163. *Frankfurter Rundschau:* »›Thule-Seminar‹: Amtsgericht sieht keine Volksverhetzung« vom 11.2.2020.
164. *MDR Aktuell:* »›Germania‹: Rechtsextreme Burschenschafter in Sachsen« vom 3.8.2020.
165. »Sachsen-Anhalt Rechtsaußen« am 7.6.2020 veröffentlicht: »Sieg Heil, Herr Hauptmann« – Rechte Prepper in der Bundeswehr«, Link: https://lsa-rechtsaussen.net/sieg-heil-herr-hauptmann-rechte-prepper-in-der-bundeswehr/
166. Ebd.
167. Was genau mit dem Satz »nur mal zwei Somalier aus der Ferne umgenietet zu haben« gemeint ist, bleibt im Kontext unklar.
168. https://www.justsomelyrics.com/741 273/landser-waffen-für-alle-lyrics.htmlhttps://www.elyricsworld.com/rassenkrieg_lyrics_landser.html
169. Das Originalprotokoll findet sich hier: https://lsa-rechtsaussen.net/wp-content/uploads/2020/06/mehliss_kai.txt
170. https://rp-online.de/politik/deutschland/800-reservisten-der-bundeswehr-unter-extremismus-verdacht_aid-51 911 173
171. Götz Kubitschek/Peter Felser: *Raki am Igman. Texte und Reportagen aus dem Bosnien-Einsatz der Bundeswehr*, Steinheim 1999.
172. Zitiert bei: *Deutschlandfunk*: »Antiliberal und autoritär« vom 13.8.2020. Siehe auch: https://www.hsbund.de/SharedDocs/Downloads/2_Zentralbereich/20_Referat_W/50_Publikationen/20_Schriften_Extremismus_Terrorismusforschung/band_13.pdf?__blob=publicationFile&v=2
173. »Sachsen-Anhalt Rechtsaußen« am 7. Juni 2020 veröffentlicht: »Sieg Heil, Herr Hauptmann« – Rechte Prepper in der Bundeswehr«, Link: https://lsa-rechtsaussen.net/sieg-heil-herr-hauptmann-rechte-prepper-in-der-bundeswehr/
174. Interner Bericht des österreichischen Inlandsgeheimdiensts *BVT* aus dem März 2017.
175. Kurt Eggers: »Von der Heimat und ihren Frauen«. Siehe: https://velesova-sloboda.info/archiv/pdf/eggers-von-der-heimat-und-ihren-frauen.pdf
176. Ausführlich bei Dirk Laabs in *Antifaschistisches Infoblatt* »Der NSU, >The Order< und die neue Art des Kampfes« vom 11.2.2015.
177. https://gamma.noblogs.org/archives/1472
178. *Antifaschistisches Infoblatt:* »Revolution Chemnitz« vom 31.8.2020.
179. Ebd.
180. Ebd.
181. *Die Zeit:* »Lutz Bachmann will Insider-Infos über den Attentäter erhalten haben« vom 6.1.2020.
182. *Kronen-Zeitung*: »Tötete Anis Amri: Polizist schockt mit Hitlergruß« vom 11.2.2017.
183. Der Abschlussbericht des 1. Untersuchungsausschuss der 19. Wahlperiode des

Bundestages zum Breitscheidplatz-Anschlag lag zum Redaktionsschluss noch nicht vor.

184. Bundestag, Drucksache 13/11 005, Seite 183.
185. Tobias Ginsburg: *Die Reise ins Reich. Unter Reichsbürgern*, Berlin 2018.
186. Beschluss des Bundesgerichtshofs vom 22.8.2019, Seite 12, Ziffer 21.
187. *Neue Zürcher Zeitung*: »Der Fall Franco A., zweiter Teil: Plante der deutsche Soldat ein Attentat, oder war er nur ein Hobby-Ermittler?« vom 17.4.2019.
188. Beschluss des Bundesgerichtshofs vom 29.8.2020, Seite 13, Randnummer 23.
189. Vgl. Aust/Laabs: *Heimatschutz*, Seite 172.
190. *General Anzeiger*: »Franco A. und die Pistole in Wien« vom 4.5.2017.
191. *die tageszeitung*: »Kommando Heimatschutz« vom 20.12.2017.
192. *Focus*: »Eltern klagen an: Bundeswehr versuchte Tod von KSK-Soldat zu vertuschen« vom 13.10.2016.
193. *Frankfurter Allgemeine Zeitung*: »Unkoordinierter Rückzug mit Schuss« vom 27.5.2013.
194. *Märkische Allgemeine*: »›Bitter, das eigene Kind zu begraben‹« vom 11.11.2015.
195. *Der Spiegel*: »Ermittlungen nach abstoßender Feier von Elitesoldaten« vom 17.8.2017.
196. *Stuttgarter Zeitung*: »Schießübungen bis Mitternacht sind legitim« vom 30.1.2010.
197. *Y-Kollektiv*: »Bundeswehr (KSK) – Geburtstagsparty mit Hitlergruß, Schweineköpfen und Rechtsrock« (Video) vom 17.8.2017.
198. Text abgerufen unter: https://www.lyrics007.com/lyrics/sturmwehr-wo-stehen-wir/TWpjM01UVTFOdz09 Track unter: https://www.music-bazaar.com/greek-music/album/108 202/Mahnmal-Der-Geschichte/
199. Text abgerufen unter: https://www.lyrics007.com/lyrics/sturmwehr-alter-mann/TWpReU5qazNPQT 09
200. Transkript des Interviews unter: https://augengeradeaus.net/2017/04/von-der-leyen-bundeswehr-hat-haltungsproblem-fuehrungsschwaeche/ — Video noch bei Twitter: https://twitter.com/berlindirekt/status/858 724 974 286 299 136?s=20
201. Aufzeichnung der Pressekonferenz abgerufen unter: https://www.youtube.com/watch?v=woMhMk9bOVE
202. Eine ausführliche Schilderung von mir findet sich in der *Welt Am Sonntag*: »Kontrollverlust. Eine Rekonstruktion« vom 16.7.2017.
203. *Caliber*: »Feuer und Wasser«, Ausgabe 10/2017.
204. Schilderung im Urteil des Landgerichts Schwerin.
205. *NDR-Panorama*: »Rechtsterror-Ermittlungen: Gründer der ›Prepper‹-Gruppe ist Polizist« vom 7.9.2017.
206. Ebd.
207. Schreibweise aus dem BKA-Protokoll.
208. The Jamestown Foundation: »Susurluk and the Legacy of Turkey's Dirty War«, Mai 2008.

209. Heinrich-Böll-Stiftung: »Auf den Spuren des tiefen Staates«, 19.7.2012.
210. The Jamestown Foundation: »Susurluk and the Legacy of Turkey's Dirty War«, Mai 2008.
211. *Dpa:* »Wild West in Köln – Krieg zwischen Rockerbanden eskaliert« vom 9.1.2019.
212. *Der Spiegel:* »Anklage gegen mutmaßlichen islamistischen ›Maulwurf‹« vom 19.5.2017.
213. *Frankfurter Allgemeine Zeitung:* »Der merkwürdige Maulwurf Roque M.« vom 5.9.2017.
214. *Die Welt:* »Erst gelangweilt, dann geschieden – und nun verurteilt« vom 19.9.2017.
215. *WDR:* »Verfassungsschützer unter Rechtsextremismus-Verdacht« vom 1.10.2020.
216. *Der Spiegel:* »›Verbindungsstelle 61‹: Staatsanwälte ermitteln gegen hohen BND-Mann« vom 8.2.2013.
217. *Die Zeit:* »Geheime unter sich« vom 14.3.2013.
218. Bundesverwaltungsgericht 2 A 6.15, Urteil vom 31.8.2017.
219. Klageschrift des Falles Joachim v. S.
220. Magnus Pahl, Gorch Pieken, Matthias Rogg (Hrsg.): Achtung Spione! Geheimdienste in Deutschland von 1945 bis 1956, Band 11, Dresden 2016, S. 382 f.
221. Bundesverwaltungsgericht 2 A 6.15, Urteil vom 31.8.2017.
222. Ebd.
223. *Der Rechte Rand*, »Überleben ist alles«, September 2017.
224. Ebd.
225. *Der Spiegel:* »›Verbindungsstelle 61‹: Staatsanwälte ermitteln gegen hohen BND-Mann« vom 8.2.2013.
226. E-Mail vom 16.10.2020.
227. Podcast »Insight Security: Real Talk« vom 16.9.2020.
228. Podcast »Insight Security: Real Talk« vom 10.10.2019.
229. Ebd.
230. *Bild am Sonntag:* »Hier trainieren Polizisten auf eigene Kosten« vom 20.7.2019.
231. *Westfälischer Anzeiger:* »Söldnereinsatz in Somalia: Ex-Feldwebel im Kampf gegen das Recht« vom 23.9.2017.
232. *Preußische Allgemeine Zeitung* vom 9.9.2016.
233. *Focus:* »Umstrittene deutsche Söldnerfirma auf Expansionskurs« vom 10.9.2015.
234. *Hamburger Abendblatt:* »Söldner aus dem Münsterland« vom 22.6.2010.
235. https://www.inventati.org/leipzig/?p=3 821
236. *Antifaschistisches Infoblatt*, »Teil-Niederlage für Reinhard Rade«, Ausgabe März 2018.
237. Urteil des OLG Dresden vom 26. April 2019, Aktenzeichen 4 U 1482/18.
238. *Antifaschistisches Infoblatt:* »Teil-Niederlage für Reinhard Rade«, Ausgabe März 2018.
239. Ebd.
240. Vgl. Aust/Laabs: *Heimatschutz*, Seite 47f.

241. Vermerk BKA ST 52, 1. September 1995.
242. Andrea Röpke in *Antifaschistisches Infoblatt*: »Rechte Glücksritter in Ostdeutschland«, Ausgabe Februar 2003.
243. Lexikon des Informationsdienstes gegen Rechtsextremismus (IDGR): Söldner.
244. *RBB-Kontraste*: »Rechtes Netzwerk? Umstrittene deutsche Sicherheitsfirma« vom 17.9.2020.
245. *Bild am Sonntag*: »Krieg ist ihr Geschäft« vom 29.10.2017.
246. *RBB-Kontraste*: »Rechtes Netzwerk? Umstrittene deutsche Sicherheitsfirma« vom 17.9.2020.
247. *RBB-Kontraste*: »Rechtes Netzwerk? Umstrittene deutsche Sicherheitsfirma« vom 17.9.2020.
248. *ZDF*: »Angriff von Innen«, April 2020.
249. Abgerufen unter: https://www.instagram.com/p/CFAFlyPCy-V/
250. Vgl. Aust/Laabs: *Heimatschutz*.
251. Andrea Röpke in *Antifaschistisches Infoblatt*: »Rechte Glücksritter in Ostdeutschland«, Ausgabe Februar 2003.
252. Vgl. Aust/ Laabs: *Heimatschutz*.
253. Thüringer Landtag, Drucksache 6/7 612, S. 754.
254. *The Guardian*: »Car bombs explode Sweden's self image« vom 2.7.1999.
255. *Der Spiegel*: »Ich schließe nicht aus, allein loszuziehen, um zu töten« vom 25.8.2020.
256. *Süddeutsche Zeitung*: »Die Spur führt zur Polizei« vom 16.12.2018.
257. Der Spiegel: »Das ist so widerwärtig, da dreht sich einem der Magen um« vom 29.7.2020.
258. Pitt von Bebenburg und Hanning Voigts: »NSU 2.0«, in: Matthias Meisner/Heike Kleffner (Hrsg.): *Extreme Sicherheit. Rechtsradikale in Polizei, Verfassungsschutz, Bundeswehr und Justiz*, München 2019.
259. *tagesschau.de* »Weitere verdächtige Abfragen über Polizeicomputer«, vom 26.8.2020.
260. *Hessischer Rundfunk*: »Innenminister berichtet von 99 Drohschreiben« vom 20.8.2020.
261. Befragung von Dominik W. durch das *LKA* Baden-Württemberg am 28. Juni 2011.
262. Stefan Aust und Dirk Laabs, »Der NSU-Komplex«. Abrufbar bei NETFLIX.
263. Vgl. Aust/Laabs: *Heimatschutz*.
264. Drucksache 19/6 611 des Hessischen Landtags, Sondervotum der Fraktion *Die Linke*, Seite 186.
265. 1. NSU-Ausschuss des Bundestages, Drucksache 17/14 600, Seite 991.
266. 66. Sitzung des 2. Untersuchungsausschusses des Bundestags, 17. Wahlperiode, 22. April 2013, Seite 8f.
267. ZDF-Dokumentation vom 7. Juni 2019: »Staatsfeinde in Uniform«.
268. Bundesverfassungsgericht, 5.8.1966.
269. Aust/Laabs, Heimatschutz, S. 559.

270. Deutscher Bundestag 17. Wahlperiode, 2. Untersuchungsausschuss, 28. November 2012, Protokoll Nr. 34, Seite 3.
271. Der Brief liegt dem Autor vor.
272. Rede des Kommandeurs der Kommando Spezialkräfte beim Appell Kommando Spezialkräfte am 7.7.2020. Abgerufen: https://www.bundeswehr.de/resource/blob/1 244 358/4 992e58ef68c04a3c859db2c6bddbefc/download-rede-kommandeur-ksk-appell-ksk-data.pdf.
273. Rede des Kommandeurs des KSK anlässlich des Auflösungsappells 2./KdoKp KSK am 30.07.2020. Abgerufen auf: https://www.bundeswehr.de/resource/blob/1 244 640/502d3d1c92cffbc70c8bb107 101 538db/download-rede-kommandeur-ksk-bei-aufloesungsappell-data.pdf.
274. Die genaue Kompaniestärke wird geheim gehalten. Nominell soll das KSK nach Aussagen Reinhard Günzels aus 64 Kommandos mit je vier Soldaten bestehen, verteilt auf (fünf)* Kompanien, von denen nur vier aktiv im Kampf eingesetzt werden.
275. *dpa:* »Streit um Entlassung von früheren KSK-Offizieren eskaliert« vom 25.8.2020.
276. *New York Times*: »Body Bags and Enemy Lists: How Far-Right Police Officers and Ex-Soldiers Planned for ›Day X‹« vom 1.8.2020.
277. Bundesverwaltungsgericht, Urteil vom 17.11.2017 – BVerwG 2 C 25.17.
278. Vermerk der Bundesanwaltschaft vom 19.9.2019.
279. Mark S. Hamm: »Crimes committed by terrorist groups: theory, research, and prevention«, in: *Trends in organized crime*, Ausgabe 9/2005, S. 163f.
280. *Süddeutsche Zeitung*: »Von der Rolle« vom 30.11.2017.
281. https://ordentliche-gerichtsbarkeit.hessen.de/pressemitteilungen/strafverfahren-gegen-franco-wird-vor-dem-landgericht-darmstadt-eroeffnet
282. *Neue Zürcher Zeitung*: »Der Fall Franco A., erster Teil: ›Mein Sohn war Staatsfeind Nummer 1‹«‘« vom 16.4.2019.
283. Beschluss des Bundesgerichtshofs vom 22.8.2019, Seite 9, Randnummer 16.
284. Ebd., Seite 10, Randnummer 21
285. https://www.amadeu-antonio-stiftung.de/mutmasslicher-rechtsterrorist-franco-a-taucht-im-bundestag-und-im-gericht-auf-55 327/
286. Wolfgang Kraushaar: »Im Schatten der RAF«, Seite 595, in: »Die RAF und der linke Terrorismus« (Hrsg. Wolfgang Kraushaar), Hamburg 2006.
287. Der Text ist in der Zeitschrift NS-*Denkzettel* 3/93 unter dem Titel »Die Zeit ist reif für den WEISSEN ARISCHEN WIDERSTAND DEUTSCHLAND« erschienen– vgl. https://www.petrapau.de/person/down/diesner.pdf
288. Aussage Christoph Schäfer (BfV), Innenausschuss des Bundestages, Sitzung vom 13. Februar 2019.
289. Interview mit Jan Nolte für das ZDF am 16.5.2019.
290. *Schweriner Volkszeitung* vom 26. Mai 2020: »Audio-Datei belastet AfD-Abgeordneten Enrico Komning schwer«. Komning bestätigte gegenüber der Zeitung die Authentizität des Zitats.

291. *die tageszeitung*: »Früherer AfD-Fraktionsvize verurteilt: Hass gesät, Strafe geerntet« vom 9.8.2019.
292. Alle drei – Naumann, Roeder, Busse – waren als verurteilte Rechtsterroristen in der NPD.
293. *The Guardian*: »White supremacists and militias have infiltrated police across US, report says« vom 27.8.2020.